田中 宏
Hiroshi Tanaka

弁護士のマインド
法曹倫理ノート

弘文堂

はしがき

　本書は、先輩弁護士から弁護士を目指す法科大学院生への、「よい弁護士になってもらいたい」という思いを込めたメッセージです。主に法科大学院生を対象にしましたが、法律関係者以外の人にも役立つ、弁護士の考え方と行動を理解していただくためのガイドブック的役割も意図しました。

　そう考えたのは2009（H21）年5月から裁判員制度がスタートしたからです。裁判員、あるいは候補者となられた方には、ぜひとも「弁護士のマインド」を理解し、法廷に臨んでいただきたいと思っています。それ以外にも、弁護士の公共的役割、弁護士自治、弁護士の行為規範、そして司法のあり方などについて理解を深めていただければとの期待を込めています。そのため、法律関係者以外の人が読んでもわかるよう、できるだけ平易に表現しました。

　本題に入る前に、まず、私と弁護士倫理の関係についてお話しましょう。

　正直に告白しますと、私は、弁護士倫理を全く誤解し、何の知識もないまま弁護士になりました。

　今から34年前、私が弁護士になった年のことです。罪名は忘れましたが、国選弁護人として弁護した事件です。実刑か執行猶予かぎりぎりの事件だったと思います。幸いにも判決は、執行猶予でした。被告人の父親は大変喜び、私のもとに特産の林檎を一箱置いていきました。もちろん、感謝の気持ちからです。林檎は事務所の先生方や事務員さんにお分けしましたが、誰一人私の行為を咎める人はいませんでした。一方、国選弁護人は、名目のいかんを問わず、被告人その他の関係者から報酬その他

はしがき

の対価を受領してはならないという規範があります。倫理的には、林檎はいただくのをお断りするのが正しい選択でしょう。しかし無下に断ることは、せっかくの市民の感謝（謝意）をも拒絶することにならないか。ではどうすれば、倫理的であると同時に市民の感情も満足させることができたか。第3の途はあったのか。実に悩ましい問題です。次もやはり、国選弁護（傷害の否認）事件で公判の途中での出来事です。被告人が「実は自分がやったんだ」と告白したことがありました。私は、まずいなと思いつつも、否認を押し通し、弁論しました。これも倫理的にはどうだったのだろうか。思い悩むことがたびたびでした。これらは、みなさんが弁護士になったらすぐ直面するかもしれない事柄です。

私は、弁護団会議や委員会を通じて知り合った先輩弁護士と談笑するなかで、徐々に弁護士の行為規範というものを理解するようになりました。何も知らないまま弁護士業務に就いたのですが、大きなミスや違法行為をおかさなかったことは、幸運以外の何ものでもありません。

その後、私が弁護士倫理について強烈なパンチを受けたのは、弁護士会の会長としてでした。札幌弁護士会の会長職に在職中だった2001年、たった1年間で、会員のなかから3人の刑事被告人を出してしまったのです。300名の会員で3人の被告人です。1人は業務上横領、1人は公文書偽造、1人は破産法違反（詐欺破産罪、正確には起訴されたのは会長職の任期が切れた後でしたが、裁判所からの連絡で、被疑者段階で事実上の対応に迫られました）でした。逮捕や判決のたびに、会長として会員の不行跡を謝罪しました。その他にも200件余りの受任事件を放置して退会した弁護士もいました。

当然、弁護士と弁護士会を見る社会の眼は、大変厳しいものがありました。そこで綱紀保持のために必要なこと、弁護士会

としてできること、会員への「指導・監督」の範囲などを検討する「倫理問題検討協議会」を立ち上げました。関連委員会の委員長らがメンバーとなり、私自らが問題提起し、綱紀保持の方策を練りました。その結果、全国の弁護士会に先駆けて、懲戒処分歴についての会への問合わせの回答制度の創設(2008〔H20〕年12月、日弁連臨時総会においても導入)、被害の拡大防止のため懲戒処分前であっても懲戒手続中であることの公表制度の創設、預り口口座の作成の義務づけ(これも、後に全国に普及しました)などの制度改革を推進しました。残念だったのは、弁護士会の会員に対する指導・監督の範囲の検討中に執行部が任期切れになってしまったことです。

また、2004(H16)年度の日弁連副会長在任中には、「弁護士職務基本規程」が臨時総会(2004年11月10日)で可決・制定されました。この職務基本規程は、我々弁護士のなかに初めて誕生した法規範性をもつ弁護士倫理です。驚くかもしれませんが、それまで弁護士の行為規範としての「旧弁護士倫理」はありましたが、法規範性をもたない「宣明決議」と位置づけられていたのです。「宣明決議」では市民の信頼は得られません。しかし今や、職務基本規程は、弁護士の行為規範、懲戒規範として定着しています。当時日弁連の執行部にいたものとしては、うれしい限りです。

私はその後、2005(H17)年から4年にわたり、北海道大学法科大学院において法曹倫理の授業を担当してきました。法曹倫理教育の目的は、実定法の科目と違い、学生に「弁護士のマインド」を植えつけることです。マインドとは、弁護士の使命を自覚すること、そして高度な倫理観を涵養することです。私は、学生たちの便宜のために、事前学習のためのレジュメと事後学習のための講義録を作成しました。本書はこの講義録をベースにしています。

はしがき

　また、本書は、わが国の司法制度が持つ特質（欠陥を含めて）についても触れ、裁判官や検察官のあり方についても批判的に検討しています。なぜなら司法の実態、法曹三者の実態を無視して倫理を説いても無意味だからです。制度は、それを運用する人間を抜きに語れません。マインドがその制度の生死を握っているのです。本書を通読いただければ、弁護士倫理のみならずわが国の司法が持ついくつかの特質（欠陥）についても理解していただけるでしょう。

　弁護士倫理、法曹倫理に関しては、すでに幾冊もの教科書が出版されていますが、大半は資料集ともいうべきものであり、著者の考え方や哲学が打ち出されているものはあまりありません。本書は、苦しみ、悩み、怒り、そして喜びのなかで培った私の弁護士体験に基づいた意見を中心としています。資料は極力減らし、注で指摘する程度に止めました。また、判例の引用も、法曹倫理を学習するうえで必要なものに限っています。ただし弁護士を目指す法科大学院生のみなさんは、注の文献にあたる労を惜しまないでいただきたい。弁護士倫理は、業務のなかで遭遇する「義務の衝突」に方向を示す海図や灯台のようなものです。よい弁護士になるためには、市民的倫理とは似て非なる弁護士倫理を海図や灯台としてしっかり勉強することが大切です。

　本書が出版されるに至った経緯について述べたいと思います。

　私は、この本の元となった講義録を、すべての人に提供する用意があり、実際に法科大学院で法曹倫理を担当する何人かの実務家の先生にお送りしました。この講義録を参考にしていただければ、全国の法科大学院でよりよい法曹倫理教育が可能になると思ったからです。そのなかに、首都大学東京の笠井治先生がおられました。講義録を読まれた笠井先生から出版のお話があり、弘文堂とコンタクトをとっていただいたことが、本書

が出版される端緒となりました。笠井先生がいなければ本書はけっして世に出ることはなかったでしょう。感謝するほかありません。

　最後に、北海道大学法科大学院に在職中、同僚の先生方から大変親切にご指導いただき、本書執筆にあたっても多くの教えを受けたことを、この場をお借りして感謝いたします。また、弘文堂の北川陽子さんには原稿のすべてに目を通していただき、たくさんのアドバイスを受けました。記して感謝の意を表したいと思います。

　　　2009年8月6日

　　　　　　　　　　　　　　　　　　　　　　　田　中　　宏

弁護士のマインド●目次

はしがき　i

第1講　法曹倫理教育の目的と法曹倫理の法源　1

I　法曹倫理教育の目的……1

1. 弁護士の基礎―知識……1
2. 弁護士の基礎―スキル……1
3. 弁護士の本当の基礎―マインド……2
4. 法曹倫理……3
5. 法曹倫理教育の重要性……5
6. 2つのアプローチ……5
7. 孫暁楼の言葉……6

II　法曹倫理の法源……7

1. 弁護士倫理の法源……7
2. 裁判官・検察官の倫理の法源……12
3. まとめ……13

第2講　弁護士職務の公共性・公益性とプロフェッション論　19

I　弁護士職務の公共(奉仕)性……19

1. 公共(奉仕)性とは何か……19
2. 私益追求の否定……20
3. 職務の開放性……21
4. 法律事務独占と高度の倫理性……21
5. 司法制度の担い手としての責務……23
6. 弁護士会の公共性……26
7. ブランダイス判事の言葉……26

II　弁護士職務の公益性……27

1. 公益性とは何か……27

2. 主な公益活動の俯瞰……………27
3. その他の公的事件……………31
4. 公益活動の報酬……………32
5. その他の公益活動……………33
6. 弁護士会の公益活動……………34
7. まとめ……………35

Ⅲ 弁護士モデル論について……………35

1. 在野モデル……………35
2. プロフェッションモデル……………38
3. その他の弁護士モデル……………42
4. プロフェッショナリズムの危機……………42
5. 「アメリカン・スタンダード」の導入と日本の弁護士実務への影響……………44

第 3 講 弁護士自治と懲戒　53

Ⅰ 弁護士の自由と自治について……………53

1. なぜ、弁護士自治か……………53
2. 弁護士自治の比較……………57

Ⅱ 弁護士自治の内容……………59

1. 登録について……………59
2. 懲戒について……………60
3. 指導・監督について……………60
4. 強制加入制度……………61
5. 財政的独立……………62

Ⅲ 懲戒事由と懲戒処分……………62

1. 懲戒制度の目的……………62
2. 懲戒の事由……………62
3. 懲戒の種類……………64

Ⅳ 申立権者と申立ての濫用……………69

1. 懲戒請求の申立権者..............69
2. 会立件..............71

Ⅴ 綱紀委員会・懲戒委員会の独立..............71
Ⅵ 近年の懲戒事件の推移等..............72
Ⅶ 自治の例外―綱紀審査会..............73
Ⅷ 市民窓口..............74

第 4 講 弁護士と依頼者の関係(1)
―誠実義務と職務責任(専門家責任)   81

Ⅰ 誠実義務..............81

1. 弁護士と依頼者の法律関係..............81
2. 弁護士業務の請負的要素..............82
3. 誠実義務と善管注意義務..............84
4. 委任契約に至る前の義務・契約終了後の義務..............88
5. 受任事件における善管注意義務と誠実義務..............90

Ⅱ 誠実義務と職務責任(専門家責任)..............92

1. わが国における職務責任訴訟..............92
2. 判例にみる誠実義務違反..............93

Ⅲ 依頼者以外に対する誠実義務..............97

1. 相手方に対する誠実義務..............98
2. 裁判所に対する誠実義務・真実義務..............99
3. 弁護士の誇りとしての誠実義務..............104

第 5 講 弁護士と依頼者の関係(2)
―職務を行うことができない事件   113

Ⅰ 賄賂の収受と誠実義務..............113
Ⅱ 法25の趣旨について..............114

1. 法25における3つの要点……………114
  2. 職務を行い得ない事件……………116
  3. 禁止行為の態様と立法趣旨……………118

Ⅲ 「職務を行うことができない事件」の検討……………119

  1. 法25で禁止する態様について……………119
  2. 法25-①・②違反の訴訟行為の効果……………129
  3. 法25違反の委任契約・報酬契約の効力……………131
  4. 法25違反行為による懲戒……………132

Ⅳ 職務基本規程28条所定の行為について……………132

  1. 相手方が配偶者、直系血族、兄弟姉妹又は同居の親族である事件(規28-①)……………132
  2. 受任している他の事件の依頼者又は継続的な法律事務の提供を約している者を相手方とする事件(規28-②)……………133
  3. 依頼者の利益と他の依頼者の利益が相反する事件(規28-③)……………134
  4. 依頼者の利益と自己の経済的利益が相反する事件(規28-④)……………134
  5. 規28違反の行為の効力……………135

Ⅴ 「先着順」と「二君にまみえず」の原則……………135

第6講 弁護士と依頼者の関係(3)
——守秘義務　139

Ⅰ 守秘義務はなぜ必要か……………139
Ⅱ 守秘義務の立法例……………140

  1. わが国の場合……………140
  2. 諸外国の立法例……………142
  3. まとめ……………144

Ⅲ 守秘義務の主体……………144
Ⅳ 「秘密」とは何か……………145

  1. 「秘密」の定義……………145

2．名乗らない1度きりの相談者のケース……………147
　3．依頼者・弁護士関係が形成されなかったケース……………148
　4．後任の弁護士に「秘密」を伝えるケース……………148
　5．「守秘」の範囲……………148

V　守秘義務は、誰に対する権利か……………149
　1．民事訴訟法(民訴)に定める守秘義務……………150
　2．刑事訴訟法(刑訴)に定める守秘義務……………150

VI　守秘の権利は放棄できるか……………151

VII　守秘義務は、誰に対する義務か……………153
　1．守秘義務は依頼者に対する誠実義務の一場面……………153
　2．接見内容のマスコミへの開示……………154

VIII　「秘密」の利用の禁止……………154

IX　守秘義務が解除されるのはどんな場合か……………155

X　守秘義務が解除されない組織内弁護士の外部通報
　……………157

XI　守秘義務と真実義務の相克……………158
　1．アメリカ・ニューヨーク州で起こった殺人事件の例
　……………158
　2．身代り犯の場合……………159

第7講　弁護士と依頼者の関係(4)
——受任・辞任の倫理
163

I　受任拒絶の自由……………163
　1．受任拒絶の自由……………163
　2．受任の諾否を判断する条件……………165
　3．適否が問われた例……………166

II　受任をしてはいけない事件……………169
　1．犯罪行為や欺罔行為を助長する事件……………169
　2．不当な目的の事件と正当な利益を実現しない事件

　　　　　　　……………170
　3．職務を行い得ない事件……………173
　4．精神的・肉体的条件の欠如……………173
　5．有能さの欠如……………173
　6．弁護活動に時間を割けない場合……………173

Ⅲ　弁護士人口増によるモラルハザードの懸念……………174
Ⅳ　受任にあたり留意すべき事項……………174

　1．紹介の対価支払禁止……………174
　2．非弁提携行為の禁止……………175
　3．間接受任の禁止と自己決定権の尊重……………177
　4．不当な目的のための事件の勧誘……………179
　5．有利な結果の請負・保証……………180
　6．受任時の説明……………180
　7．受任の範囲の確定……………182
　8．迅速な着手……………183
　9．報告義務……………184

Ⅴ　辞任の倫理……………184

　1．辞任の時期……………184
　2．信頼関係の喪失と辞任……………185
　3．その他の辞任事由……………187
　4．辞任にあたって配慮すべき事項……………188
　5．国選弁護人の辞任……………188

第8講　弁護士と依頼者の関係(5)　195
―弁護士報酬について

Ⅰ　弁護士業務の「公」と「私」……………195
Ⅱ　事務所経営と報酬……………196
Ⅲ　謝礼(honorarium)……………197
Ⅳ　報酬の適正さについて……………199

　1．弁護士の報酬は何の対価か……………199
　2．報酬基準規定の廃止とその影響……………201

   3.「適正且つ妥当」な報酬とは……………202

Ⅴ　ドイツの弁護士報酬について……………205

Ⅵ　成功報酬制について……………207

   1. ヨーロッパにおける成功報酬の扱い……………207
   2. アメリカにおける成功報酬の扱い……………209
   3. わが国での成功報酬制度の今後……………211

Ⅶ　時間制報酬（タイムチャージ）について……………211

   1. 時間制報酬の利点……………211
   2. 経営的側面における時間制報酬の利点……………212
   3. 時間制報酬の仕組み……………212

Ⅷ　みなし報酬について……………214

   1. みなし報酬とは……………214
   2. みなし報酬を適用するケース……………214
   3. みなし報酬を適用する際に起こりうるケース……………215

Ⅸ　報酬をめぐる依頼者との紛争……………216

   1. 報酬をめぐる紛争①……………216
   2. 報酬をめぐる紛争②……………216
   3. 依頼者との紛争解決機関……………218
   4. 留置権は成立しない……………218

Ⅹ　国選弁護人の対価受領の禁止……………219

Ⅺ　おわりに……………219

第9講　相手方および相手方弁護士に対する倫理　227

Ⅰ　フェアネスということ……………227

   1. 相手方への配慮……………227
   2. フェアネスの段階……………228

Ⅱ　相談の時点でのフェアネス……………228

1. 「正当な利益の実現」ではない事件……………228
2. 職務を行い得ない事件……………228
3. 相手方弁護士に対する誹謗……………229
4. セカンドオピニオン……………230

Ⅲ 受任後提訴するまでのフェアネス……………230

1. 非行とされた内容証明郵便……………230
2. 恐喝とされた交渉……………231
3. 直接交渉の禁止（規52）……………232
4. 弁護士を依頼していない相手方との交渉のあり方
……………234

Ⅳ 訴訟遂行中のフェアネス……………234

1. 裁判所との関係におけるフェアネス……………234
2. 訴訟遂行中の相手方、相手方弁護士に対するフェアネス
……………236

Ⅴ 強制執行手続におけるフェアネス……………245
Ⅵ 同僚間の倫理……………247

第10講 刑事弁護における倫理　251

Ⅰ はじめに……………251
Ⅱ 刑事弁護人の使命……………252

1. 刑事弁護は権力と対抗する……………252
2. 捜査過程での適正手続の実現と自己弁護権……………255
3. 権力は何でもできる……………260
4. 社会的非難を浴びている人の弁護……………267
5. 裁判官の親検察体質……………269

Ⅲ 最善の弁護活動を……………274

1. 最善の弁護活動……………275
2. 接見の重要性……………277
3. 防御権等の説明……………280

4．身柄の解放……………281
　5．まとめ……………282

Ⅳ　不適切弁護を考える……………282
　1．不適切弁護とは……………282

Ⅴ　弁護人の真実義務……………285
　1．消極的真実義務の根拠……………285
　2．身代り犯の問題……………288

Ⅵ　国選弁護人の倫理……………290
　1．国選弁護人の地位と辞任の可否……………290
　2．国選弁護人の退廷・不出頭……………294
　3．国選弁護報酬……………295

Ⅶ　共犯の同時受任について……………296

第11講　裁判官の倫理　　329

Ⅰ　はじめに……………329
Ⅱ　日本の裁判官の特質……………329
　1．キャリアシステムと法曹一元……………330
　2．裁判官の人間的特性……………331

Ⅲ　裁判官に必要な資質とは何か……………332
　1．裁判官に求められる人間としての知恵……………332
　2．人権感覚……………334
　3．自然科学の法則の尊重……………334
　4．勇気の重要性……………335
　5．裁判官の社会常識……………337

Ⅳ　法規上の裁判官倫理……………337
　1．職務専念義務……………338
　2．秘密保持義務……………338

3. 品位保持義務……………338
　　4. 積極的政治活動の禁止……………341
　　5. 兼職の禁止……………341

Ⅴ　裁判官の独立と中立・公正……………341
　　1. 司法権の独立・裁判の独立について……………342
　　2. 具体的な裁判の場で、裁判官の中立・公正を考える
　　　……………344

Ⅵ　裁判官の責任……………352
Ⅶ　裁判官の個人的自由と裁判官の倫理……………354

第12講　検察官の倫理　　369

Ⅰ　はじめに……………369
Ⅱ　検察の仕組……………370
　　1. 独任官庁制と検察官同一体の原則……………370
　　2. 一般職国家公務員としての検察官・その廉潔性……………374
Ⅲ　検察の使命と検察権の運用……………377
　　1. 検察権の行使は不偏不党でなければならない……………378
　　2. 検察は正義を実現しているか―検察官の真実義務
　　　……………385
　　3. 検察官による警察に対するチェック……………387

おわりに―「よい弁護士」をともに目指して　　399

事項索引……………404
法令索引……………411

凡　例

1．年号の表記は、基本的には西暦を用い、読者の便宜のため元号を用いたほうが理解しやすい時は、（　）を付けて元号で記している。
　【例】　1974（S49）年。また新聞報道などの年月日は、西暦を記し、（　）に元号を入れた。2007（H19）.6.29とあるのは、2007（平成19）年6月29日の意である。

2．判例の表記について
　①読者の利便を考え、元号によった。
　②すべて算用数字に直して、表記した。
　③掲載判例集については、最高裁判所判例については、最高裁判例集と判例時報の掲載号と頁を、下級審判例については、判例時報（判例時報に掲載がない場合は判例タイムズ）の掲載号と頁を表記した。
　【例】(1)最判 H19.4.24 民集61-3-1102・判時1971-119→最高裁判所平成19年4月24日判決・最高裁判所民事判例集61巻3号1102頁・判例時報1971号119頁
　　　　(2)大阪高判 H2.3.4 判タ250-25→大阪高等裁判所平成2年3月4日判決・判例タイムズ250号25頁
　④判例集未登載ではあるが、TKC検索システムに登載されているものは、LEX/DB の文献番号を表記した。

3．法律雑誌の略記
　【例】
　　判例時報──→判時　　　　　　ジュリスト──→ジュリ
　　判例タイムズ──→判タ　　　　民商法雑誌──→民商
　　法律時報──→法時　　　　　　自由と正義──→自正
　　法学セミナー──→法セ　　　　季刊刑事弁護──→季刑弁

4．単行本の略記
　①塚原英治・宮川光治・宮澤節生編著『プロブレムブック・法曹の倫理と責任〔第2版〕』（現代人文社・2007年）──→プロブレムブック
　②飯島澄雄・飯島淳子編著『弁護士倫理』（雄松堂出版・2005年）──→飯島・弁護士倫理
　③小島武司・柏木俊彦・小山稔編『テキストブック現代の法曹倫理』（法律文化社・2007年）──→現代の法曹倫理
　④日弁連弁護士倫理に関する委員会編『注釈弁護士倫理〔補訂版〕』（有斐閣・1996年）──→注釈
　⑤小島武司・田中成明・伊藤眞編『法曹倫理〔第2版〕』（有斐閣・2006年）──→法曹倫理

5．日本弁護士連合会は、日弁連と略記した。

6．新聞・雑誌については、新聞社名を省略し、「朝日」のように表示した。なお、「道新」とあるのは、北海道新聞である。

7．弁護士法と弁護士職務基本規程の略記
　①弁護士法は、単に法とのみ略記した。したがって、法20-2とあるのは、弁護士法20条2項であり、法25-②とあるのは弁護士法25条2号の略である。
　②その他の法令は、法令の名称通り。
　　【例】　刑訴55-2とあるのは、刑事訴訟法55条2項であり、刑訴58-②とあるのは、刑事訴訟法58条2号の略である。
　③弁護士職務基本規程は、文中では職務基本規程と略し、規30-2とあるのは、弁護士職務基本規程30条2項であり、規28-②とあるのは、同職務基本規程28条2号の略である。
　④以上の通り、条・項・号は省略した。

8．その他の略記
　①"American Bar Association"（アメリカ法曹協会。以下、ABAという）の最初の規範（1908年）である"Canons of

xvii

Professional Ethics"（弁護士道徳典範）は、単に Canons と略し、"Canons17" とあるのは、第17規範（第17条）を意味する。
　② ABA の "Model Rules of Professional Conduct"（弁護士業務模範規則、1983年）は、ABA・MR と略し、MR1-2 とあるのは、"Model Rules of Professional Conduct" の1条2項を意味する。適宜著者が翻訳した。
　③ CCBE（Council of Bars and Law Societies of Europe。ヨーロッパ弁護士会評議会）の "Code of Conduct for European Lawyers"（ヨーロッパ弁護士行為準則規定、1988.10.28）は、CCBE・Code と略し、CCBE・Code3-1 とあるのは、同コードの3条1項を意味する。適宜著者が翻訳した。
　④司法制度改革審議会意見書（H13.6.12）は、改革審意見書と略記した。
9．既出の注の引用については、同一講のものは前掲とし、他講のものは前出と略記した。

第1講 法曹倫理教育の目的と法曹倫理の法源

I 法曹倫理教育の目的

　法曹倫理教育の目的は何でしょうか。法曹倫理は他の実定法の教科とどこが違うのでしょうか。

　なお、本書で法曹倫理というとき、主としてイメージしているのは弁護士倫理であり、法曹倫理と弁護士倫理を同一の意味で使っています。したがって、特に裁判官倫理や検察官倫理と断らない限り、弁護士倫理を意味すると考えてください。

1．弁護士の基礎─知識

　弁護士は、法令や法律実務に精通していなければなりません。法2、規7を持ち出すまでもなく、弁護士が学識あるプロフェッション（learned profession）である以上、当然のことです。しかし、知識だけでは実務では通用しません。

2．弁護士の基礎─スキル

　弁護士には、知識を使いこなす能力（どう法律を適用していくのか、その結果が妥当かどうかを総合的に判断し、依頼者に最も有利な法的手段を選択する能力）、知識を使いこなすスキルが必要です。しかしながら法科大学院や司法修習で、このスキルを修得することは難しいでしょう。スキルは、生の事件に接して、考えながら、失敗しながら、身につけていくものだからです。「負けて覚える相撲かな」という句が角界で使われますが、弁

護士も同じです。経験とそこから得た教訓を積み重ねていかなければなりません。

3．弁護士の本当の基礎──マインド
（1）マインドとは何か

しかし、こういった知識やそれを使いこなす能力、スキルの根底にあるのは、弁護士の使命に基づいてそれを使っていくというマインドです。法曹倫理はまさにこのマインドの部分を学習します。

弁護士は、法1に定める「基本的人権の擁護と社会正義の実現という使命」を自覚しつつ、高い倫理観をもって業務を行わなければなりません。裁判官は、中立で公正な立場からその英知を駆使し、事実認定を行い、法の解釈適用を行わなければなりません。特に裁判官の行う正義は、この世の正義で最も高いものでなければなりません。検察官は、不偏不党をベースにした検察権を運用し、捜査官、公訴官として法と正義に基づき、罪ある者に処罰を求めます。しかし検察官は、無辜の者に処罰を求めてはならないという役割も実践しなければなりません。

（2）マインドの在処とは

しかし弁護士が、その業務遂行上で不可欠であるはずのマインドを持たずに、逸脱した例は枚挙にいとまがありません。

日本弁護士連合会（以下、日弁連という）は、官報と機関誌『自由と正義』で単位会の懲戒事例を公告しています。そこには毎月10件前後の懲戒処分が掲載されています。1991（H3）年、著名な弁護士が、相手方から賄賂を受け取り、法26違反で逮捕され、有罪判決を受けました。渉外弁護士の先駆けのような弁護士で、大学教授でもあり、著書も数多く出版していました[1]。このように優秀な弁護士が逸脱し、刑事事件にまでなった例はたくさんあります[2]。また、弁護士がもつ豊富な知識を

悪用して犯罪に加担した例も数多くあります[3]。

　知識とスキルを身につけ、それを使いこなすということはもちろん大切ですが、それ以前に法曹としての自分の生き方を確立し、高い倫理観をもたない限り、マックス・ウェーバーのいう「精神のない専門家」となってしまいます。知識もスキルも、依頼者の正当な利益実現（規21）のためにこそ使わなければなりません。

　知識とスキルは、頭のなかで考えてそれを使っていくという作業が必要です。ところがマインドは、弁護士の使命と責任を自覚すること、そして高い倫理観を身につけて仕事をするという精神のあり方の問題です。「これはまずい」、あるいは「手を出してはいけないぞ」、逆に「自腹を切ってでもやらなくちゃならない」という思いは、知識・スキルとは全く違う場面で作用するものなのです。弁護士は、倫理上のジレンマに直面したとき、本能的・反射的に、倫理的に正しい道を選択しなければなりません。これが依頼者のために誠実な業務を遂行する基本的姿勢です。ここが法曹倫理と他の実定法の教科との決定的な違いです。

4．法曹倫理

　H. ブラックの "*Law Dictionary*" によると、法曹倫理とは、プロフェッションとしての法曹（legal profession）が国民（the public）、裁判所（the court）、同僚（his professional brethren）および依頼者（client）に対して負っている諸義務を取り扱う道徳学（moral science）の一分野とされています[4]。プロフェッションとしての法曹が、これらに対して負う義務は多岐にわたります。特に弁護士は、1つの事件を処理する場合でも、複数の義務を重層的に負っています。そしてこれらの義務が衝突したときこそ、マインドが試されます。

たとえば、依頼者に対する誠実義務と裁判所に対する真実義務が衝突した場面を想像してください。こうした義務の衝突は、「研ぎ澄まされた専門的、道徳的判断によって解決されなければならない」のです[5]。この研ぎ澄まされた専門的・道徳的判断を行うベースが弁護士倫理です。

1992年に発表された米国法曹協会（American Bar Association。以下、ABAという）の法学教育・法曹資格付与部会の報告書（ロバート・マクレート委員長にちなんで「マクレート・レポート」と呼ばれる）は、第2部「新人法曹が獲得しようと努めるべき技能と倫理観のヴィジョン」で、要求される10項目の技能のなかに「倫理上のジレンマの認識と解釈」をあげています。そして、その技能は、以下の3つであるとしています。

　①倫理基準の性質と典拠に通じていること
　②倫理基準を実行する手段に通じていること
　③倫理上のジレンマを認識し、解釈するためのプロセスに通じていること[6]

こうした法曹倫理は、弁護士の業務のあり方を示す準則の総体であるとともに、義務の衝突時に弁護士のマインドのあり方を規定する海図です。前出の "*Law Dictionary*" は、法曹倫理（legal ethic）を、プロフェッションとしての法曹のなかの慣行・慣例（usages and customs among members of the legal profession）であると述べています。しかしわが国ではこれまで、弁護士倫理というと、個人の人格的高潔さを強調したり（もちろん、それ自体を否定するものではありません。法2でも、弁護士に「深い教養の保持と高い品性の陶や」を求めています）、市民的倫理と混同されていました。学問的に十分な体系化ができていなかったのも事実です。本書では、そうした誤解を解き、弁護士倫理に関してどのような〈慣行〉が実務家の間にあるのかを含めた、実務家としてあるべき法曹の像を語っていきます。

5. 法曹倫理教育の重要性

　日本で法科大学院を作るきっかけとなったのは、2001 (H13)年3月の司法制度改革審議会（以下、改革審という）の意見書です。「法の支配」を社会の隅々まで普及させるには法律家が足りない、多くの法律家を養成するにはどうするか。その1つの方策として創設されました。

　改革審の意見書は、弁護士を、「誠実に職務を遂行し、国民の権利利益の実現に奉仕することを通じて、社会的責任（公益性）を果たすとともに、信頼しうる正義の担い手」としています[7]。また、法科大学院の認証評価機関の1つである日弁連法務研究財団の評価基準7-1は、「法曹に必要なマインドとスキルを養成する教育内容が開設科目等のなかで適切に計画され、適切に実施されていること」とあり、マインドとして、

　　①法曹としての使命・責任の自覚
　　②高い倫理観

をあげています。また、同5-1-3では、「法曹倫理を必修科目として開設していること」を評価基準としています。もう1つの認証評価機関である独立行政法人大学評価・学位授与機構の評価基準2-1-1は、「教育課程が（中略）豊かな人間性並びに法曹としての責任感及び倫理観を涵養するよう適切に編成されていること」と定めています。いずれの評価機関も、法科大学院において、法曹の使命・責任の自覚を中心に法曹倫理教育が展開されていることを評価の重点としています。

6. 2つのアプローチ

　法曹倫理を学ぶには、2つのアプローチがあります。1つは、使命を自覚した崇高な弁護士の姿、いわば理想の姿からのアプローチであり、もう1つは、懲戒規範でもある諸規範からのアプローチです。L. L. フラーという法哲学者は、『法と道徳』の

なかで、〈熱望の道徳〉と〈義務の道徳〉ということを述べています8)。〈熱望の道徳〉は、人間によって成し遂げられうる頂点から出発するのに対し、〈義務の道徳〉は、「その底部を出発点とする。即ち、義務の道徳は、それを欠いては秩序ある社会が成立しないような、若しくはそれを欠いてはある特定の目標を目指す秩序ある社会が目的達成に失敗せざるを得ないような根本規則を定める。それは、旧約（聖書）と十戒の道徳である」。法曹倫理の授業は、大部分が〈義務の道徳〉に関するものですが、それだけでは、〈べからず集〉になってしまいます。弁護士が生涯を賭けるに値する職業であること、その職業に就くことを誇りに思うためには、〈熱望の道徳〉が必要なのです。みなさんにも、古今東西の著名な法律家、とりわけ弁護士の伝記などに触れ、あるべき法律家像を探っていただきたい。それが〈熱望の道徳〉からの法曹倫理へのアプローチとなります。

7．孫暁楼の言葉

最後に、1930年代の中華民国の法学者、孫暁楼の『法律教育』の一節を紹介します9)。

> 法律学問の持ち主こそ法律を認識・改善することができる。社会常識の持ち主こそ法律を適正に運用することができる。法律倫理の持ち主こそ法律を実行する資格がある。法律知識を身につけるだけでは決して法律人材とは言えず、法律学問以外に崇高な法律倫理教養を身につけなければならない。人格あるいは倫理に欠陥のある人間、その学問あるいは技術は精通すればするほど社会に害が大きい。法律を学ぶ人間は人格あるいは倫理に問題があれば、法律の学問を精通するほどに法律をなぶりものにして悪行の限りを尽くす。

マインドだけからは、何も生まれません。しかしマインドが

なければ、どんなに知識やスキルがあっても、どんなに優秀でも、依頼者・裁判所に迷惑をかけ、そして最後には、自分自身を破壊してしまうのです。それほどマインドは重要なのです。

Ⅱ 法曹倫理の法源

1．弁護士倫理の法源

（1）根源的法源

弁護士には、弁護士という階層に共通する価値観・自覚・意識があります。倫理的であらねばならないという価値観、プロフェッションであることの自覚、依頼者への誠実さ、そして、公共のために働くという意識です。

こうした価値観や意識が、弁護士倫理の根源的法源です。逆に言えば、共通の価値観や自覚を持って行動している職能集団が弁護士であるともいえるでしょう。

弁護士法に書いてあるから法源となるのではなく、弁護士の共通の哲学であるという自覚のなかに法源があるのです。

たとえば筆者の場合、酒席で先輩弁護士から話を聞き、仲間内で情報交換をするなかで、少しずつ弁護士のあり方、弁護士倫理を理解するようになりました。弁護士倫理とはこうして伝承されるものなのです。イギリスのインズ・オブ・コート（Inns of Court）では、先達の弁護士と正式な食事をすることが義務づけられています[10]。先輩弁護士と会話するなかで、自然に弁護士倫理を会得するのです。つまり弁護士倫理は、知識として覚えるものではなく、行為規範を身体にしみ込ませるものなのです。このように獲得した弁護士倫理をベースに行動すれば、間違うことはありません。

またドイツ連邦弁護士法は、弁護士のあり方を示しています。「弁護士は、良心に従って、その職務を行わなければならない。

弁護士は、内外において、弁護士の地位が要求する尊敬と信頼に値することを、身を持って示さなければならない」(43-1)。ここから、弁護士の倫理は、「むしろ弁護士身分に内在する共通の意識＝法的確信を直接の法源とする」といわれています[11]。

一例をあげますと、時間に遅れてはいけないという一般社会の倫理（マナーといってもよいでしょう）があります。弁護士にとっては、約束した期限までに準備書面を提出したり、人証申請等の手続を行うことを意味します。約束を破れば、期日が空転します。裁判所（裁判は裁判官だけでなく、書記官、事務官が一体となって運営しています）ばかりでなく、相手方、相手方代理人にも迷惑がかかります。「準備」書面ではなく、「当日」書面を出す弁護士もいます。現在は弁論準備手続があるので、そのようなことは少なくなりましたが、1996（H8）年の民事訴訟法改正前には、口頭弁論期日にいきなり準備書面を出す弁護士もいました。当日書面すら出さず、次回まで引き延ばす弁護士もいました。ひどいものになると、法廷をすっぽかしたり、準備ができておらずイソ弁（勤務弁護士）に出廷させる（事実上のすっぽかし）弁護士もいたのです。まさに倫理観の欠如です。そこで、旧々弁護士倫理（1955〔S30〕.3.30理事会決議）では、「出廷の時間、書類の提出その他職務上の規律は、厳守しなければならない」(11) と定めていました。弁護士職務基本規程では[12]、「弁護士は、怠慢により、裁判手続を遅延させてはならない」（規76）と改めました。時間や期日を厳守しなければならないのは当然です。ABA の "Model Rules of Professional Conduct[13]"（以下、ABA・MR という）3-2でも迅速な裁判（expediting litigation）を義務づけているように、迅速な裁判の実現は、どこの国においても、司法に関与する者すべての共通の理念、価値であり、共通のマインドとして、植えつけられなければならないものです。また、迅速さばかりでなく、

有能な代理、誠実な代理という弁護士の共通の理念があり、この共通のマインドこそ弁護士倫理の法源なのです[14]。

(2) 弁護士法

成文の法源には第1に弁護士法があります。誠実義務・守秘義務・利益相反・弁護士自治・懲戒制度・法律事務独占・非弁提携の禁止などの弁護士倫理を構成するキーワードは、弁護士法自体に盛り込まれています。また、法1に掲げられている「弁護士の使命」は、弁護士にとってDNAとも呼ぶべきものです。

(3) 弁護士職務基本規程

次に日弁連が定めた自律的行為規範である、前述の弁護士職務基本規程(以下、職務基本規程という)があります。

この職務基本規程は、最も重要な法源です。弁護士自らの行動を内心より規制する行為規範であり、弁護士の行為が誠実義務・善管注意義務に違反していないかどうかの目安となる評価規範です。そして、懲戒処分の基準となる規範でもあります。また同規程には、懲戒処分の対象である行為規範と、努力目標としての行為規範があります(規82)。したがって、その異同に注意しながら読むことが大切です。

はしがきで述べたように、職務基本規程は、2004(H16)年11月の臨時総会で制定されたものですが、それまでわが国には、法規範としての「弁護士倫理」がありませんでした。旧弁護士倫理は、1990(H2)年の総会で、「宣明決議」として採択されたものであり、法規範性をもたないものとされていました[15]。それどころか、法規範性をもつと、弁護士活動が制約される危険があるとの声が多く、制定の際には「これに違反しても直ちに懲戒をもって処断されるべきではない」との付帯決議が付いていたのです。それほど外部からの介入を警戒していたといえます。

(4) 懲戒に関する先例

弁護士会・日弁連が行った懲戒処分例やその取り消しを求めた裁判例も、弁護士法・職務基本規程の解釈に役立ちます[16]。また、弁護士の専門家責任を追求した損害賠償事例も〈義務の道徳〉を知るうえで参考になります（第4講参照）。

(5) 比較法的考察

弁護士倫理は、各々の国において、裁判制度のあり方、弁護士制度のあり方、ひいては裁判制度の歴史によって規定されています。そのため、比較法的な考察も必要です。たとえば、ドイツにおける弁護士の役割・位置づけとわが国やアメリカにおける弁護士の役割・位置づけは、随分異なっています。

たとえばドイツでは、弁護士の報酬額が法定されています（定額制）。わが国の医療における保険診療の点数制と似ています。訴状・弁論で1単位、証拠調べ1単位、和解1単位というように、訴訟行為ごとに単価が決まっており、勝敗いかんは報酬と連動していません[17]。したがって、勝訴することへのモチベーションがありません[18]。他方、アメリカのように、成功報酬制（contingent fee）を取り込み、勝訴への強い執着をもって、業務を行う国もあります[19]。イギリスのように変形した成功報酬（これを"conditional fee"と呼んでいます）を採用している国もあります[20]。このように、各々の国の法制史と文化の交点にその国の司法制度がある以上、法曹倫理、弁護士倫理もその影響を受けざるを得ません。当然、多様な法曹倫理、弁護士倫理があります。ただしそのなかでも、守秘義務（第6講）や利益相反（第5講）のように、表現形態は異なるものの共通しているものもあるので、その普遍性を理解することが大事です。逆に、ドイツの報酬法定制度のように、全く異なる報酬の原理の下に動いているシステムもあるので、これらの比較も大事です。

本書では、ABA・MR と CCBE (Council of Bars and Law Societies of Europe、ヨーロッパ弁護士会評議会) の Code of Conduct for European Lawyers[21] (以下、CCBE・Code という) を主な比較の対象としました。

1878年に設立された ABA は、全米約110万人の弁護士のうち、約40万人がメンバーとなっている世界最大の法律家団体です。日弁連と違って強制加入ではなく (後出61頁)、任意加入団体です。公共に奉仕する法曹の全国的団体たることを使命とし、正義を実現し、専門的優秀さと法への尊敬を増進するため、ロー・スクールの認証、継続的法学教育、法情報の提供、弁護士・裁判官の支援プログラム、国民にとって利用しやすい司法制度の実現のためのプログラムを用意するなどの活動を行っています。

ABA は、1908年に最初の倫理規範 "Canons of Professional Ethics" を制定しました (以下、Canons という)。そして、1969年には、"Model Code of Professional Responsibility" を制定し、1983年に "MR (Model Rules of Professional Conduct)" を制定しました。

州弁護士会 (state bar) も、カリフォルニアのように強制加入の州もあれば、任意加入の州もあります。倫理や懲戒の最終的な権限は、州の最上級裁判所にありますが、実質的には state bar の懲戒委員会に権限が委譲される州が多いようです。この意味では、state bar には、相当広い自治が認められています。しかしその state bar においても、懲戒するかどうかの判断には基準となる倫理規範を設けることが必要です。MR は、そのために ABA がモデルを提示して、各 state bar の規範とするように呼び掛けたものです。「モデル・ルール」ですから強制力はありません。しかし、2～3 の州を除いて state bar の倫理規範となっています。したがって、ABA の倫理規範で

あるMRを研究することで、アメリカの弁護士たちの行為規範を探ることができます。

CCBE・Codeは、EU加盟国とヨーロッパ経済圏（EEA）の弁護士会と70万人の弁護士が加盟するCCBEが、プロフェッションとしての弁護士業務に関する利益を増進し、「法の支配」の理念を掲げると同時に、加盟国の弁護士の共通の倫理規範として、1988年に制定されました。

先に述べたように、EU加盟国のなかでもドイツの弁護士は、日本やアメリカと違う位置づけがされています。ドイツ連邦弁護士法1条で、弁護士は、「独立した司法機関」とされており、2条で、営利を目的としない自由業となっています。倫理規範としては、ドイツ連邦弁護士会（単位弁護士会〔原則として高等裁判所ごとに設立され、現在、27の単位弁護士会があります〕を構成員とする公法上の法人）が、1996年に職務規程（Berufsordung）を制定しています[22]。ドイツの弁護士制度は、日本と全く異なるシステムでもあるので、比較・検討に値するでしょう[23]。

また、弁護士の2元システム（two-counsel rule）をとるイギリスでは、2004年に「クレメンティ・レポート」（Clementi Report）が出され、ソリシターの監督機関を設けることや法律事務所の所有の自由化を認める方向が打ち出されたことで、自治や事務所形態の変容が予測されます[24]。

このABAとCCBEの各倫理規範を検討することで、アメリカ（110万人）、EU（70万人）という世界の弁護士数の大半の規範に触れることができます。

2．裁判官・検察官の倫理の法源
（1）裁判官倫理の法源

裁判官倫理の法源については、憲法、裁判所法、裁判官弾劾

法、裁判官分限法、下級裁判所事務処理規則などがありますが、最も影響力の強い倫理は、裁判所という組織風土のなかで非公式に伝えられ、形成されてきた不文律の倫理です[25]。この倫理は、裁判官の思考や行動に重大な影響があるにもかかわらず、本格的な研究がほとんどありません。先に示したいくつかの制定法も、倫理や行動のあり方について、直接規定したものではありませんので、本書のなかで事例を取り上げて、研究していきます。

（2）検察官倫理の法源

検察官倫理についても、検察庁法、国家公務員法、国家公務員倫理法などの制定法がありますが、やはり「検察一家」とも呼ばれる行政組織のなかで、不文律のうちに形成された倫理が大きな影響力を持っていると思われます[26]。

これらの倫理の法源は、第11・12講で改めて指摘したいと思います。

3．まとめ

このように、法律家志望者が実務に就く前段階にマインドとして身につけなければならない事柄はたくさんあります。よい法律家になるために、前述したフラーの〈熱望の道徳〉〈義務の道徳〉をともに実現するマインドの獲得を目指して欲しいと思います。

注）
1) 東京地判 H4.4.9 判時1432-44。M&A の相手方から受け取った賄賂は1億円である。懲役2年、執行猶予5年。
2) (1)六本木ヒルズに事務所を構えていた国際弁護士（この弁護士は、自分で国際弁護士と名乗っていた）は、証券会社に130億円以上の損害を与えて失踪した。さいたま地検は、証券取引法違反で逮捕状をとり捜査しているが、いまだに行

方がわからない。海外に逃亡したのかそれとも殺されたのか。惨めな末路である（2007〔H19〕.7.14、2007〔H19〕.12.27読売）。
(2)巨額横領事件。
①奈良地判 H15.3.24 は、業務上横領・詐欺の罪で、奈良県弁護士会所属の弁護士に懲役6年4月の実刑判決を下している（現代の法曹倫理250頁）。被害総額は、10億円に達する。
②元山梨県弁護士会会長は、破産管財人として保管していた破産財団に属する約6,000万円（被害のごく一部。被害総額は、約2億円にのぼった）を横領し、費消した。甲府地方裁判所の所長が、山梨県弁護士会に懲戒請求し、同弁護士会は2005（H17）年2月、元会長を除名処分とし、甲府地方裁判所は、元会長を懲役6年の実刑に処している。
(3)巨額脱税事件。
2億5,000万円を脱税した大阪の弁護士は、フィリピンへ逃走したが、結局は逮捕。この弁護士は、所得税法違反の他に、出入国管理法違反、公文書偽造の罪まで犯した（2008〔H20〕.12.10毎日）。その後、訴訟の和解金1,500万円を依頼者に引き渡さず、返還訴訟を提起されている（2009〔H21〕.6.12毎日）。
3）弁護士が豊富な法的知識を悪用して、犯罪に加担した例は数多くある。弁護士は、業務の過程のなかで違法行為があることを発見したときは、これを阻止する義務を負っている（会則11、規14、15）。ところが、阻止するどころか、その違法行為に加担してしまった例も多い。
(1)交際相手の女性を偽装結婚させて逮捕（2008〔H20〕.8.6産経）。
(2)①顧問会社の法人税約15億円の脱税に関与して逮捕（2004〔H16〕.9.14読売）。
②顧問会社の法人税約1億5,500万円の脱税に関与して逮捕（2009〔H21〕.1.7朝日）。
(3)不動産競売事件で、架空の賃貸借契約書を作成させて裁判所に提出し、競売実施命令を取り下げさせた。競売入札妨

害罪（1996〔H8〕.7.17読売）。
(4)第三者割当増資の業務に関与して、増資公表前に当該株式を取得して利を得たインサイダー取引（証券取引法違反）（1996〔H8〕.7.31読売）。
(5)業務上横領に関し、被害者からの虚偽の贈与証書作成に立ち会った（証拠隠滅）（1996〔H8〕.10.16）。
(6)公判中に保釈許可された被告人が逃亡した際に、逃亡を助けた（犯人隠匿で逮捕・懲役1年執行猶予3年）（2000〔H12〕.6.24道新）。
(7)破産宣告を受けた不動産業者の財産隠匿を指導した（破産詐欺罪で逮捕）（2005〔H17〕.10.26読売）。
(8)犯罪収益（カジノ）の没収を免れるため、架空の債権で差押を指導した（違法収益隠匿で逮捕・懲役1年6月、執行猶予4年）（2004〔H16〕.10.27）。
(9)自力救済に加担した弁護士に損害賠償責任を認めた（東京地判S62.10.15判タ658-149）。

このように弁護士は、法的知識を悪用することが可能である。孫暁楼が力説している通り、高い弁護士倫理が必要なのである。

4） H. Black "*Black's Law Dictionary*" 第5版804頁。ここでは、"legal ethics" は、弁護士倫理を意味している。
5） ABA・MR前文［9］。
6） ABA（宮沢節生・大坂恵里訳）『法学教育改革とプロフェッション―アメリカ法曹協会マクレイト・レポート』（三省堂書店・2003年）197頁。
7） 司法制度改革審議会意見書（2001〔H13〕年6月12日）78頁。
8） L. L. フラー（稲垣良典訳）『法と道徳』（有斐閣・1968年）2頁。
9） 孫暁楼『法律教育』（中国政法大学出版社・1997年）34頁。
10） (1)益田洋介「イギリスの弁護士制度」ジュリ1040-106。
　　 (2) R. E. メガリ（金子文六他訳）『イギリスの弁護士・裁判官』（中央大学出版部・1967年）131頁
11） 中野貞一郎「ドイツの弁護士制度」三ケ月章他『各国弁護士制度の研究』（有信堂・1965年）191頁。なお、ドイツ連邦弁護士法は、数次にわたって改正されているが、この43-1は、現在も同じである。

12) 弁護士職務基本規程は、この講義の中心となる法源である。(http://www.nichibenren.or.jp/ja/autonomy/rinri.html) にアクセスし、全文をプリントして常に座右に置き、参照してほしい。これがなければ弁護士倫理を十分理解できない。
13) (1) ABA の URL (http://www.abanet.org/about/)。
    (2) ABA の Model Rules の URL
       (http://www.abanet.org/cpr/mrpc/mrpc_toc.html)。
    なお、第一法規から『完全対訳・ABA法律家職務模範規定』が2006年7月に出版されている。
14) ABA・MR 前文 [4] (第4講85頁)。
15) 注釈6頁以下。これに対して、外部から強い批判があった。住吉博「弁護士倫理再考」民商124-1-6。
16) 懲戒事例集については、日弁連調査室から「弁護士会懲戒事例集（上・下）」(日弁連調査室・1998年) および「弁護士懲戒事件議決例集（1～11集）」が刊行されている (2009〔H21〕.6現在)。前者は弁護士会が行った懲戒処分をまとめたものであり、後者は弁護士会が行った懲戒処分に対する審査請求 (対象弁護士からの不服申立) や異議申立 (懲戒請求人からの不服申立) に対する日弁連懲戒委員会・日弁連綱紀委員会の議決例集である。また手近なものとしては、飯島・弁護士倫理がある。
17) ドイツ連邦弁護士法49-7-(2)。
18) (1)木川統一郎「独仏民事法廷の諸相」木川統一郎『民事訴訟政策序説』(有斐閣・1968年) 61頁。
    (2)第8講206頁および第8講注25)～34)。
19) (1)小林秀之「当事者主義と弁護士の役割の変化(上)」判タ516-13は、アメリカ型当事者主義は、弁護士が訴訟における依頼者のための戦士として、あらゆる手段を尽くし、全力をあげて相手方と闘うシステムであるとしている。
    (2)成功報酬については、第8講で詳しく説明する。
20) 浅香吉幹『現代アメリカの司法』(東京大学出版会・1999年) 187頁。
21) (1) CCBE の URL (http://www.ccbe.org)。
    (2) CCBE の Code of Conduct for European Lawyers の URL
       (http://www.ccbe.eu/index.php?id =32&L =0)。
    (3) CCBE は、2006年10月に、Charter of core principles of

the European legal profession and Code of Conduct for European Lawyers を採択し、10の core principle を掲げている。いずれも、Code の本文中に出てくるものであるので、本書では、1988年に採択された Code of Conduct を取り上げる。
22) (1)岡崎克彦「ドイツにおける弁護士とその業務の実情(1)〜(5)」判時1716〜1723号。
   (2)浦川道太郎「ドイツにおける弁護士職務規則」自正50-7-22。
23) ドイツ連邦弁護士会の URL (http://www.brak.de/seiten/01.php)。
   上記から、Regulation of the Lawyer Profession and the Duties and Functions of the Lawyer Organizations in Germany にアクセスすると、ドイツの弁護士・弁護士会のアウトラインがわかる。
24) (1)バリスター (barrister) の団体である "Bar Council" の URL。
   (http://www.barcouncil.org.uk/)。
   その倫理規範である "Code of Conduct" の URL。
   (http://www.barstandardsboard.org.uk/standardsand-guidance/codeofconduct/tableofcontents/)。
   (2)ソリシターの団体である "Law Society" の URL。
   (http://www.lawsociety.org.uk/home.law)。
   その倫理規範である "Solicitors' Code of Conduct 2007" の URL。
   (http://www.sra.org.uk/documents/code/)。
   (3)少し古いが、メガリ・前掲注10) (2)、田中英夫『英米の司法』(東京大学出版会・1973年)。最近のものでは、長谷部由起子『変革の中の民事裁判』(東京大学出版会・1998年)の「第1章 法曹制度改革—イングランドから学ぶもの」(23頁以下)、大寄麻代「イギリスのバリスタは生き残れるか」判夕1063-56、吉川精一「イギリスの場合—諸外国における職務倫理」自正29-1-73、R.ブレイル「イギリスの弁護士制度」ジュリ1021-79、などがあり、今イギリスの弁護士制度は、岐路に立っていることがわかる。
   (4)クレメンティ・レポートについては、

①URL (http://www.barcouncil.org.uk/assets/documents/ReviewofRegulatoryFramework.doc)。
②我妻学「イギリス（イングランド・ウェールズ）における法曹制度改革の試み」法の支配146-60。
③日弁連・国際活動に関する協議会・クレメンティ・レポート研究会「クレメンティ・レポートに関する調査報告書」（2007〔H19〕.6）。
④長谷部由起子「イギリス（イングランド）の法曹制度」広渡清吾編『法曹の比較法社会学』（東京大学出版会・2003年）115頁。
⑤川村明「ヨーロッパにおける消費者指向司法改革と弁護士自治」自正56-6-100。
⑥下條正浩「最近におけるイギリスの司法改革」自正57-12-54。
⑦岩井直幸「21世紀の弁護士、裁判官像を目指して」判タ1077-30。

　岩井氏は、"Law Society" が適切に苦情に対応しなかったことから（つまり、自浄能力がないとみなされたことから）、政府から自治権剝奪が提案されたことを紹介している。わが国の弁護士自治も適切に運営されなければソリシターと同様の憂き目にあうことになるかもしれない。こうした事情がクレメンティ・レポートに繋がった。

25) 第11講注1) 参照。
26) 第12講注1) 参照。

第2講 弁護士職務の公共性・公益性とプロフェッション論

弁護士倫理には、核となる基本概念、基本コンセプトがいくつもあります。本講では、公共（奉仕）性と公益性という基本概念と、ここから派生する弁護士モデルについて、説明します。

I　弁護士職務の公共(奉仕)性

1．公共(奉仕)性とは何か

（1）弁護士職務の基本的性質

　伝統的プロフェッション論において、弁護士は、医師・聖職者とともに、公共の利益に奉仕することを目的とするものと位置づけられています。医師は、肉体的な苦痛に悩む人に医療サービスを提供し、聖職者は、心に悩みをもつ人に安寧を与え、弁護士は、社会に生起するさまざまな紛争において、紛争の適正妥当な解決のための法的サービスを提供し、あるいは、被告人の権利を守るためのサービスを提供します。いずれも高度の学識が必要とされ、この世の中において不可欠の職業です。

　"profession"は、"profess"の名詞形であり、「公に述べること」「公に表明すること」を意味します。これが転じて、その職に就くにあたり、宣誓を課せられる知的職業を意味するようになったようです。なぜ公的な誓約が必要かといえば、その職務権限が公衆の信託（public trust）による特権（privilege）であり、ゆえに公衆の利益のために職務を遂行する責務を伴っているからです。R. パウンドは、プロフェッションとは、「公共奉仕の精神に則り、高度の科学・技能を究めながら、その使

命に専念して遂行すべき職業として、これに従事する一群の人びと」であり、「依頼者から報酬を受け取っているからといって、公共奉仕は否定されない」と述べています[1]。

弁護士の業務は、基本的には代理人です。代理人として、依頼者にサービスを提供することを通じ、紛争を適正・妥当に解決し、実定法秩序を実現します。刑事弁護人としての弁護士も、被疑者・被告人を代理して、刑事手続における適正を確保しつつ、被疑者・被告人の権利を擁護します。

これらはすべて他人の利益のためのサービスであり、自分自身の利益のためではありません。このことを利他性、あるいは利他主義といいます。

この基本理念の下、弁護士は、依頼者のために、法の援用を含めた積極的な活動を行い、「頼もしい権利の護り手」（改革審意見書78頁）として、依頼者の正当な権利実現に奉仕する社会的責任があります。こうした活動は、社会にとって不可欠なものであり、弁護士の職務の公共性といわれる部分です。弁護士の知識やスキルは、この公共性を実践するために存在するのです（法2。ABA・MR前文[6]）。

（2）弁護士の使命と公共性

法1では、弁護士の使命を「基本的人権を擁護し、社会正義を実現する」と定義しています。この一文こそ、わが国の弁護士が担っている責務を宣言したものであり、この使命を実現することが、前節で述べた公共性の実践です[2]。そのために、弁護士、弁護士会はさまざまな活動を展開しています[3]。

2．私益追求の否定

前述のように、弁護士は、社会に対し公共的なサービスの提供を「職業」としています。職業である以上、依頼者から報酬を得て生計を維持するものという側面は否定できません。しか

し、弁護士の活動は、報酬目的であってはなりません。報酬は、提供したサービスの結果として得られるものです。重ねていいますが、「私益」「個人的利益」は弁護士にとって目的ではないのです。このことについて R. パウンドは、「その職業が付随的に生計の手段となっていようともそれは公共的業務（public service）に他ならない」と述べています[4]。「利潤の追求」が最大の目的であるビジネスと弁護士との決定的な違いは、この点にあります。

3．職務の開放性

弁護士職務のもう1つの特性は、弁護士のサービスが、社会に広く存在するニーズに対応するものである以上、すべての人に開放され、誰もがサービスを享受できなければならないという点です。企業に雇用されている組織内弁護士は例外ですが、弁護士は、特定の人に対してのみ継続してサービスを提供することはありません。

医師には応召義務（医師19-1・診療に従事する医師は、診察治療の求めがあった場合には、正当な事由がなければ、これを拒んではならない）があります。一方、弁護士には応召義務はありません。しかし、社会のすべての人に開放されている以上、無下に受任を拒絶してはいけません。依頼人の請求が、正当な権利・利益の実現でない場合や、法25や規27・28で規定された「職務を行い得ない事件」でない限り、受任する社会的責務があります。弁護士は、公共（奉仕）性を実現するために、この「職務の開放性」を維持しなければなりません。

4．法律事務独占と高度の倫理性

弁護士の行う法律事務は、サービスの質が保証されていなければなりません。弁護士業は猿でもできるという人もいます

が5)、決してそんなことはありません。弁護士法によって、弁護士となる者の資格を厳しく制限しているのもそのためです。

この資格制限は、どこの国でも認められ、逆に、弁護士でない者が法律事務を取り扱うことについて、罰則付で規制されています（法72、77）。この制度を法律事務独占と呼びます。

法律事務が弁護士しか扱えない、また、公共性・開放性の高い業務であるということから、弁護士には当然、高度の倫理性が要求されます。この高度の倫理性の確保によって、弁護士に対する社会の信頼が生まれているのです。そして、この信頼こそ、弁護士制度の基盤なのです。「弁護士は、他の職業に従事する者と同じように正直であるというのでは、駄目なのである。司法の運営および維持について裁判所を補佐すべきものは、一般的な正直さの中で高いレベルよりもずうっと高いものが要求されている」のです6)。

では弁護士業務の実態を見るとき、この法律事務独占に見合う良質のサービスが、提供されていたでしょうか。私は、過去においても現在においても不十分であると思っています。誠実義務違反や専門家責任を問われた事例を見るにつけ、これが独占的、排他的な業務を保障されている弁護士のやることなのかと、暗然とさせられます。

弁護士は、常に、有能な代理（competent representation）を行わなければなりません（ABA・MR1-1）。なぜなら無能な代理や不適切な弁護は、依頼者にさまざまな損害を与え、被告人の生命や自由を損なうという重大な結果に直結するからです。

こうした法律事務独占とサービスの質とのアンバランスという問題に加え、サービスの量という点にも問題があります。弁護士人口と弁護士過疎の問題です。少ない弁護士による法律事務独占が、非弁護士による法律事務（これを非弁活動といいます）を生む要因となっていたこともあり、弁護士の増員は喫緊

の課題です。今次の司法改革で、弁護士の人口増の方向が示されました。法科大学院創設もその施策の1つです。今後、人口不足の問題は、次第に改善されると見込まれています。また、日弁連やブロック弁連は、弁護士過疎対策として、「ひまわり」「すずらん」等の公設事務所を展開し、弁護士過疎の解消に努めているところです（後出34頁）。

5．司法制度の担い手としての責務

（1）司法制度の担い手としての弁護士

規4には、「弁護士は、司法の独立を擁護し、司法制度の健全な発展に寄与するよう努める」とあります。司法制度の健全な発展が目指す先は、「法の支配」を実現する社会であり、その社会形成のために、弁護士は、司法という機構のなかで司法の改良、改革に尽力するとともに、司法が健全に運営されるよう努力しなければなりません。代理人として、個々の依頼者の権利を擁護するのはもちろん、裁判手続のなかで、法の予定する弁護活動を展開するとともに、手続の公正さを監視し、異議を述べ、是正していくのも、弁護士の重要な責務なのです。

ABA・MR前文［1］は、「弁護士は、法律専門職の一員として、依頼者の代理人であるとともに、司法制度の担い手（an officer of the legal system）であり、司法の質について特別の責任を負っている公民（public citizen）である」と述べています。弁護士は代理人という「権利の熱心な擁護者」と「司法制度の担い手」という2つの責務を有しています。この2つの責務を2つの中心点として捉え、楕円の論理で弁護士の責務を説明する考えがあります[7]。1つの中心点は、依頼者の代理人という責務であり、代理人・弁護人として、依頼者の「基本的人権を擁護し、もって社会正義を実現する」という責務です。もう1つの中心点は、司法制度の担い手という責務です。弁護士は、

司法制度の担い手として、それに相応しい訴訟活動が期待されています。

このように、弁護士は、司法過程に関与するものとして、裁判制度の適切な運用に協力し、裁判所が誤った判断をしないよう努める役割と、司法制度の改善のために提言し、運動するという公共的役割を担っています。

（2）弁護士の司法機関性—ドイツにおける弁護士の責務

ドイツ連邦弁護士法は、1条で「弁護士は、独立した司法機関である」と宣言しています。裁判官、検察官は、国家の組織のなかの司法機関ですが、弁護士は「民」であり、国家から独立した司法機関であるとしているのです。つまり、弁護士の公共性をどんどん高めていけば、裁判官や検察官に準じる「司法機関」という位置づけにまで達するというわけです。この宣言は、単なる抽象的理念の表現にとどまらず、ドイツの弁護士制度という曲目の全楽章を貫く主旋律だといわれています[8]。ドイツでは弁護士強制制度の採用と相俟って、弁護士の「国家に拘束された信認職」としての性格が強化され、自由職としての性格は後退しています。また弁護士が依頼者を代理して依頼者の利益を実現することは当然ですが、その利益は、国家の法秩序全体のなかでのみ考えるべきであり、法秩序の維持が弁護士活動の基準なのです。この点では、弁護士は、裁判官・検察官と異なることはないと理解されているのです[9]。

さらに連邦弁護士法2-2は、「弁護士の活動は、営利を目的とするものではない」と定め、弁護士の業務が「民」ではあるが営利を目的としないことを明確にしています。先述した私益追求の否定を明文化し徹底させたのです。この性格づけが、ドイツの弁護士のさまざまな活動に影響を及ぼし、絶対的真実義務、報酬法定制度といった、わが国やアメリカとは異なる制度を形成しています。先ほどの楕円の論理でいえば、ドイツの制度の

下では、弁護士の責務は、楕円ではなく、真円（司法機関性が中心）＋α（代理人性）ということになるでしょう。

(3) 司法機関性と代理人性

2つの責務のいずれにウェイトを置くのかは、その国の司法制度の歴史や風土によっても異なります。日本の場合、2つの責務にほぼ同等のウェイトが置かれ、通常、2つの中心点は調和しているといっていいでしょう（ABA・MR 前文[8]）。しかし、この2つの責務から生じる義務が衝突することがあります（代理人としての依頼者に負っている誠実義務と司法の担い手として裁判所に負っている真実義務が衝突する場面を想定してください）。

規74は「弁護士は、裁判の公正と適正手続の実現に努める」とし、規75では、より直截に「偽証若しくは虚偽の陳述を唆し、又は虚偽と知りながら、その証拠を提出してはならない」としています。この規定は弁護人に消極的真実義務を認めたものであり、積極的に偽証していることを告げる義務まではないと解されています（後出285頁）。ところが、ABA・MR3-3-(a)-③は、「（弁護士が虚偽であることを知ったときは）必要に応じて審判機関に情報を開示することを含む、それを正すための合理的な是正措置（reasonable remedial measures）をとらなければならない」としています。つまり ABA・MR は、中心点が司法機関性にあるドイツに近いことがわかります。なお、わが国の刑事弁護では、司法機関性が後退し、代理人性に中心点のある真円＋α型となっています（前出23頁）。

このように、ABA・MR やドイツ連邦弁護士法、そしてわが国の職務基本規程を見ると、国によって弁護士の代理人性と司法機関性のウェイトが微妙に異なっていることに気づきます。ただ本書では、弁護士の2つの役割と楕円の論理について理解を深めていただければ結構です。

6. 弁護士会の公共性

わが国の弁護士会（日弁連・単位弁護士会は弁護士法による公法人）も、「公共性」を担うものとして位置づけられています。これはわが国だけでなく、他のどの国でも、強制加入・任意加入の違いこそあれ、弁護士の職能集団である弁護士会の組織を認め、弁護士における公共性の維持に努めています。

たとえば日弁連は、「職務基本規程」を制定し、倫理研修を実施し、逸脱した弁護士に対する懲戒処分を行っています。また後継者の育成として、司法修習、法科大学院への教員派遣、その後の継続的法学教育（CLE）などを行っています。

単位弁護士会も、単なる同業者団体ではなく、弁護士の公共性を実現できるよう、様々な政策提言を行い、具体的政策に取り組んでいます[10]。

7. ブランダイス判事の言葉

最後に、1930年代に「アメリカ最高裁の良心」と謳われたL. ブランダイス判事（Louis Brandeis）が述べた、弁護士を特徴づける3つの指摘について触れましょう[11]。

第1に、弁護士という職業は、「金銭的報酬の多寡がその成功を測定する尺度とならない職業」であるということです。金儲けができたから、その人が弁護士として成功したということではありません。マインドはもちろん、十分な知識とスキルによって、何を為したか、どれほどの公共性を実践したか、どんな公益事件で成果を上げたかによって評価されるのです。

第2に、ブランダイスは「自分自身のためではなく、他人のために奉仕を目指す職業だ」と述べています。先述した利他性そして公共（奉仕）性のことです。

第3に、弁護士とは「単なる技能と区別された知的内容の訓練を予め必要とする職業である」と述べています。弁護士に必

要な知識とスキルは、「知的内容の訓練を予め必要とする」ものなのです。すぐれたプロフェッションとなるためには、「単なる技能と区別された知的内容の訓練」を持続しなければならないのです。プロフェッション論における専門性です。

このブランダイスの3つの指摘は、弁護士が、どのようなスタンスで業務を遂行するのかについての道標ともいうべきものです。

Ⅱ　弁護士職務の公益性

1．公益性とは何か

次に述べる弁護士倫理の基本的コンセプトは、職務の公益性です。

公益性とは、一般的に個人の利益（「依頼者の利益」と同旨）や個人の権利実現を超えた、何らかの集合的利益の実現を意味します。この意味での公益に資する活動に従事することを、「弁護士の職務の公益性」と呼んでいます。公害裁判・消費者訴訟といった、個人的利益の保障はもちろん、その個人的利益を超えた何らかの公益に資し、直接の依頼者以外の者に影響を与える弁護士活動を指します。公益訴訟以外にも、国選弁護人、当番弁護人、各種法律相談などのプロボノ活動（pro bono publico：法律家が無報酬で行う活動）などがあります。

弁護士の公益性は、その業務の本質ともいえるものです。

2．主な公益活動の俯瞰

それでは、第2次世界大戦後の、弁護士たちによる公益活動の歴史を見てみましょう。

（1）死刑冤罪事件

死刑判決が確定しながら、その後再審で無罪になった事件は、

死刑冤罪事件といわれています。死刑の確定判決を覆すためには、弁護士たちの途方もないエネルギーの投入が必要です。死刑冤罪事件は、これまで4件ありますが、そのなかの1つの「財田川事件」について述べていきましょう[12)13)]。

1950（S25）年、香川県の小さな村（財田川村）の闇米ブローカーが殺され金員が強奪された事件がありました。その被告人が谷口繁義さんでした。

被害者は鋭利な刃物で刺殺されていましたが、客観証拠と合致しない谷口さんの自白調書が作られていきました。その過程で、警察官による拷問もありました。

①現場には、5個の足跡がありました。警察は、谷口さんが当日履いていたという短靴を押収しながら、裁判には提出しませんでした。

②被害者は30ヶ所以上も刺されていましたが、谷口さんの着ていた国防色のズボンには、4つの血痕が付いていただけで、血液検査が可能かどうかギリギリの量しか出ませんでした。しかも、後に付着したのではないかという疑問が出てきました。

③奪われた1万3,000円が行方不明となっていました。谷口さんが、別件で警察に連行される途中、ジープの隙間から8,000円を捨てたと供述しましたが、見つかりませんでした。そもそも連行中は両脇を警官が固めているのに、そんなことが可能なのかという疑問がありました。

④谷口さんは、凶器の刺身包丁を財田川に捨てたと供述しました。しかし、川浚いをしても発見されませんでした。このように、被告人の自白の真実性を裏づける物証が出てきませんでした。

⑤14通の自白調書には著しい変遷がありました。

①から④は自白の信用性を否定する消極証拠であり、⑤は、

積極証拠である自白の信用性を疑わせます。何よりも、谷口さんに加えられたすさまじい拷問を忘れてはいけません。現場を知らない者が現場の図面をどうして書けるのかという疑問が湧きますが、これは拷問の結果、警察の言う通りに現場図面が書かれたということがわかりました。

第2次再審の裁判長は矢野伊吉さんでした[14]。再審開始を支持した矢野さんは、2人の陪席裁判官の反対に遭い、再審は開始されず裁判官を辞職します。矢野さんは辞職後、直ちに弁護士登録をし、谷口さんの弁護にあたりました。しかし再審請求は棄却されます。

1972（S47）年、日弁連に再審問題研究会が発足し、いくつもの再審事件に取り組むようになりました。財田川事件もその1つです。日弁連の支援を得た第5次再審請求は、時あたかも1975（S50）年、白鳥決定（最決 S50.5. 20 刑集29-5-177・判時776-24）が出された直後の、最高裁第1小法廷に係属しました。そして最高裁は、再審請求を棄却した原決定を破棄し（最決 S51.10. 12 刑集30-9-1673・判時828-23）、冤罪が晴れたのです（高松地判 S59.3. 12 判時1107-13）。

谷口さんが身柄を拘束されていた期間は33年11ヶ月に及びます。弁護士たちがこの事件に注ぎ込んだエネルギーも並大抵ではありませんでした。裁判の記録は膨大です。一方、弁護士は、事務所にいる間は来客があり、事件の打合せもあり、法廷にも出なければなりません。裁判書類の起案もあります。家族がいるなら家族との時間も必要です。1日は24時間しかありません。睡眠時間を削るか、家族との団欒を犠牲にするしかありません。この弁護団は、時間を工夫してやり遂げたのです。

弁護士たちはなぜ、寝食を忘れてこの事件に取り組んだのでしょうか。弁護士のマインドを学習する皆さんに一番訴えたいのが、まさにこのことです。弁護士は、自らが担っている社会

的・公益的な責任を果たすために、時間を割き、すべての能力を事件に集中しなければならないのです。

このように、弁護士は、熱意と力量次第で冤罪を晴らすこともできます。逆に考えると、それほど弁護士の職責というのは重いのです。

(2) 4大公害裁判

熊本水俣病、富山イタイイタイ病、新潟水俣病、四日市ぜんそくに関する訴訟は、4大公害裁判といわれています。これらの公害裁判では、その過程で、因果関係の疫学的認定の手法や共同不法行為における客観的関連共同性を裁判所に認めさせるなど、個々の被害者救済に止まらない大きな成果を上げました。

こうした公害裁判を担った弁護士たちについて考えることも、弁護士の公益性を理解するためにたいへん意義深いことです。

阿賀野川の水銀中毒事件（新潟水俣病裁判）では、被告が証拠となる製造工程図を廃棄しただけでなく、プラントそのものを撤去するという事態が起こりました。弁護士には、偽の証拠を出してはいけないとか、真実を尊重するという倫理があります（規5、75）。ところが、新潟水俣病裁判では、工場もろとも破壊され、証拠保全もできなかったのです。しかし弁護団はそれを乗り越えて、勝訴判決に繋げました[15]。

なぜ弁護団に、そのようなことが可能だったのでしょうか。1人ひとりの内心はわかりませんが、彼らは、何の落ち度もないのに水銀中毒に罹り、中枢神経を侵された被害者たちを見て、心を突き動かされたのだろうと思われます。

北海道では、筆者も弁護団の一員として参加した「じん肺訴訟」がありました。北海道には炭鉱や金属鉱山が多く、じん肺患者も多数おられます。じん肺の患者は、十分な呼吸ができません。しかも不可逆性と進行性の、つまり決して治らず、逆にどんどん症状が悪化していく病気なのです[16]。患者たちの苦し

さを目のあたりにしたとき、筆者のなかには、加害企業に対する怒りと、何としても救済しなくてはならないという使命感のようなものが沸いてきました。この弁護団には、思想・信条にかかわりなく、多くの弁護士が参加しましたが、彼らの気持ちを最大公約数的にいうと、やはり、弁護士という職務の「公益性」に行き着きます。

（3）薬害訴訟

薬害訴訟も数多く、思いつくだけでもサリドマイド・スモン・クロロキン・HIVなどがありました。2008（H20）年に、フィブリノゲン製剤によるC型肝炎についての薬害肝炎訴訟が和解で終結したことは、記憶に新しいところでしょう。

1970（S45）年には、「森永ヒ素ミルク中毒事件」がありました。赤ちゃんが飲むミルクのなかに、砒素が混入していたという事件です。当時、弁護団長を務め、後に日弁連会長となった中坊公平氏は、こう述べました。

「乳の出ない女が、母になってはいけなんだ」というお母
さんの声に打たれて、見ていられなかったのだ[17]

この怒りが患者個人の救済に止まらない、患者全体の救済を可能にしたのです。

3．その他の公益的事件

弁護士の職務の公益性は、これらの華々しい成果を上げた、あるいは著名な事件のなかにのみあるのではありません。

私的紛争であっても、当事者の力に格差のある場合、たとえば、雇用における差別の問題や消費者被害の問題、さらに医療過誤や建築紛争は、情報の量だけを比べても、被告と原告の間に圧倒的な格差があります。こうした事件こそ、人権擁護の実現の場となります。

しかし逆にいえば、対等、もしくはほぼ対等な私人間の紛争

において、訴訟などで紛争解決に代理人として従事することは、公益性には含まれないということです。それは弁護士の日常業務であり、法1で謳われている「弁護士の使命」を持ち出す必要はありません。

また、弁護士が司法制度の担い手であることは間違いありませんが、だからといって、弁護士の日常業務すべてを、公益的活動とは見なすことはできません。さらに訴訟手続において、弁護士が違法行為監視・違法行為是正義務を負っているとしても、それは弁護士の業務のあり方、弁護士倫理、職務の公共性の問題であって、公益性の問題ではないということです。また、弁護士が司法制度の一翼を担っているのはその通りですが、そのことが職務の公益性となるわけではありません。紛争の解決すべてが公益活動ではないのです。

もし、すべての事件が「人権擁護」だというのであれば、それは「人権概念の拡散」「人権のただ乗り」です[18]。弁護士の職務の公益性は、私人間の紛争解決という日常業務を超えた次元に存在するのです。

4．公益活動の報酬

公害訴訟、薬害訴訟などの公益事件においては、原告が勝訴した場合、原告から弁護士（団）に報酬が支払われることがあります。ところが弁護士（団）が報酬を受け取ることで、公益事件と通常の損害賠償請求事件との差が薄れるという指摘があります[19]。

しかし私は、弁護士が公益事件を無償で担う必要があるとは考えません。公益事件に注ぎ込む時間と労力を考えると、プロボノで賄えるものではなく、「民」である弁護士が、そういった無償の活動を続けるのは困難だからです。もちろん、その報酬は適正なものでなければなりません。

5．その他の公益活動

弁護士は、「その使命に相応しい公益活動に参加し、実践するよう努めなければなりません」(規8)。代表的な公益活動は、国選弁護、当番弁護、法律相談活動、後継者養成への関与(法科大学院教授への就任や司法修習生のトレーニング)など、前述した「プロボノ」と呼ばれている活動です。また、破産管財人として管財業務を行うことにも、破産という制度を支え、この制度に国民が信頼を寄せるという公益性があります。

弁護士会の委員会活動への参加は、常に公益性があるわけではありません。人権擁護委員会、公害対策委員会など市民の人権に関わる委員会の活動には公益性が認められますが、厚生委員会や選挙管理委員会などは、公益活動の範疇には入らないでしょう。

公益活動は本来、弁護士が等しく分担するべきものですが、残念ながら現実は、一部の弁護士の献身的努力に支えられています。この不公平を解消するため、東京の3弁護士会は、「公益活動に関する会規」を定め、公益活動に参加することを義務化し、参加しない会員に対しては、〈公益活動負担金〉の納付を命じています。

こうした事情は、わが国特有のものではないようです。

ABA・MR6-1は、自発的なプロボノ活動(voluntary probono publico service)を義務化し、年間50時間以上のプロボノ活動を行うよう定めています。韓国の大韓弁護士協会も、公益活動を義務化し、年間30時間以上の公益活動を義務づけ、必要時間を完遂できないときは、1時間あたり日本円で2,000円ないし3,000円の納付を義務づけています[20]。第二東京弁護士会は、年間30時間、1時間あたり4,000円です。全く公益活動に従事しない弁護士は、年間12万円を弁護士会に支払うことで参加が免除されます。

弁護士の公益活動は本来、ボランタリーな参加でなければならない、外的強制によるものではないというのが本筋です。しかし、被疑者弁護の拡大が目前に迫っており、国民の裁判を受ける権利（憲32）、弁護人依頼権（憲37）の保障のための活動を十分に行うためには、義務化も必要となります。今後は公益活動負担金制度の是非についてよく議論する必要があるでしょう。

6．弁護士会の公益活動

弁護士の集団である弁護士会も同じくさまざまな公益的活動を展開しています。順不同で思いつくままあげてみます。

①当番弁護士制度　　当番弁護士制度は、日弁連の会員全員が、月4,300円を負担し、基金を作り、運営費を捻出しています。

②過疎地域対策「ひまわり基金法律事務所」　　過疎地の人々のために、日弁連は、全国に93ヶ所の「ひまわり基金法律事務所」という公設事務所を設置・運営しています。これによって、いわゆる弁護士過疎地域、ゼロ・ワン地域の解消を目指しています。憲32の裁判を受ける権利は、英語で"right to access to the justice"、直訳すると「正義に近づく権利」です。まず人々が弁護士にアクセスする。このアクセスが実現できなかったら、裁判を受ける権利も絵に描いた餅です。少しずつですが、日弁連もアクセス障害の解消に努めているところです[21]。この公設事務所は、日弁連の会員が1月1,400円を拠出して、維持しているものです。

③公設事務所へ派遣する弁護士の養成「すずらん基金法律事務所」　　北海道には、道弁連という北海道の4単位会（札幌・函館・旭川・釧路）が加入している団体があります。道弁連も、「すずらん基金法律事務所」を札幌に作りました。道内の弁護士が月2,000円を拠出して、そこで公設事務所へ送り出

す弁護士を養成しているのです。このような活動が、すべての人に裁判を受ける権利を可能にしています。

④後継者養成への積極的関与（法科大学院への教員派遣、司法修習所教官派遣、弁護士修習の引受など）

⑤弁護士任官や裁判所との各種協議会の開催

⑥国選弁護や法律扶助制度への関与も弁護士会の公益活動

弁護士はこのように、個人だけでなく弁護士会を通じても、公益的な責任を負い、その役割を果たしているのです。

7．まとめ

上記の弁護士の活躍ぶりや日弁連の活動を見ていくと、弁護士の職務の公益性の意味が見えてくると思います。

弁護士の業務を真面目に遂行している限り、金儲けなどできません。目先の金銭的なことに囚われると、はしがきで述べた200件以上受任しながら放置した弁護士のようになってしまいます。金銭的に報われなくても、「基本的人権を擁護し、社会正義を実現する」という法１の使命に向かって一生懸命取り組むことが、「弁護士の職務の公益性」の意味するところなのです[22]。

Ⅲ　弁護士モデル論について

次に、弁護士を統合する概念（モデル）について述べていきます。

1．在野モデル

（1）戦前の弁護士の地位

現行弁護士法の前身である旧弁護士法は、1933（S８）年に制定されました。さらに遡った旧々弁護士法は、1894（M26）

年に制定されています。旧弁護士法や旧々弁護士法の下で、弁護士は裁判官、検察官に比べて格段に低い扱いを受け[23]、逆に裁判官や検察官の弁護士に対する優越感と差別意識は強いものがありました。弁護士は活動を規制され、十分な人権擁護が行いえない環境にありました。そのうえ弁護士会自体が、検事正（旧々弁護士法）や司法大臣（旧弁護士法）の監督下にあり、正当な弁護活動すら、懲戒の対象となっていました。また、旧々弁護士法当時は、試験も別々に行われていました。こうした状況下で、弁護士たちは、自治を希求するようになっていったのです。

旧弁護士法（1933〔S8〕年）になってようやく、判事・検事との同一試験が実現。同時に弁護士試補制度もでき、一定の質の保証がある弁護士養成制度が生まれました。そして第2次世界大戦後、弁護士法（1949〔S24〕年）、裁判所法（1947〔S22〕年）が改正され、統一試験、統一修習となったわけです。先人弁護士たちが展開していた、判事・検事に対する非対等から対等への運動（水平運動）が実を結んだのです。

法曹三者といいますが、戦前は法曹2.5者だったといえるでしょう。それが今や、法曹三者が司法制度の創設・改正について協議し、実行するという時代になりました。今次の司法制度改革にあたっても、最高裁、法務省、日弁連の協議によって、裁判員制度、法テラスをはじめとするいろいろな制度設計を行っています。しかしこれは当然のことなのです。もともと弁護士は司法制度の担い手であるのに、それに相応しいポジションを与えられていなかっただけなのです。こうして弁護士は、弁護士なくしては司法が機能しない存在になりました。ここに至るまでに、先人たちの多大な努力が払われたことを忘れてはなりません。

さて、弁護士のあるべき地位の獲得を目指した当時の、弁護

士の統合概念、あるいはアイデンティティーは何だったのでしょうか。

それは「在野」です。つまり裁判官、検察官が在朝で、弁護士はその対抗勢力たる在野であるという理解です。戦前の官の優越的地位や官尊民卑の一般的風潮もあり、在野の「民」である弁護士に対する差別は、まさにDNAのように国民全体の意識に刷り込まれていました。そしてこのような環境のなかで、先人弁護士たちは、在朝の権力に対抗する関係というアイデンティティーを育んできたのです。

（2）在朝在野二分論の不都合性とプロフェッション論の登場

ところが、第2次世界大戦後30年近くが経過すると、「裁判官・検察官＝在朝」対「弁護士＝在野」という図式は現実にそぐわなくなってきました。なぜなら、弁護士の業務の本質は、依頼者へのサービスの提供にあり、権力性の有無だけでは断じ切れないと理解されるようになったからです。

たとえば法律相談を考えてみましょう。法律相談は、市民の問いに対して親切に答えるというサービスです。そこに権力性が介在する余地は全くありません。こうしたこと1つを見るだけでも、権力との対抗関係だけでは弁護士の業務を説明できなくなったことが理解できます。

ここにおいて、在野に代わる弁護士の新しい統合概念、アイデンティティーが必要となりました。そこで登場したのがプロフェッション論です。在朝在野の対立概念が無効となった後に、この価値中立的な概念が登場したのは、必然ともいえるでしょう。また1969（S44）年に石村善助氏が著した『現代のプロフェッション』が出版されたことも、プロフェッション論が一気に支持された要因の1つでした[24]。

しかし、プロフェッションという言葉が使われていなかった戦前の日本でも、プロフェッション的な考えが存在し、実践さ

れていたことに触れなければフェアではないでしょう。

たとえば旧弁護士法の下における弁護士試補研修では、「弁護士道徳」や「弁護士道」といった講義が開かれていました[25]。その講義内容を調べてみると、実にABA・Canons（1908）と遜色ないことがわかりました。

かつてR. W. ラビノヴィッツ氏は、日本の弁護士には、プロフェッションの観念が未熟であるとか、生育していないと批判しました[26]。しかしながら、弁護士の理念・あるべき姿が、時代とともにあることは当然であり、ラビノヴィッツ氏のように時代背景を無視して評価するのは、方法論として誤っています。

確かに、1970年代までの日本の弁護士は、自分たちの職業を統合する概念を積極的に表明しませんでした。その原因はやはり、明治憲法下での裁判制度、そのなかでの裁判所、検察との対抗関係、官の弁護士に対する差別意識といったものの残滓が、無意識のうちに残っていたからだと考えます。それを払拭するには時間が必要だったのです。むしろ先人弁護士たちの実績と足跡は、日本の弁護士がプロフェッションと認められるために、欠くべからざる成長過程だったと積極的に評価すべきでしょう。歴史には背景があり、すべての事象はそのうえで起こります。背景を抜きにして事象を正しく把握することはできません。そうした視点を欠いたラビノヴィッツ論文が、日本の弁護士の低劣さを象徴するかのように至るところで引用されているのは[27]、古賀正義弁護士の指摘する通り遺憾なことです[28]。

2．プロフェッションモデル

（1）プロフェッションの特性

前述の通り、もともとプロフェッションは、西ヨーロッパで生まれた、聖職者、医師、弁護士を指す概念でした。いずれも人の悩み、苦しみ、秘密に接し、高度な学識を要する職業とし

て捉えられ、社会から尊敬を受けていました[29]。

前述の石村論文をもとにして、もう一度プロフェッションの特性について考えてみます。

①専門性　第1にプロフェッションを特徴づけているのは、高度な学識に裏づけられた体系的な知識と技能（スキル）を持った専門性です。

弁護士は、司法試験合格後、1年のトレーニングを経て、ようやくライセンスを得ることができます。その後も日々研鑽を積まなければなりません（法2は、法令および法律事務に精通しなければならないとしています）。その研鑽とは、ABA・MR前文[6]が述べるように、目の前の依頼者のためにではなく、いまだ見ぬ将来の依頼者のためでなければならないのです。三宅正太郎元判事は、名著『裁判の書』のなかで「学ばなければ卑し」と喝破しています[30]。弁護士の提供するサービスは、法的知識がベースです。知識がなければサービスの提供もあり得ません。

②団体性　プロフェッションは、医師は医師会、弁護士は弁護士会というふうに、独自の団体を形成します。その団体はメンバーに対し、社会的使命の自覚とその使命達成のための自己訓練、自制の必要性を繰り返し説いて、メンバーの質を向上させると同時に、逸脱したメンバーを懲戒し、自主規律を図ります[31]。この機能によって、社会は一層、その団体をプロフェッションとして信頼するわけです。

日弁連は、第3講で述べるように、ライセンスの管理（資格審査・登録・懲戒）、後継者養成のためのトレーニング機会の提供など、世界でも稀な自治権を有しており、これらによって弁護士という階層の文化、弁護士のマインドを継承しています。

③独立性　プロフェッションの判断と行動は、その知識と技能に依拠して行われなければなりません。外部の意見に左右

されてはならないのです。このことを規2では、「自由と独立を重んじる」と表現しています。

自由と独立は弁護士の命であり、CCBE・Code2-1でも、弁護士には絶対的な独立（absolute independence）が必要であるとし、フランスにおいても、弁護士についての1990年法の1条では、「弁護士職を自由且つ独立の職とする原則は、根源的なものである」としています[32]。このように独立性は、いつの時代でも、どこの国でも認められる特性です。

さて独立とは、何からの独立を指すのでしょうか。

（a）まず国家権力やあらゆる社会的勢力から独立していなければなりません。それに加えて、名もない市民のバッシングからも独立している必要があります[33]。

（b）依頼者からの独立も重要です（後出268頁）。専門家として正しい判断を下すには、依頼者から独立していなければ不可能なのです。依頼者は、弁護士にとって不本意な弁護活動を求めてくることがあります。弁護士の代理人性を強調すれば、党派的な活動や党派的な弁論も許されるという見方もありますが、一方で弁護士は司法制度の担い手でもあります。法の理念や衡平という観念に照らし、依頼者の要求が不当なものであれば、依頼者を説得しなければなりません。弁護士は依頼者の「雇われガンマン」ではないのです。

では不幸にして弁護士の判断と依頼者の要求の間にギャップが生じた場合、依頼者の要求を無視し、弁護士の判断で手続を進めることはできるでしょうか。依頼者に利害が帰結するのですから、その意思は無視できません。しかしそれが、正当な利益の実現という視点から是認できない場合もあります。説得して是正しなければなりません。それでも、ギャップが埋まらない場合には、辞任も選択肢に入れなければなりません（規22）。さらに、依頼者に違法行為があれば、制止

Ⅲ 弁護士モデル論について

する義務もあります（会則11、規14）。弁護士は、依頼者に拘束されず、一歩離れて、専門的判断をする必要があるのです。

（c）弁護士は、同僚や先輩弁護士からも独立しなければいけません。相手方代理人が同僚や先輩であるからといって、手心を加えてはいけないのです。「法廷では敵として、しかしレストランでは友として付き合える」ような関係でいる必要があります[34]。

④公共奉仕性　本講の冒頭で述べた通りです。

⑤職務独占性　21頁以下で述べた通り、ライセンスを得た者以外の者は、当該プロフェッションの仕事ができないことを意味します。法72・77は、法律事務独占を定めています。

⑥自主規律性　プロフェッションは、自主的な規律保持のための制度を持っています。職務基本規程やABA・MRがこれにあたります。プロフェッションの団体はこれらに依拠し、自律的に、メンバーの規律を維持することができるのです。

（2）まとめ

プロフェッション論は、枚挙に暇がないほどさまざまな場面で使われており、弁護士を規定する概念として定着するだけでなく、むしろ自明のことと考えられつつあります[35]。

高い専門知識を得るために日々研鑽し、その知識を自分のためでなく依頼者や社会のために用い、しかもその職務を誰からも支配されず、独立して行う、プロフェッションとしての弁護士は、法律を操作する技術屋ではないのです。もちろん弁護士だけでなく、近い将来に検察官、裁判官になることを志すのであれば、法曹の仕事が、こうした公共奉仕性、独立性、廉潔性というプロフェッションの理念に支えられていることに誇りをもたなければなりません。そしてそれを実行できる弁護士、検察官、裁判官になって欲しいと思います。

3. その他の弁護士モデル

弁護士モデルについては、ビジネスモデル・法サービスモデル・関係志向的モデルなどが提唱されていますが、本書では割愛します[36]。

4. プロフェッショナリズムの危機

(1) 弁護士のモラルハザード

元最高裁長官の山口繁氏は、雑誌『法の支配』(日本法律家協会の機関誌)で連載した「リーガルプロフェッションの行方」(133-4)のなかで、P.M.ブラウン(Petor. M. Brown)が1989(H1)年に書いた「悪党ども、リーガルプロフェッションの身売」を紹介しています。

> 「アメリカのロー・プロフェッションは、広く犯罪、背信、貪欲、および怠惰とは無縁のものでなければならない。現在は、そのような状態にない。弁護士の業務を、公共の利益に奉仕するプロフェッションとしてではなく、単に利益を得るための職業として扱う弁護士が余りにも多すぎる。この考えの変化—金儲け主義—は、アメリカ社会に有害な影響を与える」

> 「貪欲、ごまかし、利益相反の蔓延したこの時代にあって、金を作ることが唯一でないとしても、主たる目的となっている弁護士がかなりおり、そして数を増している。貪欲な人たちは、今日、大規模な法律事務所、しばしば巨大法律事務所と呼ばれる事務所で働いている。そして、巨大事務所は(1977年のBates判決[37]から)12年だけで摩天楼のように大きくなった。この12年で、弁護士は、今日では世論調査の度に、不名誉にも、樽の底に位置づけられているのである」「狭い教育を受け、哲学や文学や歴史も何も持ち合わせない、本質的には、人間主義的な職業における

サービスにおいて、十分準備のできていない弁護士が今日余りにも多過ぎるのである」

P. M. ブラウンは、40年以上の弁護士経験を持つウォールストリート・ロイヤーですが、弁護士業務の変化を見守りながら、「法曹界に忍び寄る崩壊を認識し」「現在制御できない状態で錐揉み降下中のリーガルプロフェッションの危機に進んで立ち向かわなければならない」と警鐘を鳴らしたのです。

この本が、今から20年前に書かれたことを思えば、こうした事態は一層進んでいると思われます。

(2) パラダイムの転換

また、山口氏は、前出論文で R. G. ピアーズ (Rassel, G. Pearse) の「プロフェッショナル・パラダイムの転換」にも言及しています。要約して紹介しましょう。

　　パラダイム理論を弁護士業務に適用して、ビジネスとプロフェッションを二分し、プロフェッションとしてのパラダイム論がアメリカの弁護士の意識を支配し、彼らはそれに誇りを持っていた。ABA も 19世紀末から「プロフェッショナル・パラダイムに反する行為」=「ロー・ビジネスの利益最大化を図る行為」は、unprofessional であるとして防止しようと努めていた。1897年に「ビジネスの方法の導入により生じる悪影響を阻止すること」を法曹教育の重点としていたし、1908年の Canons では、広告と勧誘を禁止した。プロフェッショナル・パラダイムの下で、弁護士たちは利他主義への献身を行った。他方、社会は、弁護士は難解な知識を、自分たちを食い物にするために使うことはないだろうと信頼した。プロフェッションの団体は、資格付与、倫理規範および懲戒機関を通して、そのメンバーを監視することにより他利主義を保証していたのである。その利他主義が、企業奉仕者 (business servant) によって

破壊されつつある。企業奉仕者は、最大利益を図るために、依頼者や社会の信頼を裏切った。

このようにピアーズは、弁護士にプロフェッショナル・パラダイムからビジネス・パラダイムへの転換が起こったことを指摘します。リーガル・プロフェッションはどこへ行こうとしているのか？　という鋭い疑問を投げかけているのです。また、このパラダイムの転換論は、弁護士のモデル論においてもプロフェッショナル・モデルからビジネス・モデルへの転換と軌を一にしているように思います。わが国もいつか、パラダイム転換の時期を迎えるかもしれません。しかし転換期こそ、本書が繰り返し述べる弁護士のマインドが必要となるのです。

5．「アメリカン・スタンダード」の導入と日本の弁護士実務への影響

今次の司法改革・弁護士改革においては、「グローバル・スタンダード」が声高に叫ばれました。このグローバル・スタンダードが、実はアメリカン・スタンダードだったというカラクリは、みなさんご承知の通りです。その証拠に、イギリスやドイツ・フランスの弁護士制度をわが国に導入しようなどと主張した人は1人もいませんでした。冷戦が終結し、アメリカが唯一の超大国となり、経済的にも一人勝ちの状況にあって、グローバル・スタンダードはアメリカイズムを巧妙に包む代名詞だったのです。つまり司法改革・弁護士改革に「グローバル・スタンダード」を導入するとは、何のことはない、わが国の制度を「ミニアメリカ化」しようという目論見だったのです。

現にアメリカ政府から毎年出されている対日要望書のなかには、常に弁護士制度改革が含まれています[38]。そのなかには、法曹人口増、法科大学院制度の導入、弁護士事務所の法人化（複数事務所を含む）、営業行為の自由化（許可から届出へ30条の

改正)、広告解禁、司法書士への簡裁代理権付与（法律事務独占の見直し）、そして外国法事務弁護士の制限撤廃などがありました。これらの要求は、ほぼすべて要求通り実現しています。

　日本の弁護士制度が一夜にしてアメリカのようになるとは考えられませんが、今後、弁護士の業務のあり方が変化していくと思われます。

　近未来において、企業法務のウェイトがますます重くなり、渉外弁護士の比重が大きくなるでしょう。利益追求が弁護士の最大の関心事となり、弁護士の評価基準が職業能力よりも、どれだけ依頼者を獲得し、いくらの収益を上げているかに移っていくかもしれません。逆に公益活動は評価されなくなるかもしれません。弁護士会活動に無縁で無関心な弁護士が増え、ひいては弁護士自治が弱体化するでしょう。弁護士強制制度もなくなるかも知れません。プロフェッショナル・パラダイムの衰退です。

　その萌芽はすでに認められます。

　第3講で紹介する懲戒事例や第4講で紹介する業務責任が認められた事例のうち、確実に利益至上主義に陥ったと思われる例が多数あります。これとアメリカ化との関係は定かではありませんが、いずれも依頼者の利益を犠牲にして、弁護士自らの利益を謀り、誠実義務・忠実義務をないがしろにしたために起きた事例です。

　さらに恐ろしいことに、弁護士のパラダイム転換は一部の弁護士に不当な利益をもたらすだけでなく、究極においては、法や社会にとってマイナスになるということです。なぜなら一般市民の弁護士に対する信頼を失うばかりでなく、司法制度そのものに対する信頼を失ってしまうのですから。このパラダイム転換の時期にこそ、弁護士のマインドが問われているのです。

注)

1) R. Pound, *"The Lawyer from Antiquity to Modern Times"* (1953) 5頁。

2) 那須弘平「プロフェッション論の再構築」日弁連編集委員会編『あたらしい世紀への弁護士像』(有斐閣・1997年) 248頁で、那須弁護士 (当時) は、「人権擁護・社会正義の実現」は、代理行為、弁護活動の結果として実現されるにすぎないという意味で、2次的なものであり、弁護士業務の普遍的特性というのは、誤導的であるという。私は「誤導的」とは全く思わない。この議論は「鶏か卵か」の認識に似ているが、実は違う。何がこの職務の本質であり、何が弁護士の使命なのかという認識 (自覚) において大きな差がある。

3) 日弁連は、①弁護士自治の下で、資格審査、規則の制定、懲戒権の実施、②後継者養成 (法科大学院支援、司法修習など)、③刑事分野における諸活動 (再審支援、可視化導入、当番弁護士など)、④人権救済活動、⑤公設事務所によるアクセス改善、⑥継続的法学教育 (CLE)、そして、⑦1990 (H3) 年以来、数次にわたって司法改革宣言を行うなどの政策提言を行っている。また、法曹一元の実現を目指し、弁護士任官運動を展開している。(URL http://www.nichibenren.or.jp/ja/opinion/ga_res/1990_3)。

4) Pound・前掲注1) 5頁。

5) 西田研志『サルでもできる弁護士業』(幻冬舎・2008年)。同書は、「サルでもできる」とショッキングなタイトルを付けているが、よく読むと「サルでもできる」ものではないとわかる。

6) 山口繁「リーガルプロフェッションの行く方 (その1)」法の支配133-8。

7) 大野正男「楕円の論理」判タ528-7、同「弁護士自治と現在」自正29-11-51。

8) 中野・前出第1講注11) 123頁。

9) 岡崎克彦「ドイツおける弁護士とその業務の実情について(1)」判時1716-32。

10) 全国50の弁護士会は、それぞれでホームページを開設し、活動を紹介している。「〇〇弁護士会」で検索すれば、その弁護士会が行っている公共的活動や公益的活動を知ることができる。

11) 石井成一編『講座 現代の弁護士 第1 弁護士の使命・倫理』（日本評論社・1970年）73頁。なお、L. D. ブランダイスについては、鵜飼信成『憲法と裁判官―自由の証人たち』（岩波書店・1960年）2頁以下。
12) 財田川事件。
   (1)最判 S51.10.12 刑集30-9-1673・判時828-23。
   (2)高松地判 S59.3.12 判時1107-13。
   (3)第10講261頁および第10講注31)、第11講347頁および第11講注40)。
   (4)矢野伊吉『財田川暗黒裁判』（立風書房・1975年）。
   (5)岡本三夫「もう一つの『悪魔の飽食』」『日本の冤罪・法セ増刊号』（1983年）198頁。
   (6)日弁連編『再審』（日本評論社・1977年）80頁。
13) 再審が開始され、無罪となったその他の死刑冤罪事件。
   (1)免田事件―熊本地八代支判 S58.7.15 判時1090-21。
   (2)島田事件―静岡地判 H1.1.31 判時1316-21。
   (3)松山事件―仙台地判 S59.7.11 判時1127-34。
   (4)日弁連が再審請求を支援し、無罪が確定した事件は12件あり、現在支援中の事件は8件ある（日弁連編著『弁護士白書2008年版』243頁）。
   (5)足利事件も無罪となる可能性がある（2009.8現在）。1990（H2）年5月、栃木県足利市で4歳の幼女が行方不明となり、翌日川で遺体となって発見された事件である。バスの運転手だった菅家利和さんが逮捕され、結局捜査官のストーリー通りに自白。その後のDNA鑑定の結果、犯人とされ、無期懲役が確定していた。菅家さんは2002（H14）年12月に再審請求をするが、2008（H20）年2月に宇都宮地裁は再審請求を棄却。菅家さんは東京高裁に即時抗告し、抗告審において、2人の鑑定人（検察・弁護双方がそれぞれ推薦）のいずれもが、DNAが一致しないと鑑定。これを受けて、検察は刑の執行停止を決定し、2009（H21）年6月23日、東京高裁は再審開始の決定を行った。菅家さんの失われた17年半という時間は、いったい誰がどう償うのだろうか。第11講352頁参照。
   日弁連会長談話。

(http://www.nichibenren.or.jp/ja/opinion/statement/090604.html)。
  (6)すべての冤罪に共通しているのは、被告人の自白に頼っているという点である。真犯人でなければ自白しないと一般市民は考えるが、現実には真犯人でない人たちが、捜査官のストーリー通りの自白をしているのである。この問題では、警察・検察による捜査方法の見直し、裁判官の眼力の鍛錬、そして弁護人の最善義務のあり方が問われている。
14) 矢野・前掲注12) (4)。
15) (1)新潟地判 S46.9.29 判時642-96。
  (2)斎藤恒『新潟水俣病』(毎日新聞社・1996年)。
16) (1)最判 H16.4.27 民集58-4-1032・判時1860-34は、じん肺の進行性に着目して、「加害行為が終了してから相当期間が経過した後に損害が発生する」として除斥期間の起算点を「損害発生時」としている。
  (2)北海道金属じん肺訴訟弁護団編『胸いっぱいの呼吸（イキ）を』(北海道金属じん肺訴訟原告団・弁護団・1994年)。
  (3)北海道石炭じん肺訴訟18年のあゆみ編集委員会編『燃える石炭（いし）その陰で—北海道石炭じん肺訴訟18年のあゆみ』(北海道石炭じん肺訴訟原告団・弁護団・2008年)。
17) 中坊公平『金ではなく鉄として』(岩波書店・2002年) 198頁。
18) 宮沢節生「弁護士職の自己改革による日本社会の変革を求めて」日弁連編集委員会・前掲注2) 151頁。
19) 棚瀬孝雄「脱プロフェッション化と弁護士像の変容」自正47-10-93。
20) *NIBEN Frontier* 2003年10月号43頁。
21) 日弁連・前掲注13) (4) 216頁。
22) 個人的な感想であるが、私は塚原英二「自由競争論の中の弁護士像と民衆の弁護士」日弁連編集委員会・前掲注2) 49頁に共感を覚える。是非読んでもらいたい。
23) (1)菊地史憲「弁護士自治の歴史的考察と弁護士の課題」日弁連編『21世紀弁護士論』(有斐閣・2000年) 135頁。
  (2)森長英三郎「在野法曹85年小史」法時32-6-108。
  (3)古賀正義「日本弁護士史の基本的諸問題」同編『講座 現代の弁護士 第3 弁護士の業務・経営』(日本評論社・1970

年）1頁。
- (4)大野正男「職業史としての弁護士および弁護士会の歴史」同編『講座 現代の弁護士 第2 弁護士の団体』（日本評論社・1970年）120頁。
- (5)松井康浩「弁護士史の教訓」同『日本弁護士論』（日本評論社・1990年）226頁。
- (6)上野登子「弁護士自治の歴史」第2東京弁護士会編『弁護士自治の研究』（日本評論社・1976年）14頁。

24) (1)プロフェッション論が盛んになったのは、石村善助『現代のプロフェッション』（至誠堂・1969年）に負うところが大きい。プロフェッションの定義・特性・歴史・行動原理・団体性などについて詳述されている。必読の書である。
(2)吉川精一「改革とプロフェッショナリズム」自正51-9-36。

25) 大橋誠一『辯護士道』（大橋法律事務所・1938年）。大橋誠一氏は、1938(S13)年度の東京弁護士会の会長である。1933（S8）年制定の旧弁護士法は、1937（S12）年に施行され、弁護士試補の制度が開始されたが、弁護士試補に対して弁護士道を解説している。簡単に項目を列記すると、

第1：弁護士が社会人として踏むべき道
　1．誠実に職務を行うべき義務
　　①修養、②勤勉、③正義・勇気、④専業の原則
　2．品位保持の義務
　　①不羈独立の精神、②堅実なる生活、③秘密保持、④社会の木鐸世人の儀表、⑤看板広告
第2：弁護士の裁判所に対する道
第3：弁護士の同業者間に処する道
第4：弁護士の依頼者に対する道
第5：弁護士の証人その他の関係者に対する道

である。現代の弁護士倫理の骨子がことごとく網羅されている。

26) R.W.ラビノヴィッツ「日本弁護士の史的発達」自正8-9-6は、日本の弁護士は、プロフェッションという意識・認識がなく、業務が未熟であると批判する。古賀正義弁護士は、古賀・前掲注23）(3) 8頁以下において、ラビノヴィッツ氏の上記論文が、明治政府以来の「法制の権力的モメント」に目をふさぎ、政治的・経済的・歴史的に規定される弁護士法制の背景を捨象して

いると批判している。是非、この2つの論文を読み比べていただきたい。Sharswood *"An Essay on Professional Ethics"* は、1887年、アラバマ州弁護士会が、世界で最初の弁護士の倫理規範 "Code of Ethics" を制定する端緒となった論文であるが、この論文が1854年のものであったことを考えると、彼我の違いとして述べることは妥当であっても、批判、非難は適切でないと思う。なお、Sharswoodの前出文は、
(http://www.stcl.edu/facultypages/facultyfolders/collett/sharswood.html)
で読むことができる。

27) 三ケ月章「弁護士」潮見俊隆編『岩波講座 現代法 第6 現代の法律家』(岩波書店・1966年) 204頁は、何の疑いもなく、ラビノヴィッツ氏の論文を引用している。

28) 古賀・前掲注23)(3)参照。

29) プロフェッションとしての法曹の起源については、ABA・前出第1講注6)107頁以下に簡単な記載がある。

30) 三宅正太郎『裁判の書』(牧野書店・1942年) 129頁では、「学ばなければ卑し」とまで言っている。この「学」について、「渾身の力を傾け、努めてやまざるにおいて、その研究技芸から卓越した人格が磨き出される」ものであり、「人間至上の境地に入る道」なのであると説いている。

31) 田中成明「弁護士倫理・医療倫理と団体の自治権能」書斎の窓545-25。

32) 江藤价泰「フランス弁護士制度と弁護士の自由と独立」日弁連・前掲注23)(1) 169頁。

33) 第10講注42)光市母子殺人事件。

34) E. A. パーリー (桜田勝義訳)『弁護士の技術と倫理』(日本評論社・1968年) 119頁。

35) プロフェッションという位置づけが自明のように捉えられているなかで、棚瀬孝雄教授は、このモデル論を批判している。棚瀬・前掲注19) は、プロフェッションが、弁護士の行う法援用の特権化という側面についてマイナスの効果をもつと批判し、法援用の非特権化を強調している。

36) 宮川光治「あすの弁護士―その理念・人口・養成システム」宮川光治他編『変革の中の弁護士―その理念と実践(上)』(有斐

閣・1992年) 1頁は、在野論・プロフェッション論・法サービスモデルについて、簡潔にまとめている。

37) (1) Bates v. State Bar of Alabama, 433 U. S. 355 (1977). は、弁護士広告も商事的言論であるとして、報酬についての広告であっても虚偽・誤導のない限り、憲法修正1条の保護を受けるとし、弁護士広告を禁止したアリゾナ州最高裁規則を違憲とした。
(http://supreme.justia.com/us/433/350/index.html)。
(2)山口繁「リーガルプロフェッションの行方(その2)」法の支配134-6。

38) アメリカ大使館のHPにアクセスし、「経済通商関連」「規制改革」へとぶと、2004 (H16) 年以降の規制改革要望書がアップされている。また、「過去の文書」→「経済」→「規制改革」へとぶと、1997 (H9) 年から2003 (H15) 年までの規制改革要望書にアクセスできる。ちなみに2001 (H13) 年司法改革の立法作業が行われていたまっただなかでの要望書では、①外国法事務弁護士と日本人弁護士の提携の自由化、②外国法事務弁護士に日本人弁護士の雇用禁止の撤廃、③法曹人口増加の実施、④司法制度の改善、などが取り上げられている。
(http://japan.usembassy.gov/pdfs/wwwfec0003.pdf)。

第3講 弁護士自治と懲戒

I 弁護士の自由と自治について

1. なぜ、弁護士自治か

　弁護士が、その学識に基づき専門的判断を十全に行うためには、他から影響を受けることのない、自由な環境が不可欠です。また、弁護士活動が権力と対抗関係にある以上、権力に支配されていては、十分な弁護活動ができません。弁護士に自由がなければ、そもそも弁護士業務が成り立たないといってもよいでしょう。その自由を制度的に担保するものが独立です。結局、自由と独立が、弁護士業務の基本的な条件であるといっても過言ではありません。日弁連会則15は、「弁護士の本質は自由であり、権力や物質に左右されてはならない」とし、規2は、「弁護士は、職務の自由と独立を重んじる」と定めています。これらの規定は、弁護士の職務の本質を確認したものです。

　では、誰に対する自由と独立なのか。

（1）国家権力からの自由と独立

　先に述べたように、弁護士は、国家権力と常に対抗関係にあります。刑事事件はいうまでもなく、行政訴訟でも国家賠償訴訟でも、常に権力との緊張関係・対抗関係のなかで、弁護士活動が展開されています。

　弁護士が検事正（旧々弁護士法19・29・31）や司法大臣（旧弁護士法9・34・41・53）に統制（資格付与・登録・懲戒による統制）されていた時代には、弁護士に職務の自由はほぼありませ

んでした[1]。実際、旧々弁護士法（1893〔M26〕年）の下では、弁護士が裁判官の訴訟指揮について異議を申し立てただけで懲戒されたり、弁護士会の総会の議題を監督者である検事正に届けなかったということだけで懲戒申立をされました。しかも懲戒は、検事長が訴追官となり、控訴院・大審院に設置した懲戒裁判所が行っていたのです。旧弁護士法（1933〔S8〕年）の下でも、この構造は変わりませんでした。また、旧々弁護士法29では、「検事正は、弁護士会の総会に臨席し、総会の内容を報告させることができる」と定めていました。こうした経緯からもわかるように、弁護士が警察官や検察官の権力行使と対峙するときに、国から監督を受けて規制されていては十分な弁護活動ができないことは明白です。また、戦前の弁護士たちの地位は低く、対等となるための水平運動が必要でした。戦前の弁護士の歴史は、権力の規制からの解放を求め、自らの地位を高める運動（待遇改善運動）の歴史であったといっても過言ではありません。戦後、弁護士法の制定にあたり、弁護士たちが徹底した自治を求めたのも当然の成り行きでした。

現行弁護士法は、1949（S24）年に制定されました。憲法、刑事訴訟法が改正され、新しい時代にふさわしい弁護士法が必要となったのです。

弁護士法は弁護士出身の議員を中心に議員立法で成立しました。憲法77は、最高裁に「弁護士に関する規則制定権」を認めていますが、最高裁規則ではなく、弁護士法が弁護士に関する基本法となっています。

この弁護士法によって、ほぼ完全な自治を達成したことは驚きに値します[2]。新しい弁護士法が認めた「完全な自治」[3]は、戦前の弁護士たちの悲願でした。現在のわが国の弁護士自治は、弁護士名簿の管理、登録・懲戒すべてを日弁連・弁護士会が行うなど、他国に類例がないほどの自治が認められています。

I 弁護士の自由と自治について

　日弁連は監督官庁をもたない唯一の組織です。日弁連は、「完全な自治」の下で、基本的人権の擁護と社会正義の実現という使命を実践するために、司法制度のあり方そのものを検討し、批判し、時には反対運動を展開しています。日本の弁護士制度の第1の特徴として、弁護士自治をあげている学者もいます[4]。

　この「完全な」という言葉に違和感を指摘する人もいます。なぜなら、登録と懲戒については、それぞれの要件について弁護士法で大枠が決まっており（立法的統制）、しかも最終的には裁判所に対する不服申立（司法的統制）の途が開かれているので、必ずしも「完全な自治」ではないというのです[5]。

　しかし、立法によって制度の枠が決まるのは当然であり、弁護士会の処分（登録のための進達不受理の処分や懲戒処分）に司法的救済を与えられることがあっても（弁護士会の処分は行政処分であり、行政事件訴訟法の適用がある）、これだけ広範な自治が認められていることは、やはり特筆すべきです。日本よりさらに「完全」に近い自治を獲得している弁護士団体に、イギリスのバリスター（barrister）の団体である Bar Council があります。Bar Council は、登録・懲戒はもちろん、法曹養成全般および試験についての権限を持ち、より高い自治を実現しています。バリスターの自治に比べると、わが国の弁護士自治は「不」完全ですが、他の西欧諸国と比較すれば、登録や懲戒を自ら行うという点において、「完全」と評価できるでしょう。

　1970（S45）年前後に「司法の危機」と呼ばれた時期がありました。

　日弁連は、不当な再任拒否や任官拒否に反対する決議や要望を繰り返し行いました。最高裁の官僚統制を批判し、司法の民主化を訴えました[6]。私が弁護士になってからも、刑法改正、国家機密法、弁護人抜き裁判特例法、拘禁二法、最近ではゲー

トキーパー問題（依頼者密告制度）に対して、日弁連は、反対運動に取り組み、成果を上げています。弁護士が権力から独立していなければ、これらの運動の展開は到底不可能でした。

これらから、自由と独立を確保するためには自治が必要なのだということがわかると思います。学問の自由から大学の自治が導かれるのと同じ構造です。

（2）社会的勢力からの自由と独立

また弁護士は「基本的人権を擁護し、社会正義を実現する」という職業的使命を果たすために、権力のみならず、すべての社会的勢力から独立していなければなりません。弁護士は、基本的人権を侵害するもの（権力だけでなく、市民団体も含まれることに注意してください）の批判者です。その批判者が「基本的人権を侵害するもの」に監督されてはならないのです。社会的弱者、少数者の権利を守るという使命を果たすには、社会的強者、多数者、大企業やメディアからも独立していなければなりません。それが無名の市民の集団であっても同様です。2008（H20）年4月22日、広島高裁で判決のあった光市母子殺人事件での弁護団に対する懲戒請求は、名もなき市民の集団によるバッシングです[7]。弁護士は、被告人の防御権を全うするために、この種のバッシングと闘わなければならないのです。

（3）依頼者・同僚からの自由と独立

依頼者や同僚、先輩弁護士からの独立については、前講41頁で述べた通りです。

（4）金銭からの自由と独立

規25は、依頼者との金銭貸借を禁止しています。金銭貸借が弁護士の自由で独立した専門的判断に影響を与えることを避けるためです。金を借りることの「負い目」が弁護士の判断に影響を与えることは必然です。逆に、金を貸すことも弁護士の判断を狂わせます。重心が自分の貸金の回収に傾き、権利の正当

性を欠いたり（規21）、不当な目的のために裁判を利用する（規31）など、逸脱行為に陥りやすくなるからです（後出170頁）。

2．弁護士自治の比較

諸外国においても、程度の差はあれ、法律家団体に相当広範な自治が認められています。前講で述べたプロフェッションの特性としての、団体性・自治性がここでも確認できるでしょう。

（1）アメリカの弁護士自治

アメリカの弁護士制度は州ごとに異なりますが、基本的には、州の最上級の裁判所が登録手続や懲戒手続を行うという仕組みです。しかし、裁判所が懲戒権を行使する場合でも、弁護士会のなかに設置した懲戒委員会で調査し、懲戒相当であったと判断された場合にのみ、裁判所が懲戒処分をする手続になっています[8]。

なお、アメリカの弁護士の多くは、国家（連邦・州）権力の介入から、自らの地位や活動の自由を守るための「弁護士自治」の必要性を感じていません。弁護士自治を国家権力との対抗関係のなかで捉えるという発想が希薄なのです。それは、アメリカでは裁判官が弁護士と異なる集団に属しているのではなく、法曹一元の下で、同質の仲間が特定の任務に就いているにすぎないと理解されているからです。弁護士自治は、国家権力との対抗関係で捉えられていません[9]。

（2）ドイツの弁護士自治

ドイツでは、弁護士資格の取得を州（ラント）の司法行政機関が認可します（連邦弁護士法8）が、州司法行政機関は申請人が認可を求めている地域の弁護士会の意見を聴くことになっています。また、裁判所に備え付けた名簿への登録も必要です。そのため、裁判所の名義登録の認可も必要ですが、弁護士会の意見を聴かなければなりません。懲戒は弁護士裁判所が行いま

す。ただし裁判官は、弁護士会の推薦による弁護士です（1、2審とも。ただし、最終審は判事たる裁判官と同数の弁護士たる裁判官からなっています。同法113）[10]。

（3）イギリスの弁護士自治

イギリスのバリスターの団体である Bar Council は、先に述べたように、より高度な自治が認められています。

　①弁護士試験の施行
　②弁護士の実務修習
　③資格付与と登録
　④懲戒
　⑤ Bar Council への強制加入

Bar Council は、これらすべてを実施しています。日本の弁護士自治に比べ、①②の法曹養成に関してより自治性が高いといえるでしょう。

しかしながら、1980年代から始まった弁護士制度改革の一環として、2004年12月に発表された「クレメンティ・レポート」(Clementi Report) という弁護士制度改革案[11]では、弁護士に対する苦情の処理は、弁護士会ではなく外部の人たちで構成する委員会（第三者機関）が行うべきであると提言されました。これは自治とは全く異なる考え方で、Bar Council は反対を表明しています[12]。今後の動向が注目されるところです。

（4）中国の弁護士自治

中国は、西ヨーロッパ社会に共通の三権分立や司法権の独立というレジームとは異なる原理に立っています。裁判の独立も、いかなる意味でも共産党からの独立を意味していません。したがって、現行制度の下では、弁護士自治は難しいと推測されます。中国の弁護士は、国務院司法部（日本の法務省に相当）のコントロール下にあります。司法部（実際には、省・自治区などの人民政府司法行政部門・中国弁護士法11、44、45）が、弁護士

に対する業務許可（弁護士業務執行証書の付与という形で行われる）や懲戒手続を行います[13]。業務執行証書は、取り消されることがあり、その付与が1年ごとの更新制なので、翌年には更新されないこともあります。また、司法部は、個々の弁護士に対し、直接、監督・指導を行う権利を有しています（中国弁護士法4）。

土地収用に反対する住民を代理した弁護士に、業務執行証書が付与されなかったことがありました。これは弁護士に対する国家権力の露骨な抑圧であり、見せしめともいえます[14]。弁護士自治の重要性を再認識させられるエピソードです。

Ⅱ 弁護士自治の内容

前節で述べたとおり、弁護士の自由と独立を確保するため、弁護士には自治が必要です。これに加えて、弁護士自治には弁護士の質を一定水準に保つという機能があります（第2講「法律事務独占」参照）。この機能は、弁護士資格の授与と監督権の行使（懲戒）という2つの手段に要約されます。本来、国家の行政作用に属するものを、弁護士会がなぜ行うのかという点に留意しながら、読み進めてください。

1．登録について

弁護士資格は、弁護士法第2章に定められています。法4は、「司法修習生の修習を終えたものは、弁護士となる資格を有する」と定めていますが、資格を有しただけでは弁護士業務を行うことはできません。資格を有する者が、日弁連に備え付けられた弁護士名簿に登録されなければならないのです（法8）。また、この名簿に登録を受けた者は、「当然、入会しようとする弁護士会の会員となり」ます（法36）。資格付与は登録と一

体です。

　登録審査は、各弁護士会に設置された資格審査会という委員会で行います。弁護士会の秩序や信用を害するおそれがある者、心身に故障があり弁護士の職務を行わせることがその適正を欠くおそれがある者、弁護士の職務に公正さを疑われる者（元裁判官、元検察官が退官時の任地の弁護士会に登録しようとする等）、除名・退会等の処分を受けた者が、再度登録請求をし、その適正を欠くおそれがある者については、登録請求の進達を拒絶することができます（法12）。さらに進達を受けた日弁連が拒絶相当と認めるときは、登録を拒絶できます（法15）。

　このように、日弁連が資格審査から登録手続まで一切の手続を行っています[15]。旧々弁護士法、旧弁護士法時代に登録手続を司法省が行っていたことや、先述した中国の例と比べてみてください。

2. 懲戒について

　旧弁護士法の下では、懲戒手続は控訴院、大審院に設置された懲戒裁判所が行っていました（旧弁護士法54）。現行の弁護士法では、法56-2に「懲戒は、その弁護士又は弁護士法人の所属弁護士会が行う」とあるとおり、弁護士会のみが弁護士に懲戒処分を行う機関とされています。

　最判 S49.11.8 判時765-68は、弁護士の懲戒制度が「弁護士会の自主的な判断に基づいて、弁護士の綱紀、信用、品位等の保持をはかることを目的とするものである」と明言しています。

3. 指導・監督について

　法31は「弁護士会は、弁護士及び弁護士法人の使命及び職務に鑑み、その品位を保持し、弁護士及び弁護士法人の事務の改善進歩を図るため、弁護士及び弁護士法人の指導・連絡及び監

督に関する事務を行うことを目的とする」と定めています。

また、弁護士会以外の機関は、弁護士に対する指導や監督を行うことができません[16]。

4．強制加入制度

以上のように、日弁連・弁護士会には、登録・指導・監督・懲戒を行うという高度な自治が認められていますが、その自治権の徹底を図るためには、強制加入制度が必要となります（法8～11、31）。もし任意加入を認めたならば、自治は実効性を失ってしまうからです。自治と強制加入は表裏一体なのです。

この強制加入制度が憲21、22に違反するとして、懲戒処分の取消を求めた訴訟で、最判は、強制加入制度は弁護士自治に不可欠なものとして、公共の福祉に合致し、違憲ではないとしています（最判 H1.4.27 民集43-4-322・判時1343-144、最判 H4.7.9 判時1441-56）。

逆に強制加入団体であるがゆえに、日弁連や弁護士会の活動は目的に拘束され、そこから逸脱することができません。特定の政治的意見や主張への加担、中立性・公平性を損なう活動は許されないのです。しかし、弁護士は「法律制度の改善」に努めなければなりません（法1-2）。日弁連や弁護士会が、国民の基本的人権や社会正義にかかわる法改正や立法に対し、積極的にコミットしていくことは、目的に沿う行為であると判断されています（東京高判 H4.12.21 自正44-2-99・総会決議無効確認請求訴訟）。

ドイツでは、弁護士会は「公共的任務を有する公法上の法人」（連邦弁護士法62-1）であり、弁護士会内部において「間接的国家行政」（同法62-2）を貫徹するために強制加入制度がとられています。「間接的国家行政」の貫徹を目的としている点で、ドイツの強制加入制度は、わが国の旧弁護士法時代の強制

加入と同じ役割であると考えてよいでしょう。弁護士自治を貫徹するための現在の日本の制度における「強制」とは、目的、任務において異質なものです。

5．財政的独立

国家権力から監督を受けないためには、財政的にも独立していなければなりません。日弁連・弁護士会の活動費（職員の人件費や諸々の活動費用）は、すべて会員が支払う会費によって賄われています（会則91）。したがって、会員の最も基本的な義務は、会費の納入です。会費の未払いは会則違反であり、懲戒事由となります。また一般の会費の他に、当番弁護士とひまわり基金のための特別会費があります（会則95の3）。なお、日弁連が総会決議によって会費を増額することは、弁護士自治の内容であり、裁判所は自治を尊重し、適否について介入しません（大阪高判 H1.2.28 判タ703-235）。

Ⅲ　懲戒事由と懲戒処分

1．懲戒制度の目的

懲戒制度の目的は、その弁護士を制裁することが主たる目的ではなく、利用者である市民や団体に弁護士の質を保証し、その利益を守ることに目的があります。また、正義の実現の場である法廷を、そこで公の職務に相応しくない人物から守ること、つまり司法機関としての弁護士の質の保証も目的の1つです。犯罪論の「応報」ではなく、「社会防衛」の発想に似ています[17]。

2．懲戒の事由

どんなことが懲戒の事由となるのでしょうか。法56を見てく

ださい。

(1) 弁護士法や会則に違反した場合

弁護士法は、守秘義務違反(23)、職務を行い得ない事件（利益相反行為）(25)、汚職行為(26)、非弁提携(27)を定めています。職務基本規程も会則ですから、違反した場合には懲戒の対象となります。ただし規82-2は、すべての違反が懲戒事由となるのではないことを明記しています。会則違反の行為のなかで最も多いのは、会費の不払いです。他人の人権に密接にかかわり、また他人の人生に影響を与える弁護士が、会費の滞納とは情けない限りです。

(2) 弁護士会の信用や秩序を害する行為

依頼者の金銭の横領や、弁護士バッジを担保に借金をしたというような場合です。ただし多くの場合、弁護士一般の名誉や信用を害する行為といえるので、(3)の「品位を失うべき非行」に該当します。

(3) 職務の内外を問わない品位を失うべき非行

非行は、法規範のみならず社会規範に反した行為をいいますが、何が品位を失うべき非行かの定義はむずかしいところです。品位を失うべき職務上の非行は多様です。業務責任、専門家責任を問われた例（第4講注28参照）は、大部分が「品位を失うべき非行」となりますし、誠実義務違反の行為も「非行」です。また、私生活上の非行も懲戒の対象となります。法56は、「職務の内外を問わず」とし、ABA・MR前文[5]も「依頼者に対する職務上の役務においても私生活（personal affairs）においても、法の定めるところに適合しなければならない」としているように、酒、賭博やセックス絡みの非行も懲戒の対象になります。しかしこうした行為は、誰もが陥る可能性のある「落とし穴」であるともいえます[18]。

3．懲戒の種類

懲戒の種類は、「戒告」「2年以内の業務停止」「退会命令」「除名」の4つです（法57）。懲戒件数の統計については、日弁連のHPを参照してください[19]。

（1）戒告

戒告は、再び過ちを犯さないよう戒める処分です。戒告処分は公表される場合があるので、弁護士の信用にとってダメージです。

（2）2年以内の業務停止

業務停止は、2年以内の一定期間、弁護士業務を行うことを禁止することです。業務停止の期間は一切の弁護士業務を行ってはいけません。つまり「事務所を閉めなさい」ということです。日弁連では、1992（H4）年に被懲戒弁護士の業務停止期間中における基準と、業務停止期間中の弁護士の事件取扱い等について、詳細を定めました[20]。

①係属中の事件の委任契約解除　業務を行いえないのですから、係属中の事件はすべての委任契約を解除し、辞任しなければなりません。これは刑事も民事も同じです。処分した弁護士会は、業務停止になったことを、裁判所等に直ちに知らせなければなりません。なぜならば、業務停止の処分を受けた弁護士が、訴訟行為をしないとも限らないからです。ですから、弁護士会は処分時に、日弁連、裁判所、検察庁、その他の官公署に、処分の告知と同時に連絡します（会則68の3）。

現在では考えられないことですが、上記の連絡体制が十分でなかった時代に、業務停止期間中の被懲戒弁護士が、訴訟行為を行ったという事件がありました。弁護士法および会規違反ですから、再度の懲戒事由となります。

では、その訴訟行為の効力はどうなるのでしょうか。

業務停止は、一時的に弁護士の業務行為を行い得る資格が停

止されるので、業務停止期間中は、非弁護士の行為と同視して、無効という考え方もありえます。しかし、最判S42.9.27民集21-7-1955・判時494-16は、訴訟行為の効力に影響はないとしています。最判は、(a) 業務停止処分は、弁護士としての身分・資格そのものを剝奪するものではなく、非弁行為とは異なること、(b) 無効とすることは、裁判の安定を阻害し、訴訟経済に反すること、(c) 処分は公開されておらず、処分が周知されていないこと、を理由としています。しかし、この最判の考え方は、業務停止処分があっても、訴訟行為を遂行できるという不都合な結論となります。今日では、業務停止以上の処分は、直ちに裁判所などに通知され、公告も行われます。したがって現在、こうしたケースは事実上考えられませんが、万一、発生した場合、この最判は、変更される可能性があります。

②処分の公表　戒告処分をマスコミに公表するかどうかは、弁護士会の判断に任されています（任意的）が、業務停止以上の処分は、必ず公表されます（必要的）。さらに官報および日弁連機関誌『自由と正義』には、戒告を含めてすべての懲戒事例が公告されます。

③法律事務所表示の除去　事務所は閉鎖し、法律事務所であることを示す表札や看板は外すか、ガムテープなどを貼って名前が見えないようにしなければなりません。

④弁護士バッジの返還　弁護士になると日弁連から弁護士バッジが貸与されます。バッジは貸与品ですので、業務停止期間中は返還しなければいけません。弁護士会の役員が、懲戒書および議決書の交付と引き換えにバッジを預かり、弁護士会の金庫に保管し、業務停止期間の満了後に再び貸与します。

⑤顧問契約の解除　法律顧問契約などの継続的なものも、一切できません。顧問契約は解除しなければなりません。解除しなければ、それ自体、再度の懲戒事由となります。

このように、業務停止処分は、弁護士にとって大変な打撃です。だからこそ、身を正して業務にあたらなければならないのです。

(3) 退会命令と除名

弁護士は日弁連に備え付けられた弁護士名簿に登録され、かつ、どこかの弁護士会に必ず所属しなければなりません(法8・36)。つまり退会命令を受けると、弁護士でない者となります。当然、弁護士業務ができなくなり、事務所は閉鎖しなければなりません。しかし弁護士資格は奪われないので、理論的には再入会が可能です。

除名は弁護士資格そのものを剥奪する、最も重い処分です。具体的には3年間弁護士となる資格を失うのですが(法7-③)、3年後に資格を回復することができます。しかし、弁護士会に登録の請求をしてもほぼ断られます。このように、退会命令や除名処分は、一生弁護士業務を不可能にすると理解したほうがよいでしょう。

(4) 懲戒処分の執行

懲戒処分の執行は、弁護士会の役員が、「懲戒書」という書面と懲戒委員会の議決書を交付して行います。

(5) 懲戒処分の効力の発効時期

懲戒処分は、弁護士の身分に変更を加える国家の行政行為ですが、弁護士自治により、弁護士会が行っています。しかしながら、弁護士の資格付与や剥奪などは行政処分ですので、行政不服審査法や行政事件訴訟法の適用があります。

最判S42.9.27民集21-7-1955・判時494-16によると、懲戒処分の効力は、告知(懲戒書の交付と議決書の交付)した時に発生するとしています。告知時説以外に確定時説もありますが、行審34-1では「審査請求は、処分の効力、処分の執行又は手続の続行を妨げない」となっており、明らかに告知時説をとってい

ます。また処分の効果は、告知時に発するので、処分に不服がある弁護士は執行停止の申立てをしなければなりません。

(6-a) 懲戒処分に対する不服申立(1)――審査請求

前述のとおり、懲戒処分は行政処分の一種なので、他の行政処分と区別すべき理由がありません。処分を受けた人は、行政不服審査法に基づいて、60日以内に審査請求することができます（行審14）。審査請求の相手方は、所属弁護士会の上級庁である日弁連です。ただし、審査請求の申立てに執行停止の効力はなく、これとは別に執行停止の申立てをしなければなりません。

(6-b) 懲戒処分に対する不服申立(2)――取消訴訟

行政処分なので取消訴訟の対象となります。弁護士法に出訴期間の定めはないので、一般原則に従って申立てなければなりません（行訴14）。さらに取消訴訟は東京高等裁判所が唯一の管轄裁判所です（法62）。

他の行政処分の取消訴訟と比べて特徴的なことは、弁護士自治の観点から弁護士会に大幅な合理的裁量権が認められ、司法判断もこれを尊重する点です。最判 H18.9.14 判時1951-39は、このことを明言した最初の最判です。司法判断はまず、処分の基礎となる事実の認定は、裁判所が証拠によって認定し、処分の基礎となる事実についての立証責任は弁護士会にあるとしました。ここまでは、通常の行政訴訟と同様です。次に、確定された事実を前提として、いかなる処分をすべきかについては、弁護士会に合理的範囲内での広い裁量が認められるとしました。したがって、弁護士会の処分が全く事実の基礎を欠くか、または、社会通念上著しく妥当性を欠き、裁量権の範囲を超え、または裁量権を濫用したと認められる場合に限り、違法となるとしています。司法は、弁護士会の自治を尊重し、一歩退いたところで判断することになります。

第3講　弁護士自治と懲戒

（7）時間との競争

　刑事事件の被疑者として逮捕された弁護士が、所属弁護士会に退会届を提出した場合、所属弁護士会は日弁連に退会届を進達しなければなりません（法11。登録・登録取消の進達拒絶については60頁）。登録取消の関係では、弁護士会は日弁連の出先機関に過ぎないからです。たとえ懲戒の予定であっても、弁護士会が進達を見合わせることはできません。進達を受けた日弁連は、弁護士名簿から登録を抹消します。しかしその結果、当該弁護士は懲戒処分を受けずに済む事態が想定されます。その防止のため、懲戒の申立て（を含む）がなされたときには、退会、登録換ができない制限を設けています（法62）。

（8）懲戒処分の公告

　弁護士会および日弁連の行った懲戒処分は、官報および『自由と正義』に掲載して公告されます（会則68）。また、懲戒処分が戒告である場合を除き、遅滞なく、最高裁判所・検事総長および会規に定めるその他の官公署に対し、処分の趣旨内容を通知しなければなりません（会則68の3-2、懲戒処分の公告および公表に関する規定）。業務停止以上の処分を受けた弁護士の訴訟活動を禁止するためです。

　こうした公告・公表は、必然的に当該弁護士の社会的信用を低下させます。後日、取消訴訟で処分が取り消されても、一度失った信用はもとには戻りません。

　会則68による公告・公表は、処分があった事実を一般に周知させるための手続です。処分の続行手続として行われるものではありません。したがって、行訴25-2にいう「処分により生ずる回復困難な損害」にはあたりません（最判 H15.3.11 判時1822-55）。つまり、公告・公表を止める法的手段はないのです。

（9）弁護士会に対する国家賠償の可能性

　以上の記述から、弁護士会が国賠1の「公共団体」に該るこ

とは、当然、認められるところです（東京地判 S55.6.18 判時969-11、京都地判 H8.7.18 判時1615-112など）。日弁連に対する審査請求では、単位会の事実認定が覆ったり、処分に相当性がないとされることもあります。さらに取消訴訟の結果、原処分が取り消されることもあります。そうした場合の懲戒された弁護士による弁護士会に対する国賠請求事件において、裁判所が懲戒委員会の判断をどこまで尊重すべきかという問題が生じます。東京地判 H15.10.28 判夕1163-173は、法56-1の定める懲戒事由の判断について、懲戒委員会に広い裁量（証拠の取捨選択・判断は、自由心証主義に委ねられている）が与えられていると解されること、および弁護士自治から、懲戒委員会が与えられた裁量権の範囲を逸脱し、職務上、通常尽くすべき注意を尽くしていなかった場合にのみ、国賠法上、違法の評価を受けるとしています。(6-b)で取り上げた最判同様、裁判所は、弁護士会の自治を尊重し、弁護士会に広い裁量権を認めているのです。

Ⅳ 申立権者と申立ての濫用

1．懲戒請求の申立権者

　法58-1は、「何人も弁護士又は弁護士法人について、懲戒の事由があると思料するときは、その事由の説明を添えて、その弁護士又は弁護士法人の所属する弁護会に、これを懲戒することを求めることができる」としています。「何人も」とあるとおり、申立ては誰でもできます。自律的な懲戒権限が適正に行使され、その制度が公正に運用されるよう国民の監視下におくことを目的にしているからです[21]。つまり懲戒請求は、弁護士会が自治・自律を楯に適正に懲戒権を行使しないことをチェックする役割があるのです。

　多くの場合、申立人は元依頼者ですが、相手方も申立てをす

ることがあります。また裁判所が、不適切な訴訟行為を行った弁護士について懲戒申立を行う場合もあります。たとえば、オウム真理教事件では、麻原被告の弁護人が控訴趣意書を提出せず、引き延ばしを図ったとして、東京高裁から懲戒請求を受けています。札幌では、破産管財人として破産財団の財産を横領した弁護士について、札幌地裁所長から懲戒請求がなされた例があります[22]。1970年代の「荒れる法廷」の時代には、裁判所の訴訟指揮に反発して退廷や突然の辞任などをした弁護人に対し、東京地裁所長から懲戒請求がなされています[23]。また、新聞やテレビの報道で、弁護士活動を、弁護士の品位を失うと考えた視聴者も申立てができます[24]。

懲戒手続では、当事者対立構造はとられておらず[25]、請求人は、手続開始のきっかけを与えるだけです。弁護士会が職権で非行があるかどうかを判断します。したがって、申立人が懲戒手続に能動的に関与することは認められていません(最判 S49. 11. 8 判時765-68)。また請求申立が取り下げられても、手続は進行します。

一方、誰でも申立てができるという制度には、濫用されるという弱点があります。

濫用的に懲戒を申し立てられた弁護士は、大変不名誉なことであり、精神的な負担も大きい。業務上の信用にも傷がつきます。裁判の陽動作戦として、相手方弁護士に対し懲戒請求が行われることもあります。まさに禁じ手です。最判 H19.4.24 民集61-3-1102・判時1971-119は、陽動作戦として懲戒請求が行われた事例です（詳しくは、後出243頁）。

ただし、懲戒請求が認められなかったからといって、懲戒申立が直ちに不法行為となるわけではありません。民事訴訟で請求が棄却になったからといって、訴えの提起が直ちに「不当訴訟」とはならないのと同様です。最判は、懲戒請求人に請求を

根拠づける事実上の根拠、法律上の根拠があったかどうかの調査・検討義務を課しています。懲戒請求の場合も、「相当な根拠」を調査・検討したかどうかによるのです。特に弁護士が懲戒請求人となるときは慎重でなければなりません。東京地判H5.11.18判タ840-143は、当事者と弁護士が懲戒請求人となった例ですが、弁護士により多額の賠償額が認められています。不当な懲戒申立については判例も集積されており、相当な客観証拠を確認しない濫用的な懲戒申立には、不法行為の成立が認められています。場合によっては虚偽告訴罪（刑172）にも抵触します。なお最近では、認容する損害賠償額も次第に巨額になっています[26]。しかし注意すべきは損害賠償金の額ではなく、そもそも根拠なく懲戒申立をしてはならないということです。

2．会立件

法58-2は「弁護士会は、所属の弁護士又は弁護士法人について、懲戒の事由があると思料するとき、又は前項の請求があったときは、懲戒の手続に付し、綱紀委員会に事案の調査をさせなければならない」と定めています。これを「会立件」といいます。会立件にあたっては、相当の調査を尽くし、間違いないという確実な手続が必要です。札幌弁護士会の場合、常議員会という総会に次ぐ決議機関での議決を必要としています。慎重を期するためです。1991〜2007年に非弁提携による懲戒事案78件のうち、会立件は34件（43％）に達します。これらは弁護士会に寄せられる苦情等から、弁護士会が会員の非行を認知して立件したものです。

V　綱紀委員会・懲戒委員会の独立

懲戒請求の手続について説明しましょう[27]。

懲戒請求は、例外なく単位弁護士会になされます。まず弁護士会は、懲戒請求がなされると、綱紀委員会において、懲戒するに足りるものかどうかを調査します。前節で述べたように、懲戒請求権の濫用による弊害を防止するためです。

綱紀委員会で、「懲戒することを相当と認める」と議決されると、懲戒委員会による懲戒事由の審査が始まります。懲戒委員会は、提出された資料や関係者からの意見聴取を行って、非行にあたるかどうか、どの懲戒処分を選択するのかを議決します。

このように、弁護士会による処分は綱紀委員会と懲戒委員会という2つの手続を経て決定されますが、弁護士会の会長といえども、両委員会の決定に関与することはできません。両委員会は執行部から独立して判断を行います。また執行部は両委員会の委員を兼任できません。かつて両委員会は、弁護士だけで構成されていましたが、現在は外部から3名が参加しています。弁護士会の判断が独善に陥らないよう、判・検事、学識経験者などの外部の知恵を入れると同時に、透明性を確保するためです。

Ⅵ 近年の懲戒事件の推移等

懲戒処分件数は増加傾向にあります。1991（H3）年には21件だったものが、2007（H19）年には70件に増えています[28]。近年の懲戒事件では、被害額が高額化・巨額化していることが特徴です。奈良弁護士会の元副会長だった弁護士が詐欺・横領の罪で起訴されましたが、起訴された合計額が1億8,900万円、そのうえに余罪が8億7,800万円にも達していました[29]。山梨県弁護士会の元会長だった弁護士が、破産管財人として預っていた6,455万円を横領したという事件では、余罪が1億5,800万

円にのぼりました。

　弁護士を指導・監督する立場でもあった彼らは、懲役6年、あるいは6年半の判決を受けました。2人は横領した金を遊興に注ぎ込んでいました。モラルハザードの「わな」にはまったのです。2人に対する弁護士会の処分は除名です。弁護士という職業を金儲けの手段として考えては駄目なのです。弁護士業務は必然的に他人の金、しかも高額の金を預かります。高い倫理観が必要なのです。

　また、はしがきで、公文書（支払命令）を偽造した弁護士のことに触れましたが、その発端は、彼が破産管財人として債権回収を行うべき業務を放置していたことに始まります。30～40万円の債権で難しい仕事ではありませんでしたが、放置していたことを隠すために支払命令を偽造し、裁判所に実績を報告したのです。結局、嘘がばれて弁護士の地位まで失いました。迅速さがなかったために起きた事件です。同じような事件が大阪でもありました[30]。法律家の資質として「すぐやる」ことは非常に大切なことです。

Ⅶ　自治の例外──綱紀審査会

　自治は独善に陥る危険があります。そうならないためには、公開性・透明性を確保する必要があります。会運営の透明性を高め、そのなかで市民の理解と信頼を得なければならないのです。今次の司法改革で、綱紀委員会の委員に裁判官、検察官や学識経験者を入れ（議決権をもって委員となるという意味です。それまでは、参与員として評議に加わっていましたが、議決権はなかった）、広く意見を聞くことや、申立人が綱紀委員会の決定（懲戒不相当）に不服があったときは、11人の学識経験者だけで組織する綱紀審査会で再審査するという制度も導入されました

(法71-1、2)[31]。

　申立人は、綱紀委員会で懲戒不相当の議決がなされた場合、日弁連綱紀委員会に異議の申出ができ（法64）、さらに日弁連綱紀委員会が異議申立を却下・棄却した場合は、綱紀審査会に再度の不服申立ができるという制度です（法64の3、71、71の2、71の3）。この綱紀審査会において、審査相当と判断した場合に、単位会の懲戒委員会に差し戻されますが、単位会の懲戒委員会は、綱紀審査会の結論に拘束されます。この制度は、弁護士による完結的な懲戒制度の例外です。弁護士自治・独立という面では、問題を残していますが、実際の運用では、2007年度に綱紀審査会に係属した事件のうち、審査相当として単位弁護士会の審査に付された件数は0件です[32]。この綱紀審査会を自治の例外とみるか、自治の崩壊とみるかは、論者によって意見が分かれていますが、私は前者の意見を支持します。自治の崩壊というのは大げさ過ぎます。

Ⅷ　市民窓口

　弁護士会に「市民窓口」という苦情受付機関があります。市民から弁護士に対する苦情を電話で受け付けるのです。苦情があると、弁護士会の執行部は、当該会員から事情を聴取し、善後策について指導・監督します。

　苦情のなかで一番多いのは、言葉遣い、態度に対する苦情です。弁護士業務はサービス業です。人間としてこなれていない人は、弁護士も務まらないということです[33]。相談者や依頼者そして相手方を不愉快にさせて、何が「先生」だといいたい。第1講で述べたように、一般社会のマナーは弁護士倫理の基本中の基本です。

注)
1) プロブレムブック33頁。戦前には名立たる弁護士たちが、懲戒処分を受けたり、懲戒手続に付されていることがわかる。布施辰治のように、日本共産党事件の統一公判を要求し、これを無視した裁判官を忌避したところ、除名されたり（S7）、山崎今朝弥のように、上告趣意書の言葉遣いが不謹慎だとして停職4ヶ月になった（T11）例を見るだけでも、自由がなかったことが理解できる（布施柑治『ある弁護士の生涯―布施辰治』〔岩波書店・1963年〕を是非読んでいただきたい）。
2) 三ケ月・前出第2講注27）220頁は、現行弁護士法は、「GHQのお墨付――およそ民主的などというものではありえぬ。異常な一時期の異常な手段――がかなり物をいった」というが、事実経過を誤解している。法案は、最高裁・司法省が強力に反対していたなかで、国会を通過している。当時重要な法案は、すべてGHQの審査・承認を得なければならなかった。GHQは当初、強制加入に反対であったが、最終的には承認している。GHQがお墨付を与えたというのは事実誤認である。何よりも、同論文には立論の論証が欠けている。第2講注23）の各論文等と比較されたい。
3) 「完全な自治」という表現は、資格付与・登録・懲戒についての権限を日弁連・弁護士会がもっていることを指している。
4) 広渡清吾・佐藤岩夫編著「比較の中の日本の法曹制度」広渡・前出第1講注24）(4)④403頁。
5) 古賀正義「弁護士自治の基礎理論」自正30-5-76。
6) (1) 1969（S44）年には、自由民主党による裁判官の裁判内容に対する干渉があった。日弁連は裁判の独立についての宣言を行い（http://www.nichibenren.or.jp/ja/opinion/ga_res/1969_2.html）、1971（S46）年には、宮本康昭判事補の再任拒否事件が起きた。理由を明かさない再任拒否は、裁判官の身分保障ひいては司法権の独立を脅かすことになる。また同時に、司法修習生が任官を拒否されているが、拒否された7人のうち6人は「青法協」会員であり、1人は「任官拒否を許さぬ会」の発起人であった。日弁連はこれに抗議する決議を行っている（http://www.nichibenren.or.jp/ja/opinion/gares/1971_4.html）。1972、1973、1977年

も、同旨の決議を行っている。私には、この時がまさに戦後司法の転回点だったように思える。この時期は「司法反動の時代」といわれている。以後、裁判官の官僚統制が強まり、次第に自由闊達な雰囲気が失われていったように思う。当時の法律雑誌や総合雑誌を是非読んでみて欲しい(「セミナー　司法の危機」法セ71-2、「特集　危機に立つ司法権の独立」世界298号など)。
  (2)宮本康昭『危機に立つ司法』(汐文社・1979年)。
  (3)第11講注34) 参照。
7) 　第10講注42) 参照。
8) 　(1)浅香・前出第1講注20) 179頁。
  (2)富沢真弓「アメリカの弁護士懲戒制度」日弁連司法改革調査室報№2、3。
  (3)カリフォルニア州弁護士会は、"State Bar Court"という懲戒機関を持って、懲戒を弁護士会自らが行っている。(http://calbar.ca.gov/calbar/pdfs/sbc/Application-Packet-PDF.pdf)。
9) 　吉川精一「アメリカの弁護士自治」第2東京弁護士会・前出第2講注23)(6) 198頁。また同論文は、アメリカの弁護士こそ権力と近い距離におり、権力との緊張関係において、弁護士自治を考える余地がないといっている。
10) 　岡崎・前出第2講注9) 参照。
11) 　前出第1講注24)(4) 参照。
12) 　Bar Councilの意見は、(http://www.barcouncil.org.uk/assets/documents/BarAnnualReport05_v2.pdf)。
13) 　(1)鈴木賢「中国の法曹制度」広渡・前出第1講注24)(4)④367頁。
  (2)周国均『中国弁護士制度と弁護士実務』(成文堂・2004年) 62頁以下、78頁。
14) 　(1)「弁護士ら相次ぎ不明―中国党大会控え締めつけ強化」(産経2007〔H19〕.10.8)。
  (2)「立退き問題―元女性弁護士宅強制取り壊し」(東京2008〔H20〕.11.22朝刊)。
  (3) Human Right Watch "Control, Intimidation and Harassment of Lawyers in China"

(http://www.hrw.org/en/reports/2008/04/28/walking‐thin-ice)
の第9章 "Control Over Lawyers' Licenses"。
(4)アムネスティ・インターナショナル日本・報告書「中国：オリンピック・カウントダウン―破られた約束」2008.7．(http://www.amnesty.or.jp/uploads/mydownloads/Broken%20Promises_j_abridged.pdf)。
15) (1)東京高判 S50.1.30 判タ326-235。
(2)日弁連資格審査会議決例集は、進達拒絶の事例集である。
16) この指導監督は、弁護士会の役員が弁護士事務所に乗り込んでまで、個々の業務を指導監督することを意味しません。奈良地判 H20.11.19 判時2029-100は、「弁護士の弁護権、職務の独立性、守秘義務に照らすと、研修、研究等の一般的な指導監督をすることができるのに止まり、(中略) 弁護士会の指導監督による是正が特に必要な場合など、特段の事情が存在する場合のほかは、許されないものと解するのが相当である」としている。
17) ABAの "Standard For Imposing Lawyer Sanctions" は、「依頼人、公衆、司法システムおよび同僚のプロフェッションに、プロフェッションとしての義務を果たさなかった弁護士、果たさないだろう弁護士、あるいは適切に果たしそうにない弁護士から公衆を守り、正義の実現を図る」といっている。(http://www.abanet.org/cpr/regulation/standardssanctions.pdf)。
18) (1)飯島・弁護士倫理11頁。
(2)-1 司法修習生のいる酒席で、同じ弁護士会に所属する弁護士を殴打し、右眼窩打撲の傷害を負わせた（戒告・弁護士会懲戒事例集〔上〕432頁）。
(2)-2 酒気を帯びて自動車を運転した（戒告・弁護士会懲戒事例集〔上〕833頁）。
(2)-3 飲酒運転のうえ、追突事故を起こした（業務停止15日・弁護士会懲戒事例集514頁）。
(2)-4 電車内で女子高校生に痴漢行為を行った（罰金50万円、業務停止2月・自正54-6-123）。
(2)-5 スーパーで女性のスカート内を盗撮した（業務停止6月・自正53-10-141）。

(2)-6 顧問先の風俗営業経営者から紹介されて、15歳の女子中学生と性交渉に及んだ（業務停止1年・自正53-8-118）。

(2)-7 カジノバーにて「バカラ」（トランプカードを使用する金銭賭博）をした（戒告・自正52-7-162）。

(2)-8 弁護士会の行っている研修制度（インターンシップ）の指導担当として、これに参加した研修生に対し、ドライブに誘い飲酒させたうえ、ラブホテルに連れ込んで着衣を脱がせ全裸に近い状態にするなど卑劣な行為に及んだ（除名・日弁連懲戒委員会 H20.8.18 議決・弁護士懲戒事件議決例集11-49）。

19) (1) (http://search.nichibenren.or.jp/ja/autonomy/data/2008kouki_tyoukai.pdf)。

(2)日弁連編著『弁護士白書2008年版』268頁参照。

20) (1)日弁連調査室編『条解弁護士法（第4版）』（弘文堂・2007年）444頁。

(2)被懲戒弁護士の業務停止期間中における業務規制等について弁護士会及び日弁連のとるべき措置に関する基準（H4.1.17 理事会議決）。

21) 最判 H19.4. 24 民集61-3-1102・判時1971-119の田原睦夫裁判官の補足意見。

22) 第1講注2）(2)②は、地裁所長が弁護士会に懲戒請求をした事例。

23) (1)この時期は弁護士自治の危機でもあった。「弁護人抜き裁判特例法」が制定されようとしたり、日弁連・弁護士会に自治能力、自律能力がないのであれば、弁護士自治を廃止することが真剣に考えられていた時代であった。「刑事法廷における弁護活動に関する倫理規定」もこの時に制定されている。

(2)日弁連・第7回シンポジウム記録「国民のための弁護士自治―その危機と課題」。

(3)第10講注78) 79) 80) の諸事件も、この時代のもの。

24) 前掲注7) 参照。

25) (1)住吉博「対審型懲戒手続の必要性」自正50-1-108は、懲戒手続に当事者対立構造の導入を提唱している。

(2)富沢・前掲注8(2)3頁では、懲戒手続は「準刑事的手続」

(quasi-criminal)であり、手続的デュープロセスが保障されるべきであるという判例を紹介し、対審型手続（adversarial administrative proceeding）と同水準のデュープロセスが要求されていると述べている。

26) (1)100万円を認容した判決。名古屋地判H13.7.11判タ1088-213。
   (2)50万円を認容した判決。
   ● 東京地判H5.11.16判タ840-143。
   ● 東京地判H7.12.25判タ954-205。
   ● 東京地判H4.3.31判時1461-99。
   (3)30万円を認容した判決。
   ● 東京地判S62.9.28判時1281-112。

   これらの判例の懲戒請求の原因をよく読み、比較してもらいたい。

27) (http://www.nichibenren.or.jp/ja/autonomy/data/kouki_flowchart.pdf)。

28) (1)日弁連のHPにアクセスすると、「懲戒・審査請求事件処理状況」に、直近の統計が掲載されている。
   (2)日弁連・前掲注19)(2)269頁以下参照。

29) 第1講注2)(2)①参照。

30) (1)田中宏「日弁連報告(4)」道弁連会報2004-12-40。
   (2)放置事件については、第4講注23)(4)。

31) 日弁連・前掲注19)(2)273頁のフローチャート参照。

32) 日弁連・前掲注19)(2)276頁参照。

33) 第11講333頁で、裁判官に必要な知恵について記したが、弁護士にも当然あてはまる。

第4講 弁護士と依頼者の関係(1)
―誠実義務と職務責任(専門家責任)

I 誠実義務

　誠実義務は、弁護士の職務の本質に関わる義務であると同時に、職務責任・専門家責任（professional liability）の前提となる義務です。

1．弁護士と依頼者の法律関係

　弁護士と依頼者の法律関係は、通常「委任」や「準委任」と解されています[1]。弁護士が依頼者を代理して訴訟行為・法律行為を行うのが「委任」、依頼者のために契約書の作成、交渉などの事実行為を行うのが「準委任」です。

　職務基本規程も、弁護士と依頼者との関係を委任であると理解しています（規20、22、30、44）。したがって実務家も依頼者との契約を委任契約と理解し、委任状を作成するのが実務の慣行です。規20は「弁護士は、事件の受任及び処理にあたり、自由かつ独立の立場を保持するよう努める」とし、委任の趣旨の範囲内において、弁護士に広く裁量権が認められていることを前提に「自由と独立」を確保するよう求めています。また規30は委任状を作成するだけでなく、弁護士報酬に関する事項を含む委任契約書の作成も義務づけています。

　さて、依頼者と弁護士の委任契約は、依頼者が弁護士の識見、能力、スキルそして人格を信頼するという精神的要素を内包していることに特色があります。依頼者と弁護士の知識の量と質

の差を考えるなら、依頼者はそうせざるを得ないのです。また弁護士を全面的に信頼しているからこそ、自分に不利なことも告白します。依頼者と弁護士は、このように精神的結びつきをベースにした関係なのです。逆に信頼がなくなったなら、委任契約の存続は不適切となります（規43）。なぜなら、信頼関係の喪失はコミュニケーション不足を来し、最悪の場合コミュニケーションが途絶します。そして弁護士は職務の遂行が不可能になるのです。このように、弁護士と依頼者の委任契約は、依頼者の信頼という精神的要素をベースにしているのです。

　ところが、信頼関係の喪失どころか、弁護士が依頼者を裏切る例があります。いわゆる背信的弁護（訴訟）活動です。そうした弁護士に欠けているものがマインドです。繰り返し述べますが、弁護士には、法律の知識やスキルも必要ですが、何が依頼者の最大利益であり、どうすればそれが実現できるかを考え、誠実に実行するマインドが必要なのです。

2．弁護士業務の請負的要素

　弁護士の業務の大部分は、代理人としてのそれですが、委任だけでは説明しきれない業務があります。たとえば契約書の作成やチェックという業務には代理の要素がなく、請負的な要素が強いと思われます。また倒産法の手続は、対立する当事者としてではなくて、裁判所に、倒産法に沿ったいくつもの段階で、1つずつ決定を求めながら進めていく手続です。民事再生の場合では、最終的に再生計画案を作成し、債権者の同意を得て、認可の決定を得れば成功ということになります。これも、再生計画案の認可という仕事の完成に向けた請負的な要素が濃い手続です（もちろん、再生債務者の代理人として手続を行うのですから、代理的要素は否定できません）。

　最近の動向として、弁護士の業務は、訴訟行為の代理より請

I 誠実義務

負的な業務の比重が大きくなっているように思います。そこで、弁護士と依頼者との関係について、結果債務を実現するという請負的要素を加味した混合契約説が登場しました[2]。

しかしながら、依頼者と弁護士との関係は実態に即して解釈されますので、委任契約、請負契約、あるいは混合契約と解釈したところで、結論において違いがありません。

たとえば民法の規定では無償委任が原則です（民648-1）。特約がなければ、報酬の請求ができないことになります。これは合理的でしょうか[3]。弁護士報酬については、報酬支払の特約がなくても報酬支払の黙示の合意がある[4]、あるいは事実たる慣習がある[5]と解釈されています。報酬支払は、余りにも当然なので、最判のなかには、理由を示さずいきなり報酬額算定を論じているものもあります[6]。ですから、委任説をとったからといって、法的効果に違いがあるということにはなりません。逆に、依頼者に対する報告義務のように、法に定めがあるから義務があるのではなく（民645）、法の定めがなくても、訴訟・非訟を問わず、紛争の主体は依頼者であり、弁護士は依頼者の意思を尊重して職務を行わなければなりません（規23）。そのため、常に報告が必要なのです。こうした弁護士と依頼者との関係の特性から、報告義務があるのです（規36）。

このような報酬支払義務や報告義務は、依頼者と弁護士との関係の特性からくるものです[7]。したがって、弁護士と依頼者の関係は、その実態に即して解釈するしかありません。そうすると、両者の関係を委任と解しても、請負と解しても違いはないことが理解できるでしょう[8]。

刑事事件の国選弁護人の場合は、裁判所の選任行為（決定）によって、その地位に就くという考え（裁判説）が支配的です（刑訴38の2は、裁判説を確認したものです）。なお、最判 S29.8.24 民集8-8-1549・判タ42-27は、国選弁護人に民法の委任の規

定(民650)の適用はないと明言していますが、国選弁護人の職務責任を追及した東京地判 S38.11.28 判時354-11は、「直接の委任契約関係には立たないけれども、あたかも私選弁護人と同様の善管注意義務をもって弁護活動を行うべき法律上の義務を被告人に対する関係において負担するものである」としています[9]。国選弁護人の地位をどう構成しようとも、国選弁護人は私選弁護人とほぼ同じ義務を負っているので、委任に準じた関係であると理解しても差し支えないでしょう。

3. 誠実義務と善管注意義務

(1) 誠実義務

①依頼者と弁護士の信頼関係　依頼者は法的な困難に遭遇したときに、弁護士に助けを求めます。依頼者は基本的には、問題解決に必要な法的知識を持っていません。仮に知識があっても、法廷で十分に使いこなすことができません。依頼者と弁護士との間にはこういう格差があります(契約当事者の非対等性)。弁護士は、長期間にわたる特殊な教育または訓練によって、高度な知識・技能を習得しており、それが司法試験と司法修習によって公的に保証されています。しかも、資格の登録制と無資格者の参入排除、弁護士自治の自律的懲戒制度によって、その知識・技能について社会から高い信頼を受けています。依頼者は、こうした信頼と信用を背景として、弁護士に相談し、助言を得、事件を委任します。また、弁護士業務には広範な裁量的判断が必要であるため、依頼者と弁護士の精神的紐帯をベースにした信頼関係が必要になります。こうしたことから必然的に、弁護士は依頼者の信頼を裏切らず、知識・技能を最大限生かして、依頼者の最大利益を図る仕事をする義務が生じるのです。加藤新太郎判事は、これを「誠実執務ルール」と呼んでいます[10]。

1 誠実義務

②誠実義務の普遍性　弁護士法は、「弁護士は、前項の使命に基づき、誠実にその職務を行い、社会の秩序の維持及び法律制度の改善に努力しなければならない」（法1-2）と定め、職務基本規程は、「弁護士は、真実を尊重し、信義に従い、誠実、且つ公正に職務を行うものとする」（規5）と定めており、ともに誠実に職務を行うことを、最も重要な規範としています。単なる倫理規範（努力目標）ではなく、法的責任が発生する法規範です。

ABA・MR前文［4］は、「弁護士は、専門職としての全ての役割を果たすにあたって、有能（competent）で、迅速（prompt）で、かつ誠実（diligent）でなければならない」と定めています。有能さ、迅速さ、誠実さは、弁護士が業務を行う際の最も基本的な資質と姿勢を示していますが、なかでも誠実（diligent）が特に重要です。さらにABA・MR1-3は、「弁護士は、依頼者を代理するにあたっては、合理的な誠実さと迅速さをもってしなければならない」と、迅速（prompt）と誠実（diligent）について言及しています。誠実な義務の履行に有能さ（competent）が必要なのは当然であり、その能力に欠ければ受任すらしてはいけないのですが、迅速（prompt）と誠実（diligent）は第1講で述べた弁護士の十分条件なのです。

ABAだけではありません。CCBE・Code2-2も「弁護士と依頼者との信頼関係は、弁護士の二心ない名誉、勤勉、誠実があってはじめて可能になる」「弁護士にとって、これらの伝統的な徳は、プロフェッションとしての義務である」と述べています。日本においては1933（S8）年の旧弁護士法も「弁護士ハ誠実ニ其ノ職務ヲ行ウ」と誠実義務を定めています。このようにみると、どこの国でも、いつの時代でも、弁護士には、普遍的に誠実義務が課せられていることがわかります。

③専門家責任における誠実義務の位置づけ　しかも、弁護

士に求められる誠実さは、「他の職業に従事する者と同じように正直であるというのでは駄目なのである。一般的な正直さのなかでの高いレベルよりも、ずうっと高いものが要求され」ます[11]。弁護士と依頼者との関係は、最高度の信義の関係であり、そこには絶対的な率直さ、誠実さが求められます。弁護士は、依頼者のために十分な情報を提供し、依頼者が了解した方向で、全身全霊を傾けて、依頼者の最大利益をあげなければなりません。不十分なサービスや手抜き・背信・裏切りはけっして許されません。

以上のような、最高度の信義の関係、絶対的な正直さを求める関係から生じる依頼者に対する義務と依頼者を裏切らない義務が誠実義務であり、それは依頼者のために全身全霊を傾け、決して裏切らないという意味において、忠実義務として把握され、同時に弁護士における専門家責任の中核に位置づけられます[12]。

（2）善管注意義務

委任（準委任）でも請負でも、弁護士には契約法の一般原則から善管注意義務が発生します（なお、民644）。善管注意義務の基準は、平均的合理的な弁護士が通常行うであろう平均的注意義務と解されています。

では、平均的合理的な弁護士はどこにいるのでしょうか。実はいないのです。

弁護士が、具体的事件において知識・技能不足によって過誤（malpractice）を発生させた場合、特定分野の知識や技能の不足を免罪符とすることは許されません。弁護士は、法律の解釈適用を生業（なりわい）とするプロフェッションですから、当然法令にも精通していなければなりません（法2）。法律が次々に制定されるなかで、法令に精通するのは大変です。しかし、仮に多くの弁護士が制定されたばかりの法律に精通してい

なくても、誤った適用は許されないのです[13]。このように、平均的合理的な弁護士を求めるのは難しい問題なのです。弁護士は、誠実義務を尽くすとともに、依頼者のために最良のサービスを提供しなければなりません。弁護士過疎地域であるとか、弁護士になったばかりだとか、報酬が低廉であるとかいうことは、劣悪なサービスを正当化する理由にはなりません。弁護士のバッジをつけた以上は、30年目のベテランも1年目の新人も対等であり、同じ額の報酬を請求できます。だからこそ、同質のサービスを提供しなければならないのです。そのうえ、弁護士には、学識あるプロフェッションとして、高度のサービスの提供が期待されています。結局、平均的注意義務、平均的サービスといっても、高度の注意義務とサービスが求められているのです。

(3) 両義務の関係について

委任契約から生じる善管注意義務と、依頼者と弁護士との関係から生じる誠実義務の関係はどう理解すればよいでしょうか。

委任契約では、契約の効果として善管注意義務が発生しますが、誠実義務は、契約締結前においても発生し(契約に至らない場合でも、同様の義務があります)、契約終了後も一定の義務が課されています。さらに誠実義務では最上級の誠実さが要求されます。したがって、両者の関係を、善管注意義務に誠実義務を加重した義務と位置づける人が大半です[14]。

私は単純に、弁護士は善管注意義務と誠実義務を車の両輪のように負っているという理解で足りると考えます。加重といっても、善管注意義務が質的に変容するわけではなく、弁護士は結局、双方の義務を負っているからです。また善管注意義務は、誠実義務を含んでいると主張する学者もいます。しかしこの考え方では、契約締結前や終了後の義務を説明できません。

2つの義務の位置づけにはさまざまな学説がありますが、弁

護士が不始末を働いた際に、誠実義務の位置づけの違いで弁護士に対する損害賠償請求ができないという学説はないようです。判例も「弁護士は依頼者に対して、誠実に職務を行わなければならない義務がある」と明言したり15)、「弁護士が誠実義務を尽くすものであると事実上の推定をうける」としたものがあります16)。

4．委任契約に至る前の義務・契約終了後の義務

　弁護士と依頼者との間には、契約締結前、契約終了後にも、両者間を支配する信頼関係から一定の義務が発生します。

　委任契約に至る前には一定のプロセスがあります。まず面談があり、次に弁護士は、資料を分析し、協議し、方針を決めます。依頼者が方針に納得すれば契約に至ります。弁護士は面談のなかで依頼者の秘密に接しますが、依頼者は弁護士が秘密を守ることを期待します。つまり、守秘義務は委任契約前に発生しているのです（法23、規23）。面談後、委任契約に至らない場合もあります。弁護士はその間に知り得た秘密を漏らしてはいけません。方針を協議し、いよいよスタートという時に依頼者が音信不通になることもあります。その場合でも秘密は守らなければなりません。さらに、相談を受けた事件について相手方を代理することも許されません。なぜなら依頼者は、まさか相談した弁護士が相手方につくとは夢にも思わず、有利なことも不利なことも弁護士に打ち明けているからです。この信頼は保護されなければなりません（法25-①、②、第５講）。

　委任契約の終了後も、いくつもの義務が課せられています。まず前述の守秘義務は契約終了後も続きます。弁護士が職務上知り得た秘密は、墓場まで持っていかなければならないのです。実務的には、事件終了後、預っていた原本を返却し、裁判記録を依頼者の秘密やプライバシーが漏れないように保管します。

特に、前科や身分上の秘密が含まれているものは細心の注意が必要です。また、裁判記録を廃棄する際は裁断して廃棄しなければなりません。

規18は、「事件記録の保管又は廃棄に際しては、秘密及びプライバシーに関する情報が漏れないよう注意しなければならない」としています。不適切な保管は懲戒事由でもあります（規82-2）。そのため、シュレッダーは法律事務所の必須の備品です。なお、刑事記録の管理は、事件係属中も十分配慮しなければなりません（刑訴281の3）。

また、同一の事件について、委任契約終了後、相手方の代理人となることも許されません。債務者の代理人として裁判上の和解をした弁護士が、後に債権者から当該和解調書に基づく強制執行の委任を受けたり[17]、原告の代理人として被告と和解契約をした弁護士が、和解契約の効果を争って被告の代理人として執行停止の申立てをすることは許されません[18]。後者の弁護士は、懲戒処分を受けたうえ、損害賠償を命じられています。事件終了後といえども、弁護士は依頼者の信頼を裏切ることは許されないのです（法25-②）。

ABA・MR1-9は、元依頼者に対する事件（ただし、実質的にかつての事件と同一である事件）について代理行為を明確に禁止しています。CCBE・Code3-2-3も、元依頼者の秘密を侵す危険のある時や元事件の知識が新しい依頼者の不利益となる時は行動を慎まなければならない、としています。

なお、元の依頼者に対する事件であっても、同一事件や実質的関連性のある事件でなければ、受任の制限はありません。ただし私は、制限はなくとも自制すべきだと考えます。かつて信頼関係で結ばれていた2人が、別事件とはいえ、相争うのは好ましくないですし、弁護士は金のためなら何でもするという印象を世間に与えかねないからです。

このように弁護士には、委任契約の前後においても、依頼者に不利益に行動してはならない義務、裏切ってはならない義務があるのです。こうした義務は、契約書がなくとも発生しますし、依頼者はそれに対して報酬を支払う必要もありません。弁護士という職務から発生する当然の義務だからです。

前述したように、何度も相談しようやく方針を決定したのに、依頼者と音信が途絶えることもあります。また依頼者に裏切られることもあります。それでも弁護士は、いくつもの義務を守らなければなりません。およそ弁護士は、依頼者の信頼を裏切ってはいけないのです。依頼者との信頼関係がなくなった腹いせに、依頼者についての情報を相手方に伝えることが許されるわけもありません[19]。

5．受任事件における善管注意義務と誠実義務

ここでもう一度、手続の流れに沿って、善管注意義務・誠実義務を記します。

①事情聴取・資料収集・事実調査（規37・証拠と裏付調査）

依頼者の意図がどこにあるのかを確認しなければなりません。不当訴訟（後出170頁）に加担してはならないのです。依頼者の言い分だけでなく、その根拠（法律上の根拠・事実上の根拠）を自ら調査する義務もあります。この調査義務を怠り、相手方から損害賠償請求が認容された例があります[20]。なお、事情聴取や事実調査で知り得たことは、たとえ弁護士が自ら集めた証拠であっても、守秘義務の対象となります。

②法律的観点からの吟味（規21、22）　当該事象について、およそ考えられるあらゆる面から法的吟味を行います。法令に精通していなければ弁解の余地なく過誤となります。相手方の抗弁も予測しなければなりません。シミュレーション能力を中心とする力量が試されます。

③具体的手段の選択　　交渉なのか、調停なのか、訴訟なのか、倒産事件なら、再生か、清算かを選択しなければなりません。この選択にあたっては、十分な説明と依頼者の納得が必要となります。また提出証拠についても微妙なものは、依頼者と協議して提出することになります。

④説明・承諾（規22、29）　　紛争の主体は依頼者ですので、手段の選択は依頼者が行わなければなりません。たとえば、民事再生の申立てにおいて、債権者の協力が得られる見込みが微妙な場合もあります。債権者の協力が得られなければ、破産へ移行します。それでも再生手続の申立てをするかどうかは、依頼者が決めなければなりません。弁護士は、依頼者が意思決定するのに必要で十分な情報を提供しなければならないのです。そして依頼者の意思を尊重して、手続に入らなければならないのです（規22）。

⑤委任契約書作成義務（規30）・適正妥当な報酬契約書締結義務（規24）

⑥訴訟追行と報告義務（規36）　　具体的方針が決まり、正式に受任します（規30）。事件がスタートしたなら、その進展状況に応じて報告し、了解を得ながら職務を遂行しなければなりません。受任したまま放置することは許されません。報告を怠ったり、不十分だったため、独断処理とみなされ、訴訟になる場合も多くあります。このケースでの懲戒事例も多くあります[21]。

⑦預り金の分別管理義務（規38）

⑧依頼者の財産管理（規38）と事件終了後の金銭の清算義務（規45）

⑨委任契約終了後の義務（守秘義務・旧依頼者に対する利益相反回避義務、記録保存義務等）

⑩①～⑨の過程において、弁護士には、重層的にさまざまな

義務が課せられていることがわかります。

II　誠実義務と職務責任（専門家責任）

　誠実義務は、単なる倫理規範（努力目標）であるに止まらず、法的責任（職務責任）が発生する法規範（評価規範）でもあります。したがって、誠実義務に違反した弁護士の活動は、いずれも委任契約違反や、契約関係がない国選弁護でも委任類似の善管注意義務違反となります。当然、その効果は損害賠償請求という形で顕れます。こうした訴訟類型を、職務責任訴訟、あるいは専門家責任訴訟と呼んでいます。職務責任を追及する訴訟は、論者によっていくつもの分類がなされています。
　①誠実義務違反（不誠実型）、うっかりミスによるもの（うっかりミス型）、技能が不足した結果、依頼者に損害が生じたもの（技能不足型）と分類する[22]。
　②期日・期間懈怠型、独断処理型、説明不十分型と分類する[23]。
　大事なことは、これらの職務責任訴訟のタイプをどう分類するかではなく、誠実義務と善管注意義務が弁護士の職務責任・専門家責任（損害賠償と懲戒）の根拠となっていることを自覚することです。

1．わが国における職務責任訴訟

　わが国において、弁護士の職務責任を問う訴訟はそれほど多くありませんでした。それは、①これまで弁護士の数が少なく、身内意識があり、同僚を訴えることには抵抗があったこと、②弁護士の職務遂行にあたり、裁量が大きく、一見明白なミス以外に過誤（malpractice）が顕れにくいこと、③裁判所の訴訟指揮・釈明権の行使によって、過誤がカバーされていたこと、④

弁護士の責任を追及する法理が未発達であったこと、などに起因しています[24]。しかし弁護士の数が多くなり、競争が激化すれば、不誠実な弁護活動が増加すると見込まれます。また一方で、依頼者の意識が高まっています。これらのことから今後、職務責任を追及する訴訟が増加するだろうと予想されます。また職務責任の追及は、同時に懲戒申立に及ぶことが多くあります。前述した予想を裏づけるように、懲戒件数は20年前に比べ倍近くに増加しています[25]。

2．判例にみる誠実義務違反

(1) 国選弁護人の善管注意義務

最も著名な判決を紹介します[26]。この事件は、控訴審での弁護人（国選弁護人）の弁護のあり方が問われた事件です。確定判決によると、被告人は3人を青酸カリで殺害し、3人目の被害者に化けて逃亡。その後、4人目を殺害すると、死体の鼻と指紋などをすべて剝いで身元がわからなくし、再びその男に化けて逃走したというものでした。1審判決は死刑でした。被告人は東京高裁に控訴して、国選弁護人が選任されました。弁護人は、原判決に対する不服がどこにあるのかを特定し、控訴審における争点と判断すべき事項を明確化するため、控訴趣意書を出さなければなりません（刑訴376）。被告人も控訴趣意書を提出することもできますが、本件の被告人は、弁護人に「私は控訴趣意書を書けないから先生よろしく」と手紙を2回出しています。また、弁護人は、「心配するな、きちんと書いて出します」と返事を出しています。

「どんなに犯情の悪い被告人でも、きちんと弁護の機会を与えなければならない」。それがリーガリズムです。弁護人は、被告人のために最善の弁護をしなければいけないのです（後出275頁）。ところがこの国選弁護人は「この被告人の行為は、

〈戦慄を覚える〉 もので、原審が刑法199（略）を適用したのは、当然と思料される」との控訴趣意書を提出したのです。これは不服の申立てではありません。暗に控訴理由はありませんので棄却してくださいと述べているようなものです。高裁は当然、控訴を棄却しました。しかも、この控訴趣意書の内容は被告人に知らされていませんでした。

　この弁護人の弁護活動は最善のものといえるでしょうか（規46）。確定後、被告人は、判決謄本を取り寄せて控訴趣意書の内容を知りました。弁護人は、被告人の利益になる趣意書を提出してくれるとの期待を持たせたにもかかわらず、裏切ったのです。背信的弁護といえます。そこで、この被告人が原告となり、十分な弁護活動をする義務を尽くしていないとして、弁護人を相手に慰謝料請求事件を起こしたのです。

　この弁護人は1度も被告人と面会していませんでした。どこに被告人の不服があったのかも確認していません。裁判所で何度か、記録を閲覧しただけです。それだけで、弁護人の弁護活動は終わっていました。そして「原判決は相当」という控訴趣意書を提出したのです。

　この弁護人の行為は、被告人の期待・信頼を裏切るものであり、依頼人の利益に反するものです。裁判所はこの裏切りについて「国選弁護人は、私選弁護人のように直接法律関係には立たないけれども、私選弁護人同様、善管注意義務をもって弁護活動を行うべき法律上の義務がある。従って、被告人の利益に反する行為に対しては不法行為と類似の関係がある」として慰謝料の支払を命じました。

　この事件の教訓は、極悪非道な被告人であっても、国選弁護人は、私選弁護人と同様の誠実な弁護をしなければならないということです。誠実な弁護を怠ると、職務責任（専門家責任）を問われるのです。

II 誠実義務と職務責任（専門家責任）

（2）弁護人に求められる「最善の弁護活動」の意味

被告人の意思や依頼の趣旨に反する弁護活動としては、被告人が正当防衛の主張をしているにもかかわらず、弁護人が量刑不当の控訴趣意書を提出したり（東京高判S60.6.20判時1162-168）、被告人が公訴事実を争っているのに、検察官請求の各書証について弁護人がすべて同意した（仙台高判H5.4.26判タ828-284、大阪高判H8.11.27判時1603-15）という例があります[27]。

刑事弁護においては、前記の誠実義務に加えて、刑事弁護特有の規範として「弁護士は、被疑者、被告人の防御権が保障されていることに鑑み、その権利及び利益を擁護するため、最善の弁護活動に努める」としています（規46）。

ここにいう「最善の弁護活動」とは、弁護士が主観的に最善と判断するものを指すのではなく、刑事弁護を行う一般的な弁護士が、合理的に考えて、最善と判断する弁護活動を意味します。身柄拘束からの解放（規47）や防御権の説明、捜査官による防御権・弁護権の不当な制限に対する対抗措置（規48）は、具体的な弁護活動のあり方を示していますが、その他は、何が最善かは規定されていません。弁護活動の条件・環境は、千差万別であり、一概に「最善の弁護活動」を定義しきれないのです。また、弁護士は、権力との対抗関係や緊張関係のなかで、権力行使のあり方を監視し、不当・違法な点があれば、是正しなければなりません。弁護人の誠実義務は、最善弁護義務として現れますが、第10講で詳論します。

（3）イソ弁を使った、元依頼者に対する裏切り行為

民事における背信的事件をあげてみましょう（千葉地判H8.6.17判時1620-111）。

この事件は、委任契約終了後、弁護士が元の依頼者を相手に、自分の事務所のイソ弁（勤務弁護士）を使って、裁判を起こしたというものです。詳細は以下のとおりです。

第4講　弁護士と依頼者の関係(1)

　甲は、A弁護士に、乙に対する産廃物搬入禁止の仮処分の依頼をしました。甲と乙はライバル会社です。この仮処分は和解で終了し、甲とAの訴訟委任契約が終了しました。ところがAは、同事務所のイソ弁を使い、乙を代理して和解無効の裁判を起こしたほか、同一係争物について、さまざまな請求を行ったのです。イソ弁を乙の代理人としたのは、法25-①に違反し自分が表立ってはできないことを知っていたからです。

　甲は、Aに対して、和解成立後（委任契約終了後）の義務違反による損害賠償請求の裁判を起こしました。判決は、Aの行為と甲の損害には因果関係がないということで棄却しましたが、理由のなかで、「委任終了後であっても、弁護士は委任を受けた事件に対し、委任者の利益に積極的に反する行為をしてはならないという義務を委任者に負担している。それに違反した時は損害賠償になる」と述べています。Aは甲から懲戒請求をされ、業務停止3ヶ月の処分を受けました。

　こうした裏切りは、信頼で結ばれているはずの弁護士と依頼者との関係を、根本から破壊するだけでなく、弁護士の社会的評価を落とします。

（4）怠慢による間接的な背信

　怠慢の例を紹介します。怠慢というのは、迅速さ（prompt）に反した、間接的な裏切り、背信です。怠慢ばかりでなく事件を放置した判例や懲戒事例が多数存在します[28]。

　東京地判 H7.8.25 判タ911-125の判決は、会社を懲戒解雇された人が不当な解雇であるとして、弁護士に損害賠償を依頼した事件です。依頼者は会社から何回も戒告処分を受けており、懲戒解雇も止むを得ないという状況でした。そんな事件なので、弁護士も気乗りがしなかったのかもしれません。しかし最初から受任しない、弁護士を辞任するなど方法はいくらでもあったはずです。

この弁護士は、依頼者からいろいろとせっつかれて訴状を提出しましたが、そのときには受任してから1年11ヶ月も経っていました。このことに対して、裁判所は「受任弁護士として、誠実に職務を行うべき注意義務に違反した」と判断しました。ただし、原告に職場復帰の意思がなく、訴え提起の遅延により原告が被った損害はないとして棄却しています。誠実な仕事に迅速性は欠かせないのです。

（5）まとめ

以上述べたとおり、相談から受任、事件終了（事件終了後も）にわたって、弁護士は、依頼者に対してさまざまな義務を重層的に負っています。弁護士はそのつど、誠実に代理人として義務を果たさなければなりません。誠実義務が依頼者に対する基本であること、違反行為があれば、依頼者からの懲戒請求だけでなく、民事上も専門家責任を追及されることになります。多くの懲戒事例や判例がそれを明確に示しています。

Ⅲ　依頼者以外に対する誠実義務

では誠実義務は、依頼者に対する関係だけで考えればいいのでしょうか、それとも、より広い範囲で考えなければならないのでしょうか。

委任契約の関係だけならば、誠実義務は、委任者と受任者との間だけでしか成立しません。しかし弁護士は、対裁判所、対相手方に対しても誠実義務を考えなければいけません。

なぜなら弁護士には、「楕円の論理」のもう1つ中心点・司法制度の担い手であるという役割があるからです。弁護士は、単なる委任契約上の当事者の代理人に止まらない公的な存在であり、公共的責務を負っていることは、第2講で述べた通りです。ABA・MR前文［1］でも、「弁護士は、司法制度の担い

手 (an officer of legal system) であり、裁判の質に特別の責任を負っている公民 (public citizen) である」と述べています。このように、司法制度の担い手という役割から、相手方や裁判所に対する誠実義務も発生します。

1. 相手方に対する誠実義務

紛争には必ず相手方当事者がいます。この相手方に対してもフェアな対応が求められています（詳しくは、第9講で述べます）。

当事者主義の下では敵対する相手方への配慮は不要であるという意見もあります。また、加藤新太郎判事は、依頼者の利益を実現する義務は当然ですが、相手方の損害を回避する義務、相手の損害も少なくするという配慮も必要である、つまり、司法の構造全体のなかで、誠実義務を考えるべきであり、それは弁護士の公共的役割に由来する責務であると述べています[29]。加藤判事はこの義務を「一般的損害発生回避義務」と名づけています。

（1）不要な損害の発生を防止する義務

相手方に不必要な損害が発生することを防止する義務について、事例で考えてみます。AがBの不動産について仮差押の申立てをして、仮差押命令が出たとしましょう。ところが、本訴では被保全権利が認められず負けてしまいました。被保全権利がなかったということになります。

不動産や銀行預金の差押えがあると、銀行取引が停止されます（旧銀行取引約定書5条）。そして銀行取引停止は倒産に直結します。新聞などでは、2度目の手形不渡を出すと「事実上倒産した」と表現されますが、この「事実上」とは、当座取引が停止されるということです。前記の通り、仮差押も当座取引停止の原因です。不動産の仮差押は社会的影響が大きく、登記簿

に仮差押の登記がなされれば、信用不安がなくても危険だという印象を与えます。したがって、仮差押の申立てをする場合は、事前に被保全権利や保全の必要性についての調査義務があります。東京地判 H7.10.9 判時1575-81は、「申立書や疎明資料に虚偽の事実を記載することにより実態に反した決定を取得しないよう注意する義務があった」と述べ、申立人に損害賠償を命じています。

(2) 相手方の名誉を重んじる義務

弁護士は、相手方や相手方代理人の名誉を重んじなければなりません（規6・70）。これは法廷における礼儀であり、一般常識でもあります（第1講参照）。品のない言動は社会人としても失格です。

ところが、弁論によって相手方の名誉を毀損したという事件が、実にたくさん起こっています（第9講参照）。本当にひどい弁論や証人尋問があります。こういった言動も、相手方への誠実義務を欠く例です。

相手方本人や証人に対して、悪感情をむき出しにした尋問の内容や態度もそうです。弁護士は代理人であって、当事者ではないのです（Canons17）。尋問は理詰めで、冷静に行われなければなりません。また、相手方弁護士の頭越しに直接、相手方と交渉してはいけません。規52で禁止している通りです。

このように、弁護士は相手方に対しても十分な配慮をする、つまり誠実義務が課せられているのです（詳しくは第9講）。

2．裁判所に対する誠実義務・真実義務

(1) 裁判所に対する誠実義務

規4は、「弁護士は、司法の独立を擁護し、司法制度の健全な発展に寄与するよう努める」と定めています。弁護士は、司法の公正・中立・独立が危殆（きたい）に瀕することがないよう留意し、

積極的に努力する義務があります。

また公正な裁判を実現するために、自ら適正手続の実現に努めるとともに、手続が歪められないよう、常に監視する姿勢が要求されます。裁判のあり方、個々の裁判や訴訟指揮について、裁判所(官)を批判し、意見を述べることは、裁判所に対する誠実義務の履行でもあります。前述したように、弁護士が司法制度の担い手であることに思いを至らせてください。

また、民訴法2は信義誠実義務を定めていますが、訴権の適切な行使や自己矛盾の訴訟行為の禁止のように、訴訟行為にも誠実義務が課せられます。不当な訴訟の引き延ばしが許されないのは当然であり[30]、迅速な裁判を妨げないことも、裁判所に対する誠実義務だと考えられます。

(2) 裁判所に対する真実義務

弁護士は、「真実を尊重」(規5)し、「裁判の公正と適正手続の実現に努め」(規74)なければならず、「偽証のそそのかし」をしてはいけません(規75)。弁護士が裁判所に対して真実義務を負っているのは、およそ裁判は、刑事、民事を問わず、実体的真実に可能な限り近づくことを目標としているからです。

ただし規5が定める弁護人の真実義務は、検察官が負っている積極的真実義務ではありません(詳しくは、後出285頁)。

証人の偽証や証人威迫は刑法上の犯罪(刑169・105の2)であり、民訴法209は、当事者であっても偽証には過料の制裁があると定めています。また、民訴法230は文書の成立の認否にあたり真実に反する認否をした場合の制裁を定めています。いずれも裁判所が真実に近づくための措置を定めたものです。最も基本的な倫理であり、違反した場合には、懲戒事由となります[31]。

ABA・MR3-3は、弁護士の「裁判所に対する絶対的な誠実さ」(duty of candor)を定めています。同条は、弁護士が真実

Ⅲ 依頼者以外に対する誠実義務

に反することを知っていながら、あえて真実に反する主張をしてはいけないし、すでに提出した証拠が偽物であったことがわかったときには、これを是正することを求めています。偽った事実上の主張および法律上の主張をしないことが絶対の規範になっているのです。「ルール11」と呼ばれる連邦民事訴訟規則（Federal Rules of Civil Procedure）11 は、弁護士が訴状や答弁書で根拠のないいい加減な主張（frivolous claims)をした場合には、弁護士が裁判所から罰金などの制裁を受けることを定めています[32]。

またCCBE・Code4-4 は「裁判所に誤った或いは誤解を招くような情報を出してはならない」と定めています。ドイツの民事訴訟法では完全真実義務を定めており、当事者には自己に有利な事実のみならず、不利益な事実も主張することが義務づけられています。

以上のように、各国の規範には、裁判（判決）は真実に近づかなくてはならず、できるだけ真実に近づいて、判断されなければならないという思想・哲学が見てとれます。ただし、同じ思想や哲学の下でも、代理人性（誠実義務）と司法機関性（真実義務）のどちらにウェイトを置くかで、微妙な差があるのです。

刑事事件においては、誠実義務一本論（誠実義務純化論）という考え方があります[33]。刑事事件の弁護人は、被疑者・被告人の代理人である以上、誠実義務に徹し、司法機関性を考慮する必要はないという考え方です。こうした誠実義務の考え方は、年々有力になってきているように思われます[34]。

村岡啓一教授は、司法研修所の刑事弁護教官室が作成した教材「刑事弁護」において、真実義務と守秘義務（誠実義務）の衝突についての見解が変遷していることを指摘しています。

確かに、教材「刑事弁護」でその変遷を見るだけでも、刑事事件における誠実義務と真実義務の問題がいかに難問であるか

がわかります。3訂版では、「弁護人も司法機関の一翼であって、正しい裁判が行われるよう努力すべき立場にある」「真実を語る義務がある」としつつも、「弁護人は、依頼者から絶大な信頼を受けてその個人的利益を、全力をもって誠実に保護すべき義務がある」とし、かくして「弁護人の真実義務は、依頼者に対する誠実義務によりある程度制約を受けざるを得ない」としていました。つまり、代理人性と司法機関性のどちらにウェイトがあるかははっきりとしていませんでした。しかし4訂版では、「弁護人は、被疑者・被告人の正当な利益を擁護する任務を遂行することによって裁判所の真実義務に寄与し、刑事司法に協力する任務を有する」となって、司法機関性が後退し、「弁護人は、検察官のように完全な真実義務を負うものでない」「被疑者・被告人の正当な利益の擁護ということと矛盾しない限度で真実義務を負う」とし、真実義務も一歩後退しています。そして、平成14年度版では、「被告人らの利益の方向で真実の発見に努力することが被告人の正当な利益である」となりました。前述のように、教官室の見解は次第に誠実義務のほうにシフトしているようです35)。

誠実義務一本論は、こうしたなかで登場したのです。弁護人には当初から真実義務がなく誠実義務だけであり、被告人は防御の主体であって、徹底した党派的弁護をすべきであるという考え方なのです。

刑事弁護における誠実義務と真実義務の相克は、大変困難な問題を提起しています（詳しくは、第10講で述べます）。

（3）偽証の教唆

規75は、「弁護士は、偽証若しくは虚偽の陳述をそそのかし、又は虚偽と知りながら、その証拠を提出してはならない」と定めています。

わが国の当事者主義、弁論主義は、当事者が自由に主張・立

Ⅲ 依頼者以外に対する誠実義務

証を行うなかで、実体的真実に適った判断の基礎を形成しようとするものです。特に弁護士が司法制度の担い手であることに鑑みれば、誤った判断を導く誤った資料の提出は許されるはずもありません。

規75は、公正な裁判を実現するための消極的真実義務を定めたものであり、フェアネスを具体化したものです。ドイツ連邦弁護士法43-a（3）では、故意に真実に反することの伝播（主張したり、証拠申請すること）を禁止し、違反した場合には、弁護士裁判所において懲戒処分を課せられます（同法113）。規75違反の行為も懲戒の対象となります。代理人は、依頼者の最大利益を図らなければなりませんが、だからといって、上記の公共的役割を忘れてはならないのです。このなかでバランスの取れた訴訟活動が求められます。同様の規定はABA・MR3-3、CCBE・Code4-4にも見られます。

弁護士は証人尋問をする際、申請した証人と必ず打ち合わせを行います（証人コーチ、あるいは証人テストと呼んでいます）。証人尋問の前のこうした準備は、依頼者に対する誠実義務でもあり、必ず行わなければなりません（民訴規85、刑訴規191-3）。反対尋問を予測したコーチングは弁護士の重要なスキルの1つです。打ち合わせでは、記憶の確認や表現方法のアドヴァイスを行います。しかし内容いかんでは、偽証の教唆につながることもあります。偽証の教唆とアドヴァイスの区別は微妙であり、一歩間違えれば偽証の教唆となる可能性があります[36]。慎重に行わなければなりません。

では、偽証するとわかっている証人を申請した場合はどうでしょうか。

これは「フリードマンの3つの難問」と呼ばれるなかの第1の難問であり（後出287頁）、弁護士倫理で一番悩ましい問題ともいえます[37]。

その証人が証言すれば、確実に偽証することが予想される場合、証人の申請自体が偽証を黙認することを意味します。ニセの証拠を出すのと同じことです。弁護士としては、申請自体を避けなければなりません。しかし依頼者が是非証人に証言させたいと言い出したらどうすればよいでしょう。申請するのであれば、真実を話すよう説得し、説得が受け入れられない時は、代理人を辞任することを視野に入れなければなりません。しかし自分が辞任しても、依頼者が次の弁護士に本当のことを言わず、その証人が偽証することが予想されます。そう考えると、辞任も適切でないことになります。

結局のところ、正直に真実を話させること以外に方法はありません。それができなければ証拠申請そのものをしない。しかしその場合は、依頼者の意思に反することになりますから解任されるかもしれません。

その一方で、証人が偽証することを容認すると、今度は弁護士が偽証の教唆や偽証の共犯となってしまいます。ディレンマどころかトリレンマとなります。フリードマンの難問といわれる由縁です。

なお、証人コーチが許されていない国もあります[38)39)]。

3．弁護士の誇りとしての誠実義務

このように、弁護士は、依頼者との関係で誠実義務があり、裁判所や相手方との関係でも誠実義務や真実義務があります。

繰り返しますが、相手方は争う相手であるけれど、不必要な損害を与えてはならないし、その損害を拡大してはいけないのです。また、相手方の名誉にも配慮しなければなりません。これらは、弁護士の職務において、日常的に起きる問題です。司法制度の担い手たる弁護士は、常日頃裁判が公正に行われるよう配慮しなければならないのです。

誠実義務は、弁護士が自己の職務に誇りを持って従事するために不可欠な義務です。依頼者を裏切って誇りある仕事などできません。弁護士には、その自覚が必要なのです。

最後に一言。

> 人間性と真摯さは、それ自体では何事もなしえない。しかし、それらがなければ、ほかのあらゆるものを破壊する。真摯さの欠如だけは、あってはならない絶対の基準である。
> (P. F. ドラッカー)[40]

法曹倫理は、法律家に誠実というものの大切さを教え、そのマインドのなかに「誠実義務を実践できる者だけが法律家としての十分条件を備えている」ということを刷り込むことにあります。

上記のドラッカーの言葉に加え、第1講で紹介した孫暁楼の言葉をもう一度思い起こして欲しいと思います。

注)
1) (1)我妻栄『民法講義—債権各論中巻2』(岩波書店・1954年) 687頁。
   (2)幾代通・広中俊雄編『新版注釈民法(16)—雇傭・請負・委任・寄託』206頁以下明石三郎執筆。
   (3)内田貴『民法Ⅱ—債権各論』(東京大学出版会・1997年) 269頁。
   (4)川井健『民法概論4—債権各論』(有斐閣・2006年) 300頁。
2) 小林秀之「弁護士の専門家責任」私法57-26。
3) (1)浦川道太郎「弁護士と責任法理の現在」自正49-4-50は、ドイツで弁護士と依頼者の関係について、委任契約とするならば、無償委任契約となり、報酬の約束がある以上、雇用契約と構成されていると指摘している。
   (2)幾代・広中・前掲注1)(2) 247頁以下。
4) 東京地判 T7.5.8 法律新聞1291-7。
5) 東京地判 S36.1.17 下民集12-1-16。
6) 最判 S37.2.1 民集16-2-157・判時289-12。なお、判タ495-19の

今野昭昌弁護士の「事件委任契約の諸問題」。
7) ABA・MRの1-4-(a)-(1)〜(4)は、報告義務について、以下のように定めている。
　(1)規則1.0(e)項に定義された依頼者のインフォームド・コンセントがこの規則により要求される決定または状況のすべてについて、依頼者に遅滞なく伝えなければならない。
　(2)依頼者の目的を達成し得る手段について、依頼者と合理的な協議をしなければならない。
　(3)事件の進行状況について、依頼者に対し、適切な報告を行わなければならない。
　(4)報告を求める合理的な要請には遅滞なく従わなければならない。
8) 住吉博「潜在する利害対立がある複数依頼者の『信認代理』」民商122-1-21は、委任の規定はそのままでは弁護士業務の規律にほとんど役立つことはないように見受けられるとまで述べている。民法の委任の規律が、弁護士に対する委任契約において、有用性を発揮できないどころか、実情とあまりにもかけ離れている（民648の無償委任、民651の解除の自由、民645の報告義務など）。そして、何よりもすでにより詳細な行為規範が制定されており、これが委任契約の内容となっていることから、このような言説になったものと思われる。
9) 中村・前掲注5)(2)35頁。
10) 加藤新太郎『弁護士役割論〔新版〕』（弘文堂・2000年）348頁。
11) 1931年合衆国司法長官George Wickershamの言葉。山口繁「リーガルプロフェッションの行方（その1）」法の支配133-8。
12) 加藤・前掲注10)350頁は、能見善久教授、鎌田薫教授、浦川道太郎教授の説を紹介し、専門家の注意義務の中枢に忠実義務があることを指摘している。
13) 日弁連懲戒委員会H19.8.21議決・弁護士懲戒事件議決例集10-50。弁護士が原告代理人として提起した訴訟の係属中に、被告が民事再生手続開始決定を受け、訴訟は中断した。原告は債権届けを行ったが、全額否認された。否認された再生債権者は、再生債権の調査期日の1ヶ月の不変期間内に受継申立をしなければならない（民再107・105-2）にもかかわらず、原告代理人は、その手続を行わなかった。受継申立期間内に受継の申立て

をしなかった再生債権は、再生計画の認可決定によって失権してしまった。処分は、戒告。民事再生法に精通していなかったことが「非行」とされたのである。

14) 伊藤眞「弁護士と当事者」『講座民事訴訟Ⅲ』(弘文堂・1984年) 123頁。加藤・前掲注10)354頁など。
15) 東京地判 S62.10.15 判タ658-149など多数。
16) 最判 S41.4.22 民集20-4-803・判時451-37。
17) 東京地判 H4.1.31 判時1435-75。
18) 千葉地判 H8.6.17 判時1620-111。
19) 自正51-2-181 (戒告)。後任の代理人からの照会に対し、元依頼者の承諾を得ることなく経過報告書を交付すること自体守秘義務に反するものであるが、そのなかで、元依頼者の「不誠実さを表す１つの証左」とか「事の経緯を無視して一方的に方針を変更し相手方の事情など顧みないということからすれば、『さもありなん』という感じがあります」と回答した例。
20) (1)東京高判 S54.7.16 判時945-51は、原告代理人として訴え提起が違法であることを知りながらあえて積極的に関与した例。判決は、代理人としての行動がそれ自体として本人の行為とは別個の不法行為と評価した。
    (2)最判 H19.4.24 民集61-3-1102・判時1971-119は、弁護士が根拠のない懲戒請求を行い、不法行為として損害賠償請求を認めた例。
21) (1)経過報告のない事件の大部分は、放置事件でもある。後掲注28) (2)参照。
    (2)受任事件の経過 (仮処分決定の保証金) を報告しなかった (業務停止２月・自正44-11-176)。
    (3)和解金を預り、和解に臨んだが、和解が成立しなかったことを報告せず、和解金の返還をしなかった (業務停止１月・自正44-11-176)。
    (4)遺言無効確認訴訟事件を受任し敗訴したが、敗訴の報告をしなかった (戒告・自正54-4-122)。
22) 加藤・前掲注10)79頁。
23) 小林・前掲注２)28頁。
24) (1)加藤・前掲注11)48頁。
    (2)最判 S51.6.17 民集30-6-592・判時825-45は、控訴審の釈明

義務違反を認めた例であるが、弁護士出身の藤林益三長官の反対意見は、不手際を行った弁護士に手厳しく、本人の利益を犠牲にしてでも、裁判所の責任において弁護士のミスをカバーすべきものではないと断じている。

25)　日弁連・前出第3講注19)(2) 269頁。
26)　(1)東京地判 S38.11.28 判時354-11。
　　　(2)田宮裕「国選弁護人の弁護拒否について」ジュリ291-26。
27)　(1)刑事事件において、被疑者・被告人を裏切った（被疑者・被告人の意思に反した）弁護活動は、第10講275頁およびその注54)56)。
　　　(2)ただし、東京地判 H11.1.26 判タ1041-220は、国選弁護人は、刑事訴訟に関与する者として、公共的立場からみて、被告人の意思にただ従わなければならない法的義務はなく、弁護人の活動が高度に技術的かつ複雑であることを考慮すると、当該弁護人には、幅広い裁量権が認められ、当該活動が著しく裁量権を逸脱したと認められる場合に限って、違法と評価されるとしている。
28)　(1)〈怠慢・不誠実〉
　　　①東京地判 S46.2.29 判時645-89（控訴期間満了）。
　　　②東京地判 S49.12.19 判時779-891（事務員の過失による控訴期間満了）。
　　　③横浜地判 S60.1.23 判時1181-119（控訴期間満了）。
　　　④東京地判 H4.4.28 判時1469-106（口頭弁論期日の欠席・実質的訴訟活動を行わず、敗訴の報告もしなかった）。
　　　⑤千葉地判 H9.2.24 判タ960-192（上告理由書未提出・却下）。
　　　⑥東京地判 H8.4.15 判時1583-75（依頼者から賃料の預託を受けながら、支払も供託もせず、賃貸借契約が解除された）。
　　　⑦東京地判 H7.8.25 判タ911-125（訴え提起まで、1年11ヶ月放置した。本文参照）。
　　　(2)〈放置〉
　　　①東京地判 S49.8.28 判時760-76（受任事件の放置）。
　　　②訴訟事件受任後（着手金受領後）、4ヶ月間着手せず解任された（業務停止6ヶ月）自正59-1-175。

③債務整理事件を受任しながら、3年以上も放置した（業務停止3月）自正55-4-137。
④債務整理事件を受任しながら、1年以上も放置し、解任された（業務停止4月）自正55-6-120。
⑤破産管財人の業務を正当な理由なく遅延した（業務停止2月）自正55-5-155。
⑥破産事件を受任したが、約2年間申立てを怠り、その間に、破産財団に属すべき財産が散逸したため、弁護士に470万円の賠償を命じた（2009〔H21〕.2.14日経）。
⑦上記の①～⑥の放置事件は、いずれもすでに着手したとか、すでに判決を得ているとか、虚偽の報告がなされている。虚偽であることは、すぐ判明する。その時点で、信頼関係は、決定的に破壊され、懲戒申立へ直結する。

(3)〈休止満了・時効完成〉

東京地判 S52.9.28 判時886-71（休止満了による取下擬制と消滅時効の完成）。

(4)〈裏切り〉

①東京地判 H3.6.6 判タ773-196（1審敗訴後控訴提起前の無断和解）。
②東京地判 H5.11.25 判時1499-77（弁護士法25に反する報酬契約）。

(5)〈報告の懈怠〉

①東京地判 S54.5.30 判タ394-93（1審から最高裁まで1度も報告しなかった）。
②東京地判 H16.7.9 判時1878-103（整理屋に報告し、依頼者に報告しなかった）。

(6)〈依頼者の利益に反する行為〉

①東京地判 S38.11.28 判時354-11（審判を受ける機会を保障すべき義務）。
②東京地判 S40.4.17 判時417-150（依頼者の損害を防止する義務・一割和解事件）。
③東京地判 S54.11.13 判時957-63（控訴の無断取下げ）。
④東京地判 H4.1.31 判時1435-75（債務整理の委任を受けていた弁護士が、辞任後相手方に情報提供して訴訟を起こさせた）。

⑤千葉地判 H8.6.17 判時1620-111（事件終了後、イソ弁を使って元依頼者に裁判を起こした事例・前出95頁）。
(7)〈依頼者の意思に反する弁護士活動〉
①東京高判 S60.6.20 判時1162-168（被告人の意思に反する控訴趣意書の提出）。
②(a)大阪高判 H8.11.27 判時1603-151・平成9年度重要判例解説190頁）（被告人が公訴事実を全面的に争っているのに、検察官請求証拠にすべて同意した）。
(b)仙台高判 H5.4.26 判タ828-284。
(8)〈適正・妥当でない報酬契約〉
大阪地判 S55.8.22 判タ449-228（依頼者に利益が残らないような報酬契約をした）。
(9)〈公序良俗違反〉
東京地判 H5.11.25 判時1499-77〔(5)の②と同じ判例〕。

29) 加藤・前掲注10) 362頁。
30) 髙橋宏志「民事訴訟引延しと弁護士倫理・懲戒」NBL575-8。なお、田中紘三「訴訟の引延しは弁護士懲戒処分の対象になるか」NLB583-11を比較されたい。
31) (1)被告人の利益のため内容虚偽の示談書と領収証を裁判所に提出した（他の懲戒事由と併せて除名・日弁連懲戒委員会 S56.10.5 議決・弁護士懲戒事件議決例集5-148）。
(2)証拠が変造されたことを知りつつ、訴訟提起を行った（業務停止3月・日弁連懲戒委員会 H11.9.13 議決・弁護士懲戒事件議決例集7-770）。
(3)接見禁止がなされている被疑者に対し、接見の際、虚偽の供述をそそのかすような手紙を仕切板越しに閲読させた（他の懲戒事由と併せて業務停止2年・日弁連懲戒委員会 H12.2.14 議決・弁護士懲戒事件議決例集8-5）。
(4)内容虚偽の債権計算書を作成して裁判所に提出し、配当金名義で不法に金銭を受領せしめた（他の懲戒事由と併せて業務停止1年・弁護士会懲戒事例集〔下〕163頁）。
(5)個人再生申立事件において、事務員が依頼者の求めに応じて虚偽の給与支払明細書を添付して個人再生申立書を提出したことは、弁護士の重大な監督義務違反である（業務停止6月・日弁連懲戒委員会 H19.9.26 議決・弁護士懲戒事件

議決例集10-56)。この議決は、弁護士の行為によるものでないとしても、「弁護士の監督下にある事務員の故意・過失により、弁護士の職務に不正を生じさせた場合には、その事務員の監督に相当の注意を払った場合を除いて、弁護士が自らの故意・過失によりそのような不正を生じさせたと同程度に社会的信用を害した」としている。この事件は、弁護士2名・事務職員16名で主として債務整理事件を扱っており、弁護士の監督の眼が届きにくい体制にあり、真実義務だけでなく規19の弁護士の指導監督責任が問われたものである。

32) (1)浅香・前出第1講注20) 183頁。
   (2)浅香吉幹他「ルール11と弁護士の役割」判タ920-23。
   (3)渡辺惺之他編訳『アメリカ連邦民事訴訟規則』(レクシスネクシス・ジャパン・2005年)。

33) (1)村岡啓一「刑事弁護人の役割・再考」『日弁連研究叢書平成13年度版』493頁。
   (2)村岡啓一「刑事弁護人の誠実義務と真実義務」『日弁連研究叢書平成8年度版』713頁。

34) 後藤昭「刑事弁護人の役割」『日弁連研究叢書平成11年度版』647頁。

35) (1)司法研修所編『3訂版・刑事弁護実務』(司法研修所・1975年) 50頁。
   (2)司法研修所編『4訂版・刑事弁護実務』(司法研修所・1979年) 55頁。
   (3)司法研修所編『平成14年度改訂版・刑事弁護実務』(司法研修所・1994年) 62頁。

36) (1)京都地判 H17.3.8・LEX/DB06050060。弁護士が証人に偽証させ、偽証教唆で逮捕され、有罪判決(懲役2年執行猶予5年)を受けている。
   (2)宮崎地判 H21.4.28 (H21.4.29付道新朝刊)。弁護士が、証拠隠滅で懲役1年6月の実刑判決を受けている(即日控訴)。

37) 前掲注5)判時1149-3。中村治朗元判事は、「フリードマンの3つの難問」を紹介している。この機会に、第2、第3の難問を紹介する。

   (a)第2—真実を語る証人の証言を減殺する尋問を行うのは

うか。
(b)第3―依頼人に偽証を誘導するような助言をするのはどうか。
というものである。
38) イギリスにおける証人コーチの禁止。
(1)メガリ・前出第1講注10)(2)54頁。バリスターは、事前に証人と面接することが職業倫理として禁止されている。自ら申請した証人とは法廷で初めて顔合わせをすることになる。したがって証人をコーチすることもほとんどない。
(2)"Code of Conduct of the Bar Council of England and Wales"の705条は、バリスターが証人にリハーサルしたり、コーチすることを禁止している。
(http://www.barstandardsboard.org.uk/standardsand-guidance/codeofconduct/section1codeofconduct/partvii_conductofworkbypractisingbarristers/)。
39) 三村量一「ドイツ連邦共和国における民事訴訟実務の現状について」『ヨーロッパにおける民事訴訟の実情(上)』(法曹会・1998年)212頁。ドイツでは、法令上の規定があるわけではないが、弁護士倫理上、訴訟代理人は証人予定者との事前接触を控えるべきであるとされている。裁判所も、代理人が証人と接触したことがわかると証言の価値を減殺して評価するという。
40) P. F. ドラッカー(上田惇生訳)『経営者の条件』(ダイヤモンド社・2006年)120頁。

第5講 弁護士と依頼者の関係(2)
―職務を行うことができない事件

> 第4講で述べた通り、弁護士は依頼者に対し誠実義務を負っています。決して、依頼者を裏切ってはならないし、依頼者の不利益になること、不信感を持たれることをしてはいけません。依頼者と連絡を取り合い、依頼者の意思を尊重しなければなりません。これらは法1-2や規5を持ち出すまでもなく、弁護人が依頼者に負っている誠実義務の1つなのです。
> 誠実義務は弁護士という職業の本質的属性です。ですから、依頼者に対する二心ない誠実さが必要なのです。この誠実義務は、本講で述べる利益相反と次講で述べる守秘義務に顕著にあらわれます。これらは、弁護士の依頼者に対する誠実義務の各論でもあります。

I 賄賂の収受と誠実義務

　最も依頼者の信頼を損なう行為、つまり誠実（diligent）と対極にある行為は「裏切り」です。裏切りにはいくつものタイプと程度がありますが、最も悪質なものは、相手方から賄賂を受け取ることです。

　法26は、明確に賄賂を受け取ることを禁止しています。法76は、賄賂の罪は3年以下の懲役に処すると定めており、罰金刑はありません。また、贈賄者の処罰規程はありません。立法趣旨が、弁護士の職務の公正と誠実性を担保することにあるからです（最判 S36.12.20 刑集15-11-1902）。依頼者を代理する弁護士が相手方から賄賂を受け取ることは、依頼者と弁護士との信頼関係を決定的に破壊するばかりでなく、弁護士という職務そのものに対する社会の信頼を失わせる行為だからです。

　1億円の賄賂を受け取った著名な弁護士が逮捕される事件がありました[1]。判決は、懲役2年、執行猶予5年でした。弁護士が依頼者を裏切ったことは明白です。この事件では、弁護士

から相手方に賄賂を要求した気配は見られませんでした。しかしたとえ、相手方が勝手に持ってきたとしても、決して受け取ってはならないのです。この事件によって、彼は所属弁護士会を退会し、法曹の世界から消えました。今、何をしているのかわかりません。40年の弁護士としてのキャリアと、大学教授などの輝かしい経歴が汚辱のなかに消えたのです。

法26の罪は、賄賂を受け取るだけで成立します。客観的に依頼者の利益を害していない場合であっても成立します。多くの場合、収賄者は、賄賂は受け取ったが職務は公正に行ったと主張しますが、法26では、実際行われた職務が公正であったかどうかは関係がありません。「公正（フェアネス）らしさが保たれたかどうか」が問題なのです。贈収賄（刑193）の賄賂と同じです。相手方から実費弁償として日当や旅費を受け取ってもいけませんし（最判 S36.12.20 刑集15-11-1902）、相手方から借入金名下に資金提供を受けてもいけません（自正58-8-149）。贈収賄と異なるのは、賄賂を受け取った弁護士のみが処罰されるということです。弁護士法は、あくまでも弁護士の職務の公正と誠実さを担保するための規定を定めているからです。

お金は魔物です。先の例だけでなく、奈良弁護士会の元副会長や山梨県弁護士会の元会長のように長年キャリアを積み重ねてきたにもかかわらず、業務上横領の罪で服役した弁護士もいます[2]。脇が甘かったり、心に隙があれば、誰もが逸脱してしまう危険があるのです。

Ⅱ　法25の趣旨について

1. 法25における3つの要点

それでは、法25の趣旨の検討に入りますが、その前に、3つのことを指摘しておきましょう（なお、規27は法25と同文ですの

で、ここでは法のみ取り上げます)。

(1) 受任拒絶の自由

まず第1に、弁護士には、受任するか否かの自由があるということです。詳しくは、第7講の受任・辞任の倫理で述べますが、受任拒絶の自由がなければ、そもそも「職務を行ってはならない事件」という概念すら生まれません。詳しくは、第7講で述べます。

受任拒絶の自由がない国もあります。イギリスのバリスターは、"cab-rank rule"といって、ソリシター(solicitor。法廷弁護士であるバリスターに対して、書類作成などを行う事務弁護士。日米には"barrister"と"solicitor"の区別はない)から持ち込まれた事件を、利益相反の場合以外、受任を拒絶できないルールがあります。"cab-rank"とは、タクシー乗り場に並んでいる人たちを次々と運ぶタクシー(taxi cab)と同じで、バリスターは、意に沿わない事件でも受任を拒絶できないというルールです[3]。

(2) 有能さ(competency)の問題

法25や規27・28では述べられていませんが、自分の能力が十分でない場合にも、受任してはいけません。これは有能さ(competency)の問題です[4]。ABA・MR1-1は、有能な代理を行うには合理的に必要な知識、スキル、周到さ、そして準備が必要であるとしています。これらを総合したものが「有能さ」です。たとえば経験の少ない新人弁護士には手に余るむずかしい事件もあります。こうした際に無理を承知で受任すると、弁護過誤の誘因となります。先輩弁護士と共同して受任したり、チームを組むといった方法で不十分さを補う必要があります。功名心に駆られて、1人で事件を担当するようなことをしてはいけません。弁護過誤の被害者を作ってはならないのです[5]。

（3）不当な事件の受任

弁護士は、良心に従って、依頼者の権利および正当な利益を実現するように努めなければならず（規21）、依頼の目的または事件処理の方法が明らかに不当な事件を受任してはなりません（規31）。

弁護士にとって最も悩ましい問題の1つは、相談者がすべて善良な市民とは限らないことです。いわゆる事件屋と呼ばれる人やヤミ金業者もいるかもしれません。抗弁事由がないのに、ひたすら訴訟の引き延ばしだけを依頼されることもあります[6]。こうした場合は、まさに弁護士の倫理観が問われる局面となるのです。

（4）受任してはいけないその他の事由

上記以外の事由については、第7講で詳しく述べます。

2．職務を行い得ない事件

次に法25の「職務を行い得ない事件」について述べます。

まず、双方代理は、無権代理として無効です（民108）。利害の対立する当事者をともに代理することは、どちらか一方の不利益において、他方が利益を得るという構造になってしまうからです。一方に誠実義務を尽くせば、他方に対して誠実義務違反となります。双方代理に限らず、依頼者の信頼を裏切るような受任を制限することがあります。このような弁護士が職務を行ってはいけない事件を総称して、利益相反事件、あるいは利益相反行為と呼んでいます。

利益相反といってもさまざまな場合があり、民108では網羅し切れないため、法25が補っています。基本は「二君にまみえず」です。この原理は、弁護士が依頼者を代理するという本質からきています。弁護士の代理が、依頼者本人の信頼に反したり、弁護士の職務の公正が疑われたりするような場合には、代

Ⅱ 法25の趣旨について

理することができない仕組みを作っているのです。

法25と同旨の規定は、下記のように、どこの国でも、いつの時代でも規定されています。

①旧々弁護士法および旧弁護士法　　わが国では、明治26年の旧々弁護士法14と昭和8年の旧弁護士法24はいずれも利益相反を禁止していました。

② ABA・Canons6（1908）　「相反する利益を代理することは、弁護士としての義務に違反するが、事実を完全に打ち明けた後、全関係者の明示の同意を得た場合は、この限りではない」としていました。

③ ABA・MR1-7　　現在の依頼者との利益相反についての規定です。また、同1-9では、過去の依頼者であっても、同一事件または実質的な同一事件について、相手方を代理してはいけないと規定しています。

④ CCBE・Code　　3-2-1で、「弁護士は、同一事項について、2人若しくは複数の依頼者の間に利害の対立が生じるので、2人以上の依頼者に助言や代理や訴訟活動をしてはならない」と定めています。

⑤ドイツの連邦弁護士法　　45-2は、利益相反の職務活動を行ってはならないとしています。ドイツの弁護士には、司法機関性・公共性が強く要請されており（後出205頁）、ドイツ連邦共和国刑法356は、「弁護士又はその他の訴訟補佐人が、その資格において自己に委託された事項に関し、義務に反して、同一の法律問題について、双方の当事者の不利益に行動したときは、3月以上5年以下の自由刑に処する。前項に記載した者が、対立当事者と協定して、自己の当事者の不利益に行動したときは、1年以上5年以下の自由刑に処する」とし、刑事罰まで課しています。

要するに、弁護士の職務の本質は代理であり、誠実な代理が

不可欠であるということです。その誠実な代理を妨げる利益相反が許されないことは、容易に理解できるでしょう。

3．禁止行為の態様と立法趣旨

法25は、大きく4つに分けられます。

①相手方からすでに協議を受けていた事件（相手方協議事件）、②相手方からの依頼による他の事件（相手方依頼事件）、③公務員等として取り扱った事件、④弁護士法人における上記①〜③の事件、です。④は、①〜③の共同事務所版です（規57、58、65、66）。

これらの禁止される行為の立法趣旨は各々異なります。

①相手方協議事件（法25-①・②）　弁護士が、相手方となる者から、すでに協議の過程で秘密を打ち明けられている場合です。相手方の秘密を知っている弁護士が、秘密を打ち明けた者を相手方とする事件の代理人になるのは、フェアではありません。相手方の利益を著しく損なうからです。また、これでは、相談者が安心して弁護士に自分に不利益な秘密を開示できなくなります。相手方の弱点を知っている弁護士が、その相手方に対し敵対行為をするというのは、相手方の信頼に対する裏切りであり、誠実義務に違反します。そしてその結果、弁護士職務の公正さを害し、弁護士の品位を害するのです。

②相手方からの依頼による他の事件（相手方依頼事件。法25-③）　別の事件とはいえ、相手方の代理人となることは、弁護士の職務の公正さやその職務の公正さに対する社会の信頼を損ねます。このことを防止するのが立法趣旨です。依頼者は、弁護士が相手方の代理人になったら、相手方に対し手心を加えるのではないか、自分の事件をちゃんとやってくれるのかと疑心暗鬼になり、弁護士との信頼関係にヒビが入ります。もっといえば、弁護士は金のためなら何でもするのかと、弁護士全体

の職務の公正さにも疑念を生じかねません。ひいては、弁護士の品位を損ねてしまいます。

③公務員等として取り扱った事件（法25-④・⑤）　公務員であった時の情報を利用して事件を取り扱うことは、在職中の職務や弁護士の職務の公正さに疑いを入れざるを得ないことになります。また当事者の公平にも反します。②では、依頼者が同意した場合に禁止が解除されますが、①、③では禁止の解除がありません。依頼者本人の利益よりも公務や弁護士職務の公正さに重点が置かれているからです。

④弁護士法人における①～③事件　①～③の共同事務所版。

Ⅲ　「職務を行うことができない事件」の検討

1．法25で禁止する態様について

(1) 1、2号違反事件（相手方協議事件）

①「相手方」の定義　相手方から協議を受けていることが要件ですが、「相手方」とは、一般的には民事訴訟の原告と被告のように、事実関係において利害の対立する状態にある当事者です。訴訟の他に、調停、裁判外交渉など同一の事実について、利害が対立する場合すべてを含みます。共有物分割訴訟のように、非訟事件であっても、利害の対立がある場合もあります（東京高判S38.1.31行集14-1-165）。実質的な争いのない場合には、「相手方」にあたりません。

②事件の同一性　事件が同一でなければ、法25の対象とならないので、「事件の同一性」の定義が必要です。事件の同一性は、訴訟物が同一かだけではなく、紛争の実体が同一かにより決められます（青森地判S40.10.9判タ187-185）。また「紛争の実体」は、紛争の当事者、紛争の内容の共通性から判断されています。

刑事事件でも同様です。共犯者間には主従の地位や利得の多寡といった違いがあって利害関係は同じではありません（後出296頁）。また、対抗犯である贈収賄罪では、贈賄側と収賄側は明らかに相反の関係にあるため、双方の弁護人にはなれません（刑訴規29-5の反対解釈）。

民事と刑事が混在した利害対立もあります。たとえば交通業過事件の被告人（加害者）の弁護人が、刑事裁判終了後に被害者の代理人として被告人の雇い主を相手とする損害賠償（使用者責任）請求を起こしたケースがあります。この事件で、仙台高判S46.2.4判時630-69は、民・刑別事件なので「相手方」にあたらないとしています。

私はこの判決に反対です。弁護人は、公判廷に出された証拠はすべてコピーし、事件全体について情報を得たはずです。その弁護人であった弁護士が、今度はその情報を利用して被告人の雇い主を訴えるのはフェアでないと考えるからです。使用者責任は、被使用者（被告人）の不法行為が前提になっているわけですから、被使用者の不法行為についての情報をもっている弁護士が使用者責任を追及するのは簡単です。

加害少年の付添い人であった弁護士が、今度は少年に殴り殺された被害者の代理人として、少年とその親を相手に損害賠償請求事件を起こした事例もありました。当該弁護士は懲戒（戒告）されています[7]。

③「協議を受けて」の定義　具体的な事件について、法的な解釈や解決を求める相談を受けることです。抽象的・一般的な相談やクラス会での会話、バスのなかでの雑談は「事件解決のため、協議を受けた」とは認められません。しかし一方、協議を受ける場所は、弁護士事務所であろうと、市役所の法律相談であろうと場所を問いません。相談料を受け取ろうと受け取るまいと、結論は変わりません。

Ⅲ 「職務を行うことができない事件」の検討

④「賛助し」の定義　具体的事件について、一定の結論を擁護するための具体的な見解を示したり、法律的手段を教示し、あるいは助言することをいいます。たとえば「その請求は可能だから、内容証明を出してみたら」や「簡裁に民事調停の申立てが有効です」といった例です。またその教示は、誰でも知っている周知のものであっても、賛助にあたります（東京高判S31.5.10行集7-5-1185）。逆に「あなたの請求は認められませんよ。違法ですよ」「恥をかくだけなので止めなさい」というように、相談者の希望する一定の結論に反対した場合は、賛助にあたらないと解されています。

⑤法25-②「その協議の程度及び方法が信頼関係に基づくと認められるもの」の定義　協議を受けたけれども「賛助するに至っていない」あるいは「受任を約するに至っていない」場合をいい、法25-①より広い概念です。何回も協議を重ねれば、相談者との間にはそれなりの信頼関係が生まれます。このように協議の内容、深さ、そして協議の回数、時間、資料の有無から、相談者との間に相当強い信頼関係が認められる場合には、賛助や、受任を約していなくても、相談者の利益（不利益の回避）のために受任を制限しようというものです。法25-①、25-②は、絶対の禁止であり、不利益を受ける相手方の同意を得ても（普通は同意しない）、許されません。なぜならこれらは、弁護士職務の公正さを当事者の利益に優先させる規定だからです。例をあげましょう。

(a) 1ヶ月前から相談を受けていた被参加人を相手に、独立当事者参加人の代理人として参加した例（この例では、参加の前日にも被参加人の相談を受けている。東京高判S33.12.24東京高判決時報民事9-13-255）。この参加申出は、不適法で却下されています。

　この弁護士がなぜ参加人の代理を引き受けたのか。理解

に苦しみます。

(b)共有物分割調停において、共同相続人の代理人が、第三者を代理して共同相続人を被告として所有権移転登記請求事件を提起した例。被告から異議が出され、訴えが却下されています（東京高判 S41.7.12 判時468-41）。

　この代理人の心理を推測してみましょう。なぜ彼は、これまで代理していた依頼者を相手に裁判を起こすことにしたのか。なぜ彼の内心において、それを制止する気持ちが起きなかったのか。制止する気持ちを上回る何か、おそらくは「金」の問題があったのではないかと推測します。もしかすると弁護士業務の海図である弁護士倫理や、法源の1つである法25の規程を知らなかったのかもしれません。

(c)交通事故に関して、運転者および同乗者の代理人が事故の相手方に損害賠償を起こしていたが、同乗者の分は取り下げた。そして今度は同乗者の代理人として運転者（運行供用者）および相手方を被告として別の損害賠償請求訴訟を起こした例（戒告・自正58-6-136）。

　相手方が無保険だったので、運転者の保険を使おうと考えたのかもしれません。しかしどのような思惑であっても、かつて代理していた運転手を相手に裁判を起こすことは、弁護士法違反に止まらないモラルハザードです。

（2）利益相反に関する解釈上の問題点

この利益相反に関しては解釈上、いくつかの問題点があります。

①登記手続についての双方代理　　まず第1に、登記手続についての双方代理です。登記義務者と登記権利者を1人の弁護士が代理して行う登記申請行為は、どうでしょうか。

最判 S43.3.8 民集22-3-540・判時515-59は、「登記申請行為は、国家機関である登記所に対して、一定内容の登記を要求す

る公法上の行為であって、民法にいわゆる法律行為ではなく、(略) 同一の代理人によってなされたとしても、新たな利害関係が創造されるものではないから、民108に違反するものではなく、双方の依頼者の信頼を裏切ったり、利害に影響を与えるものではない」と判断し、弁護士の品位を失うものではないとしています。権利を得る者と権利を失う者を代理するのですから、形式上は利害対立のように見えますが、実質的には争いがないのです。そもそも、登記申請行為は権利の変動を生ずる法律行為ではありません。登記義務者にとって、単なる義務の履行にすぎないのです。したがって利益相反の生じる余地がありません。

②差押・配当手続　債務者代理人として請求異議の訴えや執行停止の申立てをしていた弁護士が、債権者代理人として裁判所に債権届を行い、配当を受領する行為はどうでしょうか。

競売開始決定後、配当表を作り配当を実施するのは裁判所書記官であり、弁護士の関与の度合いは少なく思えますが、他の債権者や債務者からの配当異議の訴えもあり得ます。この場合、債権者・債務者の実質的利害が対立するので、双方を代理することは許されません。

③公正証書の作成　債権者の代理人が債務者代理人として、公正証書の作成に関与した場合はどうでしょうか（債権者の代理人が債務者と交渉して話をまとめた後、債務者の代理人として公証役場に出頭するようなケースです。この場合、債権者は本人が出頭します）。

公正証書の内容がすでに確定していたとしても、①の登記手続とは大きく異なります。なぜなら債権者は、その公正証書を強制執行の債務名義とすることができるからです。最判 S32.12.24 民集11-14-2363・判時137-16は、公正証書の作成について、予めその内容について協議が成立していたとしても、かつ

受任者の同意があっても、職務を行ってはならないとしています。

④即決和解　この場合も、代理人の選任いかんでは問題となります。

バブル期には建物賃借人の立退きに即決和解がよく利用されました。立退料の合意ができても、立退きが実行されるかどうかわからないからです。即決和解調書は、賃借人がさらにゴネて立ち退かないときに、明渡執行の債務名義となります。多くの場合、賃借人には代理人が付いていません。その際は、大家側の代理人が大家側の負担で賃借人の代理人を選任します。もちろん、金もかからないことですから、店子は了解します。こうして、債権者の代理人弁護士が債務者の代理人となり、債権者本人が出頭して即決和解をするのです。

即決和解は、利害対立の紛争があることを前提として申し立てられるのですから、たとえ内容が確定していても、債権者の代理人だった弁護士が債務者を代理することは法25-①に該当するといえます。この場合、即決和解は無効となり、請求異議と執行停止が認められます。

しかし判例は法25-①にあたるとするもの（大審判 S9.12.22 大民集13-2231、同 S14.8.12 大民集18-903、最判 S30.12.16 民集9-14-2013・判時68-12、大阪高判 S36.1.28 下民集12-1-128など）、あたらないとするもの（東京地判 S36.8.29 下民集12-8-255、東京地判 S52.9.2 判時886-74）に分かれています。立法趣旨の捉え方により結論が異なるようです。つまり、本号の立法趣旨を当事者の利益保護に置くと、店子も同意しているから法25-①に反しないと考えられるし、弁護士の信用・品位の保持に重点を置くと法25-①に該当するとなるのです。これらを踏まえると、実際は、店子（債務者）が自分で弁護士を選任できないのであれば、弁護士の「紹介」に止めるのが安全です[8]。

⑤遺言執行者による被減殺請求者の代理　遺言執行者であった弁護士が、遺言執行終了後、相続人の一人から他の相続人や受遺者に対して、遺留分減殺請求がなされた場合、この弁護士は、減殺請求を受けた者の代理人となることができるでしょうか。

遺言執行者は相続人の代理人とみなされています（民1015）が、相続人から委任を受けているわけではありません。また遺言執行者は、遺言者の依頼を受けているだけであり、相続人と協議をして遺言執行を行ったわけでもありません。

最判 S30.5.10 民集9-6-657は、「遺言執行者の任務は、遺言者の真実の意思を実現するにあるから、民1015が、遺言執行者は相続人の代理人とみなす旨規定しているからといって、必ずしも相続人の利益のためにのみ行為すべき責務を負うものとは解されない」「そして本件仮処分の相手方たる上告人は、相続人から本件建物を買い受けた第三者であつて相続人その人ではないから、遺言執行者である弁護士が受遺者たる被上告人の代理人として上告人に対し、仮処分申請の手続をすることを許されないと解することはできない」としています。しかしながら、遺言執行者には、執行において裁量の余地がある場合もあります。この場合には当然、相続人と協議をすることになるので、減殺請求者は、協議の相手方となる解釈も可能となります。そのうえ、遺言執行者は本来、相続人と等距離でいなければなりません。遺言執行者たる弁護士が特定の相続人の訴訟代理人となることは、弁護士の職務公正確保という点からは問題があります。

東京高判 H15.4.24 判時1932-80は、「遺言執行者は、特定の相続人ないし受遺者の立場に偏することなく、中立的立場でその任務を遂行することが期待されているのであり、遺言執行者が弁護士である場合に、当該相続財産を巡る相続人間の紛争に

ついて、特定の相続人の代理人となって訴訟活動をするようなことは、その任務の遂行の中立さを疑わせるものであるから、厳に慎まなければならない」としています。

⑥利害対立の発生が予想される場合　主たる債務者と連帯保証人を代理したが、双方敗訴し、連帯保証人が債権者に保証債務を履行した場合、その求償権はどうなるでしょうか。このように主たる債務者と連帯保証人の間には、潜在的な利害対立があります。

保証人は、主たる債務者の協力がなければ債権者に対して闘えない事情があります。それでも同一の弁護士が訴訟遂行することは許されないのでしょうか。このような場合、一緒に闘って勝てば「めでたし」ですが、敗れれば第2ラウンドが始まることが予想されます。潜在的利害対立が顕在化したときは、もはや代理人に止まることはできず、双方の代理人を辞任しなければなりません。

なぜなら、双方からまさに「協議を受けて」「賛助し」「その依頼を承諾」しているからです。したがって、弁護士は将来利益相反が生ずるおそれのあるときは、依頼者に各々辞任の可能性などを説明し（規32）、利害が顕在化したときは辞任しなければなりません（規42）。

⑦遺産分割の場合　相続人がいくつかのグループに分かれ、グループごとに代理人を立てて争うことがあります。またグループ間の紛争が決着しても、今度はグループ内で紛争が顕在することもあります。

この場合、最判 S48.4.24 判時704-50は、遺産分割は、相続人間に利害相反状態が現出しているから、その協議の当事者関係によっては、民826-2に規定する利害相反行為になるとしています。

実務では、遺産分割の調停が成立するときには、弁護士であ

る代理人は1人のみを代理し、その他の相続人は本人が出頭するなどの配慮を行っています。また相続人間に利害対立が生じた場合には、すべての代理人を辞任するなどの措置が必要になります。先述の主債務者と連帯保証人の場合と同様です。規42は、こうした場合を想定して作った規定です。

では利害対立が顕在化していない時は受任してもよいのでしょうか。この場合、受任は可能ですが将来的な利害対立が生じうることを予め説明し、利害対立が生じたときは辞任することを伝えておくことが大事です（規32）[9]。

(3) 相手方依頼事件（3号違反事件）

法25-③の「受任している事件」とは、現に受任している事件です。過去の事件は含まれません。過去の事件の相手方が依頼者になったり、新たな事件を紹介してくれることはよくあります。これは、相手方弁護士を〈敵ながら、天晴れ〉と認めた場合です。弁護士冥利に尽きるといっても過言ではありません。

法25-③は、依頼者の同意があれば禁止が解除されます。この同意は、受任する前に得る必要があります。発覚してから同意を得たのでは、3号違反を解消しないと解すべきです。しかし、同意を与える依頼者にとって気分がいいものではありません。この弁護士は金になることなら何でもするのだなという不信感を植えつけます。何よりも、自分のために誠実に業務を遂行してくれるのかについて疑念をもたれるでしょう。ここから信頼関係にヒビが入るのは確実です。

法25-③で禁止しているのは、相手方の「依頼」による事件であって、相手方の「紹介」による事件は含まれません。

では、3号違反の訴訟行為の効力はどうなるのでしょうか。たとえば、原告甲代理人のA弁護士が、被告乙の代理人となって、丙を相手に新件を提起したとします。この場合、乙代理人Aの訴提起の効力はどうなるでしょう。

Aの行為によって、不利益を蒙るおそれのあるのは、甲であって丙ではありません。そうすると、乙代理人として、Aが丙に対して行う訴訟行為には、影響がないと考えられます。最判S41.9.8民集20-7-1341・判時462-28は、丙は、何らの不利益を蒙っていないとして、Aの訴訟行為を有効としています。しかし、3号違反の訴訟行為が懲戒事由であることに変わりはありません。なお、東京地判H5.11.25判時1499-77は、法25-②もしくは25-③に該当し、公序良俗に反する。したがって報酬契約は無効であるとしています。

また整理回収機構（RCC）の社長である弁護士が、債権回収業務の相手方の顧問弁護士として顧問料を受け取っていたことは、法25-③に該当します（戒告・自正60-1-150）。

（4）公務員として関与した事件（4・5号違反事件）

法25-④・⑤の事件は、「公務員として職務上扱った事件」「仲裁・調停などのADRの手続実施者として取り扱った事件」の代理人となることを禁止しています。弁護士となる資格のある公務員が退官後に弁護士登録を行って、在職中に扱った事件に当事者代理人としてかかわることは、公務員としての職務そのものの信頼を害し、同時に、弁護士としても公職在職中の処理にこだわり、弁護士としての職務をまっとうできないこともあります。法25-④は、それによって弁護士としての品位、信用を失うことがないよう配慮したものです。理解しやすい条項だと思います。

「公務員」にはみなし公務員も含まれますので、弁護士たる調停委員、参与員が当該事件の代理人になることはできません。また、京都地判S51.9.9判タ351-340は、地方労働委員会（以下、地労委という）の公益委員である弁護士が、自ら関与した救済命令に対してなされた無効確認訴訟について、地労委から委任を受けて訴訟代理をする場合は、法25-⑤に違反するとし

ています。

4号違反の訴訟行為も、25-①・②と同様、相手方から異議が出された時点で効力を失い無効となりますが、相手方が事実審の口頭弁論終結までに異議を述べなかったときは、後日、上告審で無効を主張することは許されません（最判S42.3.23民集21-2-419・判時490-39）。

なお、財田川事件では、矢野伊吉元裁判官が取調べにおける捜査官の違法行為を理由とした国家賠償請求事件の代理人となりましたが、被告から本案前の答弁として異議が出され、訴えが却下されています[10]（高松地判S48.12.25判時737-82）。この件は、矢野元裁判官のみが代理人であったため却下されていますが、複数の代理人で行っていれば、矢野氏が排除されるだけで却下されることはなかったと思います（後出131頁）。

2．法25-①・②違反の訴訟行為の効果

これらの規定は「職務を行ってはならない」としています。弁護士法は強行法規ですので、禁止された行為の効力について、検討してみましょう。

考え方は、4つあります。
　①弁護士法違反の行為は、公の秩序に反するものとして、絶対無効とする説（旧弁護士法時代の大審院判例）
　②基本的には無効であるが、追認によって無効が治癒されるとする追認説
　③基本的には有効であるが、事実審の口頭弁論終結までの相手方の異議の申立てがあれば無効となる説（異議説。相対的無効説ともいう）
　④本条は、弁護士に対する職務上の訓示規定であり、違反は懲戒事由となるが、訴訟行為の効力には、直接関係がないとする有効説

③の最判 S38.10.30 民集17-9-1266・判時352-6が、戦後の指導的判例であり[11]、それまでの判例の不統一を統一した有名なケースです。

多数意見は③の異議説、補足意見は②の追認説、反対意見は①の絶対無効説と④の絶対有効説に分かれました。この最判は、すべての説が網羅された珍しい判決です。弁護士職務と弁護士倫理、当事者保護についての配慮、訴訟手続の安定性についての考え方の違いが、各々の意見に反映しており、誠に興味深いものがあります。

どの考え方が、どの切り口から考えて最も妥当なのかを考えてみてください。

法25が弁護士の品位と当事者の保護を目的にしていることは明らかです。この目的から考えると、法25に法規範性を認めない訓示規定であるという絶対的有効説は、法の趣旨からも当事者の保護の観点から採り得ません。また、絶対的無効説は、当事者の意向を無視する点や訴訟手続の安定性からもこれまた採り得ません。弁護士法違反の行為により訴え提起そのものが無効とすれば、時効中断効もなくなり、当事者に不測の損害を与えかねません（当事者の責によらない事由で訴え提起が無効とするのはおかしいと考えます）。やはりこれは避けるべきです。

そうすると追認説か異議説が残ります。異議説は、訴訟行為は基本的には有効ですが、相手方から異議が出た時点で遡って訴訟行為を無効とするものです。当事者が異議を出すか出さないかを自分の責任で判断するので、異議を出さないときは一種の責問権の放棄と捉えられます。この説は、当事者の意思を尊重し、かつ法の立法目的と合致するという意味では妥当です。

追認説は、法25違反の訴訟行為は基本的には無効であり、追認もしくは口頭弁論終結時までに異議を出さないことにより有効になるという考えです。大審院時代に採用されていたことが

あります。相手方は当然、違法を知っているので、異議を述べなかった場合には違法を許容したと認めるというものです。これも一種の責問権の放棄です。

しかし、異議説も追認説も訴訟行為の効力を相手方当事者の異議に負っているため、手続の安定という点では浮動的にすぎないかという問題があります。各説の長所・短所を比較衡量して、自分の考えをまとめてみてください。

では、最判の異議説に立ったとして、異議が出されたとき、裁判所はどうすべきでしょうか。

訴え提起そのものが無効となるのですから、訴え却下の判決をする（東京高判 S41.7.12 判時168-41など）か、「弁護士○○は、本件につき、被告を代理してはならない」という中間判決をする（東京地判 S41.6.29 判時462-3、他に代理人が付いているため、訴訟行為は無効とならないが、当該弁護士の代理行為を排除する判決）か、訴訟行為のうち、一部を行った弁護士の行為（証拠資料の提出、援用、人証に対する尋問など）は「本訴において、全てその効力を有しないものであると言わざるを得ず、その結果は、全て本訴から排除される」（青森地裁 S40.10.9 判タ187-185）か、あるいは訴訟参加の申出を不適法として却下する（前出東京高判 S33.12.24）かのいずれかです。

3．法25違反の委任契約・報酬契約の効力

東京地判 H5.11.25 判時1499-77は、法25に違反する弁護士委任契約、報酬契約は、公序良俗に反し、無効と考えるべきであり、弁護士からの報酬請求を棄却しています。無効な訴え提起を目的とする報酬契約は考えられず、当然の結果といえるでしょう。

4．法25違反行為による懲戒

懲戒事由としての法25違反行為は、長い間戒告処分が大部分でした。ところが、この10年ぐらいの間に業務停止処分が増加しています[12]。

Ⅳ　職務基本規程28条所定の行為について

法25、規27の趣旨を進めていくと、いくつかの職務を行い得ないパターンがあることに気づきます。職務基本規程では、当事者の利益、弁護士の職務執行の公正さの確保、そして弁護士の品位の保持という観点から、さらにいくつかの職務を行い得ない行為類型を定めました（規28）。「職務を行い得ない事件」は、弁護士法（職務基本規程も）が規定しているものと、弁護士法には規定がないが、職務基本規程だけが規定しているものに大別されます。本節で述べるのは、法に規定がなく、職務基本規程で禁止している事項です。

1．相手方が配偶者、直系血族、兄弟姉妹又は同居の親族である事件（規28-①）

規28-①は、弁護士自身の身分的属性から新設された規定です。実際上はありえないでしょうが、多数の弁護士を抱える共同事務所では起こらないとも限りません。訴えを起こしてみたら、同僚弁護士の両親だったということがありえるからです（チャイナ・ウォール〈情報遮断装置〉を完備しても、こうした偶然が起こらないとも限りません）。規64は、弁護士法人においても、規28により職務を行い得ない事件について、職務を行ってはならないとしています。ただし、「職務の公正を保ち得る事由がある時は、この限りでない」としています。私は、1号事件で、この但書を適用するべきではないと考えています。仮に

上記の共同事務所のようなケースが起こった場合は、誰の目で見ても、公平さ（公平らしさ）を確保できないと思うからです。

2．受任している他の事件の依頼者又は継続的な法律事務の提供を約している者を相手方とする事件（規28-②）

規28-②では2つの種類のことを規制しています。

　①受任している他の事件の依頼者を相手方にする事件

　係属している事件の依頼者を相手に別訴を起こした場合、弁護士と依頼者の信頼関係は、決定的に破壊されるでしょう。依頼者から解任され、懲戒請求を起こされるのは確実です。

　②継続的な法律事務の提供を約している者を相手方にする事件

　端的に言えば、顧問先を相手方とする事件です。こんなことをすれば、顧問先を失うだけでなく、倫理観のない弁護士とされ顧客を失うでしょう。

月額10万円の顧問料を受け取っている顧問先を相手方として、貸金返還請求を行った弁護士がいました[13]。また、元顧問弁護士が、元顧問先の相手方の代理人となって、元顧問先に対して訴訟を提起するのは、やはり控えるべきです[14]。では、法科大学院の教授（弁護士）が、法科大学院のある大学に対して訴訟（たとえば大学附属病院の医療過誤訴訟）を起こすことはどうでしょうか。規28-②で禁止しているのは、「継続的な法律事務の提供を約している相手方」であり、法科大学院の教授の職務が「継続的な法律事務の提供を約している」職務といえるかどうかの解釈によることになります。私は、法科大学院の教授と大学の関係は雇用であり、継続的な法律事務の提供を約している者とはならないと考えます。教授は学生に対する教育を目的とする職種であり、継続的な法律事務の提供をしているのではな

いからです。ただし、その教授会で学生の処分に関与した教授が、その処分の無効ないし取消を求める訴訟の代理人となることはやはり不適切だと考えます。「前審関与」(刑訴20-⑦) に準じて、あるいは法25-④の公務員として関与した場合に準じて考えるべきだと思われます。

3．依頼者の利益と他の依頼者の利益が相反する事件（規28-③）

複数の依頼者の利害が対立し、一方の依頼者のために真面目に職務を行えば、他方の依頼者の利益を害する例です。この「害する」とは、直ちに害するのではなく、対立が予想される場合も含まれます。

たとえばドミノ倒し事件がそうです。前出の、主債務者と連帯保証人の双方を代理しているが、求償権行使が現実化した場合や、同一債務者に対する複数の債権者から差押の依頼を受け、分配すべき金銭が全債権額に満たない場合（同一のパイを分け合う事件）もこれにあたります。利害対立が顕在化していない場合は「利益相反」とはいえませんが、その際は受任時によく説明する必要があります。双方が協力し、請求棄却を求める限りにおいては問題ありませんが、後日のために同意を得ておくのが無難です（前出126頁）。

4．依頼者の利益と自己の経済的利益が相反する事件（規28-④）

たとえば弁護士自身が株主である会社に対し、多額の損害賠償請求を行おうとする場合が考えられます。裁判の結果いかんで、株主配当がなくなるとか、株価が下がることが予想されるからです。また、弁護士自身が事務所や自宅を賃借している建物の賃貸人から委任を受けて、当該建物に入居している別の賃

借人に対する賃料増額請求の裁判を受任するような場合もあてはまるでしょう。

規28-④の具体例はあまり多くないと思われます。

5．規28違反の行為の効力

規28が禁止していた行為の効力（訴訟上の効力・私法上の効力）が争われた事例は見当たりません。ただし2号違反の行為については、法25違反に準じて考えられる余地もあります。弁護士倫理の強化が強く主張されるようになると、私法上の効力に影響を与えることも考えられます。また、規28に違反する行為が懲戒の対象となることはいうまでもありません。

Ⅴ 「先着順」と「二君にまみえず」の原則

法25のルールの基本は、「先着順」と「二君にまみえず」です。

ひとたび相談に乗ってアドバイスをした以上、依頼者を乗り換えることはできない。それが先着者に対する誠実義務です。

先の相談者からは、1万円の相談料しか受け取っていないが、後で相談に来た相手方には、50万円の着手金を請求できる。こんな場合でも、乗り換えることはできないのです。

しかし、先着順を悪用した「つば付け」や「封じ込め」が、弁護士の少ない過疎地域で起こっています。また同じような手口として、限られた弁護士しかこなせない専門分野の事件では、いち早く相談をして数万円の相談料を支払っておき、相手方がその弁護士に依頼できないようにしてしまうことも、たびたびあります。

何度も述べているように、弁護士は、依頼者に誠実であることを最優先にすべきです。思わぬところで「勇み足」をしない

ために、本講で述べた「行ってはいけない職務」を十分認識することが大事です。

注）
1) (1)法曹倫理77頁。
(2)前出第 1 講注 1) 参照。
2) 前出第 1 講注 2)(2)参照。
3) (1)メガリ・前出第 1 講注10)(2) 38 頁参照。
(2) Code of Conduct of the Bar England and Wales-601および前出第 1 講注21)(2)参照。
4) (1)加藤新太郎「コモンベーシック・弁護士倫理（第 5 回)」法学教室288-94。後に、『コモンベーシック・弁護士倫理』（有斐閣・2006年）24頁。
5) イギリスのバリスターは、"cab-rank rule"にもかかわらず、十分な経験（sufficient experience）や有能さ（competency）に欠けている場合には、受任してはならないとしている（Code of Conduct of the Bar of England and Wales 603)。
6) 高橋・前出第 4 講注30）参照。
7) 自正54-3-122。
8) (1)橋本四郎平「即決和解の問題点」自正30-5-18。
(2)弁護士責任研究会「即決和解事件を受任する場合の留意点」自正47-5-128。
9) 住吉博「潜在する利害対立がある複数依頼者の信認代理」民商122-1-1、122-2-1。
10) 財田川事件については、前出第 2 講28頁およびその注12)、第10講261頁およびその注31)、第11講347頁およびその注40)。
11) (1)小山昇「弁護士法25条 1 項違反の訴訟行為の効力」判例評論66-13。
(2)永沢信義「弁護士法25条 1 項違反の訴訟行為の効力」民商50-6-99。
(3)青山善充「弁護士法25条違反と訴訟法上の効果」ジュリ500-315。
12) 自正53-7-137（業務停止 1 月)、54-10-146（業務停止 1 月)、50-4-177（業務停止 2 年）など。

13) 業務停止1月・日弁連懲戒委員会 H9.9.8議決・弁護士懲戒事件議決例集549頁。
14) (1)顧問契約終了後に、それほど日時をおかないまま(最後の顧問料の振込から22日後)、前の顧問先を相手方として訴訟行為を行うことは、弁護士の品位を害する非行(戒告・弁護士会懲戒事例集〔下〕1653頁)。
   (2)医療法人の元顧問弁護士が、関与していた社員の除名に関し、社員の代理人として持分返還請求の代理を行うのは、「相手方協議事件」に該る(戒告・日弁連懲戒委員会 H12.5.15議決・弁護士懲戒事件議決例集8-14)。

第6講 弁護士と依頼者の関係(3)
―守秘義務

> 守秘義務は、弁護士の中核的価値(core value)と呼ばれています[1]。第6講は、弁護士の守秘義務がなぜ弁護士の中核的価値であり、それがどのように展開されているのかについて述べていきます。

I 守秘義務はなぜ必要か

弁護士の業務の基本は「依頼者を代理すること」です。

依頼者を代理する仕事を行うとき、弁護士は必ず依頼者の秘密に接します。良質のサービスを提供するために、依頼者の秘密を知っておく必要があるからです。

依頼者は、弁護士が他人に秘密を漏らしたり、警察へ通報しないという信頼のもとに、秘密を開示します。もし弁護士が、依頼者の秘密を他人に暴露したならば、誰も弁護士に本当のことを話さなくなるでしょう。そもそも弁護士を信頼しなくなります。

弁護士が依頼者の秘密を守ることは、依頼者との信頼関係の最大のベースとなるものであり、弁護士の依頼者に対する誠実義務の一端でもあります。

弁護士は、依頼者のプラスの情報とマイナスの情報を総合して戦略を立てますが、マイナスの情報は他人に知られたくないものが多く、したがって弁護士が依頼者の秘密を守ることは、弁護士業務を成り立たせる中核的価値なのです。また、守秘義務を厳守することが弁護士制度を十分に機能させるという意味で、公共の利益(public interest)に奉仕することとなります

(ABA・MR前文［8］の第3文)。

このように守秘義務は、市民の倫理にはない弁護士特有の職業倫理です。

法23は「弁護士又は弁護士であった者は、その職務上知り得た秘密を保持する権利を有し、義務を負う。但し、法律に別段の定めがある場合は、この限りでない」、規23は「弁護士は、正当な理由なく、依頼者について職務上知り得た秘密を他に漏らし、又は利用してはならない」と定めています。このように弁護士法、職務基本規程において、弁護士の守秘義務を確認しているのです。裁判官・検察官の守秘義務は、第11・12講で述べます。

Ⅱ 守秘義務の立法例

このように、弁護士は、常に人の秘密に接することを業としているので、時代・国を問わず守秘義務が定められています。

1. わが国の場合
（1）旧弁護士法における守秘義務

1933（S8）年の旧弁護士法21にも、職務上知り得た秘密を保持する権利を有し、義務を負うという、現行法と同じ文言の条項がありました。当時の帝国議会では、すでに刑134、旧民訴281（現民訴197）、旧刑訴187（現刑訴149）などがあり、さらに弁護士法において規定を設ける必要はないという反対意見もあったそうです[2]。

しかし民訴法で黙秘義務を免除されたときや、刑訴法で本人の承諾があるときは（刑訴149但書）、証言拒否権がないとされていたので、依頼者本人の意思によって権利義務の存否が左右されることになり、弁護士道維持の目的を達することができな

いという意見が反対論を押し切ったのです。
　(2) 法23
　旧法21を受け継いだものです。
　(3) 刑法における守秘義務
　1907 (M40) 年制定の刑134は、「医師、薬剤師、医薬品販売業者、助産師、弁護士、弁護人、公証人又はこれらの職にあった者が、正当な理由がないのに、その業務上取扱ったことについて知り得た人の秘密を漏らしたときには、6月以下の懲役又は10万円以下の罰金に処する」と定めており、刑事罰をもって、弁護士の守秘義務を確保しようとしています。
　(4) 刑事訴訟法、民事訴訟法における守秘義務
　刑訴149、民訴197は、弁護士の証言拒絶権を認め、秘密保持の権利を確保しようとしています。また刑訴105は押収拒絶権を、民訴220-④-ハでは文書提出拒否権を、各々認めているものと同趣旨です（後出150・151頁）。
　この弁護士の証言拒絶権（押収拒絶権・文書提出拒否権を含む）は、陸海軍の軍法会議のなかにもあったそうです。このように、公正な裁判の実現、真実発見を犠牲にしてまでも守秘義務を確保し、弁護士の職務遂行を担保することには、社会的価値があり、それは古くから認識されていたのです。
　(5) 盗聴法における守秘義務
　盗聴法（正式名・犯罪捜査のための通信傍受に関する法律）15は、「弁護士との間の通信については、他人の依頼を受けて行うその業務に関するものと認められるときは、傍受してはならない」としています。
　(6) 職務基本規程
　前出の通り、規23は弁護士の守秘義務と定めています。

　(2)〜(6) の現に効力を有する各規範間の関係は明確にさ

れておらず、秘密の範囲も違います。守秘義務の全体的体系をより明確化する必要があるように思います[3]。

2．諸外国の立法例

（1）ABA・Canons37

ABA・Canons37 では、「依頼者の秘密を守ることは、弁護士の義務である。この義務は、弁護士の雇用の終了の後も続き、且つ、弁護士の使用人にも同様に及ぶ」と定めています。

（2）ABA・MR

ABA・MR 前文［8］は、弁護士が依頼者の秘密を守ることは、公共的利益に奉仕するものと位置づけ、「弁護士は、この規則または他の法律によって必要とされまたは許されている場合を除いて、依頼者の代理に関する情報を漏らしてはならない」と定めています。具体的には、1-6-（a）で「弁護士は、依頼者の代理に関する情報は公開してはならない、ただし、依頼者が事前に同意を与えた場合は、この限りではない」とし、（b）以下で開示が許される場合（後出156頁）を列挙しています。

英米法では、"attorney-client privilege"（弁護士依頼者間秘匿特権）といって、依頼者は、弁護士に対して、弁護士とのコミュニケーションについて開示を求められても、秘匿させる特権があり、ここから弁護士の守秘義務があるとされています。したがって、弁護士の依頼者への忠誠・秘密保持は、私的価値と理解されています。今日、アメリカでは、私的価値を実現する守秘義務は、違法行為阻止義務という公的価値との衝突のなかで揺れ動いているようです[4]。

（3）CCBE・Code2-3-1

「弁護士が依頼者から伝えられたことを他人に伝えたりしないことは、弁護士の機能の根幹（the essence of a lawyer's function）である」「したがってこの守秘義務は、弁護士の第一義

的、基本的な権利であり義務である」と定めています。日本の弁護士法と同じ内容です。そして、2-3-2において「弁護士は、その仕事を遂行する上で、知り得た全ての情報についての守秘義務を順守しなければならない」と定めています。

注意すべきは、このCCBE・Codeでは「全ての情報」となっていることです。「全ての情報」には、依頼者の情報はもとより相手方や第三者の情報も含まれます。これは依頼者の弁護士に対する守秘特権よりも広い概念です。ですから、その職務を遂行する過程のなかで知った情報は、相手方の情報を含めて一切開示してはならないのです。

（4）フランスにおける守秘義務に関する法律と規則

フランスでは1972年の法律で、職業上の秘密を尊重することは、弁護士にとって権利であり、かつ、義務であるとし[5]、わが国の弁護士法とほぼ同様に定められています。フランスには、日弁連のような全国組織はありませんが、各地方の弁護士会の連絡機関が定めた「フランス弁護士会標準規則」があり、その2-1は、「弁護士の秘密は公序に属する。弁護士の職業秘密は、一般的、絶対的であって、時間的な限定を受けないものである」としています。なお、この規則の特徴は「弁護士がその同僚との間で交わした書簡」も守秘義務の対象とされていることです。今日、代理人同士の交渉の多くはファックスやメールで行われていますが、その交渉過程での「やりとり」を明らかにしてはいけないのです[6]。

（5）ドイツ連邦弁護士法

ドイツでも、連邦弁護士法43-（a）-2において、「弁護士は守秘義務を負う。この義務は、弁護士がその業務を行うにあたり知ることとなった全ての事項に及ぶ。公知の事実またはその意義からして秘密保持の必要がない事実については除外される」と定めています[7]。さらに、弁護士職務規則（Berufsordung・

1996) 第2において、「(1)弁護士は守秘の権利を有し、且つ義務を負う。(2)守秘の権利及び義務は、弁護士が職務遂行上知り得た全ての事柄に及び、委任の終了後も継続する。(3)本職務規則や他の法規定が例外を認め、又は委任関係に基づく請求権の行使ないし請求権からの防御のため、もしくは事故に関わる事件で弁護士が自らを守るために公開を余儀なくされる限りにおいて、守秘義務は存在しない(以下略)」としており、ABA・MRとほぼ同じ規定を設けています[8]。フランス、ドイツでは、依頼者についての秘密に限られていません。

(6) Bar Council の Code of Conduct702

イギリスでも、バリスター(barrister)の団体である"Bar Council"は、2005年に改訂した行為規範(Code of Conduct)の702において、また"Solicitor"の団体である"Law Society"は2007年に新しく"Code of Conduct"を制定し、その第4章において守秘義務を定めています[9]。

3. まとめ

いずれの立法例においても、守秘の対象となる秘密の範囲に違いがあるものの、時代と国を問わず、普遍的に守秘義務が定められています。弁護士に守秘義務を認めることは、真実発見が妨げられ、裁判の最も大きな目的に支障を来します。しかし、その大きな目的を犠牲にしても、守秘義務を優先しようとしているのです。そしてこの守秘義務こそ、弁護士の中核的価値なのです。

Ⅲ 守秘義務の主体

法23「弁護士又は弁護士であつた者は、その職務上知り得た秘密を保持する権利を有し、義務を負う。但し、法律に別段の

定めがある場合は、この限りでない」では、主語に「弁護士」だけでなく「弁護士であった者」も含まれています。これは、弁護士と依頼者の委任関係終了後や、弁護士そのものを辞めても守秘義務がついて回ることを意味しています。これは他国でも同様で、たとえばABAの最初の規範であるCanons37も「弁護士の雇用の終了後も続き」とし、フランス弁護士会標準規則2-1も「時間的限定を受けない」、ドイツの弁護士職務規則も「委任終了後も継続する」としています。第4講で、法23は職務上知り得た秘密を「墓場まで持っていく」と規定しているのだと表現したのは、決して誇張ではないのです。

なお規23は、主語が「弁護士」だけですが、それは、弁護士登録を抹消した人に職務基本規程が適用できないからです。ただし法23は、「弁護士であった者」も対象としており、退会した弁護士にも適用されます（弁護士でなくなっているので懲戒はありませんが、誠実義務違反によって損害賠償の対象となることもあります）。CCBE・Code2-3-3も同じことを述べています。

Ⅳ 「秘密」とは何か

1．「秘密」の定義

では、「職務上知り得た」秘密とは何でしょうか。

それは、世間一般に知られていない事実であり、社会通念上、本人が第三者、特に利害関係のある第三者に知られたくないと考える事実、考えるであろう事実を意味しています。一般的に知られていない事実ですので、公知の事実は含まれません。また、依頼者が第三者に知られたくないと思うことばかりでなく、一般人から見ても秘匿しておきたいと考えられるものはすべて含まれます。

つまり、依頼者の過去の犯罪行為、前科、疾病、身分、親族

関係、財産状況、遺言書の存在、居所その他依頼者の不利益となる事項等、第三者に知られたくないと思われる事項はもちろんのこと、社会通念上、一般に知られたくないと思われる内容の事柄はすべて含まれます。本人が秘匿しておきたいと考える事項より広い概念であることに注意してください。

またその秘密は、職務を行う過程で知り得たものをいいます。弁護士であるがゆえに知り得た事実です。〈職務を行う過程〉とは、あくまでも事件についての打合せや訴訟活動を通じて知ったものであって、職務を行う過程でない場合は含まれません。

（1）私生活上で偶然知り得た秘密

では、高校の同窓会で偶然会った友だちが、社内事情を告白した。そして、それが依頼者の関係者であることがわかった。これはどうでしょう。

この場合、高校の同窓会という業務外で知ったことですから、「職務上」には含まれません。この他、たとえばバスのなかで隣の人が話しているのを聞いたというケースも職務外の情報です。

（2）有償・無償による違い

「職務を行う過程」は、有償・無償を問いません。たとえば市役所の法律相談でわずか15分だけ相談を受けた相手の相談内容も、秘密にあたります。

（3）「秘密」の範囲

弁護士法は依頼者の秘密に限定していません。依頼者の秘密を中核としていることは間違いありませんが、それに限定されてはいません。一方、前述したように、英米法上の"attorney-client privilege"はあくまでも依頼者の秘密です。他人の秘密に対するものではないので、その他人については特権の範囲外ということです。

（4）水面下で進行中の事件

さらに、その人の知られたくないことばかりではなく、今水面下で進行していること、起こっていることも、守秘義務の対象となります。たとえば、倒産手続の準備中やM&Aが進行中といった場合、そのこと自体が最も秘密を求められる事項となるからです。

（5）受任による違い

受任したかどうかは関係がありません。受任するに至らなかった相談者の秘密も当然含まれます。

（6）弁護士会活動で知り得た秘密

弁護士会活動のなかで知り得た秘密は、守秘義務に含まれないという見解もあります[10]。しかし私は賛成できません。なぜなら、弁護士会活動は弁護士にとって大事な公益活動であり、そのなかで接した他人の秘密も理由なく漏らされるべきでないと考えるからです。その他、綱紀委員や懲戒委員はいうまでもなく、人権擁護活動のなかで知り得た情報も、やはり守秘しなくてはならないと考えます。

2．名乗らない1度きりの相談者のケース

応用問題を考えてみましょう。1度きりの相談者が、名を名乗らずに相談した場合はどうでしょうか。

これは、法25-①・②の「協議を受けて賛助し」たときや「信頼関係に基づくと認められるもの」にあたらない一般相談と考えられます。しかしながら、信頼関係形成以前の場合であっても「知り得た秘密」であることに変わりはありません。つまり、一般的な法律相談でも、それが1度限りであっても、守秘義務が成立します。類似の例として、メールで相談を受けた弁護士が、すでに受任している弁護士にメールで相談があったことを伝えた事件がありました。これも守秘義務違反とされて

います(大阪地判 H18.9.27・LEX/DB28112112)[11]。また、代理人を辞任した後に代理人として知り得た情報を相手方に伝えることも当然、守秘義務違反です(東京地判 H4.1.31 判時1435-75)。

3. 依頼者・弁護士関係が形成されなかったケース

応用問題をもう1つ考えてみましょう。依頼者となる可能性があったにもかかわらず、それきり来なかった場合はどうでしょうか。

将来の依頼者に対する守秘義務について、ABA・MR1-18-(b)は「依頼者・弁護士関係が形成されなかった場合であっても、依頼者となり得る者と話し合った弁護士は、協議の中で知り得た情報を利用し又は開示してはならない。但し、規則1-9が以前の依頼者の情報に関して認めている場合を除く」と定めています。これは当然の結論といえるでしょう。

4. 後任の弁護士に「秘密」を伝えるケース

では、辞任した弁護士が、後任の弁護士に交渉経過や依頼者本人の性格などを尋ねられた場合は、どうすればいいでしょうか。

この場合、本人の承諾なく伝えるのは許されません。前出の大阪地判は、受任弁護士に確認しただけでも守秘義務違反になると判断しています。依頼者の承諾を得ない、後任者に対する経過説明も許されません。親切心が仇になることがありますので、注意する必要があります。

5.「守秘」の範囲
(1) 家族

この「秘密」は、弁護士自身の家族にも漏らしてはいけません。

弁護士も一般の社会人と同じように、自分の仕事がどんなに大変かを理解してもらいたいという思いから、家族にふと事件のことを漏らしたくなることがあります。しかし、家族に依頼者のことや依頼者の事件内容を漏らすこと自体許されません。それは、どんなに口が堅い家族、つまり漏らした秘密が伝播しない場合であっても許されません。

（2）パラリーガルへの指導と監督

規19は、「弁護士は、事務職員、司法修習生その他の自らの職務に関与させた者が、その者の業務に関し違法若しくは不当な行為に及び、又はその法律事務所の業務に関して知り得た秘密を漏らし、若しくは利用することのないように指導及び監督をしなければならない」と定めています。

法律事務所は弁護士だけでなく、事務員などパラリーガルの支えがあって初めて成り立ちます。パラリーガルも当然、依頼者の秘密に接します。彼ら・彼女らが、友人や知人に事務所の受任事件を漏らさないように、教育・指導・監督を行わなければなりません。事務職員は履行補助者にあたるので、事務職員による秘密の漏洩は、弁護士の債務不履行となります。

（3）事件記録の保管・廃棄

第4講で述べた通り、事件記録の保管と廃棄には、細心の注意が必要です（前出88頁）。オウム真理教事件の麻原被告の元弁護人が、週刊誌に被告人の供述調書を売り込んだことがありました（大阪弁護士会・H8.6.13。他の懲戒事由と併せて除名処分）。弁護士倫理以前の問題です。

V　守秘義務は、誰に対する権利か

法23は、「弁護士又は弁護士であつた者は、その職務上知り得た秘密を保持する権利を有し、義務を負う」としています。

ではこの「権利」とは誰に対する権利なのでしょうか。それは対国家権力、つまり対裁判所であり対捜査権力です。守秘義務の実効性を担保するために、民訴法と刑訴法では、以下のような規定がなされています。

1. 民事訴訟法(民訴)に定める守秘義務

（1）民訴197-1-②

「弁護士の職にある者又は職にあった者が、職務上知り得た事実で、黙秘すべきものについて尋問を受けた場合、証言を拒むことができる」としています。この職務上知り得た事実は、法23の職務上知り得た秘密と同旨です。

（2）民訴197-1-③

「職業の秘密」に関する事項について、尋問を受けた場合、証言を拒絶できると規定していますが、「職業の秘密」とはその事項が公開されると当該職業に深刻な影響を与え、その遂行が困難になるものをいうとされています（最決H12.3.10民集54-3-1073・判時1708-115）。「職務上知り得た秘密」と同義です。

（3）民訴220-4-ハ

「同法197-1-②に規定する事項で、黙秘の義務が免除されていないものが記載されている文書」について提出義務を免除しています。証言を拒絶できるとともに、文書の提出も拒否できる趣旨です。そうでなければ、証言拒絶の実効性が確保されないからです。

2. 刑事訴訟法(刑訴)に定める守秘義務

（1）刑訴149

「業務上委託を受けたため、知り得た事実で、他人の秘密に属するものについては、証言を拒むことができる」と規定しています。民訴法と同趣旨の証言拒絶権です。弁護士は、法廷で

証言を求められた場合であっても、依頼者との交信を含めて証言を拒絶できる権利を定めています。これは権利であって義務ではないと解されていますが[12]、私は権利でありかつ義務としなければならないと思います。なぜなら依頼者、とりわけ刑事被告人と弁護人の交信が暴露されることになり、二重の意味で守秘義務が侵されると考えるからです。弁護士が同条により証言を拒んでも、罰則はありません（刑訴161）。

（2）刑訴105（押収拒絶権）

依頼者の秘密に関する物（証拠物）の押収を拒むことができる権利です。証言拒絶権をより実効性のあるものにするためには、弁護士が保管する依頼者の書類などの押収を拒絶できるとしたものです。

これらの規定は、真実の発見を犠牲にしても、弁護士が依頼者の秘密を漏らさないことが社会的に承認されており、前記の通り、弁護士が知り得た秘密を漏らすことは、弁護士という職業に深刻な影響を与え、職業の遂行が困難になってしまうことを示しています。秘密保持の価値はそれほど大きいのです。

Ⅵ　守秘の権利は放棄できるか

では権利であるとするならば、権利の放棄も可能なのでしょうか。あるいは証言拒絶権を行使せずに秘密を暴露した場合はどうなるのでしょうか。

通常、権利は放棄できるのですが、証言拒絶権は放棄できないと解すべきです。なぜなら最初に述べたように、守秘義務は当事者の秘密を守るばかりでなく、弁護士に対する信頼、弁護士制度に対する信頼という「公益」を図ることを目的にしているからです。

では、守秘せず、開示した証言の効力はどう考えればよいでしょうか。

私は、特段の違法性阻却事由がない限り、その証言は、違法収集証拠に準じて証拠資料として用いることができないと考えます。

接見中に被疑者が罪を認めていたことを、弁護人であった弁護士が法廷で証言した事件がありました。経過は以下の通りです。

弁護人が強姦事件で被疑者と接見したところ、当初は否認していたのですが、接見中に事実を認め、弁護人に被害弁償を依頼したのです。しかしその後、被疑者は再び否認し、そのまま否認を通しました。弁護人は起訴前に辞任し、その後、国選弁護人が選任され、1審判決は無罪となりました（大阪地堺支判H1.2.20 判タ700-270）。1審判決の理由は、被告人の1度だけの自白の部分は信用性がないし、被害者の調書もくるくる変わって信用性がないということでした。その控訴審において、その辞任した弁護士は、控訴審において、被疑者は接見したときに自白していたと証言したのです。本来、権力と対抗関係にあるはずの弁護士が、秘密交通の内容を公判廷で証言するのは、二重の意味での秘密交通権の侵害となります。この弁護士は「私には守秘義務があります。しかも秘密交通権に触れます。接見内容を証言することはできません」と拒絶しなければならなかったのです。しかもこの弁護士は、そのうえ「弁護人としては、その自供は真実を述べたものとの心証を得た」とまで証言したのです。

また控訴審の弁護人は、弁護士の守秘義務に気づいていませんでした。もし気づいていたら、証人の採否に当然異議を出すはずです。それどころか控訴審の弁護人は、検察官とともに、この辞任した弁護士の証人申請をしていたのです。

大阪高裁判H4.3.12判夕802-233は、「確かに弁護士がたとえ辞任後であろうと、自分が担当した刑事事件に関して、身柄拘束中の被疑者又は被告人が信頼して明かした内容を法廷で証言することには、弁護士倫理に違反すると主張する向きもあるであろう。従って、その証言を被告人の刑事裁判の資料にすることには若干のためらいもある」と述べています。

要するにその証言は違法収集証拠として排除される可能性もあったわけです。しかし同判決はこう述べています。「接見中の自白内容が証言されても、弁護人のほうから何ら異議を出した形跡がない以上、証拠とすることに法律上の障害はない」。もし弁護人が異議を出していれば、裁判所はこの弁護士を証人として採用しなかったかもしれません。ところが弁護人から異議が出なかったことから、大阪高裁はこの証言の証拠能力を認め、逆転有罪の証拠としたのです。接見内容を暴露した弁護士は戒告処分になっています（大阪弁護士会H4.6.17自正43-8-163）。

守秘の権利は、弁護士の信頼を確保するためにも、放棄してはならないものなのです。

Ⅶ　守秘義務は、誰に対する義務か

1．守秘義務は依頼者に対する誠実義務の一場面

では守秘義務の「義務」とは、誰に対して負っているのでしょうか。

これは、基本的には依頼者（依頼に至らない相談者を含む）に対する義務です。依頼者に対する誠実義務の一場面だからです。したがって守秘義務に反する秘密の漏洩は、依頼者に対する誠実義務違反行為でもあります。法23違反の行為は、誠実義務違反で損害賠償請求を受け、懲戒事由にもなります[13]。

前出の大阪地判 H18.9.27 は、メールによる相談を受けていた弁護士が、相談者が委任していた別の弁護士に、メールで相談を受けたことを伝えたことは、過失によって守秘義務に違反したとして慰謝料を認めています。ただし、その控訴審判決は、一般論は承認しつつも、相談があったことを伝える相手がすでに受任している弁護士であり、相談者が実在するかどうかを確認しただけであり、守秘義務は生じないとしています14)。

事案によっては、第三者の秘密を漏洩することも守秘義務違反となることがあります。弁護士法では、CCBE・Code、フランスの1972年の法やドイツ連邦弁護士法と同様、依頼者の秘密に限定していないことに注意が必要です。なお、実際にそれが問題にされた先例は見つかりませんでした。

2．接見内容のマスコミへの開示

重大事件において、弁護人が接見内容を記者会見などで公表することがあります。しかも捜査側よりも先に公表するのです。仮にその目的がメディア・スクラムを防止するためであろうとも、許されないと思います。

自供の内容や変遷ぶりは、捜査側が特に注目している部分です。後日、自白調書との整合性が問われたとき、記者会見のビデオが真っ先に証拠申請されかねないからです。そして何より、被疑者段階という弁護方針が固まらない時点で接見内容を開示すること自体、最善弁護とはいえません。私は、被疑者段階では一切取材に応じるべきではないと考えています15)。

Ⅷ　「秘密」の利用の禁止

弁護士が、依頼者について職務上知り得た秘密を他に漏らしてはならないことは、ここまで何度も述べた通りです。加えて、

その秘密を「利用」してもなりません。法23は「秘密を保持する権利を有し、義務を負う」とのみ述べていますが、規23ではこの点について「秘密を他に漏らし、又は利用してはならない」とし、制限される行為の範囲を拡げています。

「利用」とは、秘密を知ったうえで一定の効果を得ることを企図する行為です。たとえば、弁護士が「職務上知り得た秘密」をもとに株式を購入し、利得を得るのは「利用」にあたります。インサイダー取引の禁止と同様であると考えればよいでしょう。

第5講で仙台高裁の判決を紹介しました（仙台高判 S46.2.4 判時630-69。前出120頁）。この判決は、当事者も訴訟物も違うため同一の事件とはいえ、法25-②に触れないとしたのです。しかし前述したように、弁護人は被告人と十分協議をして、被告人のために弁護活動を展開しているのですから、被告人の秘密を熟知していたはずです。弁護人として得た情報を、事実関係が同一である別事件に「利用」することになります。

Ⅸ　守秘義務が解除されるのはどんな場合か

法律に定めがある場合（法23）や正当な理由がある場合（規23）は、守秘義務が解除されます。まず秘密の開示が許されるのは、民訴197-2の「黙秘の義務を免除された場合」、刑訴149但書「本人が承諾した場合など」、刑訴108但書「本人が承諾した場合など」です。これに加えて、「正当な理由がある場合」としては、以下の3つの場合です。

①依頼者本人の承諾がある場合　この場合は理解しやすいでしょう。しかしフランスでは、守秘義務は公序と考えられているため、本人の承諾があっても、守秘しなければならない場合があります[16]。

②依頼者の犯罪行為の企図が明確で、その実行が差し迫っており、犯行の結果が極めて重大で、秘密の開示が不可欠な場合

　新たな法益侵害を防止するための止むを得ない措置の場合です。ABA・MRの1-6-(b)の(1)は「弁護士が必要とする限度において、依頼者の代理に関する情報を明らかにすることができる」場合の第1に、「確実な死、重大な肉体的傷害を与えることが確実に予想される時、それを防ぐために」情報を漏らすことが許されるとしています。緊急避難と考えてよいでしょう。

　たとえば弁護士事務所に依頼者から「先生お世話になりました。俺はあいつを殺しに行きます。本気です。弁護士費用は全部女房に預けていますからよろしく」と電話がかかってきたとしましょう。このとき、弁護士はどうすればよいでしょうか。

　日弁連会則11は違法行為阻止義務を定めており、依頼者を説得して止めさせなければなりません。しかし説得に応じなかった場合は、警察に連絡するしかありません。「犯罪の防止の必要性」が、守秘義務を解除する正当な理由になることは理解しやすいと思います[17]。しかし実際は、こんなに単純ではありません。犯罪となるかどうか微妙な場合もあります。逆に弁護士が犯罪と深くかかわってしまった場合もあります。前者の場合は、特に慎重でなければなりませんし、後者の場合、黙秘権や自己免責特権との兼ね合いも考えなければなりません。

③依頼事件に関し、弁護士自身が民事事件（一般的には、弁護過誤による損害賠償請求事件、報酬をめぐる紛議調停事件、報酬請求事件も含まれる）、刑事事件（犯人隠匿やその教唆で捜査を受けたり、起訴されたりした場合）、懲戒請求事件（懲戒処分の取消訴訟も含まれる）において自己を防御する場合　安田好弘弁護士の刑事事件（東京地判 H15.12.24 判時1908-47、東京高判 H20.4.23 判例集未登載）や山本事件（後出314頁）を見てもわかる通

り、弁護士も、刑事被告人となることがあります。また、紛議調停事件や損害賠償訴訟を申し立てられ、当事者となることもあります。さらには懲戒を申し立てられることもあります。逆に弁護士が依頼者を相手に報酬請求訴訟を起こすこともあります。これらの紛争において、弁護士が自己を防御し、自己のポジションを十分に主張するためには、依頼人や相手方との交渉経過を明らかにしなければなりません。必然的に依頼者が暴露され、守秘義務の例外を認めるのが妥当です[18]。

X 守秘義務が解除されない組織内弁護士の外部通報

では、組織内弁護士の外部通報は守秘義務の解除事由にあたるでしょうか。

仮に監査役である弁護士が、業務監査のなかで会社の違法行為に気づいたとします。この場合、弁護士が外部へ通報することはできるでしょうか。規51は「組織内弁護士は、その担当する職務に関し、その組織に属する者が業務上法令に違反する行為を行い、又は行おうとしていることを知ったときは、その者、自らが所属する部署の長又はその組織の長、取締役会若しくは理事会その他の上級機関に対する説明又は勧告その他のその組織内における適切な措置をとらなければならない」とし、社内で是正の措置をとることを定めたものであり、外部へ通報することを認めていません。したがって、監査役は、担当取締役に適切な措置をとるよう求め、担当取締役が、何の措置もとらないときは、取締役会に出席して、是正措置をとることを求めることになります[19]。

第6講 弁護士と依頼者の関係(3)

XI 守秘義務と真実義務の相克

守秘義務と真実義務の相克は、弁護士業務のなかでも悩ましい問題の1つです。以下の例をもとに考察していきましょう。

1．アメリカ・ニューヨーク州で起こった殺人事件の例

1973年にアメリカであった事件を紹介します[20]。

ニューヨーク州の山中にあるレイク・プレザントという湖のキャンプ場で、キャンプ中の女子学生が2人行方不明になりました。機械工が別の事件で逮捕され、国選弁護人が2名選任されました。2人の弁護人は、被告人と面会したところ、女子学生の殺害を打ち明けられ、死体を隠した場所の説明を受けました。2人の弁護人は、被告人の告白が真実かどうかを確認するため、被告人が示した場所を探索した結果、2人の死体を発見しました。

しかし2人の弁護人は、捜査当局にこの事実を告げませんでした。また行方不明の女子学生の父親が弁護人を訪ねてきて、行方を知らないかと問いましたが、弁護人は知らない旨の回答をしました。2人の弁護人は、公判廷において被告人を証人として申請し、その証言のなかで2人の殺害を語らせたのです。この証言により2人の遺体は発見されました。

2人の弁護人が約1年間にわたって死体の所在を隠し、娘の身を案ずる父親の質問に対して知らないと答えたことに、世間から轟々たる非難が沸き起こりました。

遺族の気持ちを忖度すると、大変やりきれない気持ちになることは当然です。しかし問題の中核は、弁護人の守秘特権に関するものであり、守秘義務が崩れてしまえば、弁護士は業務を遂行しえなくなることに思いを致さなければなりません。世論の後押しを受けて、検察官は事故死体発見者の告知義務違反で

弁護士１名を起訴しましたが、１審判決は余りにも軽微な罪と弁護士の守秘義務とのバランスから公訴を棄却しました。

法律論のうえでは以上のような結果を見ましたが、２人の弁護士の心中では、一市民としての娘を案じる父親に対する同情心と、弁護士としての守秘特権の相克があったはずです。それはたいへん苦しい決断だったに違いありません。

弁護士倫理を学ぶのは、こうしたギリギリのディレンマに直面した時、誤らない判断をするためです。

２．身代り犯の場合

同じように悩ましい問題として、身代り犯人の問題があります。この問題は、第10講288頁で述べます。

注)
1）　(1)田中紘三『弁護士の役割と倫理』（商事法務・2004年）245頁。
　　(2) W. B. ウェンデル（浅香吉幹訳）「アメリカの弁護士の中心的価値の多元構造」アメリカ法2007年１号21頁。
　　(3)須網隆夫「アメリカ法曹倫理と日本の法曹倫理―日本の法実務および法曹倫理教育の観点から」アメリカ法2007年１号42頁。
2）　日弁連編『条解弁護士法〔第４版〕』（弘文堂・2007年）156頁。
3）　須網・前掲注１）(3)。須網教授の指摘はもっともだが、本書では、守秘義務の全体的体系までを示すことはできないことをお断りしておく。とりわけ各法規範の制定過程がまったくばらばらであり、相互の関連性が稀薄である。〈つぎ足し〉の連続といってもよい。そのなかで全体的体系を示すことは容易ではない。
4）　(1)ウェンデル・前掲注１）(2)。
　　(2)2001年のエンロン事件や2002年のワールドコム事件などに弁護士が深く関与していたことから、弁護士に対し強い批判が起こり、守秘特権剥奪の動きがあった。結局、弁護士の非行が、そのコア・バリューを危うくしているのである。

5) (1) 1972年6月9日デクレ第468号。
   (2) 朝日純一編『弁護士倫理の比較法的研究』(法政大学現代法研究所・1986年) 112頁。また同書に所収されているフランス諸弁護士会の慣例集草案のなかに「職業上の秘密」が詳細に記載されている (183頁)。
6) プロブレムブック96頁。
7) 森勇「[私訳] ドイツ『連邦弁護士法』(1)」独協法学52-23。
8) 浦川・前出第1講注22) (2)参照。
9) (1) Bar Council の Code of Conduct の第7章702。
    (http://www.barstandardsboard.org.uk/assets/documents/PARTVII.pdf)。
   (2) Solicitor's Code of Conduct2007 の Rule4 Confidentiality and Disclosure
    (http://www.sra.org.uk/code-of-conduct/214.article)。
10) 日弁連・前掲注2) 157頁、注釈90頁参照。
11) なお、同事件の控訴審である大阪高判H19.2.28・LEX/DB28141765は、弁護士が突然メールを受け取ったことから、相談者が実在するか否かを、守秘義務を負う受任弁護士に問い合わせたにすぎず、守秘義務違反があったとは認められないとして請求を棄却している。
12) 松尾浩也『条解刑事訴訟法 (第3版増補版)』(弘文堂・2006年) 183頁。
13) 飯島・弁護士倫理68頁以下。
14) 前掲注11) の控訴審判決。
15) 久保豊年「刑事弁護人のメディア公表のあり方について」自正59-5-35。この論文では、警察発表に対し被疑者は反論権があり、被疑者の承諾を得て公表するのだから、守秘義務に反しないとしているが、私は反対である。供述変遷過程が問題となったとき、記者会見のビデオテープが証拠申請されるのは確実であり、結果として被疑者に不利益をもたらすことになるからである。また、そもそも被疑者に勾留段階で反論権を保証する必要があるかは疑問である。私は、法廷の弁論で堂々と反論すれば足りると考える。なお自正59-5では、刑事事件でのマスコミに対する弁護士の対応について特集しているが、パネルディスカッションにおける後藤貞人弁護士の発言に共感を覚える。

16) 朝日・前掲注5)(2) 115頁参照。
17) 加藤新太郎「弁護士倫理としての守秘義務」法学教室290-118。後に、同『コモン・ベーシック弁護士倫理』（有斐閣・2006年）112頁に所収。
18) ABA・MR1-6-(b)-(5)は、「弁護士と依頼者の紛争において、弁護士が自己の主張又は答弁を立証するため（中略）、必要であると合理的に考える限度で依頼者の代理に関する情報を開示することができる」としている。
19) 2002年7月に成立したサーベンス・オックスレー法307条は、弁護士にエスカレーション方式による報告義務を課している。現代の法曹倫理183頁。
20) 中村・前出第4講注5)(2) 11頁参照。

第7講 弁護士と依頼者の関係(4)
―受任・辞任の倫理

I　受任拒絶の自由

1．受任拒絶の自由

　弁護士の仕事の基本は、依頼者を代理することであり、弁護士と依頼者の間には信頼関係が必要です。

　一方、法律事務所はすべての人に開かれています。どんな人が来るのかも、どんな事件が持ち込まれるのかもわかりません。能力的に対応できない事件が持ち込まれたり、信頼関係を形成できそうもない人が訪れたりします。相談をしているうちに、請求そのものとは別に、弁護士の個人的な道徳的観念から「こんな事件はできない」と考えたり、その事件を担当することによる世間的評判の低下を予測して受任をためらったり、嫌悪する場合もあります。

　また依頼者が善人とは限りません。弁護士を利用して、不当な利益を得ようとする者は数多くいます。一見して、真っ当な生活をしていないとわかる人もいます。訴訟詐欺のように裁判所を騙そうとする人もいます。また、自分に不都合なことは認めようとしない人や、反社会的グループの人に出会うと、正直にいって、この依頼者のために骨を折りたいという気持ちになれません。

　そういった事件は受任しないほうが賢明です。嫌だと思いながら受任したばかりに、約1年10ヶ月もの間、事件処理を放置してしまったという事件もありました（東京地判 H7.8.25 判タ

911-125など)[1]。自分の身に同じことが起こらないとは限りません。

第2講で述べたように、医師は、医師19-1により、正当な理由がなければ診療や治療を拒んではならないとされています。これを応召義務といいます。医師の場合、患者の病気や怪我の治療をしなければならないという緊急性があります。したがって、よほどの事情がない限り患者を診なければいけません。ヤクザは嫌いだから診ませんというわけにはいかないのです。医師がこの義務に違反しても罰則はありませんが、医道審議会において業務停止などの処分を受ける可能性があります（医師7-4）。また、診療を拒絶された患者からの損害賠償請求は、不法行為構成により可能です（千葉地判S61.7.25判時1220-118、神戸地判H4.6.30判時1458-127など）。

一方、弁護士に応召義務はありません。法24は、「弁護士は、正当な理由がなければ、法令により官公署の委嘱した事項及び会則の定めるところにより所属弁護士会又は日本弁護士連合会の指定した事項を行うことを辞することができない」と定めています。国選弁護人もこれにあたります[2]。しかしそれ以外の業務は、正当な理由があれば、基本的には辞任することができるという反対解釈がされています。ここから応召義務がないばかりでなく、受任の自由（受任拒絶の自由）があるといわれています。弁護士法・日弁連会則・職務基本規程にも、直接、受任の自由を定めた規定はありません。

なお、規34は、受任拒絶の自由があるからこそ、速やかに諾否を依頼者に通知しなければならないと定めています。イギリスのバリスターを除いて[3]、ほぼすべての国で受任の自由（受任拒絶の自由）が認められています。

しかし、この受任の自由（受任拒絶の自由）は、弁護士が恣意的に受任を拒絶する自由を有していることを意味しません。

I 受任拒絶の自由

　弁護士には、ユーザーに法的サービスを提供する公共的責務があります。ユーザーがサービスの提供を求めているのに無下に断ってはならないのです。この「無下に」というのは、「正当な理由のある場合」と同義に解釈してよいでしょう。

　そもそも、弁護士に受任拒絶の自由があるとして、依頼者がいくつもの法律事務所をたらい回しにされたらどうなるでしょうか。弁護士が法律事務を独占していながら安易に拒絶していいのか、紹介者がいないからといって受任を断ってよいのか、社会的に不評判な事件こそ弁護士の助力を必要としているのではないかという問題です。

　法律事務は弁護士しか代理できないという特権を与えられている（法72）のですから、特権に伴う義務があるはずです。その義務を果たしてこそ、弁護士の公共性を実践できるのです。

　しかし代理人のなり手がない事件もあります。大変な困難を伴う事件は敬遠されがちです。そのときは、弁護士会がサービス提供者を用意しなければなりません。オウム真理教の松本智津夫（麻原彰晃）氏の1審では国選弁護人のなり手がなく、東京3会が国選弁護人を推薦して選任されました。推薦された弁護士は、労力的にも時間的にも金銭的にも大変な負担だったでしょう。それでも被告人のために最善弁護を行わなければならないのです[4]。

2．受任の諾否を判断する条件

　では受任の諾否はどの時点で判断すればいいでしょうか。

　受任は数回の面談を経て、速やかに決断し、諾否の通知をしなければなりません（規34）。

　諾否は、事件の筋（この事件の筋という言葉は、使う人によって異なり、確定的なものはありません。私は、事実上の根拠があるか、法律上の根拠があるか、それによって請求が立つか、あるいは、

立たなくとも和解で解決する見込みがあるか、受任して訴訟遂行することに正当性を感じるかどうか、受任することがフェアと思うかなどいくつもの要素が絡み合って構成されていると思います）にもよりますが、弁護士の世界観や価値観によって決まることもあります。

　弁護士の価値観には、弁護士としての使命の自覚が含まれているのは当然です。弁護士の使命に照らして、受任を拒絶すべき事件があります。逆に無償でも受任すべき事件があります。この見極めが大事です。見極めに失敗すると「躓きの石」となることもあります。

　元最高裁判事の中村治朗氏は次のように述べています5)。

　　　受けるか受けないかの基準の第1は、依頼者の主張が法的に正当性をもっているかどうかです（正当性をもつためには、事実的根拠・法律的根拠の検討が必要です）。要件事実の充足性と言ってもよいと思います。第2は、その主張が、道徳的な支持を受けられるかどうか。第3は、前記2つの要件があるとして、特定の弁護士でなければいけないという必然性があるか。そして、第4に受任することが嫌悪の念を催すようなものであってはいけない。

どんなときに受任を拒絶できるか（拒絶すべきか）は、みなさんが自らの基準を定立し、それに照らし合わせて、弁護士個人の責任で判断するしかありません。

3．適否が問われた例

（1）政治的信念・思想を異にする者の受任

　弁護士の政治信念や政治的思想に反する被告人の弁護を受任する場合はどうでしょうか。

　元内閣総理大臣の田中角栄氏がロッキード事件で収賄罪に問われ、1審で実刑判決（懲役4年）を受けました。そこで田中

氏は、控訴審の弁護団に「自由法曹団」に属する弁護士を加えました。それまでは、元高裁長官や元高検検事長といった高齢のベテラン弁護士が弁護団の主力でした。しかし彼らのようないわゆる「ヤメ検」「ヤメ判」が、権力と対抗して被告人を擁護する意欲と能力が本当にあったかどうかを考えると、疑わしく感じられます。

つまり依頼者は、自分の事件に最適の弁護士を求めているのです。田中氏側は、政治信条において不倶戴天の敵であっても、彼らが事件に取り組む姿勢やスキルを評価したのだと思います。

当時、自由法曹団の団長は、これを遺憾だとする声明を出しました。

> 「自由法曹団は、この国と国民の進歩と自由と平和のために貢献し、とりわけ勤労者の権益と幸福とを大切にすることを念願する弁護士の集団である、(中略) 一部の団員が田中弁護団に加わったことを遺憾なことだと思う。自由法曹団の多数の団員は、田中角栄氏の利益のために働いてはならないと考えている。それだけではない。田中角栄氏は内閣総理大臣として、アメリカ企業から贈賄資金を得て日本の政治を動かしてきた収賄犯人として処罰されるべきだ」[6]

私は、この声明に違和感があります。弁護士が、依頼者の思想や行動に賛同して代理することは一向に構いませんが、必ずしも思想や行動に賛同して代理するものではありません。ABA・MR1-2-(b)が、「国選弁護を含む弁護士による代理は、依頼者の政治的、経済的、社会的、道徳的な見解や行動に賛同するものではない」と述べている通りです[7]。

また弁護士は、依頼者から独立していなければなりません(前出40頁)。特に彼らの政治信条から独立していなければなりません。受任の諾否にあたって大切なのは、誰を弁護するかで

も政治的信条でもありません。弁護士の経験、知識やスキルを、依頼者のためにどう生かすか、いかに弁護をするかです。

（2）社会的非難を受けている者の受任

弁護士は、社会から極悪人とされた人を弁護しなければなりません。マスコミは警察発表を受け、逮捕された者が真犯人に間違いないとか、とんでもない悪党だといった印象の記事を流します。そのうえ、被告人が社会から嫌われている暴力団に所属していることもあります。

しかしこのような場合にこそ、その被告人を弁護しなければならないのです。そして、被告人のために知識とスキルを駆使し、被告人の防御権を実現することです。それが弁護士の社会的使命なのです。

刑事弁護では、徹底した党派的弁論が求められます。市民的な感情から離れて弁護しなければなりません。たとえば、光市母子殺人事件（差戻控訴審）の被告弁護団は、社会のバッシングと戦いつつ、弁護士の役割を果たしたといえます（前出56頁）。

（3）依頼者への共感

また弁護士活動には、依頼者への共感が必要な場合もあります。私が担当した二風谷ダム裁判[8]の場合、アイヌ民族の置かれた歴史的立場などを考えるなら、原告の言い分はもっともであり、アイヌ民族に非道を行ったのは国側であることは明白でした。また原告のアイヌの方の誠実な人柄にも心を動かされました。弁護団に集まった弁護士たちは、1円の報酬も期待できないなか、義憤だけでこの裁判を遂行したのです。アイヌの人たちへの共感がなければ、到底あの困難な事件は遂行しきれなかったと思います。

（4）個人的倫理観からためらいのある場合

弁護士は、誰の弁護をしたかではなく、何をやったかによっ

て評価されます。しかし前述のABA・MRのように割り切れないことがあります。結局、受任の諾否は、弁護士の個人的倫理観に行き着きます。弁護士の仕事というのは多かれ少なかれその弁護士の考え方や生き方を映し、依頼者への共鳴と反発が生まれます。だからこそ受任拒絶の自由が必要なのです。

規21では「弁護士は、良心に従い、依頼者の権利及び正当な利益を実現するように努める」と定めています。いくらお金を積まれても、正当な利益を実現できないような事件、嫌悪を催すような事件は受任してはいけないのです。

またABA・MR3-1は「根拠のある請求と主張」を行わなければならないと定めています。だからこそ受任時に厳しく、事実上の根拠、法律上の根拠があるかどうかを確かめ、その主張に正当性を確信できないような事件は、受任すべきではないのです。中村治朗氏の述べる通りです[9]。場合によっては不当な事件（規31）の受任になりかねません。この場合、弁護士自身が不当訴訟で被告となり、損害賠償を請求されることもあります。したがって、受任するかどうかの判断は、慎重でなければなりません。

Ⅱ　受任をしてはいけない事件

1．犯罪行為や欺罔行為を助長する事件

まず、代理することが、犯罪行為や欺罔（ぎもう）行為を助長する場合です〔規14、ABA・MR1-16-(a)〕[10]。第1講の注3を見てください。弁護士はこんなに多くの犯罪行為に加担しています。受任後、犯罪行為に加担していることがわかった時は、違法行為を中止するよう説得し、それができなかった時は、辞任しなければなりません[11]。また、後に述べる非弁提携も立派な犯罪です（法27、77、72）。会則11が、違法行為の阻止を義務づけて

いることを思い起こしてください。弁護士には、楕円の論理のもう1つの中心点である司法機関としての役割があるのです。司法制度の担い手である弁護士が犯罪行為に加担するのは、弁護士の公共性からしても自己矛盾です。

2．不当な目的の事件と正当な利益を実現しない事件

次に、不当な目的の事件（規31）、正当な利益を実現しない事件（規21）を取り上げます。

依頼者から話を聞いて、事実上も法律上も根拠がないことがわかった弁護士は当然「無理です。勝てません」と説明するでしょう。ところが依頼者は、負けてもいいから、裁判を起こしてくれと頼んでくるケースがあります。

みなさんならどうされるでしょうか。

そもそも請求が立たない（負ける）とわかっていて裁判を起こそうとしている依頼者の目的は何でしょうか。いくら裁判を受ける権利が、憲法で保障されているといっても、根拠のない請求を行うことまで保障されているわけではありません。また敗訴したからといって、訴え提起がすべて不当訴訟として不法行為となるわけではありませんが、これも程度の問題です。初めから、相手方を困らせることだけを目的にしている場合などは、訴訟制度の濫用です。弁護士は、こうした行為に加担すべきではありません。

（1）不当訴訟

最判 S63.1.26 民集42-1-1・判時1281-91は、不当訴訟のリーディングケースです。最高裁は、請求そのものを棄却しましたが、不当訴訟となる場合の一般原則を示しています。つまり、提訴者が提訴にあたり、事実的、法律的根拠を欠くものであり、かつそのことを知っていながら、提訴したことおよびその訴えが裁判制度の趣旨目的に照らして、著しく相当性を欠く場合、

Ⅱ 受任をしてはいけない事件

違法行為となるのです。この判決の後、多くの不当訴訟に関する判決が出されています[12]。こうした不当訴訟の原告代理人になるのは、避けなければいけません。

（2）不当訴訟による原告代理人固有の不法行為責任

不当訴訟を提起した原告代理人固有の不法行為責任を認めた例もあります[13]。理由のないことを容易に知り得べきであったのに、代理人として訴え提起したこと自体が不法行為となります。弁護士が、損害賠償事件の被告本人になってしまうような事件を受任してはいけません。

（3）訴権の濫用

訴権の濫用として、訴えそのものが却下された事件もあります[14]。訴権の濫用として、却下されるような事件は、規31でも禁止されています。規31は懲戒規範ですので、注意してください。

（4）不法な権利行使への加担

法の抜け道を突くような権利行使には、加担すべきではありません。弁護士が、融通手形であることを認識しながら、人的抗弁の切断を図るため、手形を裏書譲渡させ、裏書譲渡を受けた者として手形金請求訴訟を提起させる行為は、裁判所を介した不法な権利の実現を企図する行為です[15]。

（5）批判的言論を封ずるための訴え提起

批判的言論を封ずるための訴え提起も、正当な利益を実現するものではありません（幸福の科学8億円請求事件）[16]。教団を批判する者に対する威嚇手段として訴訟制度を利用していた事件です。しかも代理人は、巨額請求が認容されないことを認識していました。これでは訴えの提起そのものが不法行為となるのは当然です。同種の事件がもう1つあります（武富士名誉毀損事件）[17]。

ABA・MR前文[5]は、「弁護士は、法的手段を正当な目的

のためにのみ使用すべきであって、他人を苦しめたり、威嚇したりするために使ってはならない」としています。こうした場合、弁護士は、依頼者に対し、その裁判を起こすことは不法行為となる蓋然性が高いと説明して、訴えを断念させるべきです。こんな事件を受任したら、恥ずかしいと思わなければなりません。

（6）訴訟引き延ばしの是非

では、訴訟の引き延ばしだけを目的とする事件は、不当な事件の受任になるのでしょうか。たとえば不法占拠（権原のない占有）の建物占有者から、あと2〜3年は商売を続けたいので、裁判を引き延ばしてもらいたいと依頼されたとき、弁護士はどうすればよいでしょうか。もちろん、抗弁事由はありません。この設例はあくまでも学校設例であって、現実味はありません。なぜなら、依頼者の望む2〜3年無権原占有が続けられるはずがないからです。普通の弁護士なら受任しないでしょう。

今日、主張を小出しにする五月雨な審理は許されません。弁論準備手続のなかで争点が明確になり、抗弁が立つかどうかが厳しく問われるからです。また、裁判手続の主宰者は、裁判所（官）であり、裁判所が適切に訴訟指揮を行えば、無権原占有が2年も3年も許されるはずがありません。したがって、あくまでも現実味のない設例です。

高橋宏志教授は、そんな事件を受任すること自体が「弁護士の品位を失う非行」（法56）であり、懲戒事由に該当すると述べています[18]。しかし被告の代理人が交通整理（争点の整理）をし、問題点を絞り、被告本人を説得して、一定期間後に立ち退くという和解をすることは、原告の利益にもなるという側面もあります。明渡しの判決を取り、確定させ、その債務名義に基づいて強制執行をするという費用や手間を考えると、和解して出て行ってもらったほうが原告にも得なことが多いからです。

Ⅱ 受任をしてはいけない事件

一見すると、不当な事件の受任のように見えても、全体としての正義の実現に寄与している要素があることを忘れてはなりません。正当な利益とは何か、不当な訴訟とは何かを線引きすることは大変難しい判断です。そのなかで弁護士は、紛争の合理的解決というゴールを目指して、判断していかなければならないのです。

3．職務を行い得ない事件

第5講で説明した通りです。受任してはいけませんし、訴え提起後、職務を行い得ない事件とわかったときは、直ちに辞任しなければなりません。

4．精神的・肉体的条件の欠如

疾病等の理由から、精神的・肉体的条件により代理できない時は、潔く受任できないと断らなければなりません〔ABA・MR1-16-(a)-(2)〕。これは有能な代理を行うための基礎条件を欠くのですから当然といえるでしょう。またこれに付け加えて、アルコール依存症の弁護人が酒気が抜けないまま出廷することは、資格を有する弁護人の弁護を受ける権利を否定するものです[19]。

5．有能さの欠如

有能さ（competency）がない場合も、受任してはいけません。第5講で述べた通りです。

6．弁護活動に時間を割けない場合

さらに、多忙のため事件を迅速に処理しえないときにも受任は控えるべきです。迅速な処理ができないばかりか、他の事件を優先されると、後回しになり、放置と同様の結果になります。

特に刑事事件の受任にあたっては、十分な時間が必要です（後出279頁）。十分な時間が割けないとわかっていながら受任することは、誠実義務にも反します（CCBE・Code3-1-3）。

Ⅲ　弁護士人口増によるモラルハザードの懸念

　弁護士人口増による弁護士間の競争の激化がすでに始まっています。これまでは、弁護士数が少なかったため、無理に事件を受任しないでも、事務所経営が成り立っていました。弁護士人口が少なかったことが、弁護士倫理を維持するうえで、プラスに作用していたといえます。

　しかし競争の激化によって、たとえば着手金だけを狙って勝訴の見込みのない事件を受任する者が出てくるかもしれません。またこれまで述べてきたような受任してはいけない事件まで受任するようになるかもしれません。

　確定的なことはいえませんが、50年後に弁護士人口は、現在の6倍の12万人（その時、わが国の人口は、現在の3分の2に減り、8,000万人と推定されます。実質的には8～9倍）となるそうです[20]。事務所経営の余裕はなくなり、競争にさらされてモラルハザードを起こす弁護士が生まれるのではないかと危惧します（アメリカの弁護士のモラルハザードは前出42頁参照）。その予防のためにも、弁護士になる前から、弁護士のマインドを理解しなければならない理由の一端がここにあります。

Ⅳ　受任にあたり留意すべき事項

1．紹介の対価支払禁止

　弁護士は、依頼者が報酬を払ってはじめて成り立つ職業です。したがって、依頼者なくして弁護士業はありえません。

では弁護士は、どうやって依頼者を獲得していくのでしょうか。

この場合、紹介者がとても大事な役割を果たします。紹介者を大事にしなければなりません。紹介された事件をきちんと処理することで、一層、紹介者の信用を得ることができるからです。私が現在受任している事件は、ほぼすべて紹介者によるものです。

ところで弁護士が、紹介によって事件を受任したときに、紹介者に感謝の意を表するつもりで、つい謝礼として金銭を支払う誘惑にかられます。お礼ぐらい許されてもよいと考えても不自然ではありません。しかし弁護士は、紹介を受けたことに対する謝礼その他の対価を紹介者に支払ってはならないのです（規13-1）。

この立法趣旨は、事件の周旋屋との結びつきを絶つことにあります。またその謝礼の分だけ報酬が上乗せされる（転嫁される）おそれがあり、それは見方によって報酬の分配と解釈することが可能です。

紹介者が弁護士であることもあります。その場合、紹介を受けた弁護士が謝礼を持ってきたとしても、それを受け取ってはなりません（規13-2）[21]。なぜなら、紹介しただけで紹介料を受け取る行為は周旋屋と同じだからです。こうした行為がどんどん進めば、斡旋屋とか周旋屋と呼ばれる人がまとわりついてきます。紹介料は支払っても、受け取ってもなりません。

2．非弁提携行為の禁止

非弁提携とは、非弁（整理屋や周旋屋と呼ばれる非弁護士）から恒常的に多重債務処理事件の紹介を受ける場合を指します。また非弁が弁護士を取り込んで、法律事務所を運営することもあります。つまり弁護士が非弁へ名義貸しをし、非弁は多重債

務者などを相手にして荒稼ぎして、弁護士へいくばくかの報酬を支払うというケースです。

法27は「弁護士は、第72条乃至第74条の規定に違反する者から事件の周旋を受け、又はこれらの者に自己の名義を利用させてはならない」と定めています。刑事罰もあります（法77）。しかし、なかなか根絶できません[22]。懲戒事例のなかでも非弁提携は大きな割合を占めており、1991～2005年の非弁提携懲戒事案は68件。うち戒告は2件しかなく[23]、残りはすべて業務停止以上（うち除名3名、退会命令6名）というたいへん重い処分が下されています。

非弁提携行為を行った弁護士は60代（68名中33名）、70代（11名）、80代（2名）、90代（2名）と高齢者が多い（弁護士経験25年以上が53名）のが特徴です。彼らは能力（competent）もフットワーク（迅速性。prompt）も依頼者に対する誠実さ（diligent）もなかったのです。弁護士という肩書きだけで非弁から報酬をもらっていたのです。ですから再犯率も高く、49％が再犯で、3～4回も懲戒処分を受けた者が12名もいます。法77は「第72条の規定に違反した者は2年以下の懲役又は300万円以下の罰金に処する」と定めています。非弁提携の場合には、刑事罰と懲戒処分によって完全に弁護士生命が断たれます。

東京地判 H14.7.17 判タ1121-168は、債務整理を受任した弁護士が依頼者と1回も会わず、債務者が200万円の債務整理のために270万円を弁護士に払ったという事件です。非弁提携の弁護士には当初から真面目に債務整理する気がなく、業務の内容も分割払契約をするのみでした。また債務整理の経過報告はなく、超過利息の充当計算もしていませんでした。この東京地裁の判例は「被告は、いわゆる非弁提携弁護士であると認められ、しかも原告から委任を受けた債務整理に関する業務を専ら自己の法律事務所の事務員（これが非弁です）に行わせ、しか

もその業務遂行の方法ないし内容は、極めて不誠実であったということができる。原告が、被告が弁護士として誠実に債務整理業務を行うことを期待し、そのことを契約の内容として、本件委任契約を締結したことは明らかであるから、本件委任契約は錯誤により無効であると解するのが相当である」として、受け取った費用の全額返還を命じています。また、東京地判H16.7.9判時1878-103は、債務整理業者と提携した弁護士が、依頼者と債務処理の方針に関し全く相談や指示・報告がなかったことについて、報告義務違反による債務不履行を認め、損害賠償を命じています。この弁護士は、債務整理業者から、1件一律15万円で受任していました（業務停止6ヶ月）。業務のあり方のみならず、弁護士のマインドが問われた事件です。

なお、CCBE・Code3-6-1は、非弁との報酬分配を禁止しています。

3．間接受任の禁止と自己決定権の尊重

代理において最も大事なことは、本人と直接会って協議し、事実上の根拠、法律上の根拠について調査し、確認することです。

事実を調査し、事件の法律構成をどのように行うのか、どの段階でどの主張を行うのか、それは可能なのか、どういう戦略を立てるのか、判決まで行くのか、和解を視野に入れてスタートするのか。会社が倒産しそうな場合ならば、再生したいのか、清算したいのか。そういったことをすべて、本人と協議しなければなりません。協議をしなければ、依頼者の主張する利益が正当な利益かどうかすらわからないからです（規21）。

東京地判S54.5.30判タ394-93は、建物収去土地明渡請求事件の被告代理人が、1審から最高裁まで1度も依頼者に会わず、かつ訴訟の進行状況を報告しなかったという事例です。

このケースでは原告が主張する占有面積そのものが違っていました。請求したのは100平方メートルですが、実際に占有していたのは60平方メートルだったのです。そのうえ被告は、係争中に賃貸借契約を解約して、明渡しを行っていました。ところが弁護士はその事実すら知らず、高裁、最高裁までいってしまい、その間の占有に伴う賃料相当損害金を請求されたのです。

いずれの事実も、弁護士が被告と協議をしていたならすぐにわかったことです。弁護士は事件屋のような人間とだけ連絡を取り合っており、そのために依頼者が損害を蒙ったのです。先の東京地判は、依頼者から弁護士に対する損害賠償を認めました。依頼者と会うことは決定的に大事なのです。

また、名古屋高判 H14.9.4・LEX/DB28081596 は、ゴルフ場に対する預託金返還請求訴訟でした。1審で全面勝訴しましたが、原告は弁護士に全く委任していないことがわかったのです。弁護士が受け取った委任状は偽造されたものであり、無権代理人によって訴え提起がなされ、訴訟が追行されたのです。被告が控訴したため、控訴状が本人に送達されて偽造が発覚しました。名古屋高裁は1審判決を取消し、訴えを却下しています。原告代理人の弁護士は、依頼者と会わず、仲に入ったという人間が持参したニセの委任状で事件を遂行したのです。この弁護士は戒告処分になりました。

規22は、「弁護士は、委任の趣旨に関する依頼者の意思を尊重して職務を行うものとする」としています。依頼者の意思の尊重ということが絶対の要件です。依頼者の自己決定権を尊重するということです。依頼者と会って協議しなければ、依頼者の意思がどこにあるのかもわかりません。

なお、本人と会うことが物理的にできない場合、たとえば入院中や遠隔地在住という場合でも、何らかの適切な方法で、依頼者の意思を確認しなければなりません（規22）。

4．不当な目的のための事件の勧誘

事件の勧誘を行う弁護士もいます。

たとえば多くの死者や重軽傷者を出した大規模事故の直後に、弁護士が被害者宅へ「自分が損害賠償事件をやります。是非受任させてもらいたい。弁護費用は成功報酬ですので、勝訴した場合にのみいただきます」というダイレクトメールを送ったらどうでしょうか。

規10は「弁護士は、不当な目的のため又は品位を損なう方法による事件の依頼の勧誘又は事件を誘発してはならない」と定めています。また「弁護士の業務広告に関する規定」6条も特定事件の勧誘広告を禁止しています[24]。事件漁りのような行為は弁護士の品位を傷つけるからです。なお、「不当な目的」とは、専ら自己の経済的利益の獲得を目論んだ行為という意味です。

1984年、インドのポパールでアメリカ企業の農薬工場から有毒ガスが漏れたという事故がありました。3,500人以上が死亡し、50万人が傷害を負いました。その際、アメリカのロー・ファームは現地のホテルに事務所を構え、「成功報酬制でいいから、裁判を起こしましょう」という大キャンペーンを張り、アメリカの裁判所に訴えたという例がありました。結果は、管轄が違うということで差し戻されて終わりました。ひどい依頼の勧誘です[25]。アメリカには、救急車の後を追いかけ、事件を受任しようとする弁護士もいるそうで、彼らのことをアンビュランス・チェーサー（ambulance chaser）といいます。「犬と弁護士はどこが違うか。犬は救急車が来ると逃げるが、弁護士は追いかける」というロイヤー・ジョークもあります。情けない限りです[26]。

5．有利な結果の請負・保証

規29-2は「弁護士は、事件について、依頼者に有利な結果となることを請け合い、又は保証してはならない」と定めています。「絶対大丈夫です」「勝訴は私が保証します」という有利な結果の請負・保証は駄目だということです。

事件というものは、事前の予想とは違う展開をたどることがあります。そういう展開に陥った際、弁護士は、請け負った結果を実現するために、不法・不当な手段・方法を使ってでも構わないという心理が働きます。

訴え提起前に1,000万円以上賠償金を取れるという結果を請け負い、それが実現しなかったときは、弁護士が1,000万円との差額を賠償すると約束した事件がありました（業務停止3ヶ月・自正58-11-129）。

規29-1は、受任にあたり、見通しについての説明義務を定めています。「見通し」とは、相談を受けた時点での資料をもとにした予測結果のことです。では見通しの説明と有利な結果の請負の違いはどこでしょうか。

物的証拠があっても、それを裁判官がどう評価し、どう判断するのかはわかりません。抗弁が出るかもしれません。訴訟に絶対はないし、先行きはいつも不透明というのが実態です。「見通し」とはその前提を踏まえたうえで、手持の資料と合理的に予想される判断を丁寧に説明することです。それを超えて「絶対に勝てます」という断定的な判断の提供することが、「有利な結果の請負」となります。なお断定的判断の提示は、消費契約4-1-②に該当するという解釈もあります[27]。くれぐれも慎重な対応が必要です。

6．受任時の説明

規29-1は「弁護士が事件を受任するに当り、依頼者から得た

情報に基づき、事件の見通し、処理の方法並びに弁護士報酬及び費用について、適切な説明をしなければならない」と定めています。弁護士は、依頼者から聴取した事実関係をもとに法的判断を加え、

　①とるべき法的措置の種類と違い
　②勝敗の見通し
　③和解の見通し
　④所要時間の見通し
　⑤所用経費の見通し

を説明しなければなりません。②と③を正確に予測することは難しいでしょう。相手方がどんな証拠を持っているのか、相手方や相手方の申請する証人がどのように証言するのか、また裁判所（官）の心証形成など、不確定要素が余りにも多いからです。

　民事裁判のベテランで、多くの著作のある賀集唱元判事が、「勝つべき事件がなぜ負ける？」という講演のなかで、弁護士の不手際で自分でこけて、勝てる訴訟を落としたり、効率主義による裁判官の心証形成など、全く予想と逆の結論があることを指摘しています[28]。このように、事件の見通しの予測は容易ではありません。法律解釈の問題ではそれほど幅はありませんが、事実認定についてはとりわけ判断の幅が大きく、裁判官の好みや考え方で決まることもあります。また地裁と高裁、あるいは高裁と最高裁において、同じ証拠でありながら全く結論が異なったという例はたくさんあります。

　また、相手方の対応次第では、事件は予想しなかったコースをたどることもあります。

　反訴が出たり、訴えが変更されたり、見たこともない証拠が出てくることもあります。一方、依頼者の関心は、「勝てるのか」という１点に尽きます。しかし先に述べたように、受任時

の手持ち証拠の範囲内で、勝訴・敗訴の蓋然性について説明するのには限界がありますから、予測が外れたとき、依頼者と紛争になることもあります。「あの時、勝てると言ったではないか」と問い詰められ、職務責任、専門家責任を問われることもあります。そうした不幸な事態を回避するためにも、弁護士は、予測可能な範囲内でさまざまなシミュレーションを行い、シミュレーションに応じて事件の見通しと報酬について説明し、委任契約書の作成を行わなければならないのです。受任の時点で、弁護士の有能さ（competency）が試されているのです。また、報酬契約書もなく、事件終了後に突然、依頼者の予期に反した報酬を請求すると、これも紛争になります。

　また、依頼者はしばしば嘘をつきます。怪しい、あるいは嘘をついているのではないかと思ったら、弁護士は依頼者を追及しなければなりません。依頼者に酷なように思えても、訴訟になった場合、相手方弁護士からもっと厳しい反対尋問にさらされるのですから、相談弁護士が厳しく追及するのは当然なのです。それでも騙される場合があります。さまざまな要素を考え、この事件は無理だと判断した場合には受任しない決断も必要です。負け筋（マケスジ）・駄目筋（ダメスジ）・無理筋（ムリスジ）の事件は、丁重に断らなければなりません。

7．受任の範囲の確定

　弁護士は、事件を受任する場合、受任の範囲を確定しなければなりません。これは報酬請求権の成立とも連動する問題です。

　たとえば、依頼者から貸金の返還請求事件の依頼を受けたとします。その場合、仮差押や仮処分（債務者の責任財産から逸脱した財産の取戻）まで行うのか、さらには判決後に強制執行を行うのかについて、確定する必要があります。

　福岡地判 H2.11.9 判時1379-119は、弁護士に対し、貸金返還

請求訴訟の提起および追行を委任したからといって、依頼者との関係で、保全処分や強制執行まで委任したものと解することはできないとしています。この事件で弁護士は、するべきことはすべてしたように思われますが、それでも依頼者は債権回収ができないとして、弁護士に損害賠償請求を起こしました。こうした無用な紛争を起こさないためにも、委任契約書で委任の範囲を確定しておかなければならないのです。

大阪地判S58.9.26判時1138-106は、手形の取立委任を受けた弁護士が、異議申立提供金の仮差押を行わなかったとして損害賠償請求を起こされた例で、弁護士の業務において、受任事件の処理については、相当の範囲で裁量に委ねられており、裁量権の範囲を逸脱したものと認められない限りは、善管注意義務違反とならないとして請求を棄却しています。

しかし私は、異議申立提供金に仮差押をしないで本訴だけを行うのは、裁量権の問題以前だと思います[29]。仮差押をかけてから、本訴を提起するのが常識であり、善管注意義務の一般的水準だからです。結局、なぜ委任範囲を巡って紛争になったのかといえば、結局、依頼者と事前の打合せやシミュレーション、方針の決定という作業を行わなかったからだと思います。大事なことは、このような場合は、委任の範囲を委任契約書に明記することです（規30）。そうすれば、損害賠償や報酬請求時のトラブルを避けることができるはずです。

8．迅速な着手

それから、事件を受任するとなったら、速やかに着手しなければなりません（規35）。迅速さ（prompt）です。これは第3講で述べた誠実義務でもあります。第1講で支払命令や破産決定を偽造した弁護士の例を紹介しましたが、遠因は、この迅速さがなかったことに尽きます。

9. 報告義務

　受任時の倫理の範疇には入りませんが、隣接する課題として、報告義務についても述べておきましょう。

　規36は「弁護士は、必要に応じ、依頼者に対して、事件の経過及び事件の帰趨に影響を及ぼす事項を報告し、依頼者と協議しながら事件の処理を進めなければならない」と定めています。この「報告」は、依頼者からの問い合わせいかんによらず、弁護士側が積極的に行わなければなりません。民645では「委任者の請求がある時は」と限定していますが、それが妥当でないことは第4講で述べた通りです。

　そのためには、事務所のシステムとして、依頼者に逐一報告する体制を作っておく必要があります。弁護士も人間ですからうっかり忘れることがあります。だからこそ「感」「勘」ではないシステムの構築が大事になるのです。

　ABA・MR前文[4]では「弁護士は、代理に関し依頼者と常に連絡を取らねばならない」と宣言し、1-4において「弁護士は、事件の進行状況について依頼者に時機を得た報告を行わなければならない」「弁護士は、報告を求める合理的な問い合わせには遅滞なく応えなければならない」と定めています。

　一般社会と同様に、依頼者とのコミュニケーション不足は信頼関係を最悪な状態にしてしまいます。しかし残念なことに、弁護士会に寄せられる苦情のなかで相当な割合を占めているのが、連絡がないなどの対応・態度に対する苦情です[30]。ですから特別に紙幅を割いて、ここに記したわけです。

V　辞任の倫理

1. 辞任の時期

　第4講で述べた通り、代理関係は、委任契約もしくは準委任

契約と理解されています。民651-1は「委任は、各当事者が何時でもその解除をすることができる」としています。依頼者側からいえば、弁護士に対する信頼感を失い、疑問や不信を持ったときは、代理人をいつでも解任できるということです。この場合、正当な解任理由の有無によって、報酬請求権が発生するかどうかが決まります。

一方弁護士側からいえば、好き勝手に辞任することはできません。なぜなら、勝手な辞任が認められれば、たとえば明日は大事な証人尋問だというときにも辞任することができることになり、依頼者の利益を害しますし、弁護士に対する社会の信用を著しく損なう結果となるからです。辞任が許されるのは、依頼者との信頼関係がなくなったなど、真に止むを得ない場合に限られます。

2．信頼関係の喪失と辞任

代理人である弁護士と依頼者が信頼関係を形成するのは、時間がかかる大変な作業です。しかし信頼関係を失うのは簡単です。

その第1は裏切りです。第2は連絡をしない。弁護士からの連絡が途絶えると依頼者のなかで不信感が芽生え、最悪の場合は、敵対関係にまで進展してしまいます。第3は、よく説明しない。紛争の主体は依頼者であるのに、依頼者の意向を無視する。第4は、尊大な態度や言葉遣いです。逆に弁護士費用を支払わない、打合せを何度もすっぽかすなどといった、依頼者側に事情がある時もあります。

規43は、「弁護士は、受任した事件について、依頼者との間に信頼関係が失われ、かつ、その回復が困難な時は、その旨を説明し、辞任その他の事案に応じた適切な措置を採らなければならない」と定めています。またABA・MR1-16は、必要的

辞任事由として、
- (a)代理することが、この規則または他の法律に違反することとなるとき
- (b)弁護士の身体または精神状態が、依頼者を代理する弁護士の能力を損なうとき
- (c)弁護士が解任されたとき

そして、任意的辞任事由として、
- (d)辞任しても、依頼者に著しい不利益を与えないとき
- (e)依頼者が、弁護士が犯罪または詐欺的であると合理的に考える措置をとるよう固執したとき
- (f)依頼者が、犯罪または詐欺を犯すために、弁護士のサービスを利用したとき
- (g)依頼者が、弁護士が不快に思っている、あるいは、弁護士が基本的に反対であると考えることを実行するよう求めるとき
- (h)依頼者が、弁護士のサービスに関して弁護士に対する義務を著しく怠り、かつ、義務を履行しない限り、弁護士が辞任すると相当の警告を発していたとき
- (i)代理が弁護士に不合理な財政的な負担をかけることになったり、依頼者によって代理が不当に難しくなったとき
- (j)その他辞任の正当な理由があるとき

をあげています。(a)の代理することが、法律違反となる場合、とりわけ犯罪行為に荷担する場合には、辞任しなければならないのは当然です。弁護士には法秩序を維持する責務があり、違法行為に荷担するのは自己否定となるからです（会則11、規14）。(g)の「不快に思っているという要素」も非常に重要です。嫌々受任した結果、なかなか着手できず、結果として放置につながることがあるからです（第4講注28(2)の放置事例にあたってください）。

このように、およそ信頼関係が維持できなくなる事情があるときには、辞任するしかないことがわかります。

もし依頼者と良好な関係が保てなくなったら辞任することです。報酬などに拘泥せず、規43に定めている通り、「辞任を含めた適切な措置」をとらなければなりません。泥沼に入ってしまったら元には戻れません。事件にしがみつくような行動は止めたほうがよいでしょう。

3．その他の辞任事由

（1）複数の依頼者間の利害対立

複数の依頼者から委任を受ける場合があります。たとえば遺産分割事件で、先妻の子のグループと後妻の子のグループが対立して紛争となることがあります。この場合、弁護士は、グループ代表のような形で複数の相続人を代理します。ところが後に、グループ内で利害対立が起きる場合があります。この場合、グループを代表していた弁護士は、グループ内の当事者の秘密や弱点を知り尽くしているのですから、そのなかの1人を代理することはできず、全員の代理を辞任しなければなりません（規42、規27-1、前出126頁）。

（2）受任弁護士間の意見の不一致

同一依頼者の複数の代理人間に意見の不一致が生じた場合、その不一致が重大なときは、依頼者に不利益を及ぼすことがあります。その際は、まず依頼者に説明し、意見を求めます。その結果、依頼者の意見に従い難いときは辞任しなければならないことがあります（規41）。

（3）受任後に職務を行い得ない事件であることが発覚したとき（法25）

第5講で説明した通りです。

（4）弁護士の精神的・肉体的条件により代理できないとき

受任後、病気等で業務を行えなくなることもあります。代理行為を行う肉体的・精神的条件がないのですから、有能な代理ができるはずもありません。職務基本規程には定められていませんが、この場合、辞任は当然であり、速やかに後任の弁護士を紹介するなどの手当が必要です。

（5）受任後、有能さがないと判断したとき

有能さ（competency）は、有能な代理の前提です。その事件について有能さがないと判断した場合は、代理を継続してはいけません（CCBE・Code3-1-3）。しかしながら依頼者に対して一方的に「能力不足なので辞任します」というのは、無責任です。有能な弁護士を紹介する、あるいは有能な弁護士と共同して事件を遂行するなどの対応が必要です。

4．辞任にあたって配慮すべき事項

辞任の結果、依頼者に与える不利益を最小限に止める努力をする義務があります。事前に十分な時間をとって辞任の事情をよく説明する、すべての記録の返還、金銭の清算、場合によっては他の弁護士の推薦などを行わなければなりません。後任の弁護士に対しては、これまでの経過を説明するなどの協力なども必要となります。この場合、前述したように、守秘義務との関係から、後任の弁護士への説明には依頼者の同意が必要です（前出148頁）。

5．国選弁護人の辞任

（1）委嘱事項等を行う義務

冒頭に述べたように、法24により、国選事件で辞任は許されません。私選と違い、国選弁護人の選任・解任は、裁判官の選任命令によって選任され、解任命令によって解任されるという

のが、実務の考え方です（裁判説。刑訴38の3）。この裁判説の下では、弁護人に辞任の権利・辞任の自由はありません。辞任できないのですから、よほどうまく被告人との信頼関係を作っていかなければなりません。

（2）信頼関係が被告人の責によって形成できない場合

最判 S54.7.24 刑集33-5-416・判時931-3は、いわゆる過激派が統一公判を求め、過激派の私選弁護人が第1回期日の直前に辞任した事例です。

裁判所は国選弁護人を選任しましたが、国選弁護人は、当然、被告人と信条や思想が違います。国選弁護人は被告人らから「お前はこの体制をどう思うのか」「おかしいと思わないのか」などといった暴言を吐かれ、暴行を受けました。

この状態では、信頼関係を形成することなど到底できません。弁護団は裁判所に辞任を申し出ました。裁判所は、この申出に対し、被告人らに誠実に弁護人の弁護を受ける気持ちがないものと考え、国選弁護人の辞意を入れて全員を解任しました。ところが、乱暴狼藉を働いた被告人らは、再度、国選弁護人の選任請求を要求しました。裁判所は、今後、弁護人に対する暴力行為や非礼を行わないことを確約すれば、改めて国選弁護人を選任すると、通告しましたが、被告人らはこれを拒否。そのため、国選弁護人の再選任請求は却下されました。

被告人は、事件が必要的弁護事件（刑訴289）なので、国選弁護人が付されないのは違憲・違法であると主張し、最高裁まで争いました。最判は「被告人らの行動は、国選弁護人を通じて、権利擁護のため、正当な防御活動を行う意思がないことを自らの行動によって表明したものであり、そのため、裁判所は、国選弁護人を解任せざるを得なかった。被告人らの国選弁護人再任請求は、誠実な権利の行使には程遠いものであるから、形式的な国選弁護人選任請求があっても、裁判所としては、これ

に応ずる義務を負わない」と判示しました[31]。つまり自ら国選弁護人を辞任に追い込みながら、改めて選任請求し、弁護人に対する非礼を働かないことの確約を拒否するのは、権利の濫用にあたるという判断です。

(3) 被告人の不当な言動による場合

被告人が身勝手な妄想にとりつかれて、1審判決まで10年を経過したという事件がありました。誰が国選弁護人に選任されても、被告人の意に満たない結果となり、解任と選任が繰り返されたのです。

大津地判 S54.3.8 判時948-131は、必要的弁護事件であっても、刑訴法289の例外を認め、弁護人不在のまま、審理しても憲法や刑事訴訟法に違反しないと説示しています。ところが、その控訴審である大阪高判 S56.12.15 判時1037-140は、必要的弁護事件において、弁護人不出頭の原因が、被告人の不当な言動にあったとしても、不出頭のまま実質審理を行ったのは違法と判断しています[32]。確かに大変困難な問題です。

(4) 被告人の責めに帰すべき事由

平成16年の刑事訴訟法の改正により、刑訴38の3が付け加えられました。弁護人の解任が解任命令によるというのは、実務上の解釈と慣行でしたが、刑訴38の3-1-⑤で「弁護人に対する暴行、脅迫、その他被告人の責めに帰すべき事由により弁護人にその職務を継続させることが相当でないとき」には解任することができることになりました。実務上の解釈と慣行で立法化されたものです。

注)
1) (1)飯島・前出第4講注28)(2)〈放置〉事件。
   (2)弁護士倫理75頁以下に、事件を放置した懲戒事例が掲載されている。大半は戒告であるが、業務停止の事例も出始め

ている。放置した理由は不明であるが、ためらいや嫌悪感が作用している事件は、相当な割合にのぼると推測される。
2) プロブレムブック83頁。
3) (1)前出第1講注10)(2) 38頁参照。
   (2)"cab-rank-rule" は、イギリスの弁護士2元制度（the two-counsels rule）の長所として、しばしば引き合いに出される。バリスターは、利益相反以外は、訴訟依頼を拒絶できない。そのため、「不人気」な思想をもった者や凶悪犯罪者の弁護を引き受けなければならないし、逆に、そのような弁護を引き受けたからといって、バリスターが白眼視されることはない（吉川精一「諸外国における職務倫理—イギリスの場合」自正19-1-73）。
   (3)"Code of Conduct of the Bar of England and Wales 601" の URL は、第1講注24)(1)参照。
4) 渡辺脩『麻原を死刑にして、それで済むのか？—本当のことが知らされないアナタへ』（三五館・2004年）。
5) 前出第4講注5)(2)参照。
6) プロブレムブック33頁。
7) イギリスのバリスターの "Code of Conduct 601" は、依頼者となる者の考えや信念が、バリスターにとって受け入れ難いものであることを理由として、受任を拒絶してはならないとしている。
8) 二風谷ダム裁判については、下記資料を参照。
   (1)札幌地判 H9.3.27 判時1598-33。
   (2)大貫裕之「二風谷ダム事件」平成9年度重要判例解説49頁。
   (3)苑原俊明「マイノリティである先住民族の権利」同上273頁。
   (4)萱野茂・田中宏編『二風谷ダム裁判の記録』（三省堂・1999年）。
   (5)岩沢雄司「二風谷ダム判決の国際法上の意義」国際人権9-56。
   (6)常本照樹「先住民族と裁判—二風谷ダム判決の一考察」国際人権9-51。
9) 中村・前出第4講注5)(2)。
10) (1)浅井岩根「欺瞞取引被害の救済と予防の限界」自正40-4-50。浅井はいくつもの欺瞞取引を紹介しているが、それらの取

引に弁護士がどう関与していたのかの記述はない。被害総額1,150億円という豊田商事事件があったが、これに多数の顧問弁護士が関与していた。彼らの多くは、多額の顧問料（月額50～100万円）を受け取っていたことが懲戒事由ありとされ、懲戒されている。

(2)山之内幸夫『はぐれ弁護士「生贄」の記―山口組元顧問弁護士述懐』（システムファイブ・2002年）。反社会集団である暴力団の顧問弁護士に就任する場合はどうか。山之内氏は、山口組顧問弁護士と名乗って大阪弁護士会から懲戒処分（戒告）を受けている。

11) (1)犯罪収益移転防止法（2008年3月1日施行）に伴う日弁連の「依頼者の身元確認及び記録保存等に関する規程」第5条は、「弁護士等は、法律事務（官公署の委嘱による場合を除く）の依頼を受けた後に、その依頼の目的が犯罪収益の移転に関わるものであることを知ったときは、依頼者に対し、違法であることを説明するとともに、その目的の実現を回避するよう説得に努めなければならない」「弁護士等は、依頼者が前項の説得に応じない場合には、辞任しなければならない」と定めている。弁護士が犯罪行為に加担するのは、もちろん許されないが、犯罪後の犯罪収益移転について関与することも許されないのである。

(2) 2004（H16）年10月27日、さいたま地裁で弁護士が違法収益隠匿で懲役1年6月、執行猶予4年の判決を受けている（同日付道新）。

12) (1)東京地判 H11.5.27 判タ1034-182。
(2)名古屋地判 H7.11.21 判時1563-126。
(3)仙台高判 H1.2.27 判時1317-85。

13) 第4講注20) 参照。

14) (1)東京地判 H12.5.30 判時1719-40。
(2)東京高判 H13.1.31 判タ1080-220。
(3)倉田卓次他『判決訴権の濫用―断罪された狂言訴訟』（日本評論社・2002年）。

15) 戒告・日弁連懲戒委員会 H19.2.13 議決・弁護士懲戒事件議決例集10-15。不法な権利行使を主導することは、正当な権利実現からほど遠い。それは「非行」であり、弁解の余地がない。弁

護士に近寄ってくる者のなかには、法の抜け道を教えてもらいたいという輩もいる。こういう輩こそ、注意しなければならない。
16) (1)東京地判 H13.6.29 判タ1139-184。
    (2)池田辰夫「批判的言論威嚇目的での訴提起」メディア判例百選156頁。
17) (1)東京地判 H17.3.30 判時1896-49。
    (2)東京高判 H17.10.19 判例集未登載。
    (3)一ノ宮美成・グループK21『武富士サラ金帝国の闇』(講談社・2006年)。
18) 高橋・前出第4講注30) 参照。
    加藤新太郎「司法過程における弁護士の役割」自正47-6-82。
19) 日弁連懲戒委員会 H16.6.14 議決・弁護士懲戒事件議決事例集8-170は、弁護士業務のストレスから次第に鬱病およびアルコール依存症が悪化。医師から処方された睡眠薬を服用しても眠れなくなり、毎晩、日本酒を飲むようになり、そのため、翌日になってもアルコールが抜けきらず、接견や公判廷で度々酒気を帯び、酒臭を発する状態であった当該弁護士を、誠実義務違反として戒告処分。第10講注56)(3)①および注61) と同一事例。
20) 法律新聞 H18.12.1。
21) 日弁連綱紀委員会 H17.12.22 議決・弁護士懲戒事件議決事例集8-354。わずか10万5,000円の紹介料を受領した例であるが、他の懲戒事由に併せて業務停止3ヶ月となった。
22) 多重債務処理事件にかかる非弁提携行為の防止に関する規程(2002〔H14〕.2.28制定)。この規程の特質は、弁護士会の調査に協力する義務を明確にしたことである。調査に協力する義務の会規化は、前例がないものである。非弁提携の弁護士は、弁護士会の調査にも応じず逃げ回っていた。こうした規程を作らなければならないほど、非弁提携が深刻な事態になっていることを意味している。
23) (1)日弁連・非弁提携問題対策委員会編「多重債務処理事件の非弁提携事案懲戒事例集・追録版」(2008.5) 2頁。
    (2)鈴木堯博「非弁提携弁護士を根絶するために」(自正53-5-14) は、統計資料を豊富に利用した整理屋・周旋屋と呼ばれる非弁との提携弁護士の実態を明らかにしている。

(3)飯島・弁護士倫理には、名板貸で懲戒処分を受けたケースが21件掲載されている。

(4)鈴木重勝「弁護士懲戒の限界」(内田武吉先生古稀祝賀『民事訴訟制度の一側面』〔成文堂・1999年〕所収)には、紹介屋・整理屋との非弁提携は、従来型の「一過性過失犯型非行」や「偶発的単発的故意犯型非行」と異なる「計画的故意犯型非行」「大量反復型・継続型非行」であると位置づけられている。

24) (1)日弁連・弁護士の業務広告に関する規程6条。
(http://www.nichibenren.or.jp/ja/jfba_info/rules/pdf/kaiki/kaiki_no_44.pdf)。

(2)東京弁護士会は、名簿業者から持ち込まれた多重債務者や倒産直前の業者の名簿を利用して、ダイレクトメール約1万5,000通を発送した弁護士を懲戒(戒告)している(2004.4.10)。自正55-7-134。

25) 長谷川俊明『訴訟社会アメリカ─企業戦略構築のために』(中央公論社・1988年)107頁。

26) Lawyer Jokeについては、インターネットで、キーワードを「Lawyer Joke」として検索してみると、多くのサイトが見つかる。

27) プロブレムブック36頁。

28) 賀集唱「勝つべき事件がなぜ負ける─輓近裁判事情管見」東京弁護士会研修委員会編『弁護士研修講座平成7年度講義録』(東京弁護士会・1996年)140頁。

29) 弁護実務研究会編『弁護始末記─法廷からの臨床報告7』(大蔵省印刷局・1982年)19頁。

30) 日弁連・第3講注19)(2) 247頁では、弁護士会に寄せられる苦情の28.2%が弁護士の対応・態度に対するものであった。

31) 最判 S54.7.24 刑集33-5-416・判時931-3。
(1)小林充「国選弁護人に関する諸問題」法時25-5-41。
(2)熊谷弘「国選弁護人の辞任をめぐる諸問題」団藤重光他監修『刑事裁判の課題─中野次雄判事還暦祝賀』(有斐閣・1972年)89頁。

32) (1)石井吉一「必要的弁護」『刑事訴訟法判例百選(第6版)』110頁。
(2)西村清治「弁護人」判タ483-36。

第8講 弁護士と依頼者の関係(5)
―弁護士報酬について

Ⅰ 弁護士業務の「公」と「私」

　弁護士と依頼者の関係の最終講は、弁護士が依頼者からいただく報酬（厳密な意味の報酬だけではなく、顧客から受け取る着手金・日当など一切の金銭を報酬と表現します）についてです。

　弁護士の職務の公共性は、第2講で述べたとおりであり、弁護士業務は、「私益」を目的にするものではありません。しかし同時に、弁護士は事務所を維持し、自身の生計を立てるという「私」の部分を持っています。「私」の部分は、依頼者から受け取る報酬に依存していますから、この職務の公共性・公益性と私的な利益をどう両立・調和させるのかが問われるのです[1]。

　第2講でL.ブランダイスの言葉を引用し、弁護士はどんなに金儲けしても、それだけでは尊敬されることはないと述べました（前出26頁）。公益的実践活動の結果として報酬を得ることは一向に構いません。しかし公益活動もせず、ひたすら金儲けに徹していては、決して尊敬されることはありません。

　自分自身のなかに「十分な生活の糧を得ながら、同時に倫理に適った法律家でありたい」という葛藤もあります（ABA・MR前文[9]）。十分な生活の糧を得るという私的側面と、弁護士という公共的役割を担う法律家が高い倫理観を保ち続けることは対立しませんが、両立させることは難しいのです。見事に両立させている弁護士は少ないように思います。ABA・MR前文[9]は、「この葛藤は、弁護士倫理の根底にある基本精神

に従った、研ぎ澄まされた専門的判断、そして道徳的判断の実践によって解決されなければならない」といっています。報酬の問題は、最も激しい内心の葛藤をもたらします。

これが本講で特に「報酬」を取り上げる所以です。

II 事務所経営と報酬

弁護士1人、事務員1人という小規模事務所があります。在来型というべき事務所です。今日1人事務所は、全事務所数の66％、弁護士が2人の2人事務所を入れると、81％となり、今なお少人数の事務所が圧倒的です[2]。その一方、弁護士数が300名を超える事務所もあります。この巨大事務所化の傾向は今後も進んでいくでしょう。

しかし1人事務所から巨大ロー・ファームまで、すべての事務所は顧客からの弁護士報酬に依存しています。この報酬なくして事務所の経営は成り立ちません。事務所にとっての報酬は、人体にとっての血液にも等しいのです。弁護士は事業体のオーナーであり、経営に責任があります。だからこそ、報酬は経済合理性に基づいて計算されなければなりません。次節で述べる「謝礼」（honorarium）とは異なるものです。また、受任事件は常に変動しており、月々の売上高も変動しています。受任事件が途絶えたときなど、大変心細くなります。第2講で弁護士の職務の独立性について述べましたが、職務の独立とは、何人の指示や支配も受けないということです。その反面、誰にも頼らず、自分の力で事務所を経営することもあります。そのうえで、弁護士に課せられた公共的責務・公益的責務を果さなければなりません。

加藤新太郎判事の著書『コモン・ベーシック弁護士倫理』のなかに、金銭の不安や心細さのなかで、弁護士たちがこれを凌

ぎながら懸命に業務を行っている3つのエピソードが載っています[3]。それらのエピソードは、公益的活動を使命とするプロフェッションの経済的基盤が、不安定で脆弱な収入のうえに成り立っており、弁護士が、一歩間違えばプロフェッションの資格そのものを失う脆い存在であることを物語っています。事件屋や非弁提携は、こうした隙に付け入ってきます。報酬を含めた「お金」の問題は、弁護士業務にとってのアキレス腱であり、躓きの石といえます。高い倫理観がなければ、「躓い」てしまうのです。実際、報酬をめぐる懲戒事例はたいへんな数にのぼります。弁護士資格を失うだけでなく、犯罪者になってしまうこともあります[4]。

こうした事態を回避するには、1つひとつの事件、一人ひとりの顧客に、地道に誠実にあたり、信頼を得られるよう活動をする他ありません。このことが弁護士の $α$（アルファ）であり、$ω$（オメガ）なのです。

Ⅲ　謝礼(honorarium)

古典的プロフェッションの場合、報酬は謝礼（honorarium）の性質を持っていたといわれています[5]。日本風にいえば、「お布施」です。

弁護士の報酬も、かつて「謝金」と呼ばれていました（明治9年に制定された代言人規則で「謝金」となっており、その後の法33-2-⑧の「弁護士報酬基準規定」（以下、報酬基準規定という）においても「謝金」と表現されていました。1975〔S50〕年に、新しい報酬規定が制定され、謝金を報酬と表現するようになりました）。この「謝金」という表現は、"honorarium" の名残だったのかもしれません。

事件が成功裡に終了したとき、依頼者が「ありがとうござい

ました」とお礼を述べて、報酬を支払うことはよくあります。事件が終わって何年も経っているのに、お中元やお歳暮を送ってくれる依頼者もいます。ここにも"honorarium"の色彩が見られます。したがって、プロフェッションに対する報酬は、いわば依頼者の感謝の念から生まれ、感謝の程度によって額が決まる性質のものであり、取引や交渉の対象にならないと理解されていました。商品や労働力の売買の対価とは全く異なるものと観念されていたのです。

　感謝の念によって決まるものですから、限りなくゼロに近いものもあるし、上限は、無限大で、限界はなきに等しいのです。フランスでは、20世紀初頭までは、弁護士（avocat）が報酬を受け取ることは構わないが、弁護士から報酬を請求してはならないとされていたようです[6]。なぜなら弁護士は、法廷で弁論のみを行う「独立で自由な貴族的芸術家」と位置づけられていたからです[7]。そのせいか、フランスでは40年ほど前まで弁護士報酬基準が存在しなかったそうです。弁護士はアーティストなので、その人の才能によって報酬が全く違っていたのです。

　しかし今日、それでは職業として成り立たないので、報酬請求訴訟も許されるようになりました。フランスの多くの事務所で時間制報酬（タイムチャージ）による報酬請求を採用しています。タイムチャージは、完全に"honorarium"を否定するシステムです。また、フランスでは補完的であれば成功報酬も認められますが、完全成功報酬制は不可となっています[8][9][10]。

　イギリスのバリスター（barrister）は、そもそも報酬額の決定に関与できません（事件を持ち込んだソリシターがバリスターの職員と交渉して決める）。また依頼者が報酬を支払わない場合でも、請求訴訟が許されていません。これは"honorarium"の影響だと思われます[11]。

　また、わが国の民法が無償委任（民648）を原則としている

のも、"honorarium" の名残ではないかと考えられます。母法であるドイツ民法は、無償をもって委任契約の特質としていたからです12)。

この "honorarium" という報酬観は、プロフェッションの公益的側面や依頼者との人間関係を大切にするという点では、共感する部分も少なくありません13)。しかし、現代のビジネス社会においては妥当しません。元最高裁判事の坂本吉勝氏は、1969（S44）年に発表した論文のなかで「依頼者がビジネスを行い、そのビジネスを行うために弁護士を使用する場合、お布施論は滑稽な感がするし、依頼者の一方的意思によって報酬額が決定されるのは妥当でないと考えられる」「現代の、或いは将来の弁護士の報酬に対する考え方は、もはやお布施論を脱却して、新たに弁護士本来の使命を遂行するためのビジネスが経営できるような立場に立って考えるのがよいものと信ずる」と述べ14)、"honorarium" はすでに時代に合わないと指摘しました。企業法務が "honorarium" で成り立つかを考えると、答えは明白です。依頼者も測定不能なベースで報酬を請求されては堪りません。また弁護士は、依頼者に対し委任契約から生じる善管注意義務とともに誠実義務を負っています（前出84頁）。これほど重い義務を負う契約関係において、"honorarium" は妥当ではないと考えるのは容易でしょう。今や、"honorarium" という測定不能なベースから予測可能、計算可能な経済合理性のあるベースに移行しなければならないのです。

IV 報酬の適正さについて

1．弁護士の報酬は何の対価か

さて、報酬がお布施でないとすれば、何の対価なのでしょうか。

それが弁護士の提供するサービスの対価であることは間違いありません。ではその算定方法は、いかにあるべきでしょうか。

実は私も、この問題について明確な回答を持っていません。日弁連会則87は「弁護士の報酬は、適正且つ妥当でなければならない」と定め、規24は「弁護士は、経済的利益、事案の難易、時間及び労力その他の事情に照らして、適正且つ妥当な弁護士報酬を提示しなければならない」としています。「適正且つ妥当」の概念は、CCBE・Code3-4-1で「弁護士報酬は、公平で合理的でなければならない」という「公正で合理的」に似ています。同じような意味をABA・MR1-5-(a)では、「弁護士は、妥当でない報酬又は妥当でない実費について、契約を取り交わし、請求し、又は徴収してはならない」と表現しています。

2004（H16）年4月、弁護士法が改正され、弁護士会の報酬基準規定が廃止されました[15]。報酬基準規定が廃止されるまで、弁護士は、報酬基準規定に従って報酬を計算している限り、適正かつ妥当ということになっており、弁護士報酬をめぐるこれまでの判例も、いずれも報酬基準規定を法源としていました。

最判 S37.2.1 民集16-2-157・判時289-12は、弁護士に支払うべき報酬について、特段の定めがなかった場合には、弁護士会の報酬規程など諸般状況をも審査し、当事者の意思を推定し、以って相当報酬額を算定すべきであるとし[16]、東京地判 H15.3.25・判時1839-102は、報酬の合意があったとしても、所属弁護士会の報酬基準規定を大幅に上回るものは公序良俗に反し無効であるとするなど、弁護士報酬基準規定は報酬算定の法源として十分に機能していました[17]。しかし報酬基準規定がなくなった今、何をベースに「適正・妥当」な額を算定すればよいのでしょうか。廃止後、弁護士報酬についての判例が出ていませんので、裁判所はどう判断するのかはわかりません。過大請求がどの程度なのかという判断は、裁判所も悩むところでしょ

う[18]。

日弁連は報酬基準規定の廃止に伴い、全6条の「弁護士の報酬に関する規程」を制定しました[19]。同規程は、報酬基準規定を廃止する代わりに、弁護士は自ら報酬基準を作成し、事務所に備え置かなければならないとしています（弁護士の報酬に関する規程3）。これにより、弁護士自らが自分の責任で報酬基準を設定できます。報酬金額は、各弁護士が自ら設定した基準の枠のなかでの依頼者の話し合い（合意）に任されています。

その一方で、弁護士には「廉潔を保持する」義務があります（規6）。財を貪らず、金銭に高潔でなければなりません。第2講で、R.パウンドの「その職業が付随的に生計の手段となっていようとも、それは公共的業務に他ならない」という一節を紹介しましたが、プロフェッションとしての弁護士は、職務の公共性を自覚しつつ「適正且つ妥当な」報酬を請求しなければならないのです。

2. 報酬基準規定の廃止とその影響

そもそも報酬基準規定の廃止は、公正取引委員会（以下、公取委という）から「公正有効な競争の確保」の観点から求められたものです[20]。

1975年にアメリカの連邦最高裁は、ヴァージニア州弁護士会の報酬基準が弁護士にとって強制となっているとして、シャーマン法（Sharman Act）1条の価格設定（price fixing）にあたるとして、報酬基準を違法と宣言しています[21]。報酬額は自由競争に任せるべきだというのです。なお、弁護士のサービスは、人権の擁護と社会正義の実現という公益性を達成し得る性格から、弁護士報酬は「準公共料金」であり、独禁法の適用除外であるという考え方もあります[22]。公取委の考え方によると、弁護士報酬は自由だから、貸金1,000万円の返還請求事件で、弁

護士報酬を20万円でも300万円でも請求をして構わないということになります。在来型の着手金・報酬の併用方式でも、完全成功報酬も可能です。タイムチャージでもOKです。しかしながら後日紛争を起こさないように明確な基準を作る必要があります。

　余談ですが、公取委の勧告を受けて報酬基準規定を廃止した結果、競争によってサービスの質は向上したのでしょうか。また、弁護士の報酬は下がったのでしょうか。私の直感的印象では、変わっていないように見られます。かえってユーザー側が目安を失い、弁護士へのアクセスがより困難になったのではないかと考えています。報酬基準規定をカルテルと非難するばかりでなく、自由価格制によってユーザーにはどんな利便と不都合が生じているのかを、検証しなければなりません。

3．「適正且つ妥当」な報酬とは

　では「適正且つ妥当」な金額を算定する要素は何でしょうか。規24は、「経済的利益、事案の難易、時間及び労力その他の情報に照らして」と述べていますが、その具体的算定は大変難しいものです。いくつもの要素をどのように勘案していけばよいのでしょうか。そもそも、経済的利益はどう算定されるのでしょうか。行政訴訟、家事事件、名誉毀損など、金銭に換算できない事件はどう扱えばいいのでしょうか。

　たとえば経済利益は大きくないが、途方もなく時間や労力がかかった場合や、逆にコストパフォーマンスがよかった場合（1～2回の弁論であっさり認容されたケース）などは増減の修正は可能なのでしょうか。そのような補正値をどの程度働かせればいいのでしょうか、事案の難易はどう反映させるべきなのでしょうか、成功報酬は勝訴した額の何％なのでしょうか、難易さは訴訟過程の何を見て判断するのでしょうか、被告が無茶な

抗弁や弁解を繰り返すだけのときはどう見るのでしょうか、そして誰が難易を判断するのでしょうか。

ざっと考えても報酬価格の決定に関して、これだけの要素をあげることができます。しかもこれらは決め手になりません。要素としては、一見クリアに見える時間・労力を基準にした場合にしても、ベテラン弁護士なら瞬時に対応できるのに、有能さ（competency）の不足した若手が長い時間をかけてしまった場合、単に時間を基準にした際の矛盾が生じてきます。

ABA・MR1-5-(a)は、妥当かどうかの判断のファクターを示しています。

まず、

①時間と労力

②事件の新規性と困難性

③適切な法的サービスを提供するために必要なスキル

④その事件の受任により、弁護士の他の事件の受任が不可能になるおそれが高くて、そのことは依頼者にも明らかなとき

⑤訴訟物の価格

⑥得られた結果

⑦依頼者との業務上の関係の性質および期間

⑧弁護士の経験、名声および能力

⑨定額報酬か成功報酬か

などです。しかし結局、これらの報酬額決定のファクターは、あくまでもファクターであって、なぜその金額になるかについて算定のプロセスを説明する要素になってはいないのです。前掲最判は、報酬額について、当事者間に報酬の定めが存在しない場合について、①事件の難易、②訴額、③労力の程度、ばかりでなく、④依頼者との平生からの関係、⑤所属弁護士会の報酬規程等その他諸般の状況、をも審査し、当事者の意思を推定

し、以て相当報酬額を算定すべきであると判示しています。また、神戸地判 S42.9.12 判時517-76は、①事件依頼の経緯、②事件の進行状況、③難易の程度、④事件終結時の模様、⑤目的物の価格、⑥その他当事者間に存する一切の事情、を斟酌したうえ、適正かつ妥当な報酬額を認定すべきものと解するのが相当であるとしています。

しかしこれらの判決では、その判決で示したファクターをどうウェイトづけして、どう報酬額の算定に反映させたのかがわかりません。想像するに、依頼者の得た経済的利益に重点を置いて、「諸般の事情を総合考慮」しながら、金額を決めているように思われます。しかし、各々のファクターを何％ずつ考慮すべきなのかは見えてきません。依然として、算定のプロセスはブラックボックスです。

もっとも、報酬基準規定があった時代においても、なぜその金額になるのかについては説明できませんでした[23]。報酬規程5は、弁護士は、法律事務の受任に際し、報酬および費用について説明しなければならないとしていますが、これは本当に説明が難しいのです。私は34年間弁護士をやってきましたが、いつも悩むのは、一体いくらが「適正且つ妥当」かという点です。報酬基準規程があっても、請求する弁護士の匙加減で、請求額が高くなったり、低くなったりしていたからです。その報酬基準規定がなくなった今は、さらに「適正且つ妥当」の根拠が不透明になっています。

報酬規程4には「依頼しようとする者から申出があった時は、その法律事務の内容に応じた報酬見積書の作成及び交付に努める」とあります。依頼しようとする者が、何ヶ所もの法律事務所を訪ねて、各々見積書の作成を求めることは稀だと思いますが、不確定要素の多い訴訟について見通しが難しいのと同様、その見積りもまた難しいのです。さらに、見積書を出したとこ

ろで、ユーザーに見積りの適否を判断することが可能かといえば、答えは、否です。弁護士報酬額を比較できても、サービスの質を比較することはできないからです。サービスの質は、経験年数に比例すると思われがちですが、全く違います。ベテラン弁護士でも、新人にも劣る人がいます。第2講で述べたように、有能さを研く訓練を怠っているからです。

報酬基準規定がなくなったため、日弁連や弁護士会が、標準報酬について広報することもできなくなりました。日弁連は、会員に報酬についてのアンケートを行い、アンケート結果を公表しています[24]。ユーザーは、自分の抱えている事件について、どの弁護士が最も適切なサービスを最も合理的な価格で提供してくれるのかを知りたいと思っています。日弁連のアンケート結果が、これに十分答えているのかどうかは疑問です。アンケート結果は、大変幅のある数字が示されており、設例によっては最大5倍も差があります。これではユーザーは逆に困惑してしまいます。規制緩和が司法アクセスを容易にすると期待されていましたが、逆にユーザーが弁護士制度、ひいては司法制度を利用し難い条件を作り出してしまったようです。

V ドイツの弁護士報酬について

弁護士報酬は弁護士制度と不可分であり、各国の司法制度、弁護士制度の枠のなかで発展し、規定されます。

ドイツでは、弁護士強制制度と職権主義というドイツ特有の司法制度のあり方が弁護士報酬制度に影響しています。そのうえ、弁護士は「独立した司法機関」であると位置づけられており（連邦弁護士法1条）、自由業であって公務員ではないが、公共的性格が極めて濃厚です。したがって、営利を目的とするものではなく、報酬額も法定されています[25]。

また、完全真実義務を当事者に課しているため[26]、訴状には、プラスとなる事実とマイナスとなる事実をともに書かなければなりません。裁判は職権主義で、どんどん進行させていきます。簡易裁判所では3～4ヶ月で判決となり、地方裁判所では6～8ヶ月で判決となるのが平均だということです[27]。このような制度の下では、弁護士の報酬が事件処理の結果に左右されるのは不都合です。よって成功報酬の約定は、公序良俗に反し無効とされています。CCBE・Code3-3が、完全成功報酬を禁止しているのも、有力加盟国のドイツに影響されているのかもしれません。しかもドイツの弁護士報酬の特徴は、弁護士報酬法により、定額制をとっていることです[28]。日本の保険医療制度と同様に、訴状を出せば1単位などと決まっていますので、計算は簡単であり、報酬の「適正且つ妥当」性について悩む必要がありません。ユーザーにとっても、報酬額の透明性が確保されているという利点があります。そのうえ比較的低額なので、その点もユーザーフレンドリーであるといえるでしょう。しかし、少額の事件で訴訟が長期化・複雑化した場合には、弁護士が「持ち出し」をしなければならない可能性があるため、弁護士は交通事件のように定型的で報酬金額の高い事件で利益を確保しがちです[29]。また弁護士報酬の紛争については、裁判所が「自由な立場で」決定でき（ドイツ民事訴訟法3条）、それがすべて判例として公表されています[30]。

一方、弊害もあります。定額制ということは、弁護士がどんなに素晴らしい弁論をしようと報酬には関係がありません。ですから、よい弁論をしようとか、証拠を自ら集めようというインセンティブは働きません。したがってドイツでは「弁護士は、依頼者の申立、主張、立証の法的代弁者であり、勝とうと負けようと、ともかくこの代弁の仕事を即物的、且つ公正に行えばよい」のです[31]。ドイツでは、弁護士は、多数の件数をこなさ

なければ一定の収入を得られませんので、月1,000件以上を受任する事務所もあるそうです。こうした場合、弁護士がどのように誠実義務を果たしているのかが気になるところです。

Ⅵ 成功報酬制について

1．ヨーロッパにおける成功報酬の扱い

CCBE・Code3-3 は、「弁護士は、成功報酬契約をしてはならない」と定めています。ここでいう成功報酬とは、着手金のないいわゆる完全成功報酬を指します。

EUの有力加盟国であるドイツやフランスでは、完全成功報酬制が倫理的に問題視されています。フランスは、前にも述べたように、弁護士という階層は、"honorarium" のみ受け取るものであり、報酬請求などとんでもないという風土があり、成功報酬自体が禁止されていました。ただし最近では、補完的な成功報酬は許されるようになりました[32]。ドイツは、前節通り、定額制であるとともに、成功報酬は弁護士報酬法により禁止されています[33]。こうした背景から、CCBEは完全成功報酬を禁止していると思われます。

イギリス（イングランドおよびウェールズ）においても、伝統的に成功報酬（contingent fee）は許されていませんでした。裁判所に対する義務（duty to the court）を優先させ、証拠開示等において不利な証拠を隠すようなことを禁止するためです。ところが1990年の Courts and Legal Service Act は、"conditional fee" という一種の成功報酬制度を導入し、原則を変更しています[34]。わが国の弁護士報酬制度は、大別して着手金（手数料ともいいます）と報酬（謝金ともいいます）に分かれており、成功報酬制の一種ということもできます。

さてここで、なぜ成功報酬が禁止されているのかについて、

検討してみましょう。

(1) "honorarium" の考え方

ヨーロッパでは伝統的にプロフェッションである弁護士は、報酬を目的に代理するのではなく、報酬は依頼者が進んで支払うものだという "honorarium" の考え方が支配的だったことがあげられます。

(2) 依頼者からの独立

成功報酬制のもとでは、第3講で述べた「弁護士の自由と独立」、とりわけ「依頼者からの独立」という原則が崩れる危険があります。アメリカの例で触れるように、成功報酬制は、依頼者から独立しているべき弁護士が、時として当事者化し当事者と一体となってしまう場合があるのです。こうなってしまうと、弁護士が客観的かつ公正な判断を保つことが困難となります。実際に、弁護士が過度に党派的になり、不当（不正）な行為をしてでも勝とうとする病理現象も見られるとのことです[35]。また、弁護士報酬が特定の依頼者に依存するようになると、弁護士の自由と独立も侵害されるようになります。さらに高額報酬ゆえに依頼者の無理な要求にも従わなければならないことになります。

何のために「弁護士の自由と独立」が必要だったのかを、もう一度思い出してみてください。

(3) 真実義務

弁護士には、裁判所に対する真実義務（消極的真実義務）があります（第10講285頁）。当事者化してしまった場合、不利益な事実を隠すだけでなく、虚偽の証拠を提出するなど、真実義務に反する訴訟行為が行われるおそれがあります。

(4) 誠実義務

報酬割合が4分の1、3分の1（時には40％）と大変高率なので、弁護士が依頼者の無知や経済的切迫に乗じて、示談によ

って高額の賠償が支払われるはずの事件についても、わざわざ訴訟を起こし高率の成功報酬契約を結ばせたり、弁護士が早く報酬を得たいと考え、早期和解を強力に推し進めるなど、依頼者の利益と対立する行動をとる危険性があります。

（5）濫訴を招くか

"contingent fee"は、濫訴を招くといわれています。ただよく考えてみると、弁護士は自らの負担で裁判を起こすのですから、敗訴濃厚な事件や勝訴の見込みが少ない事件には手を出さないはずです。したがって、正常な感覚の弁護士が根拠のない請求（前出101頁）を行う可能性は低いといえるでしょう。またアメリカでは、連邦民事訴訟規則11条（ルール11）で、虚偽の"statement"を提出した弁護士に制裁を課しています。このように"contingent fee"が濫訴を増加させるという懸念は、憶測にすぎないかもしれません（この点の実証的裏づけはありませんが、逆に、濫訴が生じたという裏づけもありません）。

2．アメリカにおける成功報酬の扱い

他方、アメリカでは、"contingent fee"が認められています。ABA・MR1-5-(c)では「報酬は、提供されたサービスの結果であるので、成功報酬とすることができる」としています。ただし、離婚に伴う財産給付や養育費および刑事事件の代理については成功報酬が禁止されています。

アメリカではABAの最初の倫理規範であるCanons（1908）において、すでに成功報酬契約が認められていました（同13）。イギリスで禁止されていた"contingent fee"が、なぜ、アメリカで禁止されなかったのか。またアメリカで、いつから"contingent fee"があったかはよくわかりませんが、少なくとも19世紀末には、制度として確立していたようです[36]。

この制度は、原告[37]が敗訴した場合は1円も得ることができ

ない代わりに、勝訴の際は、認容額（あるいは和解額）の4分の1から3分の1（ときには40％）を報酬として受け取るというものです。結果がすべてであるプロスポーツと酷似しています。プロスポーツの選手はいくら一生懸命練習しても、結果が出せなければ次のシーズンはありません。この仕組みでは、弁護士がいかに誠実に訴訟を遂行しようとも、裁判官の説得に失敗したならば報酬はないのです。逆に不十分な代理であっても、依頼者に利益をもたらせば報酬請求ができます。結果がすべての制度、まさに、"no win, no fee"です。

　成功報酬制の利点の第1は、依頼者が費用の心配をせずに裁判を起こせるという点です。とりわけ貧困者など裁判制度を利用する資力のない者に対して、法的な助力を提供することができる制度といえます。弁護士へのアクセスを可能とするという意味においては、大きなメリットです[38]。弁護士は、自分の負担において訴訟を遂行します。一方、依頼者は、たとえ報酬割合が4分の1から3分の1（時には40％）であっても、弁護士の努力で勝訴すれば、判決額の4分の3から3分の2（ときには60％）は手元に残ります。またアメリカでは、懲罰的損害賠償（punitive damage）が採用されているため、ときには天文学的な賠償金の支払が命じられます。世界第3位の石油精製会社である「テキサコ」が倒産したことを覚えている方も多いでしょう[39]。しかし当然、ギャンブル的な要素も強くなります。「アンビュランス・チェーサー」（前出179頁）は、成功報酬制と懲罰的損害賠償制があって初めて可能なのです。

　第2の利点は、敗訴したならば、弁護士には1円の実入りもなく、文字通り「ただ働き」になります。そのため、自分で努力して証拠を集め、精力的な訴訟を行うという"aggressive"な弁護士活動が展開されます。また、勝たなければならないので、新しい法廷技術や法律知識の修得に努め、サービスの質も

高くなります。"contingent fee"が効果的な弁論と訴訟準備のインセンティブになっているのです。ドイツの定額報酬と比べれば、その違いは一目瞭然です。また、事前に書面で報酬割合を決めておかなければなりません（ABA・MR1-5-(b)）ので、弁護士報酬の明確化・透明化を図ることができるという利点があります。

ただし、こうしたインセンティブが過ぎると、弁護士を当事者化してしまうという負の側面もあることに注意が必要です。

3．わが国での成功報酬制度の今後

先述のように、わが国では報酬基準規定が廃止されたことから、この完全成功報酬制も可能となっています。みなさんがどのような報酬の仕組みを採用するのかは、みなさんの責任で考えるしかありません。

Ⅶ　時間制報酬（タイムチャージ）について

1．時間制報酬の利点

さて「時間」も報酬算定のファクターになります。この時間という要素を徹底させたのが、時間による報酬請求（time charge）です。主に企業を依頼者とするアメリカのロー・ファームで行われているものです。近年、わが国でも大きな渉外系事務所においても採用されています。

成功報酬が禁止されているイギリスでは、バリスター（barrister）とソリシター（solicitor）がともにタイムチャージ制をとっています[40]。成功報酬が禁止されているフランスでも、定額制または時間制がとられています[41]。わが国でも廃止された報酬基準規定において、時間制報酬が認められていました。

訴訟や非訟事件はもちろんですが、時間制報酬（タイムチャ

ージ）は裁判外の交渉などに有用です。

2．経営的側面における時間制報酬の利点

いつ事件が終わるか目途も立たない、しかも負ける可能性もある成功報酬よりも、確実に報酬が請求できるタイムチャージは、事務所経営を安定化させます。

3．時間制報酬の仕組み

依頼者は一定額を予め預託し、ロー・ファームはそのなかから順次清算していきます。ロー・ファームは、依頼者に明細書を送りますので、預託金の残高がわかる仕組みになっています。預託金が底を突けば、補填してもらいます。タイムチャージ以外の報酬をこの預託金のなかから支払うこともあるそうです。

前記の通り、日本の渉外系事務所ではタイムチャージは、弁護士のみならず、パラリーガルなどの職員の1時間あたりの報酬単価を決めておき、弁護士や職員がそれに費やした時間を掛けて算定します[42]。

タイムチャージの単価は、事務所のすべての経費——家賃、人件費、ランニングコスト——に弁護士の実収入を加えた総和を1年間の稼働時間で除して算出します（コスト・プライス方式）。この1時間あたりの単価（報酬率ともいう）がタイムチャージの単価となります。

タイムチャージでは、依頼者に報酬が請求できる時間を"billable hour"といいます。弁護士は、勤務時間中に行ったすべての事務とそれに要した時間を逐一タイム・シート（チャージ・シートともいう）に記録するよう義務づけられます。タイム・シートは、6分、10分、15分刻みに記録するようになっており、弁護士は、依頼者との面談に要した時間、事実調査に要した時間、判例などの調査に要した時間、起案に要した時間

を記録し、これをまとめて請求（billable）するわけです[43]。こうした時間の総和が"billable hour"です。

ロー・ファームは働いただけ請求でき、勝訴・敗訴にもかかわりがないので経営が安定します。特に巨大ロー・ファームは膨大な支出がありますので、いつになるかわからない事件報酬よりも、タイムチャージによる安定収入が必要なのです。また、アソシエイト（勤務弁護士）の1日の行動が記録されているので、タイム・シートを分析することで彼らの貢献度を計り、経営を合理化することも可能になります。

しかし欠点もあります。依頼者が"billable hour"をチェックできないという点です。たとえば起案に2時間費やせば2時間分を請求しますが、作業中にかかってきた別件の電話や来客、その他に使った時間などのタイム・シートに反映できません。つまり依頼者は、請求の正確性をチェックできないのです。

またタイムチャージは、ビジネス・ローの分野には妥当しますが、たとえば公益事件には妥当しないという側面があります。不法行為訴訟では、原告側の弁護士報酬は成功報酬で、被告側はタイムチャージという構図になっています。

また弁護士個人の能力を反映できない点もタイムチャージの弱点です。ベテランが1時間でできる仕事も新人なら5時間を費やすかもしれない。すると依頼者は、弁護士の能力が低ければ低いほど、多く報酬を支払うことになるからです（これは極端な例です。実際は新人弁護士の単価が低く設定されています）。

以上のような構造上の欠陥を利用して、弁護士が和解に応じないなどの積極的な訴訟進行を行わないという危険性もあります。

このようにタイムチャージも一長一短です。わが国では今のところ、タイムチャージによる報酬請求が紛争になったケースはありません[44]。

第8講 弁護士と依頼者の関係(5)

Ⅷ みなし報酬について

1. みなし報酬とは

弁護士の責めに帰すべき事由がないにもかかわらず、中途で解任された場合について考えましょう。

廃止された報酬基準規定43-1は「委任契約に基づく事件等の処理が、解任、辞任又は委任事務の継続不能により、中途で終了したときは、弁護士は、依頼者と協議のうえ、委任事務処理の程度に応じて、受領済みの弁護士報酬の全部若しくは一部を返還し、又は弁護士報酬の全部若しくは一部を請求します」とし、また同43-3は「第1項において、委任契約の終了につき、弁護士の責任が無いにも拘わらず、依頼者が故意又は重大な過失により委任事務処理を不能にしたとき、その他依頼者に重大な責任があるときは、弁護士は弁護士報酬の全部を請求することができることとします。但し、弁護士が委任事務の重要な部分の処理を終了していないときは、その全部については請求することはしません」と定めていました。

これが「みなし報酬」と呼ばれるものです。

2. みなし報酬を適用するケース

現在、多くの弁護士事務所は報酬規程のなかに、これと同様の「みなし報酬」条項を盛り込んでいます。民648-3は、委任が受任者の責に帰すべからざる事由によって、履行の中途で終了したときは、受任者は、すでになした履行の割合に応じて、報酬を請求することができると定めています。つまり「出来高払い」です。みなし報酬は、出来高ではなく、成功報酬として全部または一部を請求するものです。

弁護士の場合、「履行の半ば」で委任終了するのは、解任・辞任です。たとえば、当事者同士が弁護士を挟まず裁判外で勝

手に和解した場合、あるいは、依頼者が委任事務の「履行の中途」で一方的に弁護士を解任したり、依頼者側の理由で、弁護士と依頼者との信頼関係が崩れ、弁護士が辞任せざるを得なくなった場合（規43）です。

3．みなし報酬を適用する際に起こりうるケース

弁護士が、みなし報酬規定を楯に報酬の全額を請求した例では、①受任者たる弁護士の責に帰すべき事由があって、みなし報酬特約の効力が否定されたもの[45]、②みなし報酬特約の効力に制限が加えられ、減額されたもの[46]、③みなし報酬特約通り支払いが命じられたもの[47]の3パターンがあります。

①は、弁護士が拙劣なサービスしか提供していないことに起因して解任された場合であり、成功報酬を請求するほうに問題がありました。弁護士の提供するサービスが低劣な場合は、解任の正当な理由となるということです。弁護士の責任のなかには、無能な代理によるものも含まれています[48]。弁護士が果たすべき説明責任を尽くさず、解任されたり（規36）[49]、依頼者に無断で和解契約をしたり、訴えを取り下げたり[50]、依頼者が訴訟による解決を求めているのに、調停の利点、調停と訴訟の差異を十分説明せず、強引に調停を推し進めた例などです[51]。いずれも、弁護士が解任されてもやむを得ない例です。②は、特約の効力を認めるものの、信義則や衡平の原則で修正したものであり、「諸般の事情」から減額しています。費やした時間や労力に比べて巨額のみなし報酬を請求するのは、やはり一種のモラルハザードと考えるべきでしょう。③は、依頼者に責があり（弁護士に懈怠はない）、民130を用いて、みなし報酬特約の完全な効力を認めています。

①②の場合などは、報酬請求訴訟を提起すること自体、過大請求と相まって、プロフェッションが最もやってはいけないこ

とです。

IX 報酬をめぐる依頼者との紛争

1．報酬をめぐる紛争①

弁護士は、事件受任にあたって弁護士報酬に関する事項を含む委任契約書を作成しなければならず（規30）、事件の見通しおよび報酬について説明しなければなりません（規29）。「見通し」については第7講180頁で述べました。また弁護士は、かつては「先生」と呼ばれる一種の「特権階級的秘術保持者」[52]と見られており、依頼者と対等の委任契約当事者という観念が希薄でした。いまだに報酬を"honorarium"と考えているベテラン弁護士もいます。こうした体質も紛争の一因となっています。判例にあらわれた弁護士報酬をめぐる多くの事件では契約書が作成されておらず、したがって、当事者の合意がどこにあったのかが明確でありませんでした[53]。紛争を防ぐには、報酬契約書の作成を自らの業務のスタイルとして確立することです。

2．報酬をめぐる紛争②

（1）弁護士のモラルハザード

弁護士のモラルハザードも指摘しなければなりません。

弁護士会に寄せられる苦情の10％は報酬に関するものです[54]。また弁護士が過大な報酬の請求で懲戒された事例は枚挙にいとまがありません[55]。過大請求を理由とする懲戒処分の大半は、業務停止処分以上の重い処分であり、なかには退会命令の例もあります。プロフェッションであることを忘れ、財を貪ろうとした結果です（規6は、弁護士に廉潔の保持を求めているし、旧弁護士倫理8は、「弁護士は財をむさぼらず権勢におもねらない」

と規定していました)。

また、報酬合意が公序良俗に反するとして、報酬合意全部が無効とされた例もあります(前出131頁)。過大請求の特徴は、弁護士会の報酬基準を大幅に超えていることとなぜその金額になるのか不明朗であることにあります。明朗であれば、多くの問題は防ぐことができたでしょう。

(2) 依頼者の意識

紛争の要因は、弁護士の側にのみあるわけではありません。わが国では「目に見えないサービスはタダ」という意識が強く、そのうえ知的活動に対する評価が低いという風土があります。弁護士が良心的に廉価な金額を示しても、「高い」と受け止められがちなのです。企業においてすら、弁護士費用がビジネス遂行に不可欠のコストであるという意識は希薄です。社内に法務部があり、年間相当額の弁護士費用を出捐している企業で、ようやくコストという概念が醸成されつつあるという程度です。裁判になることも少ない企業では、弁護士費用を偶発的な事故のように考えているのです。したがって、受任時に弁護士報酬の仕組みをよく説明し、納得してもらうことが必要となります。

(3) 依頼者の悪性

さらに指摘しなければならないのは「依頼者の悪性」です。第7講でも、すべての依頼者が善人とは限らないと述べましたが、相談や受任の当初は、弁護士の助けを必要としている人だと思ってスタートしたところ、途中から本性が出て、とんでもない人間だということがわかったというケースがよくあります。弁護士が辞任せざるを得ない局面に追い込まれることもあります(規43)。逆に依頼者が牙を剝いて、弁護士を解任してくる場合もあります。また損害賠償を請求することすらあります[56]。そのうえ陽動作戦として、懲戒申立をすることもあります。

受任時にどんなに気を配っていても、こうした手合いとの遭

遇は避けられません。さらにやっかいなことに、弁護士が仕事を成し遂げたにもかかわらず、目的が達成されるやいなや、何かと難癖をつけて、報酬を支払おうとしない者もいます。

また、委任契約書を作成していても、受任範囲が不明確だったため、報酬で紛争になった例も多くあります[57]。報酬契約書のなかには、事件名はもちろんのこと、受任の範囲を明確にし、報酬額一覧表を添付し、依頼者が容易に理解できるよう努めなければなりません。

報酬をめぐる紛争は、このようにいくつかの要因が重なって生じるのです。

3．依頼者との紛争解決機関

不幸にして依頼者と紛争が発生した場合、弁護士は、いきなり裁判所に報酬請求の訴えを提起するのではなく、所属弁護士会に設置されている紛議調停委員会（法41）で紛争を解決すべきです（規26）。

紛議調停委員会が設置されたのは、弁護士と依頼者との紛争は本来あってはならないことであり、その発生が弁護士全体に対する社会的信用を害しかねないということ、そして、裁判所の公開手続では依頼者の秘密を保持できないことが理由です。

そのため、非公開の紛議調停手続で解決することが望ましいのです[58]。諸外国でも、弁護士と依頼者の紛争解決については裁判外で、しかも各々の弁護士会内の手続で解決する仕組みを用意しています[59][60]。

4．留置権は成立しない

弁護士と依頼者の報酬をめぐる紛争において、弁護士は預った証拠書類などを留置することはできません。報酬請求権は受任事件処理の対価であり、預り保証金[61]、証拠書類[62]との牽連

性はありません（民295）。また商行為によって預ったものでもありません（商521）。よって民事商事いずれの留置権も成立しません。まして、依頼者が弁護士の立替金を支払わなかったからといって、預っていた権利証などを利用して依頼者の不動産を処分することは許されません[63]。

依頼者からの資料返還請求に真摯に対応せず、長期間放置したり、返還を遅延したりすることは「弁護士としての品位を失うべき非行」に該当します[64]。

X 国選弁護人の対価受領の禁止

国選弁護人の報酬は国庫から支払われるのであり、依頼者から報酬などを受領することは国選弁護人制度における弁護人の職務の公正さを疑わせることから、「一切の対価」の受領を禁止しています（規49）。報酬のみならず費用・実費であっても不可です。保釈手続を行ったからといってその費用を請求してはいけません[65]。また「お車代」という名目で交通費を受領してもいけませんし、被告人以外の者からの受領も不可です。詳しくは、第10講296頁。

XI おわりに

以上から、冒頭で、弁護士の「私」の部分では報酬が大きな位置を占めていると述べたことの意味がご理解いただけたかと思います。報酬は決して軽視できない問題なのです。

繰り返し述べますが、金は魔物です。金で豹変した弁護士が数多くいます。弁護士会活動にも積極的に参加し、明晰な頭脳で委員会をリードしていた弁護士が、実は金銭面でだらしなく、刑事事件の被告人になってしまったということもありました。

第1講で、頭脳明晰であることは有能さ（competency）の基盤であり、弁護士の必要条件ですが、それだけでは足りないと述べました。弁護士には高い倫理性、とりわけ金銭に潔くなければならないのです。

　魔物はすぐ側にいます。すべての弁護士に、このことを肝に銘じてもらいたいと思います。

注）
1) 　宮原守男「弁護士の使命と職業倫理の基本問題」石井成一編『講座現代の弁護士１』（日本評論社・1970年）139頁は、弁護士倫理は、利他主義と利己主義、プロフェッショナリズムとコマーシャリズムの２つの対極原理の間を激しく揺れ動きながら、良心に従って行動を迫られる倫理であるといっている。報酬こそ弁護士倫理が問われる最大の場面である。
2) 　日弁連・前出第3講注19)(2) 108頁。
3) 　法学教室294-146。のちに加藤新太郎『コモン・ベーシック弁護士倫理』（有斐閣・2006年）165頁に所収。
4) 　前出第1講注1) 2)の事例は、いずれも金銭にからむ弁護士の「非行」である。
5) 　(1)石村善助「プロフェッションと報酬」法時53-2-39。
　　(2)田中英夫『英米の司法』（東京大学出版会・1973年）178頁。
　　(3)幾代通・広中俊雄編『新版注釈民法(16)／雇傭・請負・委任・寄託』（有斐閣・1989年）247頁。民648の無償委任の原則は、大陸において、委任は雇用や請負と異なり、特別の尊敬ないし信頼関係という精神的要素の強い関係であって、受任者は労務の対価として報酬を受け取るのを不名誉に思い、せいぜい謝礼として慰労されるべきものとされてきた。したがって、報酬は当然の権利として請求する関係ではないと解釈されている。
6) 　小山昇「フランスの弁護士制度」三ケ月章他『各国の弁護士制度の研究』（有斐閣・1965年）366頁。弁護士報酬は、依頼者の自発的な感謝の印であると考えられており、（弁護士会の）伝統的内規は報酬請求訴訟を禁止していた。

7) 2002（H14）年9月17日開催の日弁連弁護士倫理委員会における戸谷雅美・生田美弥子両氏による講義の講義録。
8) 小山・前掲注6）367頁。
9) 垣内秀介他「フランス弁護士職の業務と収入に関する現状」日弁連法務研究財団編著『法と実務2』（商事法務研究会・2002年）62頁。同調査において、フランスの11人の弁護士にアンケート（インタビュー）をしているが、11名中8名がタイムチャージ制であり、大企業を依頼者とする場合は、ほぼタイムチャージ制である。
10) プロブレムブック192頁。フランス弁護士会標準規則11の「補完的」というのは、認容額（または和解額）全額に対する一定割合ということではなく、その一部についての一定額という意味である。
11) 現代の法曹倫理237頁は、バリスターのこうした行為規範は、単に"honorarium"の影響だけではなく、バリスターの「自由」と「独立」を絶対的に確保する要素であると指摘している。
12) 幾代・広中・前掲注5）(1) 247頁参照。
13) 今日でも、報酬を"honorarium"と理解している弁護士は多い。中坊公平『中坊公平—私の事件簿』（集英社・2000年）100頁、高橋保治「弁護士倫理の再考」時の法令1535-66。
14) 坂本吉勝「弁護士報酬についての考察」自正20-3-11。
15) 改正前の弁護士法33-2⑧は、弁護士会の会則には、「弁護士の報酬に関する標準を示す規定」を記載しなければならないと定めていた。各弁護士会は、この規定を受けて、報酬基準規程を定めていた。この規程は、会規であるので、これに違反した場合は、法56の会則違反として懲戒の対象となっていた。
16) この最判と同旨のもの。
    (1)東京地判 S36.1.17 下民集12-1-16は、弁護士会の報酬規程に従うという事実たる慣習があるといっている。
    (2)東京地判 S60.1.28 判時1169-66。
    (3)東京地判 H4.2.25 判時1444-99。
17) 浜辺陽一郎「弁護士報酬規程の基本的視角」自正49-1-161。
18) (1)さいたま地判 H19.9.28・LEX/DB06250292 は、弁護士の報酬につき、日弁連報酬基準に従い、事件の難易や労力、要した時間を勘案して妥当額を算定している。この事件は、

1999(H11)年8月受任の事件であるので、報酬基準規定が廃止された後の事件ではないことに注意。
(2)名高判 H20.6.12・LEX/DB28141655 は、住民訴訟で勝訴した弁護士の弁護士報酬請求事件で、新たに制定された「弁護士の報酬に関する規程」の、「経済的利益、事案の難易、時間及び労力その他の事情を総合考慮して定めなければならない」に拠っているが、各算定要素のウェイトはよく理解できない。

19) 日弁連「弁護士の報酬に関する規程」のURL。
http://www.nichibenren.or.jp/ja/jfba_info/rules/data/housyu.pdf

20) (1)2001(H13)年3月閣議決定された「規制改革推進3年計画」のなかで、士業(弁護士のみならず、公認会計士、税理士、司法書士などの士業)の報酬基準をカルテルと見做し、撤廃を迫ったことが発端であった。公取委員会も撤廃を勧告した。H13.6.20「資格者団体の活動に関する独占禁止法の考え方」(原案)は、独禁8-1で、事業者団体による競争制限行為を禁止しているのであり、弁護士は事業者であり、弁護士会は事業者団体にあたり、報酬基準を設定することは最も重要な競争制限であるとしている。
(2)三宅伸吾『弁護士カルテル』(信山社・1995年)は、報酬規定が、独禁8-1に反する違法なカルテルであるとしている。

21) (1)Goldfarb v Virginia State Bar (95 s. ct. 2004〔1975〕)。
http://supreme.justia.com/us/421/773/case.html。
(2)小杉丈夫「弁護士会の報酬規程は独占禁止法に違反する」判タ324-83。
(3)三宅・前掲注20)(2)55頁。
(4)小島武司『弁護士』(学陽書房・1994年)104頁。

22) 本間重紀「規制緩和的「司法改革」論批判」自正47-4-39。

23) (1)木川統一郎「現行弁護士報酬規定は、弁護士不信の一因である」判タ387-1。
(2)小島武司「弁護士業務と Access to Justice の理念」判タ324-68。

24) 日弁連は、アンケート結果を小冊子にして配付している他、HPでも公開している。

(http://www.nichibenren.or.jp/ja/attorneys_fee/data/meyasu.pdf)
25) (1) H. メンクハウス「ドイツの弁護士制度」ジュリ1021-86。
  (2)中野・前出第1講注11)132頁参照。
26) (1)ドイツ民事訴訟法138は、「当事者は、事実上の状態に関する陳述を完全且つ真実に従って為すことを要する」と定め、完全陳述義務とも呼ばれている。なお、中野貞一郎「民事訴訟における真実義務」『過失の推認』(弘文堂・1987年)153頁参照。
  (2)ドイツ刑事訴訟法160-2は、「検察官は、被告人を有罪とするための事情のみならず、無罪とするための事情も捜査しなければならない」としている。
27) 木川統一郎『民事訴訟政策序説』(有斐閣・1968年) 6頁。
28) 霜島甲一「西独の弁護士報酬の実際」判タ351-37。霜島氏はこの論文において、弁護士報酬法について詳述し、弁護士報酬と弁護士の活動の関連性について、「多少誇張して申し上げますと、西ドイツの弁護士事務所というのは、実に依頼者のために努力しないのでありまして、何をやっているかというと依頼者が書類を持ってきますとそれをタイプに打って裁判所へ持っていってただ陳述してくるだけでありまして、ハッキリいいますと、西ドイツの弁護士さんは結果に無関心であります。なぜそうなのかというと、これは一般的にいわれているのですが、報酬が結果と関係していないからなのでございます」「何よりも最大の短所に、依頼者の利益擁護のインセンティブがないということです」とまでいっている。
29) 片岡弘「欧米の法曹資格付与制度の変遷と法的役務の提供」ジュリ984-144。
30) 波多野二三彦「弁護士報酬規定の改善」判タ831-4。
31) (1)木川・前掲注27) 11頁参照。
  (2)霜島・前掲注28) 参照。
32) (1)プロブレムブック192頁。
  (2)小山・前掲注6) 参照。
33) ドイツ連邦弁護士法49-b-(2)は、「報酬は、その額を、事件の結果あるいは弁護士としての活動の成果にかからせる(成功報酬)合意、または、弁護士が勝訴した事により得た金額の一部

を取得する旨（勝訴割合報酬）の合意は、これをしてはならない」と定めている。
34) (1)浅香・前出第1講注20) 187頁。この "conditional fee" は、一定の種類の事件（たとえば、人身傷害に関する損害賠償、破産事件、名誉毀損、商事事件、知財事件、専門家責任訴訟など）において勝訴した場合、通常の倍額の報酬を請求できるというものである。実際には25％の上乗せがなされている。したがって、訴額に対する何％という割合ではない。また依頼者が敗訴したとき、弁護士報酬はゼロであるが、勝訴当事者に支払うべき訴訟費用については免除されていない。
　　(2) "Bar Council" HP において "conditional fee" の説明がある。
　　http://www.barcouncil.org.uk/guidance/conditional-feeguidance/
35) ケース法曹倫理156頁。
36) アメリカで最初の弁護士倫理であるアラバマ州弁護士会の "Code of Ethics" のなかで、成功報酬は損害賠償に適しているとされていた。
(http://www.sunethics.com/1887_code.htm)。
37) "contingent fee" は、被告代理人によって用いられることはない。原告が、支払能力のある被告（"deep pocket" と呼ばれている）を相手に損害賠償などの金銭請求を行うときに用いられる。
38) 小島武司『弁護士報酬制度の現代的課題』（鳳舎・1974年）208頁。
39) (1)長谷川俊明『訴訟社会アメリカ―企業戦略構築のために』（中央公論社・1988年）28頁。
　　(2) Griffin Knenneth G.「ペンゾイル対テキサコ社事件の最高額評決」国際商事法務14-11-827。
　　(3)高木新二郎「テキサコの再建手続申立と連邦新倒産法第11章」NBL376-6。
40) 司法研究報告書53輯1号32頁。1999年の調査では、バリスターの時間給は、1時間あたり25ポンド（約5,000円）から800ポンド（約16万円）まで幅がある。ソリシターの時間給について

は、1時間50ポンド（1万円）から300ポンド（6万円）とやはり幅がある。
41) 前掲40)287頁。1999年の調査では、1時間あたり約750フラン（当時の為替レートで約1万5,000円）から2,500フラン（5万円）以上まである。
42) 浅香・前出第1講注20) 185頁参照。
43) 現代の法曹倫理246頁参照。
44) 小杉丈夫「タイムチャージ」判タ330-70。なお、日弁連調査室「時間制報酬と着手金・日当」自正48-5-145。
45) (1)最判 S48.11.30 民集27-10-1448・判時725-42。
　　(2)大阪地判 S55.8.21 判タ449-228。
　　(3)東京地判 S56.5.20 判時1028-73。
　　(4)京都地判 S48.7.27 判時722-87。
　　(5)東京地判 S62.6.18 判時1285-78。
　　(6)東京地判 H14.3.29 判時1795-119。
46) (1)福岡高判 S55.9.17 判時999-72。
　　(2)東京地判 S55.10.24 判時1001-69。
　　(3)横浜地判 S61.10.17 判時1227-114。
47) (1)東京地判 S58.11.14 判時1115-106。
　　(2)東京地判 S59.5.28 判時1151-91。
48) 前掲注45)(1) 参照。
49) 前掲注45)(3) 参照。
50) 前掲注45)(4) 参照。
51) 前掲注45)(6) 参照。
52) 桜田勝義『判例弁護士法の研究』（一粒社・1970年）17頁。
53) 今野昭昌「事件委任契約の諸問題」判タ495-20は、なぜ報酬を含む委任契約書が作成されないかの原因について、①両当事者の契約観念の欠如（対等当事者という観念の欠如）、②受任の範囲の不確定、③弁護士に自縛を嫌う風土があること、④事前の合意がなければ、弁護士会の報酬基準に従う（準拠する）のだという安易な考え方があることがあげられている。
54) 日弁連・前出第3講注19)(2) 225頁。
55) (1)日弁連編「報酬に関する懲戒事例集」（2004.3）。
　　(2)飯島・弁護士倫理・267頁以下。本書では、12件の過大請求による懲戒事例を紹介している。

56) 東京地判H15.12.1判タ1153-161(弁護士が依頼者から2億61万円の損害賠償請求を受けた事件であり、受任の範囲が争いとなった例)。
57) 東京地判H17.6.28判タ1214-243(これも、委任の範囲が不明確なため、弁護士報酬の請求に依頼者が反発し、紛争になった例)。
58) 工藤健茂「弁護士報酬に関する紛議調停」自正35-5-14。
59) 霜島・前掲注28)43頁は、ドイツでも、報酬に幅があり、紛争になったときは、弁護士会長が裁量で報酬の適切性を判断すると紹介している。
60) (1)前掲注40)287頁は、フランスにおける仲裁制度を紹介している。弁護士会の会長が3ヶ月以内に裁定するようである。
(2)垣内・前掲注9)25頁。
61) 東京地判H2.12.20判時1398-30。
62) 東京高判H15.3.26判時1825-58。
63) 業務停止3月・日弁連懲戒委員会S40.10.30議決・弁護士懲戒事件議決例集1-30。
64) 前掲注62)参照。
65) 東京高判S47.10.23判時688-54。

第9講 相手方および相手方弁護士に対する倫理

I フェアネスということ

1. 相手方への配慮

弁護士と医師は同じプロフェッションですが、最も大きな違いは、弁護士には相手方が存在するという点です。医師の場合、サービス提供の対象は患者の疾病や QOL ですが、弁護士の業である紛争解決には、必ず相手方当事者や相手方弁護士がいるのです。

相手方の存在は、弁護士の職務上の宿命といっていいでしょう。その相手方に対する態度・精神の基本が、フェアネスおよびフェアプレーです。

弁護士がプロフェッションとして、公共的・公益的役割を担っていることは第2講で説明した通りですが、弁護士の職務の公共性は、〈目的のためには手段を選ばない〉ことを明らかに排除しています。

さらに法1-2は、「弁護士は、前項の使命に基づき、誠実にその職務を行い」と定めています。この誠実義務は、依頼者に対してのみならず、相手方、裁判所に対してもフェアな弁護士活動をなす義務があることを意味しています（前出97頁）。また民訴2は「当事者は、信義に従い誠実に民事訴訟を遂行しなければならない」と規定し、民事訴訟におけるフェアネスを強調しています。やはり相手方、裁判所に対する訴訟行為において、フェアであることを求めているのです。依頼者の利益を最大限

実現するための行為と、相手方に対するフェアネスは矛盾するものではなく、フェアネスを遵守するなかで依頼者の最善の利益を実現していきます。

弁護士は「目的のためには手段を選ばなければならない」のです。

2．フェアネスの段階

この相手方に対するフェアネスは、〈相談──→受任──→交渉──→訴え提起──→訴訟活動──→判決（または和解）──→執行──→最終解決〉というそれぞれの段階で常に要求されます。

II 相談の時点でのフェアネス

1．「正当な利益の実現」ではない事件

相談の最中で、筋が悪く、とても「正当な利益の実現」（規21）といえない事件や、依頼者の目的が相手方を困惑させるためだけであることに気づくことがあります。弁護士は、他人を苦しめたり、威嚇するために法的手続をとってはいけません（規31・ABA・MR前文[5]）。不当訴訟は、最もフェアネスから遠い事件です（前出170頁）。こんな事件は決して受任してはいけませんし、ましてや、詐欺などの違法行為に加担してはいけません。

2．職務を行い得ない事件

相談の最中に、法25・規27・28の「職務を行い得ない事件」であることに気づくこともあります。その場合、なぜ受任できないかを依頼者へ丁寧に説明し、場合によっては他の弁護士を紹介するなどの処理が必要です（第5講参照）。

3．相手方弁護士に対する誹謗

相談の際、すでに相手方に代理人が付いていることもあります。その場合、依頼者は必ず相手方の代理人の人となりや能力、影響力などを尋ねます。

その場合弁護士は、一定の節度をもって対応しなければなりません。なぜならば弁護士は、基本的人権の擁護と社会正義の実現という使命と役割を共有しているからです。同僚弁護士を誹謗することは、その弁護士のみならず、弁護士という職業の信用と威信を傷つけることになります。ドイツの先例では、相手方弁護士個人の名誉を損傷するのみならず、弁護士階級全体の名誉を毀損するとした例があるそうです[1]。なお、旧弁護士倫理15には「みだりに同僚を誹謗してはならない」という文言がありましたが、「相互に名誉と信義を重んじる」（規6・70）という表現のなかに、誹謗してはならないことが含まれており、「誹謗してはならない」という文言は「仲間内の庇い合い」的色彩が強くなるのを防止するために削除されています。

弁護士は、相互に信頼することができて、初めて共通の使命・役割を果たすことができます。弁護士は名誉と信義を重んじる職能集団でなければならないのです。

ABA・Canons17は「訴訟における当事者は、依頼者であって弁護士ではない。依頼者の間にどんなに悪感情があろうとも、それが弁護士相互に、あるいは事件の当事者に対する行為や態度に影響を与えてはならない」と規定しています。特に「訴訟における当事者は、依頼者であって弁護士ではない」という一節は重要です。依頼者の心情を理解することは大事ですが、決して同化してはならないのです。当事者間の悪感情が弁護士の訴訟遂行に影響を与えるようでは、とてもプロフェッションとはいえません。「弁護士の職務の独立性」からも依頼者に同化してはならず（前出40頁）、弁護士は依頼者から一歩離れて、

冷静に相手方弁護士を評価すると同時に、相手方弁護士の「名誉と信義」を重んじなければなりません。法廷の弁論においても同様です。相手方弁護士を誹謗したり、名誉を毀損する弁論は許されません。

4．セカンドオピニオン

相談段階では、依頼者から係属中の事件についてセカンドオピニオンを求められることがあります。セカンドオピニオンのあり方いかんでは、「他の弁護士が受任している事件に不当に介入する」（規72）結果になりかねません。すでに依頼している弁護士の能力を根拠なく批判し、たとえば「その弁護士では有利に解決できない」等と述べて事件を誘引するような行為は不当な介入となり、懲戒の対象となります。したがって、事実関係をよく把握したうえで、不当な介入とみなされない合理的な意見を述べる必要があります。

Ⅲ　受任後提訴するまでのフェアネス

受任通知、請求行為などを行うこの期間は、相手方との交渉の最中であり、どのような方針で事件を解決すべきなのかを見定める大事な期間です。

1．非行とされた内容証明郵便

東京高判 H1.4.27 行集40-4-397は、提訴前の交渉、賠償金支払請求の内容証明郵便が、弁護士の品位を失うとして懲戒された事例です。

被懲戒弁護士は、交渉の相手方の親族13名（相手方本人でないことに注意）に13通の下品な内容証明郵便を送りつけました。余りにも下品なために、内容の紹介ははばかれますので、割愛

します。関心のある読者は判例にあたってください。一言でいって「正当な利益の実現」(規21)からほど遠いものでした。

日弁連は被懲戒弁護士を業務停止6ヶ月としました、この処分に対する取消訴訟が本件です。判決は、被懲戒弁護士の送付した内容証明郵便が「著しく妥当性を欠き、正当な弁護活動を超えるものであり、弁護士の品位を失うべき非行に当たる」と断罪しました[2]。交渉過程での節度が求められます。

2. 恐喝とされた交渉

次に、東京高判 S57.6.28 判時1047-35を紹介します。弁護士の交渉が犯罪（恐喝）に問われた例です。

この事件は、自動車ユーザーユニオンの弁護士が、事故の原因が明らかに車の欠陥によるものであるとまで立証が可能であったわけではありません。しかし、事件は、メーカーに対して損害賠償の交渉をしていた過程で起こりました。製造物責任法のない時代のことです。交渉の結果、一度はメーカーに8,000万円の賠償金を支払わせることに成功しましたが、メーカーが彼を恐喝罪で告訴し、逮捕に至ったのです。控訴審では告訴にかかる部分は無罪となりました[3]。

この弁護士は元検察官であり、ハーバード・ロー・スクールで犯罪学を研究、第1次日米法学交流計画のメンバーに選考されたほど優秀な法律家でした。退官後には、「昭和岩窟王」吉田翁事件、袴田事件など幾多の冤罪事件にも取り組んでいます[4]。また事故の被害者の代理人として、欠陥自動車を作ったメーカーと交渉することは、弁護士として当たり前の行為です。ではそれが恐喝とされた理由はなんだったのでしょうか。

原審は「権利行使の方法として、社会通念上の被害者において忍容すべきものと一般的に認められる程度のものである限り、違法の問題を生じないが、その範囲・程度を逸脱するときは違

法となるとし、欠陥車である確たる証拠がないし、交渉の方法にも問題がある」とし、懲役4年の実刑を言い渡しました。一方控訴審は、「交渉の過程で、多少の恐喝的言辞が用いられたとしても、本件のような特殊な損害賠償においては、終局的には民事裁判で確定されるべきであるとし、さらに、損害賠償請求権が存在していると確信していたか、そう信じるにおいて相当な理由（資料）を有し、権利実現のための示談交渉も全体として見れば社会通念上忍容すべきものと認められる程度を越えていない」として無罪としました。

「社会通念上忍容すべきかどうか」という考えのベースに、フェアネスがあることはいうまでもありません。弁護士は、どこまでがフェアネスであるのかを常に考えなければならないのです。交渉は、1つ間違えるとこうした結果になる可能性があるということを、教訓としてもらいたいと思います。

3．直接交渉の禁止（規52）

弁護士が事件を受任した時点で、相手方に代理人がついていることもあるし、後に代理人がつくこともあります。その際、直接相手方本人と交渉してはなりません。弁護士の間では、代理人を飛び越す交渉のことを「中抜き」と呼んでいます。

規52は「正当な理由なく、その代理人の承諾を得ないで直接相手方と交渉してはならない」としています。直接交渉が許されるなら、相手方は実質的に自己の選任した弁護士によって代理されなかったことになり、弁護士によって代理される権利を損ねることになるからです。

ABA・MR4-2は、「弁護士は、依頼者を代理するに当たり、相手方がその事件に関して、他の弁護士が代理していることを知った時は、他の弁護士の同意を得た場合又は法令や裁判所の命令によって直接交渉が許された場合を除いて、相手方と交渉

してはならない」としています。また、ABA・Canons9 でも「弁護士は、相手方が弁護士に代理をさせている場合、相手方とその訴訟の争点について、直接の交渉をしてはならない」と定めていました。CCBE・Code5-5 も「弁護士は、特定の事件又は事柄について、相手方が他の弁護士に代理されたり、助言を受けていることを知った時は、相手方とその事件又は事項について、他の弁護士の同意なく、直接交渉してはならない」と定めています。フランス弁護士会の標準規則[5]やドイツ連邦弁護士会弁護士職務規則[6]にも同旨の規定があります。

　日本でも古くは、大橋誠一の『辯護士道』（大橋法律事務所・1938年）の「弁護士の同業者間に処するの道」のなかで「相手方代理人を差措き直接本人と交渉することを避くべき事」としています。

　直接交渉は、弁護士の役割を否定するものであり、直接活動の禁止は、弁護士の普遍的倫理なのです。

　ただし規52は、例外的に正当な理由がある場合には許容されるとしています。正当事由とされるのは、

　　①相手方代理人が懲戒され、業務ができなくなる場合
　　②病気などの理由により、長期間連絡が取れない場合
　　③相手方代理人が同意した場合

などですが、③はごく稀です。そもそも相手方代理人から直接交渉の了解をもらうことは無理です。逆に相手方から、代理人抜きの交渉を求められても断らなければなりません。同意することは、依頼者本人を代理人なしの状態に置くことを意味し、誠実義務に反するからです。また、第三者をして、直接相手方本人のところへ仕向けて交渉するのも許されません[7]。なお規52は「法令上の資格を有する代理人」としており、外国法事務弁護士、司法書士、弁理士も含まれます。

4．弁護士を依頼していない相手方との交渉のあり方

職務基本規程にはありませんが、弁護士を依頼していない相手方と交渉するときにもやはり注意が必要です。法律に明るくない一般の人びとを相手にするときに、あたかも自分が公平であり、自分の結論が裁判所の行う判断であるかのように装って交渉を行うのはフェアネスから外れています8)。

ABA・MR4-3は、弁護士を依頼していない相手方と交渉するときの倫理を示しています。長文ですので要点を抜き出しますと、

①自分が公平な立場にあるかの如く述べてはならない
②相手方が、弁護士の役割を誤解しているときは、その誤解を解くための合理的努力をしなければならない
③相手方と利害衝突があるときは、弁護士を依頼すべしとの助言以外の助言を与えてはならない

これはまさにフェアプレーの実践に他なりません。「相手方を欺く」「無知につけ込む」「相手の錯覚を利用する」などという気持ちを起こしてはなりません。

Ⅳ　訴訟遂行中のフェアネス

1．裁判所との関係におけるフェアネス

当事者主義の下での訴訟手続は、フェアに進行させなければなりません。裁判所との関係でもフェアでなければなりません。スポーツと同じです。職務基本規程は、裁判所との関係における規律について、74から77までわずか4か条しかありませんが、大変重要なので詳しく説明します。

①規74（弁護士は、裁判の公正及び適正手続の実現に努める）

弁護士が楕円の論理のもう1つの中心点である、"司法制度の担い手"であることを思い出してください（前出23頁）。公

Ⅳ 訴訟遂行中のフェアネス

正な裁判が実現できるよう努めることは当然であり、逆に公正な裁判を阻害するようなことは避けなければなりません。フェアな手続を実践することこそ、弁護士の役割です。CCBE・Code4-2では「凡そ弁護士は、裁判手続において公平な活動をなすことに正当な敬意を払わなければならない」と定め、裁判手続におけるフェアネスの確保が最大限要求されるとしています。

②規75（弁護士は、偽証もしくは虚偽の陳述を唆し、または虚偽と知りながらその証拠を提出してはならない）　第4講100頁で述べた通り、公正な裁判を実現するための真実義務（消極的真実義務）を定めたものであり、裁判所との関係で最も重要なフェアネスです[9]。

③規76（弁護士は、怠慢により又は不当な目的のために裁判手続を遅延させてはならない）　迅速でない裁判は、裁判の否定である（delayed justice, denied justice）という諺があります。裁判が迅速に行われることは司法の命でもあります。憲法は刑事事件について、被告人に迅速な裁判を受ける権利を保障しています（憲37-1）が、民事事件についても、民訴2で「裁判所は民事訴訟が公正かつ迅速に行われるよう努め、当事者は信義に従い誠実に民事訴訟を遂行しなければならない」と規定し、民・刑両手続とも迅速な裁判が要請されています。この規定もフェアネスからの要請です。迅速性に欠けたり、放置した例は第4講注28(2)で紹介しています。

ABA・MR3-2は「弁護士は、依頼者の利益と合致させながら、合理的な訴訟促進の努力をしなければならない」と、わが国の職務基本規程と同旨の規定を行っています。

④規77（弁護士がその職務を行うに当たり、裁判官・検察官その他裁判手続に関わる公職にある者との縁故その他の私的関係があることを不当に利用してはならない）　説明するまでもなく、裁

判官や検察官などとの私的な関係は、裁判外で利用することはフェアネスの精神からも許されません。

⑤証拠の入手におけるフェアネス　裁判所に提出する証拠は、フェアに入手したものでなければなりません。民事では証拠能力に制限はありませんが、盗み出した日記[10]や無断録音テープ[11]など、違法に収集した証拠を提出することは、信義誠実の原則に反します。違法行為を助長したり、民事訴訟の公正な手続を損なうとの考えから、このような違法収集証拠については証拠能力を制限する考え方が有力です。

このように、フェアな訴訟活動こそ、司法制度を支える根幹的価値であることがわかります。

2．訴訟遂行中の相手方、相手方弁護士に対するフェアネス

弁護士は、良心に従って、依頼者の正当な利益を実現すべきであって、訴訟提起前であろうと提起後であろうとフェアな対応が必要です。

（1）名誉毀損の弁論の禁止

①名誉と信義　当事者主義・弁論主義の下で、当事者は忌憚なく自由に弁論することが保障されていなければなりません。特に民事訴訟は、弁論主義の下で相対立する当事者が、相手方の主張や言い分を退けたり、減殺する主張が展開され、そのプロセスのなかで事件の真相を解明し、紛争解決を実現するものです。もともと私的紛争では当事者間の利害も個人的感情も激しく対立するのが通常です。したがって、弁論のなかで相手方の名誉やプライバシーに触れる弁論が行われやすい状況にあります。しかし弁護士は代理人であって当事者ではありませんので、当事者から一歩離れたところで弁護活動を行わなければなりません。依頼者に感情移入して熱くなるのではなく、懐の深

い、豊かな人間性を発揮する必要があります。弁護士に必要なものが、法律の知識やスキルだけではないといわれる由縁です。

　規6は「名誉を重んじる」よう努めることを義務とし、規70では「他の弁護士との関係において相互に名誉と信義を重んじる」と定めています。立証活動においても、証人の名誉を傷つけるような反対尋問や、相手方や関係者の名誉を毀損する書証を提出することは許されません。

　②協調する精神　　相手方の名誉とプライバシーに配慮することに加え、相手方や相手方弁護士を誹謗・中傷することも控えなければなりません。法廷は私怨吐露の場ではないのです。また逆に、相手の挑発にのってはいけません。弁論活動において、相手方や相手方代理人を誹謗するのは最もフェアネスから遠い行為なのです。

　CCBE・Code5-1-1は、弁護士の協調する精神（corporate spirit of the profession）という項目を立てて、不必要な訴訟や、弁護士の評判を損なう行動を避けるためにも、弁護士間の協力・協調が不可欠であると述べています。

　③原則的違法性阻却　　とはいえ、訴訟代理人の行う訴訟活動では、相手方や相手方代理人の名誉を毀損することがしばしば起こります。しかし、弁論主義の下で自由な弁論を確保するためには、仮に名誉毀損の弁論があったとしても、それが当然に名誉毀損となるのではなく、〈相当の範囲〉において正当な弁護活動として是認され、〈相当〉の限りにおいて違法性が阻却されます[12]。公正な裁判の実現と弁論権の保障という観点からです。したがって、特に悪意をもってなされた発言でない限り、原則として違法性が阻却されると解されています（原則的違法性阻却）。逆に社会的に許容される範囲を逸脱したことが明らかな弁論活動は、弁論の濫用であり違法性を阻却しません。特に相手方当事者の名誉を害する意図で、当該事件と何ら関連

性のない事実を主張するなどは違法性を阻却しません（例外的違法事由）[13]。

④弁論での名誉毀損認容例　弁論での名誉毀損における認容例をいくつか見ていきたいと思います。

(a) 千葉地判 S43.1.25 判時529-65

「○○は、他人の証人尋問についていちいち文句をつける。全く人格がゼロだ。この裁判は○○弁護士のための訴訟である。○○というのは、高度の法律的知識を使い、法の裏をかくあらゆる道を探している奴だ」。この表現は、原告○○の名誉を侵害し、違法性を阻却しないとされています（認容5万円）。

(b) 大阪地判 S58.10.31 判時1105-75

不動産の二重譲渡の事件の書面のなかで、被告の弁護士を「横領の共謀共同正犯だ。さらには横領行為の正犯だ。原告代理人になるのは悪質な企みだ」と表現しました。この言動は、法廷における弁論活動としては社会的に許容される範囲を逸脱したとされています（認容10万円）。

(c) 東京地判 H5.7.8 判時1479-53[14]

医療過誤の事件で、被告代理人が原告代理人の訴訟行為について、「原告の回答は、明白に原告が精神異常である事を示している。倫理観が完全に麻痺し、事の是非、善悪の判別もできない。弁護士であれば何をしても構わないという特権的な思い上がった意識、観念に取りつかれている。まともな主張・立証ができない場合には、相手方に対して、名誉毀損、恐喝を常套手段として使用していることが推測される。品性は低劣、行為は卑劣。そして、この回答は明らかな精神異常だ」と弁論しました。判決は、この弁論を、著しく適切さを欠き、常識を逸し、原告の名誉を著しく害するものであって、社会的に許容される範囲を逸脱するも

Ⅳ 訴訟遂行中のフェアネス

ので正当な弁論といえないとし、正当な弁論活動の範囲を超えているとしています（認容30万円）。

(d)浦和地判 H6.5.13 判時1501-52[15]

きっかけは、ある弁護士が代理した登記申請行為に対して、埼玉県司法書士会が法務局にその弁護士の登記申請行為を受け付けないように申し出たことに始まります。弁護士が登記申請の代理をするのは司法書士法違反である。なぜなら、登記申請の代理は司法書士以外はできないと、埼玉県司法書士会が解釈していたからです。法3は、「弁護士は、当事者その他関係人の依頼又は官公署の嘱託によって、訴訟事件、非訟事件……その他一般の法律事務を行うことを職務とする」と定めています。この〈一般の法律事務〉のなかに、法務局に対する登記の申請行為も含まれ、弁護士の行う法律事務はほぼオールマイティーです。当該弁護士は埼玉県司法書士会を相手に300万円の損害賠償請求をしました。その訴状のなかで、司法書士会を「劣位、下等な職能集団」と述べたのです。それに対して、埼玉県司法書士会の会員460人が、1人あたり10万円の精神的損害を被ったということで4,600万円の損害賠償請求を起こしました。法3の法律事務の範囲を争えばいいのに、「劣位、下等な職能集団」と言ったばかりに、4,600万円の損害賠償請求を起こされたという事例です（認容100万円）。

⑤弁論での名誉毀損棄却例　弁論における名誉毀損の事例では、請求を棄却された判例も多くあります[16]。認容と棄却の境界を考えてみてください。裁判所は「弁論活動としての内在的制約を超えた時は、違法性がある」あるいは「社会的に許される限度を超えた時は、違法性がある」などさまざまな言い方をしていますが、判断の枠組みは、前記の原則的違法性阻却事由と例外的違法事由から成り立っています。違法性の具体的判

239

断としては、
  (a)要証事実と関連性があるか
  (b)主張の必要性があるか
  (c)主張の方法が相当であるか
  (d)真実かまたは真実と信じたことに相当性があるか
です[17]。

　結局、訴訟遂行上の必要性をこえた著しく不適切・不穏当な場合に相当性がなく違法としているようです。しかしその判断は微妙で、結局、裁判官の価値観や、言説が用いられた場面などを総合的に判断しているようです。

　⑥弁論での名誉毀損に対する懲戒　　弁論による名誉毀損は、同時に「品位を失うべき非行」でもあります。準備書面で、「まさに人非人というほかはない」や、根拠なく「他人の配偶者と不倫関係にある」と主張した事例では、戒告処分を受けています（自正58-6-138）。

　⑦証人尋問（反対尋問）での名誉毀損例　　証人尋問（反対尋問）の際の名誉毀損も許されません。弁護士には、敵対する相手方の証人にも節度を持った対応が求められます。懲戒事例における名誉毀損の例を紹介します。

  (a)証人尋問で「被告は同和地区に住んでいるのではないか」との尋問を行った。裁判官から尋問の目的を問われると、その場で「同和地区には一部一般人の恐れている人が住んでいる」と釈明した。これは、その地区の住民を差別視する発言です（戒告・自正47-10-177）。
  (b)公開の法廷で、傍聴人に向って「あんたは無知なんでしょう。事件のことは、あんたらこの事件を知ってきとるねん」「何にも知らんのに来たよね」などの発言をした。さらに反対尋問で「あんたらは陪堂（※「乞食、居候、食客」の意）じゃけんのん」「預金のことはわからないだろう」

Ⅳ 訴訟遂行中のフェアネス

と発言した（戒告・自正52-3-212）。
(c)反対尋問を行っている相手方弁護士に対し、傍聴人が多数いる前で「あまりつまらないことは言わないほうがいいよ。そういう詐欺師みたいことするなよ。君の無知には驚くよ」と言った（戒告・自正52-3-212）。

⑧証拠の提出が名誉毀損となった例　書証として提出した証拠が相手方の名誉を毀損する場合には、その証拠の提出自体が名誉棄損となります。

京都地判 H2.1.18 判時1349-121は、興信所の報告書をそのまま証拠として出した事件です。興信所の報告書には「第三国人としての立場を巧みに利用して、儲け続けた。手段を選ばぬあくどい商売をし、経営状態は損益分岐点以下で不振であり、これを狡猾な経理操作で隠蔽するも……」とありました。判決は、疎明資料の提出も社会的に許容されるべき範囲程度を超えると認められる時は弁論権の濫用に当たり、正当な弁論活動としての違法性を阻却されないとしています（認容30万円）。

このように、不必要・不適切な弁論や言説は、依頼者の利益にならず、弁護士としての自らをも卑しめるものなのです。

（2）根拠のない懲戒請求

①懲戒権の濫用　弁護士懲戒権が、弁護士会・日弁連に委ねられており、それが弁護士自治の根幹であることは第3講で述べた通りであり、申立ては「何人も」可能です（法58）。懲戒制度が適切・公正に運用されるために、弁護士のみならず広く一般人にも懲戒請求権が認められています。

懲戒処分は、弁護士の死命を制するほどの影響力があります。懲戒を請求された弁護士は懲戒手続での弁明を余儀なくされ、大変な精神的負担を負わされ、また名誉や信用を失いかねません（後出最判の田原裁判官の補足意見）。したがって、懲戒事由

がないことを知っていたり、嫌がらせ目的等で懲戒請求をすることは、懲戒制度の目的に反します。また懲戒申立にあたっては、事実について十分な調査検討をしなければなりません。

②下級審における不法行為の成立要件と法律構成　下級審判決では、不法行為の成立要件や法律構成が以下のように統一されていませんでした。

(a) 被調査会員の「非違行為について何らその真偽を確かめることなく」「故意過失に基づく違法なもの」とした（東京地判 S62.9.28 判タ1139-184）。

(b)「不当な負担を余儀なくさせることを容易に知り得たのに拘わらず、これを顧みることなくしたものと認めざるを得ず」「弁護士懲戒制度の趣旨目的に照らして著しく相当性を欠き、少なくとも過失に基づく一連の違法な行為」とした（東京高判 H1.3.22 判タ718-132）。

(c)「いやしくも弁護士について、非違行為ありとして懲戒請求をしようとする以上、その法律的及び事実的根拠について相当の調査と検討をすべきであり」「通常人であれば、右各主張が綱紀委員会において採用され得ないものであることは容易に知り得たものというべきことができ」「被告の本懲戒請求は、原告に対する関係では違法行為となり、不法行為を構成する」とした（東京地判 H4.3.31 判時1461-99、名古屋地判 H13.7.11 判タ1088-213）。

(d)「そもそも、告訴、告発及び弁護士に対する懲戒請求は、それを受けた者の名誉を著しく損なう危険を伴うものであるから、それらを行うには、慎重な注意を要し、犯罪（懲戒事由）の嫌疑をかけるのに相当な客観的証拠があることを確認せずに告訴、告発及び懲戒請求をした場合には、不法行為に基づく損害賠償請求を免れない」「弁護士は、犯罪（懲戒事由）の嫌疑をかけるのに相当な客観的根拠の調

査、検討について一般人より高度な能力を有するといえるから、弁護士が告訴・告発及び懲戒請求する場合には、右根拠の確認について、一般人より高度な注意義務が課せられるというべきである」(事件の当事者たる懲戒請求人に30万円、弁護士である懲戒請求人に50万円の支払義務を認めた)とした(東京地判 H5.11.18 判タ840-143)。

(e)「懲戒事由が事実上又は法律上の根拠を欠き、通常人がそのことを知りながら、又は通常人であれば容易にそのことを知り得たのにあえて懲戒請求するなど、懲戒の請求が、弁護士懲戒制度の趣旨目的に照らして著しく相当性を欠くと認められる場合には、違法な懲戒請求として不法行為に該当する」とした(東京地判 H17.2.22 判タ1183-249)。

特に、

(i)(d)のように、一般人と弁護士の注意義務の強弱の問題

(ii)相当性を欠く場合、違法の問題として扱うべきとするなら、故意・過失はどこでどう位置づけられるかという問題

(iii)(b)のように、相当性を欠く場合、過失(責任論)と評価したり、(c)のように違法行為となり不法行為を構成すると評価したり、当該行為のどこに違法と責任があるのか

などの判断がまちまちでした。

③最判による下級審判例の統一事例　　最判 H19.4.24 民集61-3-1102・判時1971-119は、最判として弁護士に対する懲戒請求が不法行為にあたるとして、請求者および請求者の代理人弁護士に対する損害賠償義務を認めた最初の判例であり、下級審の判例を統一した重要な事例です[18]。

最判は「法第58-1に基づく請求をする者は、懲戒請求を受ける対象者の利益が不当に侵害されることがないように、対象者に懲戒事由があることを事実上および法律上裏づける相当な根拠について調査、検討をすべき義務を負うものというべきであ

る。そうすると、同項に基づく懲戒請求が事実上又は法律上の根拠を欠く場合において、請求者が、そのことを知りながら又は通常人であれば普通の注意を払うことによりそのことを知り得たのに、あえて懲戒を請求するなど、懲戒請求が弁護士懲戒制度の趣旨目的に照らし相当性を欠くと認められるときには、違法な懲戒請求として不法行為を構成すると解するのが相当である」と述べています。

この判決は、
(a) 懲戒請求人は、懲戒事由（品位を失う非行）について、事実上、法律上の根拠について調査検討すべき義務を負う
(b) そして、調査検討の結果、事実上の根拠、法律上の根拠を欠いていることを知り、または、通常人の普通の注意を払うことにより知り得たのに、あえて、懲戒請求を行うのは、懲戒制度の目的に照らし、相当性を欠き、違法な懲戒請求となる

つまり、
(i) 不法行為の過失は、非行事実についての調査検討義務を怠ったというものであり、
(ii) 根拠がないことを知りながらあえて懲戒請求をすることは、相当性を欠き、違法性を帯びる

という2段階構成になっています。この過失（注意義務）と違法性の構造は、不当訴訟のそれと同じ構造です（最判S63.1.26民集42-1-1・判時1281-91。前出170頁）。

なお最判は、被侵害利益は名誉、信用であるとしていますが、懲戒申立がされたことや申立てが懲戒不相当として棄却されたことは公表されないため、申立てだけでは名誉や信用が損なわれることはありません。そこで、侵害されるのは個人の名誉感情ではないかという考えもあります。では名誉感情を害されたことによる損害賠償は可能でしょうか。

これは損害論として大変難しい問題を含んでおり、肯定と否定の両説があります。たとえば東京地判 S62.9.28 判時1281-111は、「侮辱」にあたるとし、東京地判 H17.2.22 判タ1183-249は「原告（弁護士）の無形の損害」と述べています。なお懲戒申立による損害については、前記最判における田原睦夫裁判官の補足意見で簡潔にまとめられています。そこでは、弁護士自治と懲戒権の関係、特に懲戒請求がなされたことによる制約と精神的負担に思いを致すべきであると説いてあります。

　なお、懲戒申立は弁護士会の懲戒権の発動を促す行為にすぎないので、取り下げても手続きは進みます。したがって、根拠なく懲戒請求を行った者が第1回の調査期日前に取り下げたとしても、被請求者の名誉と信用が害されたことに変わりはありません〔②(d)の判例〕。

　もちろん、裁判を有利に進めるための陽動作戦として懲戒申立をするのは、最も慎むべき行為です。「禁じ手」であり懲戒権の濫用です。このことは告訴・告発の代理人となる場合も同様で、十分な根拠もなく告訴・告発することは逆に、虚偽告訴罪（刑法172）に該当する場合もあります。

（3）不当懲戒請求における弁護士の責任

　弁護士には、法律専門家として高度の注意義務（法律上の根拠・事実上の根拠についての調査義務）が課せられており、前掲最判においても、根拠のない懲戒請求では、代理人弁護士に対しても不法行為責任が認められています。

V　強制執行手続におけるフェアネス

　判決が確定して債務名義となる。債務名義により強制執行する。それが不当執行となることは基本的にはありません。

　しかし、強制執行申立前後の当事者の交渉の過程で、著しく

フェアネスに反すると不当執行となる場合もあります。

東京地判 H4.6.17 判時1435-27は、仮執行免脱宣言が発せられていたにもかかわらず、仮執行したという事件です。横田基地訴訟が舞台となり原告は住民、被告は国でした。控訴審で「被告は、原告に対して、9,000万円を支払え」「この判決は、仮に執行することができる」「被告は、第１の担保として、第１の金員の80％に相当する金員を供託する時は、仮執行を免れることができる」という判決が出ました。

民訴259-3は、「裁判所は、申立てにより又は職権で、担保を立てて仮執行を免れることを宣言することができる」と定めており、これは仮執行免脱宣言といわれています。原告は仮執行の宣言を求め、被告は仮執行免脱宣言を求めました。判決の前日に、被告代理人は原告代理人に電話をして、もし認容判決が出たら国は仮執行免脱宣言により供託すると伝えました。そして、被告代理人は供託したのち、直ちにファックスを入れると約束しました。午前10時に判決が出ました。判決には、上記の通り、仮執行免脱宣言が付されていました。そして、被告代理人は、直ちに7,200万円（9,000万円の80％）を法務局に供託しました。そして、東京地裁や八王子支部といった目ぼしい裁判所に、強制執行の申立てを受け付けないでもらいたい旨の上申書を提出しました。

ところが、原告代理人は、仮執行免脱宣言による供託がされていることを知っていたにもかかわらず、午後１時に横浜地裁で執行の手続をしたのです。執行官は、横浜郵便局において、9,000万円プラス執行費用相当の現金を押さえました。

この原告代理人の行為はどう評価すればよいでしょうか。

そもそも本件で仮執行の必要性があったのでしょうか。執行は確定後でもよいはずであり、日本銀行に行けば100％執行できます。だとすれば、この執行は「正当な権利の実現」（規21）

にあたるのでしょうか。それとも単なる嫌がらせだったのでしょうか。

法律家同士の信義というものがあります。代理人は、判決前後にこうした交渉をすることがあります。しかしその際は通常、相手方弁護士の言動を信じて対応するのです。こうした経緯のもとで、今度は被告が原告代理人に対する損害賠償請求を起こしました。それが本件です。

国は、この執行は違法で、不法行為であると主張しました。原告代理人は被告が仮執行免脱宣言に基づいて供託することを知っていたので、横浜郵便局で仮執行する必要などなかったという主張です。

結局判決は、強制執行は違法だと判断しました。つまり仮執行免脱宣言による供託がなされれば、この判決の仮執行宣言の効力がなくなるのをわかっていながら執行したのは違法であるということです。しかし、仮執行宣言付判決による差押の手続自体は有効だと述べています。そうなると、被告に9,000万円の損害はなく、結局、違法だが損害はないとして、原告の請求は棄却されました。弁護士には、執行段階においても、フェアネスに配慮することが求められているのです。

Ⅵ　同僚間の倫理

相手方弁護士との関係はどうあるべきでしょうか。

たとえば、親しい弁護士が相手方代理人である時の関係はどうあるべきかといった問題は、常に自問自答していなければなりません。弁護士が誠実義務を負うのは依頼者です。たとえ法廷で対峙した結果、従前の関係に傷がついたとしても、依頼者に対する誠実義務を果たす過程で生じたことは甘受しなければなりません。もっとも、2人が弁護士倫理をわきまえていれば、

友情に傷がつくことなどあり得ませんが。

　E. A. パーリーは『弁護士の技術と倫理』のなかで「法廷では、敵として存分に闘え。しかし、食事の時は友として大いに飲め」と述べています[19]。私は、この言葉が大好きです。

　相談から執行までのさまざまな過程において、相手方や相手方弁護士に対してフェアなスタンスで臨む。このフェアネスの精神が、弁護士の重要な職業倫理であることがわかっていただけたでしょうか。

注）
1) 石井成一「弁護士間の職務倫理」自正29-1-47。
2) (1)「示談に応じるか、それとも地獄に落ちるのかはっきりさせていただく所存です」「ご子息を懲戒解雇に追い込む」「一生職に就けず、ホームレスにさせるつもりです」「悪者は、あらゆる手段を使ってこの世から抹殺します。アーメン」と記載した書面を相手方の父親に送付して示談金の支払を要求した（業務停止6月・自正58-6-131）。
(2)「低級劣悪な人間性の所在たる観念である」「非人間的所業」とか「戸籍簿汚濁による損害賠償として1,000万円を支払え」という請求通知書を送付した（戒告・日弁連懲罰委員会 H12.4.10議決・弁護士懲戒事件議決例集8-11）。
3) (1)伊藤正孝『欠陥車と企業犯罪―ユーザーユニオン事件の背景』（社会思想社・1993年）。
(2)伊藤進「消費者の権利実現の私法的論理」ジュリ657-104。
4) (1) A. T. ヴォン．メーレン編（日米法学会訳）『日本の法―変動する社会における法秩序(上)』（東京大学出版会・1965年）3頁。
(2)松本清張「第4話　検察官僚論」『現代官僚論第3』（文藝春秋・1966年）。
5) プロブレムブック228頁。
6) (1)ドイツ連邦弁護士会「弁護士職務規則」第12条(1)。
(2)浦川・前出第1講注22)(2)参照。
7) 飯島・弁護士倫理209頁以下の事例。同書では、7件の懲戒事

例が紹介されているが、悪質なものは業務停止３月、同５月に処せられている。
8) 相続人の１人の代理人として、まだ弁護士を依頼していない一部の相続人との交渉の際、相手方が錯誤に陥るかもしれない内容の書面（相続財産の現金が１億1,000万円であるのに、「若干の金額」と表示）を送付した（戒告・日弁連懲戒委員会 H18.7.10 議決・弁護士懲戒事件議決例集9-54）。
9) 前出第４講注31)。
10) 東京地判 H10.5.29 判タ1004-260。
11) 無断録音テープの証拠能力については、積極・消極２通りの判例がある。
　①積極―東京高判 S52.7.15 判時867-60。この判決は、無断録音テープに証拠能力を認めているものの、一般論として「その証拠が著しく反社会的な手段を用いて人の精神的肉体的自由を拘束する等の人格権侵害を伴う方法によって採取されたものであるときは、それ自体違法の評価を受け、その証拠能力を否定されてもやむを得ない」と述べている。
　②消極―大分地判 S46.11.8 判時656-82。「相手方の同意なしに対話を録音することは、公益を保護するため或いは著しく優越する正当利益を擁護するためなど特段の事情のない限り、相手方の人格権を侵害する不法な行為と言うべきであり、民事事件の一方当事者の証拠固めというような私的利益のみでは未だ一般的にこれを正当化することはできない（中略）これを全て証拠として許容することは無断録音による右人格権侵害の不法行為を徒らに誘発する弊害をもたらすと共に、法廷における公正の原則にも背馳するものと言わなければならない。」
12) (1)東京高判 H9.12.17 判時1639-50。
　(2)加藤新太郎「弁護士の弁論活動と名誉毀損」私法判例リマークス21-62。
13) (1)大阪高判昭和60.2.26判時1162-73。
　(2)日弁連調査室「民事訴訟における弁論による名誉毀損」自正49-11-149。
14) 中島秀二「弁論による名誉侵害」判タ841-49。
15) (1)加藤新太郎「平成17年度主要民事判例解説」判タ913-110。

第9講　相手方および相手方弁護士に対する倫理

　　　(2)東京高判 H7.11.29 判時1557-52。
16)　(1)東京地判 S43.6.20 判タ226-167。「パトロールカーの来援を得て、工事を中止させた」。
　　　(2)東京地判 S56.10.26 判タ453-107。「××から商談を強要された」「Xは街の不動産屋である」「報酬を請求するのは非常識」「Xの行為は免許取消か業務停止事由に該当するおそれすらある」。
　　　(3)神戸地判 S56.10.30 判時1045-116。「○○が実兄と共謀した上、偽造文書を作成した」「私利私欲にかられ、不動産の他の共有者とか組合員にふきかけているのが実情」。
　　　(4)東京高判 H1.3.22 判タ718-132。「金員を脅し取ろうとしている」「脅し行為」。
　　　(5)東京地判 H9.12.26 判タ1008-191。「異常性格」「趣味で訴訟をしている」。
　　　(6)東京地判 H10.2.27 判タ1028-210。「平然と不法行為に加担し、それによって利益を享受することを生業としている人間」。
　　　(7)東京地判 H9.12.25 判タ1011-182。「卑劣邪道な訴訟行為」「弁護士倫理に反している」。
　　　(8)東京地判 H10.11.27 判時628-70。「○○は、ブラックジャーナリストであり、△△が広告を断ったため、仕返しとして○○を攻撃する記事を掲載した」「タカり新聞」。
　　　(9)東京地判 H16.8.23 判時1865-92。「○○の主張は、その厚顔無恥さ加減には呆れ果てるのみである」「明らかな虚偽の且つ子供騙しのようなとぼけた主張・立証を行う」「嘘の主張を平気で行う」「○○弁護士は、裁判所及び相手方を騙そうとしたものであり、まさに弁護士にはあるまじき卑劣極まりない行為を犯したもの」。
17)　前掲注16)(1)参照。
18)　田中宏「相手方及び相手方弁護士に対する倫理―最三小判平成19年4月24日を手掛かりとして」日弁連編『現代法律実務の諸問題（平成19年度研修版）』（日弁連研修叢書・第一法規）817頁。
19)　E. A. パーリー・前出第2講注34) 参照。

第10講 刑事弁護における倫理

I はじめに

　刑事弁護における「弁護士のマインド」は、権力と対抗しながら、ただひたすら被疑者、被告人の権利をどのように護っていくかというマインドです。

　刑事弁護のマインドを体得するためには、刑事弁護におけるセンスや感覚が必要です。本講では、いくつかの冤罪事件を手掛かりに、刑事弁護のマインドを考えていきましょう。また、徳島ラジオ商殺人事件[1]、財田川事件[2]、富山強姦冤罪事件[3]、鹿児島選挙違反冤罪事件[4]に関する著作を読み、権力がどれほど恐ろしいものかを理解してもらいたいと思います。

　しかしながら、本講でどれほど権力の不当な行使を説明しても、すぐにはピンと来ないでしょう。これらの事件の記録や著作を読み、権力は何をしたのか、なぜこれほどまでに冤罪に固執するのかを考えるなかで、刑事弁護の重要性に気づくと思います。そして、無辜の者を決して罰せず、無罪判決を与えなければならないというマインドに気づくと思います。

　冤罪は、国家が犯す最大の人権侵害です。弁護士のみならず、すべての法曹関係者が、冤罪は国民の司法に対する信頼を傷つけるものだという、共通の認識を持たなければなりません。しかし現実には、冤罪は根絶されていないばかりか、冤罪の救済を求める人たちにも、壁が立ちはだかっています。この事実も理解しておくべきです。

第10講　刑事弁護における倫理

　弁護人となった以上は、どんな事件であっても被告人のために最善の努力をしなければなりません（規46）。たとえ被告人が「やくざ」であってでもです。これが刑事弁護におけるマインドです。

　もちろんマインドだけで有能な（competent）弁護ができるわけではありません。十分な知識と卓越した技術が必要です。特に2009（H21）年5月に導入された裁判員制度においては、弁護人には裁判員を説得する技術が不可欠になります。これまでのように何百頁にもわたるような弁論要旨では、裁判員を説得できないでしょう。これまで弁護士に必要とされた技術に加え、簡潔に要点をプレゼンテーションする能力と技術が必要になります。

　報道によると、検察もさまざまな工夫を行っているとのことです。弁護人はこれに対抗する能力をどう養い、技術をどう習得するのかが問われます。

　しかしながら本講では、そのことも承知したうえで、技術ではなくマインドに力点を置いています。なお警察や検察が権力を濫用したと思われる事件を多数取り上げました。また検察や裁判所に対しても忌憚のない批判を加えています。法曹倫理の著作でそこまで必要かとの疑問に思われる方もいらっしゃるかもしれません。しかし、刑事実務の実態を抜きにマインドを説いても、意味がないと考えています。また、実務のなかで苦悩する弁護人の経験と実際の運用状況を読者に知っていただき、刑事弁護のマインドを理解していただきたいと考えています。

Ⅱ　刑事弁護人の使命

1．刑事弁護は権力と対抗する

　生命・人身の自由の保障は人権のなかの人権です。市民革命

Ⅱ 刑事弁護人の使命

が起こった大きな要因は、権力から、その国民の生命と自由を擁護することでした。

刑事弁護人には、被疑者・被告人とともに、警察や検察の強大な権力に対峙し、生命と自由を擁護する使命があります。

刑事訴訟法は、警察官・検察官の権限を一定程度制限しています。刑事訴訟法は、権力の制限規範として国民の生命・自由を護っています。つまり刑事裁判そのものが、人権保障機能を担っているといえるでしょう。

しかし教科書的にはこう表現できても、権力による刑事手続の実際の運用は、刑事訴訟法に即して行われているわけではありません。このことを理解するために、本講では多数の事例を紹介しています。

弁護人は剝き出しの権力と直接向かい合います。とりわけ捜査段階での弁護は重要です。なぜなら身柄を拘束された被疑者と唯一の接点をもち得るのが弁護人だからです。

この接見は、被疑者の信頼をかち得、実質的防御権行使をアドバイスする重要な役割があります。しかしながら、捜査側からの接見に対する妨害が起きることがあります[5]。また捜査官は、弁護人と被疑者の間に不信の楔を打ち込もうとします。捜査官には、徹底的に弁護士の介入を嫌う傾向があるからです[6]。

たとえば接見時間は被疑者に対する捜査官の取調べ時間に比して、ごくわずかです。それに加え、身柄の解放はなかなか許されません。特に被告人が容疑を否認した場合、権利保釈すら許されないというのが実情です。この保釈を得るためだけでも、弁護人には、妥協的ではない闘争的な弁護活動が求められます[7]。

たぶんみなさんは、自由を拘束された経験がないでしょう。

しかし身柄を拘束するための被疑事実など、何とでもなるのです。徳島ラジオ商殺人事件の2少年の逮捕[8]や松川事件の赤

間さんの逮捕[9]を考えれば、権力がその気になれば、いつでも誰でも捕まえることができるのだということが容易に想像できるでしょう。

仮に、毎日時間を惜しんで勉強している司法試験の受験生が警察に拘束されたとしましょう。受験生はどう考えるでしょうか。〈何でも認めますから、早く出してください〉ということにはならないでしょうか。

自由とは空気のようなもので、普段はその価値を感じないものです。しかし制約を受けて初めて感じるのです。重大事件では、いつも被告人の自白調書の任意性・信用性が問題になりますが、それは、自由を制約されたなかで、いくら弁解しても捜査官はわかってくれない、それどころか捜査官が描いたストーリー通りに供述しなければ相手にされないし、調書にもしてくれないというケースが多々あるからなのです。一刻も早く自由になりたい被疑者は、捜査官に迎合する供述をします。

「人質司法」という言葉があります。捜査官は、被疑者の「身柄を拘束」（人質に）して自白をとるからです。強制や偽計による自白もあります。そのような自白に任意性があるかは大いに疑問でしょう。

また被疑者は、後日、裁判で本当のことをいえば、裁判所はわかってくれると思っています。実は、これ自体が裁判所の実態を大変誤解しているのです。裁判所自体が「自白偏重症」という病に罹っているからです。自白の信用性を否定しても、任意性まで否定した事件は、本当に極少数です[10]。

弁護側はたいていの場合、自白調書の任意性・信用性を争うためにエネルギーの大半を費やします。そのため取調状況についての証人尋問が公判期日の大半であった事件もあったほどです（リクルート事件では、証人調期日の70%が捜査官に対するものでした。「踏み字事件」で有名になった鹿児島選挙違反冤罪事件で

Ⅱ 刑事弁護人の使命

は、第8回から第40回まで、自白の任意性についての証人調でした)。ところが裁判所は、この「踏み字」調書ですら、任意性を認めているのです。これは一体どういうことでしょうか。

裁判官のなかには本当にすぐれた、法に忠実な人がいる一方で、「第2の検事」と揶揄される人もいます。弁護人が何を言っても無駄、頭から有罪と決め込み、無罪推定原則などよその国の話だという裁判官が実際にいるのです。

この種の裁判官に出会うと絶望に近い諦めを覚えることもあります。どんなによい弁論をしても、結論に影響しないのです。こうした裁判官が少なからずいるということをよく覚えておいてください。

また被疑者は、代用監獄や拘置所のなかで、外部との情報を遮断され、たった1人となります。代用監獄や拘置所は密室のため、さまざまな強制を加えることが可能です。取調べには弁護人の立会いも認められていません。どんなに権力を持っていても、どんなに社会的地位が高くても、どんなに金持ちであっても、被疑者になってしまうと、代用監獄や拘置所のなかではたった1人なのです。そのうえ、逮捕・勾留という身柄拘束によって心理的ダメージも受けています。

その被疑者を支えるのが弁護人なのです。それに加えて、警察・検察と弁護人の間には大人と子供以上の差があります。弁護人は、この不利な対抗関係のなかで被疑者・被告人に対する誠実義務を全うし、さらに警察・検察・裁判所に対し、「闘争的」に「熱心」に弁護活動を展開しなければならないのです。

2．捜査過程での適正手続の実現と自己弁護権

(1) 適正手続の実現─取調べ

権力との対抗関係のなかで、被疑者、被告人の権利を護り、適正手続 (due process) を実現していくことが、弁護人の被疑

者・被告人に対する誠実義務の履行であり、弁護人に課せられた役割です[11]。

捜査段階における適正手続の実現は特に重要です。黙秘権の説明・助言、ときには慫慂(しょうよう)、弁護人の接見とその制限に対する抗告、別件逮捕を許さない、身柄の取り戻し(規47)、検察官手持証拠の開示(最近は公判前整理手続の実施により大きく前進しました)など、適正手続を確保するために、弁護人としてやるべきことはたくさんあります。

とりわけ、黙秘権は、被疑者・被告人の憲法上の権利であり、弁護人が被疑者に黙秘権の行使を慫慂したとしても、弁護人の真実義務に反するものではありません[12]。しかし法務省は、黙秘権行使の慫慂を「不適切弁護」としています[13]。

また否認を貫くことが、どんなに困難かは多くの冤罪事件が証明しています[14]。とりわけ取調べの過程での強制、特に暴力が振るわれた場合などは、断固抗議して止めさせなければなりません[15]。暴力以外にも、手錠をかけたまま取り調べたり、被疑者に長時間正座を強要したり、物理的な強制を加えることがあります。たとえば警察官が「人の家(うち)に来て、ちゃんと座らんかい」と言って正座させ、被疑者が「拷問やないか、拷問する気か」と言うと、「こんなもの拷問のうちに入らん」と言って、長時間正座を強要した事件もありました。被疑者は足がしびれて、房に帰るときは刑事の肩を借りながら帰ります。そのうえ、前両手錠で正座させられ、「まだしゃべらんのか」と言って、手錠の紐を大腿部に巻き付けてエビ締めまで行っていました。また名前を黙秘した被疑者に対して、「名前は何と言うんじゃ、はよういわんか」と言って頬を2、3発殴り、背後から肩を押さえて、「お前みたいな奴は壁に鼻を引っ付けて、すわっとれ。目をつぶって、よく反省しろ」と罵倒するというようなことが取調べのなかでは行われていました[16]。

Ⅱ 刑事弁護人の使命

こうした取調べが連日にわたり朝から晩まで続きます。この強制に耐えられず、捜査官の描いたストーリー通りの自白をしてしまうケースが多くあるのです。大袈裟な言い方ですが、江戸時代の取調べと変わりません。

弁護人は、違法な取調べが行われていることを知ったならば、直ちに抗議しなければなりません。抗議しなかったことを逆手にとられたこともあります。大阪高判 H3.9.26 判タ832-229は、弁護人が捜査当局に抗議や検察官に対し拘置所への移監の申出をしなかったことから、逆に強制、拷問など違法な取調べが行われていなかったと認めています。弁護人が抗議しなかったから適正な手続だったという逆様な論理です。裁判所がこんなことをいっているのです。

（2）適正手続の実現―代用監獄

また、代用監獄（2006〔H18〕年に監獄法の廃止と刑事収用施設法の制定によって「留置施設」と呼称が変わりましたが、実態に変化はないのでこのまま用います）の弊害についても指摘しなければなりません。

代用監獄は、旧監獄法で、拘留に処せられた者を拘禁するとしており、警察署内の留置場を監獄に代用することができるとしていたことが発端であり、一時的な措置だったはずが恒久化したものです。

著名な事件（政治家絡みの贈収賄や会社法違反）では、被疑者が拘置所に直行しましたが（被疑者が東京拘置所に入るシーンがテレビで繰り返し報道されましたので記憶にあると思います）、大部分の被疑者は勾留決定後、捜査を担当する警察の留置場（代用監獄）に連れ戻され、そこで取調べを受けます。この代用監獄が長時間の取調べや拷問を可能にしているのです。

捜査をする側が、捜査される側を自分の施設に拘束して調べることができること自体が、国際的にみて、異常なことです[17]。

捜査側は、自白するまで被疑者の身体の自由を支配でき、長時間の取調べも可能となるからです。それに肉体的な強制が加わります。この代用監獄こそ冤罪の温床であり、だからこそ取調べの可視化が大事なのです。

また「無欲事件」というものもありました。別件逮捕をして勾留中の被告人が否認するや、「否認するのは私欲があるからだ。無欲の境地に達したとき、自供することができるものだ」と言って、「無欲」と書いた紙を壁に貼り、4時間以上も壁に向かって正座をさせたのち、自白を得た事件です。しかし最高裁は、それでも任意性ありとしています[18]。

東京高判 H3.4.23 判時1395-19は、「(中略) 代用監獄は、自白の強要等の行われる危険の多い制度であるので、その運用にあたっては、慎重な配慮が必要である」「捜査員を看守者として選任し、被告人の留置業務にあたらせ、被告人の留置場内での言動の逐一を捜査資料として提供させ」「留置業務が捜査の一環として行われた」と弊害を明確に指摘しています（松戸OL殺人事件）。規47が、弁護士に「身体拘束からの解放」の努力を求めているのも、このためです。しかし、警察庁は当然のことながら、代用監獄での拘束が虚偽自白に結びつくものではないとの見解を発表しています[19]。読者のみなさんも、注20の参考文献を読み、「代用監獄」の役割について考えてください。

（3）適正手続の実現—検察での取調べ

では検察庁に送られたら、全く別な雰囲気で自由に供述できるかというとそうではありません。今でこそ検察庁の取調室に捜査官が付いて来ることはありませんが（かつては、付いてきていました）、代用監獄に戻ると、また「何で検事にあんなことを言った」と責められるようなケースがあります。また、布川事件では、代用監獄に勾留中自白した被疑者が、拘置所に送られたのち、検察官に対しては否認したところ、代用監獄に逆

送されています[21]。

先の大阪高判(宮原操車場事件)は、「警察官の取調べの際における、心理的影響が懸念され、肉体的苦痛と検事に対する自白との間の因果関係が存在しないなどの事情が認められない限り、検察官に対する自白は、その任意性に疑いがあると解するのが相当である」と述べています。また検察官による自白強要(物理的強要に限らない)も多数あります[22]。

(4) 手続の適法性チェックの重要性

弁護人の任務は、手続の適法性をチェックし、適正手続を実現することです。権力は後に述べるように何でもできます。弁護士によるチェックなくして刑事司法は成り立ちません。

- 黙秘権の告知は行われているか
- 弁護人選任権の告知が行われているか
- 任意捜査の限界を超えていないか[23]
- 違法な取調べはなかったか(徹夜など長時間の取調べ、暴行〔拷問〕、脅迫、誘導、偽計〔利益誘導〕・理詰めの尋問)
- 接見交通権は確保されているか(接見妨害)
- 別件逮捕ではないのか
- 囮(おとり)捜査ではないのか
- 違法に収集された証拠はないか

など、チェックしなければならない項目はたくさんあります。

最近の例では、鹿児島選挙違反冤罪事件での「踏み字」や、富山強姦冤罪事件での「母の遺影」を示すなどの方法が新手の自供手段として使われています。

松川事件や立川テント村事件[24]などの公安事件に限りません。市民が被告人となる事件も同じことがいえます。富山強姦冤罪事件[25]や鹿児島選挙違反冤罪事件[26]を見れば、手口は共通しています。

権力側は、身柄を拘束し(ときには別件逮捕による身体拘束)、

吐かせて、そして調書を作ります。裁判所はその調書の任意性と信用性を認めるという流れです[27]。

こうした刑事手続の構造を「日本的基層」と呼んでいる学者もいます[28]。よほど手続に厳格な裁判官、法に忠実な裁判官でなければ、任意性を認めてしまうのです。

この裁判官にとって憲38-2は、どんな意味を持っているのか。おそらく、何の意味もないでしょう。彼らはどうしたら権力が憲法・刑事訴訟法の規制をかいくぐり、フリーハンドで被疑者を「吐かせる」ことができるかを考えているのでしょう。少数意見を書く裁判官の多くが弁護士出身なのは、捜査の実態を知っているからだと思います。

3．権力は何でもできる

権力は何でもできるし、現にやってきた例を示します。

(1) 諏訪メモ

まず松川事件を取り上げます。

松川事件は、1951（S26）年、福島県松川町において、共産党員が共謀して列車を転覆させたというでっち上げ事件です。その首謀者は共謀が行われたとされる時間に、約15km離れた東芝工場で労働組合の団体交渉に参加していました。その模様を東芝の総務課長である諏訪某氏が克明にノートをとっており、首謀者とされた者が、団体交渉の場に最後までいたとメモしていました。逆にいえば、そこにいる限り共謀には参加できないということです。ところが、彼は共謀の現場にいましたという被告人らの調書がたくさんありました。なぜなら、捜査側の考えるストーリーから外れた調書が作られなかったからです。

そのメモは東芝から押収され、検察官はそのメモの存在を捜査段階から知っていました。しかし弁護側がメモの存在を知ったのは、最高裁に上告してからです。

検察官は公訴を提起して、合理的な疑いを入れないほどの立証(証明)をする義務を負っています。このメモの存在は、首謀者が共謀に参加していなかったことを証明するものです。結局、このメモは、証拠品の保管庫ではなく、担当した副検事が私的に持っていました。それだけでなく、彼は転勤の都度、このメモを持っていったのです。事件が最高裁に係属中、ふとしたきっかけで在処がわかりました[29]。最高裁は提出命令を出し、メモは法廷に顕出されました。

この事件の1審は死刑5人、無期懲役5人、15年から3年6月の有期懲役10人。控訴審は死刑4人、無期懲役2人、15年から3年6月の有期懲役11名(3名無罪)。そして最高裁は原判決を破棄して仙台高裁に差し戻し、仙台高裁で全員無罪になりました[30]。

共謀の不成立の証拠を隠し、転勤先まで持ち歩いた副検事は、「諏訪メモは誰にも見せるな。松川裁判が終わって判決が最高裁で確定したら返せばいいのだ」といわれていたそうです。この事件は、警察と検察の完全なでっち上げ事件でした。「諏訪メモ」だけではありません。松川事件は赤間勝見さん(当時19歳)の自白を出発点にしていました(前出253頁)が、赤間さんの列車転覆の共謀の自供を引き出すために、赤間さんの交際相手の女性が赤間さんに強姦されたとする虚偽の調書によって被疑者をペテンにかけ、心理的に追い込んだのです。赤間自白、虚偽の供述調書だけでなく、その他にも多くの証拠の捏造が行われていたことがその後わかり、結局、差戻審判決は謀議の存在も実行行為も否定しました。

このように権力は、その気になれば何びとでも身柄を拘束できるのです。

証拠を隠したという点では財田川事件もそうです[31]。この事件では、未提出証拠が1つ残らずなくなったという信じられな

い事態が起こりました。これも確定判決を維持するために、証拠を廃棄したとしか考えられません。

（2）徳島ラジオ商殺人事件[32]

この事件は、1953（S28）年11月5日、徳島の電気店に賊が押し入り、2階で寝ていた主人を殺したという事件です。一緒に寝ていた富士茂子さん自身も斬られて怪我をします。現場の布団には足跡があり、外部から侵入されたことは明らかでした。

地検は事件発生から9ヶ月を過ぎて、2人の住み込み店員（A：16歳、B：17歳）を逮捕しました。地検は、Aの身柄を45日、Bの身柄を28日拘束した後、「奥さんがご主人を刺したのを見た（実は暗くて見えない）」と供述をさせ、茂子さんを逮捕しました。またAには、茂子さんの指示で凶器の包丁を川に捨てたとの供述をさせます。しかし川を浚っても包丁は発見されませんでした。茂子さんは否認を通しましたが、地裁で懲役13年の判決を受け、控訴も棄却され、服役します。

Aの供述はすべて嘘でした。そのうえ検察は、公判中に2人の少年に偽証を翻えさせないため、「（公判廷で本当のことを言うと）偽証罪で10年は刑務所に行かなければならない」などと脅し続けていました。2人はこの脅しに怯えて公判で嘘の供述をしたのです。

判決確定後、2人は法務局人権擁護委員会に偽証をしたと訴え出ました。すると今度は、Bだけを警察の寮に軟禁し「偽証だと言っているのはお前だけだ。A（もう1人の少年）が金をもらって嘘をついている」と脅し、公判供述が正しい旨の調書を作成しました。

ペテンにかけたとはこのことです。ペテンにかける、欺くという手口は、実は捜査官の常套手段なのです。参考までに、田中森一氏の『反転』をぜひ読んでいただきたいと思います。ちなみに、この供述を取られたBは自殺を覚悟して遺書まで書い

ています。

2人の少年が虚偽の供述をした点は、①犯行当日、茂子さんが被害者と格闘しているのを「うす白くぼんやりと見えた」、②茂子さんに頼まれて、匕首（鍔のない小刀）を暴力団から入手した、③茂子さんの指示で犯行後包丁を川に捨てに行った、④犯行後、朝になって屋根に登り、電灯線と電話線を切った、という有罪判決を支える証拠構造の核になる部分です。

しかし、①電気のついていないところで、どうして格闘していたのが見えたのか、②匕首の入手先が特定できない、③包丁を捨てたという川から包丁は発見できない、④夜は屋根に登れない。朝、警察が来る前にこっそり電灯線と電話線を切断することができるか、⑤被害者に11ヶ所の刺し傷がありながら、茂子さんは返り血を浴びていない。また大柄な被害者と格闘していたのに、茂子さんには抗争の結果と思われる傷がない、⑥布団のうえに2つの足跡があった。

これらの事実を総合すると、少年の供述を疑わしいと考えるのが自然です。しかも判決確定後、少年たちは悔恨の念から、人権擁護局に救済を求めているのです。

その後は、A・Bの偽証罪の告訴と不起訴処分（起訴して有罪になれば、刑訴435-1の再審事由があることになるため、検察は絶対に起訴しません）、検察審査会の起訴相当の議決など、ドラマのような展開がありました。第5次再審請求でようやく再審開始となりましたが、そのとき茂子さんはこの世の人ではありませんでした。

被害者を犯人に仕立て上げ、13年間も服役させた検事たちは何の責任も取っていません。確定判決に関与した裁判官、再審請求を棄却した裁判官も同様です。裁判官たちは客観的証拠に合わない判決を出しても、沈黙するだけだったのです。これでは裁判所が正義を行っているとはいえません。

第11講で述べますが、裁判官には優秀で真面目な人が多いのも事実です。ではなぜ、その彼らがこんな判決を下したのでしょうか。裁判官個人の資質、あるいは裁判所という組織に問題があるのでしょうか。この事件は司法に対し、現在まで続くいくつもの問題を提起し続けています。
　（3）鹿児島選挙違反冤罪事件（志布志事件）[33]
　（1）、（2）は、いずれも昭和20年代の事件であり、刑事訴訟法が施行されて間もないドサクサな時代の出来事だという人がいますが、事情は現在も変わっていません。この鹿児島選挙違反冤罪事件は、残念ながら、そのことを如実に示すこととなりました。
　2003（H15）年4月の鹿児島県議会議員選挙で初当選した中山信一さんが、4回にわたって支援者宅で現金191万円、焼酎などを供与し、投票を依頼したという公選法違反事件でしたが、被告人13名（うち1名は公判中死亡）全員に無罪判決が出て、控訴なく確定しました。
　本件は物証が1つもありません。証拠は自白のみでした。その自白をとるために、長期間・長時間にわたる取調べが行われ、詐言を弄した虚偽自白の獲得、弁護人との信頼関係の破壊工作などが行われました。「踏み字」や「たたき割り」と称する常軌を逸した取調べも行われました。自白獲得のための逮捕以外にも、捜査過程をメモしたノートの差押え、取調室から電話をかけさせ盗聴したうえでの秘密録音（令状主義違反）、捜査官が公判廷で偽証するなど、適正手続からすれば違法捜査のオンパレードでした。
　実体的にも、4回あったという会合のうち2回は日時の特定さえできず、そのうえ特定された1回は、中山さんにアリバイがありました。また、たった7世帯しかない山間集落に191万円もの大金を供与する意味、その191万円がどこから調達され、

Ⅱ　刑事弁護人の使命

誰にどのように供与されたのか、受け取ったほうはその金をどうしたのかについて客観的証拠は1つもありません。

一般市民が、このようなでっち上げ事件で最長395日も身柄が拘束され、塗炭の苦しみを味わったのです。

（4）布川（ふかわ）事件

この事件においても検察の証拠隠しがあり、2人の被告人の無期懲役の判決が確定しました34)。

1967（S42）年8月30日、1人暮らしの大工が、自宅で両足をタオルとワイシャツで縛られ、口のなかにパンツを押し込まれ、首にパンツが巻きつけられて殺されたという事件です。

40日後に素行不良者の2人が捜査線上に浮かび、別件逮捕されました。そして、自白の強要が行われました。この事件でも、被告人と犯行を客観的に裏づけるものはなく、自白は客観証拠と全く合いませんでした。指紋もありません。2人は警察で自白し拘置所へ送られました。

ところが、2人が検察官の前で否認し、否認調書が作成されると、2人は拘置所から代用監獄に「逆送」されました（前出258頁）。十分な自白を得るためです。2人は結局、再度自白することになりました。

日本の裁判所は、補強証拠が不十分でも平気で無期懲役にしてしまいます。判決は「指紋がないからといって、犯行を否定できない」という理屈でした。そのうえ2人の自白には、強制・拷問・脅迫が行われた形跡がないとして、任意性を認めました。

問題は、警察の鑑識が現場から8本の毛髪を採取し、鑑定していた点です。当然、2人の毛髪と比較する鑑定が行われ、残留毛髪と2人の毛髪は一致しませんでした。しかし検察は、毛髪を押収した事実も異同識別鑑定を行っていたことも隠して、判決を確定させたのです。さらに犯行前に被害者宅の前にいた

のは、被告人と違う人物であるという目撃者の供述調書があることも隠していました。首に巻かれていたというパンツも十分首を絞めることができる長さがありましたが、証拠請求されていませんでした。

検察官は、自らが描いたストーリーに合わない証拠は隠してしまうのです。2人は現在、30年間の服役後、仮出獄中です。30年というのは気が遠くなるほどの時間です。

2005（H17）年9月21日に、水戸地裁土浦支部は、第2次再審請求で再審開始決定を行いました[35]。検察官が東京高裁に抗告しましたが、2008（H20）年7月14日、東京高裁は抗告を棄却しています[36]。

検察官が、無辜だとわかっていながら証拠を隠したことは、「事案の真相を明らかに」（刑訴1）しないばかりか、最も基本的な検察官の倫理に反することです。もしこれらの証拠が提出されていれば、有罪判決はなかっただろうと思われます。

（5）弁護人・証言者の逮捕

権力は弁護人を逮捕することもできます。弁護側の冒頭陳述で、犯人は別の人間だと指摘したことが証拠隠滅だとして弁護人を逮捕し、その後も黙秘権行使の慫慂を脅迫だとして再逮捕したという事例があります[37]。

また、弁護側に有利な証言をした証人を逮捕することもできます。甲山事件では、2人の証人が証言直後に偽証罪で逮捕されています[38]。また、八海事件[39]でも、被告人のアリバイを証言した証人を偽証罪で逮捕し、起訴しました。

これらは、なりふり構わない凶暴な権力の行使といっても過言ではありません。検察は節度をもって謙抑的に権力を行使しなければならないのです。ところが、それをチェックすべき裁判所が機能していないから、やりたい放題なのです。

(6) 適正手続を確保する第一歩

このように、弁護人の活動とは、被疑者・被告人の生命、自由を確保するための闘いです。弁護士は、権力は何でもできるのだということを認識し、これまで行われてきた手口を十分知ったうえで、弁護活動を行わなければならないということです。接見に行ってまず確認すべきは、「お前がやったのか」ではなく、取調べの経過や取調べの様子を確認することです。それが適正手続を確保するための捜査弁護の一歩です。

4. 社会的非難を浴びている人の弁護
(1) 依頼者からの独立と依頼者の人権擁護

被疑者・被告人とされている人は、社会から大変厳しい批判を浴びています。凶悪事件の被疑者・被告人に対する社会の批判を見れば、一目瞭然です。やくざや似非同和などの反社会的勢力に属する者も弁護しなければなりません。オウム真理教のようなカルト教団の事件もあります。

2007（H19）年に秋田県で、2人の子供を殺した事件（豪憲君事件）がありました。あの事件の被告人は、猛烈なマスメディアスクラムに晒されました。和歌山カレー事件も同様です[40]。警察がリークした情報をもとに、逮捕前からマスコミが押し寄せました。無罪の推定原則など、どこかに置き去りにされているのです。

基本的に弁護人の役割は、社会から非難を受ける人をガードすることです。ときには弁護人にも非難が押し寄せます。弁護人は被告人と同化しているわけではないのに、世間はときとして一体と見るからです。

ABA・MR1-2-(b)では、「弁護士による依頼者の代理は、国選による代理を含めて、依頼者の道徳的、経済的、社会的または道徳的意見または行動の是認を意味するものではない」と

定めています。また、国連の「弁護士の役割に関する基本原則」[41]の第17原則も「弁護士は、その職務を果たすことにより、依頼者あるいはその主義と同一視されないものとする」としています。

弁護人は被告人の行為を容認したり、支持するものではありません。逆に個人的感情からは、被告人の犯罪を許すことなどとてもできないときもあります。しかし、そんなときでも個人的感情を優先させてはならないのです。

弁護人は、たとえ四面楚歌の状況に置かれても、外的なプレッシャーと闘い、被疑者・被告人の権利を守らなければなりません。そのために、刑事手続のなかでの弁護人の役割について、強い確信が必要となるのです。まして、弁護人は依頼者から独立していなければなりません（前出40頁）。

たとえば、光市母子殺人事件では弁護人に対する懲戒請求が約8,300件も申し立てられました。これは弁護人の弁護活動に対する社会的バッシングと評価することができます[42]。弁護人による代理（弁護活動）が、依頼者の行為や考え方に共鳴することを意味していないことは、メディアにも理解されていません。この点では、メディアの在り方も問われています。

（2）先入観の排除

弁護人は、世間と同じ目線で被疑者・被告人を見てはいけません。被疑者・被告人は、自分がガードすべき相手だと強く認識することが大切です。

冤罪事件の被告人は、世間からよい評判を受けていない人たちであるケースが多くあります。警察はそういう人をターゲットにし、犯人に仕立て上げます。「やっぱりあのろくでなしがやったんだ」となり、警察もやりやすいからです。そして代用監獄で責め続ける。こうして冤罪が起きるのです。

しかし弁護人は、たとえ依頼の相手が人間的に共感を持てな

い、嫌悪するような人間であったとしても、適正手続を確保し、被告の弁明を受け止めて、法的主張を展開しなければなりません。

5．裁判官の親検察体質
（1）刑事司法の実態と刑事弁護のマインド

こうした刑事司法の実態は、本当にこれらが文明国の刑事裁判なのかすら疑わせます。

2007（H19）年6月22日に、国連拷問禁止条約（1999〔H11〕年批准）の政府報告に対する審査が東京で行われました。「代用監獄」「長時間取調べ」「あいつぐ冤罪」に委員から「人権を守るという価値観が日本にはないのか」という声が上がったそうです（2007〔H19〕年6月22日、東京朝刊）。国連拷問禁止委員会の最終見解は、代用監獄を即時廃止し、捜査と拘禁を完全に分離するよう求めています。同委員会は、警察・検察による取調べの実態について批判していますが、現状の日本の裁判所は、違法捜査をチェックしないどころか、「人質司法」に協力するような有様です。

しかしこうした司法の状況のなかだからこそ、弁護人の役割は大変大きいといえるのです。弁護士は、権力と対抗しているという意識を常に持って、刑事弁護にあたらなければなりません。

刑事弁護のマインドはそこに尽きます。

警察、検察、そして裁判所という壁のような権力と対抗するなかで、弁護人は苦悩しているわけです。やっても、やっても跳ね返される。まさに「苦闘の刑事弁護」（若松芳也）です。

（2）裁判官によるチェック機能の不全

なぜ、日本の刑事裁判が駄目なのか。

かつて平野龍一は、「日本の刑事裁判は絶望的だ」と述べま

した[43]。何が絶望的なのでしょうか。

　先に触れたように、刑事裁判官は頭がよく、人間的にも誠実な人が多い。しかしそれだけでは足りません。裁判官はアンパイヤであり、中立公正な裁判を行わなければならないのです。裁判官が物の見方、考え方において検察官と同じであっては、とても中立公正とは言えません。

　ところが日本の裁判では、前手錠・正座させられての自白も、22時間にわたってぶっ通しの取調べの結果の自白も任意性ありという、検察に親和性があり、裁判官自身が予断や偏見を持っているとしか言えないような判断を何度も行っています。この国では、司法によるチェックは期待できないのが実態です。

（3）米谷事件
　米谷（よねや）事件という再審で無罪になった事件がありました[44]。

　被疑者は、強姦致死と殺人で起訴され、強姦致死で懲役10年の刑を言い渡され服役しました。服役して出所後、真犯人が名乗り出て、犯行を自白しました。富山強姦冤罪事件[45]と全く同じ構造です。

　検察官が米谷事件の記録を取り寄せて精査したところ、どうして有罪なのか、全く理解できなかったそうです。その検察官は、複数の検察官に米谷事件の記録を読んでもらったそうですが、それでも誰1人として有罪という検察官はいなかったのです。検察官の眼から見ても、米谷事件は無罪しかなかったのです。

　この事件も、例によって客観的証拠と合致しない自白がありました。なぜ裁判官が有罪としたのかが不思議です。さらに問題はその後の経過です。検察では真犯人を起訴し、米谷氏に対する再審請求を行うかどうかが議論されました。検事総長以下が検討した結果、真犯人は起訴、米谷氏に対する再審請求は行わない。しかし、弁護士会が再審請求をするなら全面的に協力

するという結論を下しました。

ところが東京地裁は、その真犯人の自白が虚偽であるとして無罪にしました[46]。そのときの裁判長は、後に東京高裁長官・最高裁判事にまでなっています。検事控訴がなされましたが、真犯人は、控訴審の途中で自殺し、公訴棄却で終了しました。

真犯人を無罪にした裁判官は何を考えていたのでしょうか。

確定判決を維持することが司法の権威だとでも思ったのでしょうか。司法の権威の前には、誤判にも目をつぶるということだったのでしょうか。

一方、弁護団は検察官からの協力を得て再審請求をしますが、青森地裁は真犯人の告白は虚偽であるとして再審請求を棄却します[47]。まさに「絶望的」裁判の連鎖です。この抗告審係属中に最高裁で白鳥決定（S50.5.20）が出されました。抗告審の仙台高裁は、白鳥決定に従って再審を開始しました。先述した東京地裁の裁判官や再審の原審裁判官は、確定判決の前には真実にも眼をつぶったのでしょう。

これこそ日本の司法が機能不全に陥っている象徴です[48]。

(4) 令状実務における裁判官の親検察体質

裁判官の親検察体質は、確定判決に表れるだけではありません。令状実務の運用実態も、そのことを物語っています。

たとえば保釈の運用においては、検察官が不相当の意見を出せば、裁判官はまず保釈を認めません。鹿児島選挙違反冤罪事件[49]での12人の保釈状況を見ると一目瞭然です。

①すべてを認め、公判でも争わなかった3人（後に無罪判決）は、第1回の保釈請求で保釈が許可されています

②争った被告人7名は、複数回請求した後、検察官立証が終了してようやく保釈になりました

③残りの2名は、9回と6回の保釈請求ののち、裁量保釈されています。395日もの実刑判決に相当する期間、身

柄の拘束がされていました

　本件の審理の対象は共通で、証拠の構造も共通です。刑訴89-3の「罪証を隠滅すると疑うに足りる相当の理由」は全員に共通のはずです。頑強に否認する者には身柄拘束を解かないという検察の意向を、見事に反映していますし、自白か否認かが保釈許可のメルクマールとなっていることがわかります。

　保釈だけでなく勾留の裁判も同様です。勾留の却下率は2008(H20)年で0.34％です。捜索・差押令状に至っては、0.01％です。つまり1万件に1件しか却下されません[50]。本当に勾留の要件が審査されているのか、疑問に思っても当然でしょう。

　刑訴60-1-2の「罪証を隠滅すると疑うに足りる相当な理由」は「罪証隠滅のおそれ」とは違います。ところが、否認や黙秘の場合は例外なく2号に該当するとされています。勾留延長も、「取調未了」とするだけで延長が許可されます（許可率は99.9％）。これが裁判官による令状チェックの実態です[51]。

　話題を保釈に戻します。刑訴89は、裁判官は保釈の請求があったときには、「左の場合を除いて許さなければならない」と定めています。裁判官に保釈を義務づけているのです。

　ところが、一番問題になるのは、刑訴89-4で「被告人が罪証を隠滅すると疑うに足りる相当な理由があるとき」と定めている点です。つまり何でもここに括ってしまうことができるのです。

　たとえば、覚せい剤の所持で捕まったとします。「所持」とはその人が覚せい剤を持っていたという「事実」を指し、その事実がある限り罪証隠滅のおそれはありません。ところが実際はそうはいきません。捜査官は、どこから入手したかと尋ねます。被疑者は、パチンコ屋で見知らぬ人から買いましたと答えます。そうすると、本当のことを言えとなります。いやいやパチンコ屋で買いましたとなります。それは正直に話していない

Ⅱ　刑事弁護人の使命

ということで、検察官から不相当と意見が戻ってきます。「情状」の重要な一部である入手源について虚偽の陳述や黙秘をしているということで、不相当であるというのです。

この部分は罪状と何も関係ありません。こんな運用が行われているのです。このように裁判所の令状実務の実態が、「人質司法」を側面から支えているといって過言ではありません。代用監獄とともにただちに改めなければならない問題です。

（5）思想や信条を問わない弁護

弁護人は、被疑者・被告人がどんな考え方を持っていようとも、全力で弁護しなければならないのは前述の通りです。弁護人は、依頼者の政治的意見、思想、宗教的意見、規範意識を弁護するのではないからです（前出268頁）。

裁判も思想や信条を裁くものではありません。「内心は処罰せず」なのです。しかし、かつて最高裁長官であった田中耕太郎氏が、退官後に現役の裁判官を前にして「共産主義者の言うことを額面どおりに受け取るのは危険である」と発言したことがありました。これは彼の反共確信が事実認定を左右していたことを意味しています[52]。刑事裁判の基本は「犯罪とされる行為が、合理的疑いなく立証されているかどうか」であり、被告人の思想や信条が裁判の対象でないことを、今一度思いを致すべきです。

（6）裁判官と検察の近似

私が担当した交通業過事件で、訴因が何度も変更され、およそ考え得る訴因がすべて出されたということがありました。

国選で1審を受けて、有罪（執行猶予付）。控訴審は、第1回期日で、控訴趣意のとおり、原判決の過失の構成を批判し、破棄し、原審へ差し戻しをしました。差戻審で、訴因が変更され、有罪になり、再度控訴しました。ところが第2次控訴審は、第2次1審の判決を破棄し、さらに別の訴因も考えられるとして、

再度地裁に差し戻しました。第3次1審では、検察官は第2次控訴審判決の示唆によって、訴因を変更し、結審しました。その判決言渡しの期日において、検察官から再開と訴因変更の申立てがありました。私としては、驚くしかありません。判決言渡しの日にです。いつまで訴因変更ができるかという訴因変更の時的限界という問題があります。当然、訴因変更に異議を出しましたが、裁判長は受け付けません。論告で検察官が「犯罪の証明は十分である」と述べていたにもかかわらずです。そして、その場で有罪判決の言渡しがありました。

後日、ある裁判官の送別会で、その事件の裁判長が私に「田中先生、お世話になりました」と言って近づいてきました。彼は、「あの事件は大変でした。危うく無罪にするところでした」「私が検察官に訴因変更を促したのです」といったのです。つまり、裁判長が判決の前に内密に検事と連絡を取って、訴因変更を促していたのです。

裁判官は、中立公正な審判官として、検察官が設定した公訴事実が合理的な疑いがなく立証されたかどうかを判断すればいいのです。訴因通りの事実が認められないときは、訴訟指揮権（刑訴294）、釈明権（刑訴規208）の適切な行使によって訴因変更の手続を行うべきなのです。

この事件を通して改めて痛感させられたのは、弁護人は、裁判所と検察庁という強大な権力を相手に、弁護活動を行わなければならないということです。

Ⅲ　最善の弁護活動を

この強大な権力に対して、被告人はもちろん、弁護人も徒手空拳です。

弁護人が、法に依拠して一生懸命やらない（前記団藤の「闘

争的弁護」・ABA・MR 前文［2］の zealously）と、刑事弁護は成り立たないのです。規46の「最善の弁護」は同時に誠実義務の履行です。それでも裁判所という壁に跳ね返されます。しかし弁護人の使命は、一に被告人の権利を護るということ以外にありません。この場合、楕円の論理における司法機関性は後退します。

1．最善の弁護活動
（1）積極的誠実義務の履行

　私選弁護人の場合には、依頼者との間で委任契約があり、それに基づいて弁護活動を行います。その際は、委任契約に基づく善管注意義務と、弁護人として被疑者・被告人に対する誠実義務を負っています。それは国選であっても変わりはありません。国選弁護人が委任契約と類似の関係があることは、東京地判 S38.11.28 判時354-11の判決が示している通りです53)。

　国選弁護の選任者は裁判所ですが、依頼者は常に被疑者・被告人です。その意味では、国選だろうと私選だろうと、最善の弁護活動を行わなければなりません（前出93頁）。依頼者に対する誠実義務が熱心に遂行されることが、弁護人の絶対的主題となります（積極的誠実義務）。被告人の秘密を守る消極的真実義務に加え、被告人のために最善の弁護活動を行う積極的誠実義務が求められています。

　この場合、弁護人は被告人の意思に従い、弁護人の個人的見解を優先させてはなりません。被告人の意思に反する弁護活動は、被告人の意思・自己決定権を否定するものだからです。まして、被告人に対する裏切りや、被告人に不利益となる弁護が許されるはずもありませんし、その行為は誠実義務違反となり損害賠償の対象となります。程度によっては、被告人の防御権ないし実質的意味での弁護人選任権を侵害するものとして、そ

れ自体違法とすることも可能です54)。

(2)「熱心な弁護」の具体的方法

熱心な弁護を行うためには、刑事訴訟法に精通しなければなりません。最も武器となる訴訟法を知らずして、事件を担うことはできません。そして、卓越したスキルを持って立ち向かわなければなりません。弁護士が武器にできるものはこれしかないからです。

一方権力はあらゆる装置を持っています。警察という装置、代用監獄という装置です。いつでも逮捕し、勾留し（令状主義がいかに形骸化しているか）、そして不当な方法で自白させるという装置を持っているのです。

捜査過程で弁護人になった場合、公判と違って何をすべきかが法定されていません。捜査手続の適法性のチェック、疑問だと思ったときにどんな手続をとるか、警察や検察にどのような申入れをするかには、弁護人の技量や捜査弁護についてのマインドによって顕著な差が現れます。

1度も接見に行かず、公判廷で被疑者と初めて顔を合わせた国選弁護人や、否認事件で情状のみの弁論をしたり、否認しているのに検察官提出の書証に同意した例などがありました55)。これでは被告人に対する誠実義務、善管注意義務を尽くすことはできません。

弁護人は、法に精通し、最大のスキルをもち、かつ刑事弁護のマインドに従って、最善の弁護をしなければならないのです。ここで言う最善とは、弁護士が主観的に考えるものではなく、刑事弁護を行う一般的な弁護士が合理的に考えて、最善と判断する弁護活動をいいます。前掲の東京地判の事件の弁護人は、控訴審は事後審であるので被告人と接見する必要がないという特異な考えを表明していますが、それは一般的な弁護士が合理的に考えて最善と判断する弁護活動からほど遠いものです。弁

護人の活動が「一般的な弁護士の合理的な考えにおいて最善と思われる程度」に達していないからといって、直ちに懲戒事由となるものではありません（規82-2）が、不適切弁護の逸脱の程度によっては、懲戒事由となります[56]。

2．接見の重要性

(1) 初回接見に必要な迅速性

被疑者は、逮捕・勾留という身柄拘束だけで精神的にまいっています。そのうえ、捜査官から執拗な取調べを受けています。

弁護人の仕事はまず、こうした状況に置かれている被疑者とよく接見することです。十分な接見がなければ、被疑者は一層孤立し不本意な自白に追い込まれます。

接見に十分な時間を割けない弁護士は、十分な弁護活動ができないのですから事件を受けるべきではないと考えます。ABA・MR1-1は、合理的に必要な「準備」も有能さ（competency）の一部だと述べています。捕まっている警察署や拘置所に行くだけでも時間がかかり、そのうえ、拘置所では大変待たされるのが常です。そのなかで、可能な限り早く、かつ十分な時間を取って接見しなければなりません。

とりわけ初回接見は重要です。被疑者は孤立したまま、情報が入ってこないなかで、警察や検察と対決しなければなりません。今後のこと、家族や会社のことを考え、大変な不安に陥っています。そのために、弁護人は選任後、できるだけ早く接見に行くことが大事です。

国連の「弁護士の役割に関する基本原則」の第7原則は「政府は、さらに、刑事上の嫌疑を受けていると否とを問わず、逮捕又は抑留された者が、遅滞なく、遅くとも逮捕又は抑留のときから48時間以内に、弁護士へのアクセスがなし得るよう保障するものとする」とし、第8原則は「逮捕、抑留又は拘禁され

た者は、遅滞、妨害あるいは検閲なく、完全な秘密を保障されて、弁護士の訪問を受け、ならびに弁護士と通信、相談するための十分な機会、時間および設備を与えられるものとする」と定めています。これらの原則を見るだけでも、被疑者との接見の重要性が理解できるでしょう。

(2) 不安を取り除き、必要な情報を与える

最判 H12.6.13 民集54-5-1635・判時1721-60は、初回接見の申出を受けた捜査機関は、接見指定の要件が存在する場合であっても、捜査に顕著な支障を生じさせない限り、速やかな接見ができるよう時刻と時間を指定しなければならないとし、接見日時を翌日に指定した措置が違法とされています[57]。最判は、今後捜査機関の取調べを受けるにあたって、弁護士から助言を得る最初の機会であることを重視しています。弁護人になろうとする者と被疑者の初回接見は「弁護人を依頼する権利を与えられなければ留置又は拘禁されない憲法上の保障」と密接に関係し、弁護人選任の機会を与えないまま取り調べることは、弁護人依頼権を無視することにもなりかねません。

このように初回接見と次回以降の接見は意味が違います。

初回接見では、何時まで身柄拘束が続くのか(これが被疑者の最大の関心事です)、黙秘などをすることで不利益はないかなどについて説明をします。被疑者側で家族や会社に伝えたいこともあります。

弁護人は、黙秘権の行使や否認を行った場合、現在の保釈の運用状況下では、保釈が絶望的であることの説明を含めて、被疑者の不安や疑問を1つずつ取り除いていかなければなりません。被疑者が選択するための情報を与えることが大切なことなのです。

(3) 連日接見の必要性

被疑者が無罪を主張している場合、弁護人は被疑者を防御す

るため、連日接見(毎日欠かさず接見すること)を行う必要があります。自分が行けない場合も、他の弁護士に依頼するなどの手配をしなければなりません。

もし何日間か接見できない日があれば、「自白」の危機だと思ったほうがよいでしょう。被疑者の無罪がかかっているときに週1回の接見などは許されません。よって接見に行く時間のない弁護士は、受任すべきではないのです。1人による弁護が困難なときは弁護団を組み、十分な接見体制を作っておくことが大事です。

(4) 依頼者の意思、希望の確認

接見のもう1つの重要な役割は、依頼者の意思、希望を確認することです(規22)。最終的な利害の帰属者は被疑者・被告人本人なので、被疑者・被告人が自らの責任で選択しなければなりません。たとえば弁護人が、関係証拠から正当防衛が成り立っていると判断した場合でも、被疑者が暴行に関与していないと主張するような場合は、本人の選択を優先させるしかありません。

前述したように、弁護人は依頼者から独立していなければなりませんが(前出40頁)、だからといって、弁護士が依頼者の意向を無視してよいということではありません。また、弁護士の判断の専門的裁量性が認められるからといって、本人の意思を無視してもよいことにはなりません。

弁護士の判断と被疑者の望む方向が違う場合は、接見のなかで双方の主張の利害得失を十分説明し、納得をさせる過程が不可欠です。そのうえで、被疑者に最終的な決定をする機会を保障すべきでしょう。それが規22の「依頼者の意思を尊重して職務を行う」と合致する解釈だと考えます。

供述証拠に対する同意・不同意についても、法は、弁護人の権利としては定めていません(刑訴326-1)。判例が被告人の意

思に反する弁護人の同意を無効としているのもこのためです[58]。
 (5) 罪証隠滅等の拒否
 被疑者・被告人の意思を尊重すべきといっても、それが被疑者・被告人の違法行為に加担することを意味するものではないことは当然です。被疑者が弁護人に罪証隠滅を求めても言下に否定しなければなりません。
 また、私選弁護で弁護士費用を負担する者と被疑者・被告人の意思が各々違っている場合があります。こうした場合は弁護士費用を負担する者の意向に従ってはいけません。弁護人が護るべきは、被疑者・被告人以外にありえないからです。

3．防御権等の説明

 初回接見において弁護人は、被疑者に対し、黙秘権などの憲法・刑事訴訟法に定めている防御権について説明しなければなりません。

 黙秘権を行使しても格別不利にならないこと、黙秘権の行使によって何かを強要されたら、すぐに弁護人接見を求めることなどです。そのうえで、被疑者に黙秘権を行使するか否かを選択させます。

 勾留中、被疑者は捜査官と四六時中顔をつき合わせています。そのなかで黙秘権を行使し沈黙を貫くことはたいへん苦痛です。そのうえ、捜査官が「お前馬鹿だなぁ。弁護士なんて金儲けのためにやっているんだ。弁護人に期待するな。俺がうまく取り計らってやる。弁護人と俺のどっちを信用するんだ」「私選弁護人だと100万や200万できかない。弁護人を辞めさせたらどうか」「弁護士は何の役にも立たない」などと、被疑者と弁護人の間に不信の楔を打ち込もうとします。このような場合、接見が何日間もなければ、被疑者は耐えられずに自白してしまうことになります。

Ⅲ 最善の弁護活動を

　また本人が否認している場合、弁護士は、その否認が客観的証拠と適合しているかどうかをチェックしなければなりません（ただし検察官の手持証拠が開示されていない現状では限界があります）。そのうえで、否認の理由があると判断したときは、否認を貫くよう激励しなければなりません。さらに適正手続の観点から、強制や偽計といった違法な捜査が行われていないかを確認しなければなりません。

　被疑者に「被疑者ノート」を作らせることも有効です[59]。このノートは、単に任意性を損なう事実を記載するのみならず、捜査官がどこに狙いを定めて捜査しているかがわかります。「被疑者ノート」を作らせないために、警察が令状をとって差押えをした例もありますが（前出鹿児島選挙違反冤罪事件）、私は差押令状を出した裁判官こそ、国家賠償に値すると考えます。

　接見が終わる前に必ず次の接見の約束をします。次回、いつ来るとわかっていれば、被疑者が精神的に楽になるからです。こうした接見を繰り返して、弁護人と被疑者の間には絶対的な信頼関係ができあがります。このように、ある意味で刑事弁護の弁護人の仕事は力仕事といっていいでしょう。

4．身柄の解放

　先に述べたように代用監獄と人質司法こそ冤罪の温床です。だからこそ、規47は、「身体拘束からの解放に努める」とし、弁護士の努力義務を規定しています。人質を取り戻すことこそ大事なのです。

　被疑者の身柄を解放するためには、保釈、保釈の却下決定に対する準抗告、勾留に対する準抗告、勾留理由開示、勾留取消請求といった刑訴法上規定されている手続をとります。そのためには、裁判官の勾留質問前に被疑者と接見し、勾留質問に対する応答内容の打合せが不可欠となります。また勾留の必要性

がないことを裁判官に面談して訴えることも必要です。被害が軽微で被疑者が認めている場合は、早期に被害弁償を行うことも身柄の解放に繋がります。

しかし先程述べた通り、裁判所はなかなか受け容れません。囲い込んで、吐かせるという仕組みに固執しているからです。令状主義は、今や換骨奪胎といっていい状態です。本来の令状主義は、捜査官の判断とは異なる裁判官の法に従った判断に期待するシステムのはずですが、令状の却下率（前出272頁）を見ると正常に機能しているとはいえません。

5．まとめ

規46の「最善の弁護活動」とは、積極的な誠実義務の履行です。前述した接見はもちろん、記録を何回も読み返し、想像力を働かせて、矛盾や問題点を見出す作業も重要です。できれば現場へ足を運びたい。こうした弁護活動の基本の「き」が、有効な反対尋問をするためには必要なのです。そのうえで「闘争的」な弁護活動を展開しなければ、権力に対抗することなどできません。

Ⅳ　不適切弁護を考える

1．不適切弁護とは

弁護人として、行うべきことを行っていない、行ってはいけないことを行うという消極的な誠実義務違反を、不適切弁護といいます。

不適切弁護には、被疑者・被告人の意思に反する弁護活動をはじめ多数あり、いちいち例をあげ切れません。以下では代表的なものを示します。最善弁護どころか最低弁護の例といってよいでしょう。これらの不適切な事例を反面教師として、逆に

適切な弁護について考えてみてください。
　(1) 被告人の言い分を十分に聴取しない
　前出の東京地判S38.11.28判時354-111は、国選弁護人が控訴趣意書に「被告人の行為には、戦慄を覚える。そして、原判決（死刑）が相当である」と書いた有名な事件です。弁護人に控訴理由を調査し、被告人の言い分を十分聴取する義務を怠ったとして誠実義務違反を認めました。
　(2) 無罪を主張する被告人を無視し、量刑不当を主張する
　東京高判S60.6.20判時1162-168は、被告人が正当防衛の主張をしていたのに、弁護人が量刑不当の控訴趣意書を提出した事件です。被告人は、その控訴趣意書の陳述を拒絶しています。弁護人は、被告人を唯一ガードする人間です。被告人が無罪を主張しているのに、罪を認めて量刑不当の主張することが許されるわけがありません。
　(3) 否認事件で、証拠請求に同意する
　仙高判H5.4.26判タ828-284や、大阪高判H8.11.27判時1603-151は、被告人が公訴事実を否認しているのに、検察官の証拠請求に全部同意した事件です[60]。おそらく、弁護人は十分な接見をせず、記録を十分に読み込むこともせず、被告人が何を主張しているのかわからないまま同意してしまったのでしょう。防御の主体は被告人であり、弁護人はそれをサポートする立場です。弁護人の専門性や独立性を考えても、弁護人は主人公ではないことを銘記すべきです。
　(4) 被告人に不利益な弁護
　大阪地堺支部判H1.3.2判時1340-146は、5人の共犯のうち、4人は殺人事件を一貫して否認していました。ところがあとの1人は警察官の暴行を受け、自白（供述）したのです（大阪高判H10.2.27判時1633-37は、警察官の暴行を認定しています）。被告人は公判で、暴行による自白であったとして否認しました。

にもかかわらず、弁護人は罪を認めたほうが有利になると被告人に勧め、被告人はそのアドバイスに従い、弁護人は有罪を認めて情状の弁論をしました。判決は懲役10年で被告人は服役しました。

ところが争った残り4人は無罪となり、1人だけ服役する結果になりました。その1人について、後に再審が開始され、その被告人も無罪となりましたが、その弁護士は戒告処分を受けました。暴行を受けた状態で自白させられたにもかかわらず、情状だけの弁護活動をしたからです。これは闘争的弁護と対極の弁護といっていいでしょう。

（5）守秘義務違反

大阪高判H4.3.12判タ802-233は、接見中の被告人との会話を公判廷で明らかにした守秘義務違反の事件です。消極的な誠実義務違反にあたります。裁判は1審で無罪。控訴審において捜査段階での私選弁護人（後に辞任）が証人として呼ばれ、「接見したときは、認めていました」と証言。秘密交通の中身を法廷で暴露してしまったのです。秘密交通権を自ら放棄してしまった例です。この弁護人は懲戒処分（戒告）となりました（前出152頁）。

（6）弁護人としての基本姿勢

これは、弁護人が酒気を帯び酒臭を発しつつ公判廷に出廷したり、被疑者と接見した例です。不適切弁護以前の、弁護士の業務に臨む基本姿勢の問題です[61]。なおこの弁護士は「鬱状態」にあり、有能な代理ができる身体的条件を欠いていました（ABA・MR-1-16-(a)-(2)）。そしてこの場合は、当該弁護士だけでなく、所属弁護士会が「鬱状態」の弁護士を国選弁護人に推薦していたこと自体、国選弁護制度の不適切な運用と言えます。

（7）懲戒事由

不適切弁護は懲戒事由でもあります[62]。このような弁護は、消極的誠実義務に反するものだということをよく認識してください。

V 弁護人の真実義務

1. 消極的真実義務の根拠

刑事弁護は、国民の生命と自由に密接に結びついていることは、冒頭で述べた通りです。そして、弁護人の役割は検察官の役割とは相容れません。弁護人の役割はひたすら被告人を護ることであり、それが「最善の弁護」（規46）であり、誠実義務の履行なのです。

先ほども触れたように、刑事弁護においては、弁護人の司法機関性は後退します。2つの中心点を持つ、「楕円」ではなく、中心点が1つの「円」の論理に近くなるのです[63]。依頼者の利益と弁護士の司法機関性を天秤にかけるとすると、刑事弁護では依頼者の利益が優先されます。

弁護人が検察官に協力し、被告人の不利益に行動したならば刑事弁護は成り立たず、憲法・刑訴法で保障された被告人の防御権や弁護人依頼権が無意味になってしまいます。

検察官出身の林菜つみ弁護士が、札幌弁護士会の会報に「弁護人に真実義務はないのか」という論稿[64]を寄せています。林弁護士は「できる限り、実体的真実と訴訟的真実が一致するように努力することが、裁判官、検察官、弁護士すべてを含めた法曹としての使命ではないかと思う」と述べています。首肯したくなる主張ですが、林弁護士の主張を認めたならば、誠実義務や守秘義務によって被疑者・被告人の権利を権力から護ることができません。

第10講　刑事弁護における倫理

　刑事弁護では、原理的にも積極的真実義務の登場する余地がないのです。たとえ、否認を続けていた被告人が「実は自分がやったんです」と打ち明けても、弁護人は、被告人に対する誠実義務・守秘義務からも、被告人の告白を暴露したり密告することは許されません。そして犯罪の立証が不十分であるなら、その点を衝いて無罪主張をしなければならないのです。

　実体的「真実」の発見といっても、結局は、訴訟手続のなかで当事者双方が攻撃防御を繰り返すなかで、裁判官が発見する訴訟的真実（訴訟法的真実という人もいます）であり、神のみぞ知る真実ではありません。たとえば冤罪事件の確定判決が認定した事実は、実体的真実から遠く離れた訴訟的真実です。田中森一氏が『反転』で述べているように、検察官が立証しようとしている真実とは、警察・検察が描いたストーリーなのです[65]。松川事件で検察官が「諏訪メモ」があることを知りながら、首謀者が共謀の現場にいたと主張したこと、徳島ラジオ商殺人事件で、検察官が2人の少年を脅迫し続けたこと、鹿児島選挙違反冤罪事件で、架空の会合というストーリーをでっち上げたこと。これら捜査官の描いたストーリーを、もし弁護人の不適切な弁護で認めてしまったら、その「訴訟的真実」が認定されるのです。

　このように考えると、実体的真実主義の「真実」とは、訴訟的真実にすぎないことがわかります[66]。そうだとすると、弁護士の負っている真実義務は、当事者主義のもとで訴訟的真実発見のための攻防を展開することに尽きるのではないでしょうか。また訴訟的真実は、適正手続のなかで発見されなければなりません。弁護人の役目は、あくまでも適正手続が履践されていることを確認したうえで、検察官の立証に疑問を呈することです。

　一方、訴訟的真実と実体的真実が一致しなくても、裁判はできる限り実体的真実に近いものでなければなりません。それが

V 弁護人の真実義務

裁判のあるべき姿です。虚偽の証拠や証言によって裁判を誤らせてはならず、そのために法制上も偽証罪、証拠隠滅罪等が法定されているのです。

　だからといって、検察官の負っている立証責任まで弁護人が負担しているわけではありません。弁護人は前記の義務の範囲内で、裁判所の真実発見に協力します（消極的真実義務）。規5では「真実を尊重し」とありますが、規82-1で「第5条の解釈適用にあたっては、刑事弁護においては被疑者・被告人の防御権並びに弁護人の弁護権を侵害することがないよう留意しなければならない」と規定し、弁護人に積極的真実義務がないことを明確にしています。まして知り得た被疑者・被告人の秘密を捜査官に密告することなどは、誠実義務・守秘義務の点からも認められません（前出不適切弁護）。結局、弁護士に課せられた真実義務は、偽の証拠を出してはならない、虚偽の証言をするよう唆してはいけない（規75）という消極的真実義務に止まるという結論に辿りつきます[67]。

　ですから、弁護士が検察官とともに真実発見に協力し合うということは、考えられないのです。

　前述した「フリードマンの3つの難問」の1つに、「偽証することがわかっている被告人や証人を証言台に立たせるべきか」というのがありました（前出103頁）。これまで説明した消極的真実義務を問う問題です。これは偽証の証拠を本物と偽って裁判所に出す行為に近いといっていいでしょう。つまり、弁護人は、このような被告人や証人を証言台に立たせるべきではありません。場合によっては、弁護人が偽証の共犯（身分なき共犯）か教唆犯となります。弁護人は、証人コーチ（前出103頁）のうえで尋問しますから、偽証の内容を知らなかったというのは通用しないのです。もし被告人が偽証するとわかっている証人の申請に固執するなら、辞任や解任を考えるべきです。

2．身代り犯の問題
（1）身代り犯の例

　身代り犯の問題は、まさに弁護人にとって、義務（真実義務と守秘義務・誠実義務）の衝突があり、立ち往生してしまうものです。例をあげて考えてみましょう。

　暴力団の組長Aは拳銃を発射して人に傷害を負わせました。ところがAは、Aの配下である幹部Bに身代りをさせ、「拳銃を発射したのは俺だ」と名乗り出て自首をさせました。Aは、Bのために弁護人Cを選任し、そのときにBは替え玉であることを打ち明けています。Aの依頼の趣旨は、Bを替え玉にして偽りの有罪判決を受けることと、それによってAが刑を免れることです。さて、弁護人Cはどうすべきでしょうか。

　まずBの行為が、刑103にいう犯人を隠避させる行為であることは明らかです。この行為自体が犯罪です。CがAの依頼の趣旨に即した弁護活動を行うとすれば、Aが犯人であると指摘せず、Bの情状のみを弁護することになります。

　しかしながら、そもそもBに偽りの判決をとり、Aを逃すという依頼の趣旨は、「正当な利益の実現」（規21）とはいえませんし、弁護人の公共的責務からも許されません。逆に事情を知りながら、Bが実行犯であることを前提に弁論を行うことは、弁護人もBの犯人隠避罪に協力することになります。

　何より刑事裁判の大原則は、無辜の者には無罪判決をという無辜者不処罰の原則です。無実の者を刑務所に送ることは、冤罪であろうと身代り犯人であろうと許されません。無辜の者を刑務所に送らないことが、依頼者に対する誠実義務を尽くすことになります。

　さらにBを実行犯であるとして弁論することは、積極的に裁判所を騙し（規75の類推適用）、被告人や証人に偽証させる（偽証の教唆）結果となります[68]。これらは規5・75の「消極的真

実義務」にも反します。何より弁護人はこのような犯罪には加担すべきではありません[69]。

ただし、CがAを真犯人として公表することは、Bを犯人隠避罪で告発するのと同じ効果をもちますので適切ではありません。弁護人自身が犯人隠避や偽証の教唆の容疑で取調べを受けた場合にのみ、公表が許されます（前出155頁）。

したがって、事前に身代り犯であることがわかっていたときは、弁護士倫理のうえからも身代り犯の弁護を拒絶しなければなりません。また、途中でわかった場合は辞任しなければなりません。しかし辞任は許されないという考え方もあります。なぜなら、その弁護人が辞任しても、同じ問題が次の弁護人に先送りされるだけだからです。

これが国選弁護であったときは、一層問題が複雑になります。国選弁護人には、辞任の自由はありません。刑訴38の2を適用できないのです（後出292頁）。そのうえ、守秘義務があるので、裁判所にBが身代りだと申し出ることもできません。国選弁護人に許された途は、Bが身代り犯であることを指摘することなく、立証の不備を指摘して無罪の弁論をするか、不本意ながらBの情状を弁論するしかありません。

弁護人の消極的真実義務を履践するために、Aが実行犯であり、自分は実行していないとBにいわせる途もあります。その場合は、B自身が犯人隠避罪で処罰されることを覚悟させなければなりません。

私選弁護人のCが辞任しないまま、BにAが実行犯であると告白させようとすれば、Aと軋轢が生じる可能性があります。

身代り犯の場合、弁護人には、上記のように著しい義務の衝突が起こります。無実の者を刑務所に送るべきではないと思いながら、不承不承身代り犯人の情状弁護をする、その一方で内心は裁判所を騙してはいけない、あるいは犯人隠避の共犯にな

ってはいけないと思い悩む結果となります。

身代り犯の弁護は、弁護方針いかんによっては、懲戒だけでなく刑事罰もありえます。慎重にかつ、名を惜しむべきです[70]。

Ⅵ 国選弁護人の倫理

1. 国選弁護人の地位と辞任の可否
(1) 国選弁護人の地位

憲37-3は、刑事被告人に弁護人依頼権および国選弁護人による弁護を受ける権利を保障し、これを受けて刑訴36は「裁判所は、その請求により、被告人のために弁護人を附しなければならない」としていました。国選弁護人は、起訴されてはじめて選任されていたのです。

ところが、2004 (H16) 年の刑訴法改正により、2008 (H20) 年から、一定の重罪事件 (死刑・無期または短期1年以上の懲役・禁固にあたる罪の事件) において勾留状が発せられている場合は、被疑者のために弁護人を附さなければならないとなりました (刑訴37の2)。

これは憲34を実質化した改正といえます。「人質司法」を是正するため、長年の間、日弁連が被疑者国選弁護人制度の創設を訴えてきた成果だといっていいでしょう。また、会員の負担で当番弁護士制度を運営した実績が、被疑者国選弁護制度導入につながったと思っています。

今後、重罪事件のみならず、身柄拘束を伴う事件については、段階的に全件国選弁護人が選任される見込みです。被疑者国選弁護は、2009 (H21) 年からは「短期1年以上」の犯罪から「長期3年を超える」犯罪に拡大されます。被疑者国選の対象事件の数が大幅に増えました。そのうえ、2008 (H20) 年11月から国選の少年付添事件の発足もあり、弁護士が大量に必要で

す。

(2) 法テラスによる選任の手続

現在、国選弁護人選任の事務手続は、総合法律支援法によって設立された日本司法支援センター（愛称：法テラス）が行っています[71]。法テラスが国選弁護人の候補者を裁判所（裁判長・裁判官）に指名・通知し、裁判所が国選弁護人を選任することになります。

法テラスは、法務省の機関ですので、弁護人の個々の弁護活動が、法務省によってチェックされるのではないかと危惧されてスタートしました。弁護士の職務の独立性と前述した刑事弁護における権力との対抗性についても議論がありました。しかし、地方事務所の所長に弁護士を指名するなど法テラスの運営に弁護士会が関与し、個々の弁護活動の介入にならないよう配慮しています。また、国選弁護人となろうとする者は法テラスと契約しなければなりませんが、弁護士会が作成したリストに従って契約がなされています。このように、法テラスが個々の弁護活動の内容に介入できないシステムの維持が必要です。

(3) 法テラスの運用

国選弁護の選任は法テラスからの指名・通知にもとづいて裁判所が行いますが、国選弁護報酬の算定および支払いは法テラスが行います。

法テラスは、「国選弁護人の事務に関する契約約款」を定め、機械的に報酬額を算定しています。従前は、刑訴費8-2により国選弁護人に支給すべき報酬の額は、〈裁判所が相当と認めるところによる〉となっていました（総合法律支援法39により同法の適用はなくなりました）。しかし、法テラスは国選弁護報酬を上記約款に従い、「基礎報酬＋日当加算」方式で機械的に算定します。無罪や一部無罪の判決がでた場合は若干加算されますが、基本的にはどんなに立派な弁論要旨を書いても、日当加算

のみであり、低廉にすぎます。時給単価が500円を割り込む場合もあります[72]。地裁の単独事件（実質開廷日1日、判決言渡し1日）の基礎報酬は7万7,000円＋公判加算5,800円＋判決立会い3,000円であり、低廉であることに変わりはありません[73]。国選事件が「酷銭事件」と呼ばれる理由がここにあります。

（4）国選弁護料の負担

なお、国選弁護料は被告人に負担させることが原則です（刑訴181）が、実際に被告人に負担させる例は多くはありません。なお、人権規約Ｂ規約14-3-(d)（1979〔S54〕年に条約として批准）は「十分な支払い手段を有しないときは、自ら負担することなく弁護人を付される」と規定しています。

（5）国選弁護人の最善弁護義務と誠実義務

当然のことながら、国選弁護人は依頼者（被疑者・被告人およびその親族）と委任・準委任の契約関係にはありません[74]。しかし国選弁護人は、被疑者・被告人に対し、私選弁護人同様の最善弁護義務・誠実義務を尽くさなければならず、弁護活動には全く差はないと考えなければなりません。国選だから接見は1回でよいとか、保釈の必要はないとか、被害弁償を行わなくてもよいということは全くの誤解であり、国選弁護人の誠実義務に違反することになります。国選弁護人の不適切な弁護に対して懲戒処分がなされた例は、本講注54の通りです。ひとたび国選事件を受任したなら、私選弁護人と同様、闘争的で熱心な（zealous）弁護を行わなければなりません。被告人に不利益な弁護活動[75]は、実質的弁護活動とはいえませんし、全く弁護人がいないのと同様です。弁護人依頼権の否定です。

（6）国選弁護人の辞任と解任

国選弁護人は、被疑者・被告人と全く関係なく、選任されます。そのため、なかには無理難題をいう被疑者・被告人もいます。自分勝手で偏狭な考え方に固執したり、思想上の相違から

弁護活動を批判する者もいます。そのため、弁護人と被疑者・被告人との間に、信頼関係が形成できない場合があります。十分な意思の疎通ができないため、実質的弁護活動も困難となります。私選であれば辞任することも解任することもできますが、国選の場合には、制度として辞任はありません。解任の裁判があって初めて、弁護人の地位を解かれます[76]。

このように国選弁護人は、被告人との信頼関係が形成できないときでも、辞任できないのです。2004（H16）年の法改正で、国選弁護人の解任の規定（刑訴38の3）が新設され、裁判説が法制化されました。

(7) 被告人に責のある国選弁護人の解任

信頼関係が破壊され、国選弁護人が出廷しない場合（脅迫によって出廷できない場合を含む）、裁判所はどうすべきでしょうか。

信頼関係の破壊について、被告人に帰責事由があるときでも、必要的弁護の例外を認められないと考えるでしょうか[77]、あるいは、被告人にはもはや誠実に弁護人による弁護を受ける意思がないと考え、弁護人不在のままでも審理を強行するでしょうか[78]。これは大変微妙で難しい問題です。

注77と78の判決は同一事件の第1次1審判決と第1次控訴審判決です。控訴審判決は「選任された弁護人が弁護を尽くせないことについて被告人に帰責事由がある場合、弁護人による弁護を与えなくてよいとするのは背理である。被告人の言動がいかに不当なものであろうとも、（出頭）可能である限り、刑訴法289の例外を認める根拠となりえない」と述べています。一方、1審判決は、「必要的弁護事件において、弁護人が出頭せず、そのことに被告人に帰責事由があるとき、なかんずく被告人が必要的弁護制度を濫用して訴訟の遅延を図り、自らも出頭拒否を重ねているような場合、（中略）やむを得ず必要な限

度で刑訴289の例外を認め、弁護人不在のまま審理することが例外的に許容される場合がある」と述べています。

この事件は、住居侵入、暴力行為の単純な事件ですが、起訴から1審判決まで約10年を要し、この間に8名の国選弁護人が選任されては解任（実質辞任）されるという異常な事件でした。差戻審でも国選弁護人が不出頭のまま結審していますが、国選弁護人は被告人から暴行を受けたばかりでなく「裁判になればわしの家庭も不幸になるが、お前とこの家族の両手がそのままあると思っていたら間違いだぞ」などと常識では考えられない脅迫を受けています。結局、差戻後の1・2審、最高裁とも、弁護人不出頭のまま公判が行われたとしても、刑訴289の例外として許容されると解しています。

（8）国選弁護人解任後の新たな弁護人の選任

裁判所が解任命令を出した場合（被告人に解任の責がある場合）は、弁護人不在となります。そこで、被告人は新たな国選弁護人の選任を裁判所に要求することができるでしょうか。

最判S54.7.24刑集33-5-416・判時931-3は、裁判所が被告人らに新しい国選弁護人に無礼を働かないことを約束しなければ、再選任をしない旨伝えたところ、被告人全員が約束を拒絶したという事例です。そのため、国選弁護人の再選任が行われないまま、手続が進められました[79]。上記最判は、形式的に国選弁護人選任請求があっても裁判所としてはそれに応ずる義務を負わないと解するのが相当であるとしています。つまり、被告人に弁護人に対する無礼があり、被告人は弁護人選任権を濫用しているというものです。

2．国選弁護人の退廷・不出頭

弁護人が、裁判長・裁判官の訴訟指揮に抗議する目的で、退廷したり出廷を拒否したことがありました。

この場合も弁護人不在となりますが、この弁護人不在は前述の1-(7)と異なり、被告人と弁護人が意思を通じての退廷、あるいは不出頭による不在です。これに対して裁判所は、弁護人不在のまま訴訟を進行させました[80]。法務省と日弁連の間で激しい対立があり、「弁護人抜き特例法案」(つまり弁護人なしでも訴訟手続を進行できる特例法案)が上程されるに及び、日弁連がこうした訴訟活動は厳に慎むよう指導することとし、1979 (S54) 年に「刑事法廷における弁護活動に関する倫理規程」を制定したのです。

同規程は、弁護人は正当な理由のない不出廷・退廷および辞任等不当な活動をしてはならないことを明記しています。会規ですので、違反した場合は懲戒処分の対象となります。これによって法務省は、弁護人抜き法案を撤回しました[81]。今日では、弁護人は、出廷した以上、正当な理由もないのに退廷することは許されません(刑訴278の2)。

3．国選弁護報酬

(1) 国選弁護人の報酬について

刑訴38-2では、国選弁護人は「旅費・日当・宿泊料および報酬を請求することができる」としています。しかし前記のとおり、現在は法テラスが国選事務を担っており、法テラスから報酬や日当・謄写料などが支払われています。1-(3)で述べたように、報酬は大変低廉です。この国選弁護人の報酬決定に不服の場合、国選弁護人はどうすればよいでしょうか。

実は不服申立の方法はありません[82]。法テラスになってからも、不服についての司法的救済はありません。こうした環境の下でも国選弁護人は、被告人を防御し、司法制度を維持するために、熱心な弁護活動を行わなければなりません。

(2) 報酬に関する倫理

国選弁護人は、依頼人から名目のいかんを問わず、金銭を受け取ってはなりません（規49）。国選弁護人の報酬（対価）受領に関する懲戒事例は、多数あります[83]。交通費・コピー代などの実費、身柄引受料、保釈成功報酬、示談交渉報酬、その他どんな名目でも、金銭を受け取ってはならないのです。また金銭以外、たとえば商品券・ビール券でも同じです。実際に支出した旅費などの実費も受け取ってはなりません。また、被疑者・被告人やその家族から社会的儀礼を超えた飲食にあずかることも許されません。もちろん、架空のコピー費用を法テラスに請求することはもちろん懲戒事由[84]であると同時に、詐欺罪にあたります。

(3) 国選から私選への切り替え勧誘の禁止

国選を私選に切り替えるよう持ちかけてもなりません（規49-2・弁護士会の承認を受けて、切り替えを認めている単位会もあります）。たとえば被告人の親族が国選では十分な弁護をしてもらえないと誤解し、私選への切り替えを要望することがあります。その場合は、国選であっても私選と何ら変わらない弁護活動であることをよく説明し、誤解を解かなければなりません。依頼者からの希望で切り替えたとしても、その事情は裁判所にわかりませんので、国選弁護人が依頼者に働きかけて私選へ切り替えたと疑われます。切り替えを求められたとしても断ることが基本です。李下に冠を正さずです。

Ⅶ 共犯の同時受任について

(1) 共犯弁護と利益相反

第5講で、弁護士が職務を行うことができない事件として、法25、規27、28の利益相反行為について説明しました。その亜

Ⅶ 共犯の同時受任について

型である共犯事件の利益相反について述べてみたいと思います。

なぜ、刑事弁護における共犯の受任が問題になるのでしょうか。

それは共犯者相互に利害の対立する事件が大部分だからです。同じ共犯といっても、一方が自白し他方が否認している場合もあります。双方が認めていても、どちらが首謀者であったかによって情状も量刑も違います。また公判の当初は足並みが揃っていても、公判の過程で一方の被告人と他方の被告人との利害が反する場合があります[85]。このように共犯者間で全く利害が対立しない事件は稀であり、そのために原則的には1人の弁護人が2人の被告人を同時に弁護することはできません。

なぜなら、1人の被告人（以下A）のために最善の弁護を尽くそうとすると、他の被告人（以下B）から知り得た情報を使いながらBを弾劾し、あるいはBのために、Aから得た情報をもとにAを弾劾することになるからです。もし双方に誠実義務を尽くそうとすると、被告人間で争点となる事項について証拠調請求を行わなかったり、被告人質問や弁論において争点を意図的に避けるようなことになります。結局消極的な弁護に終始せざるを得なくなり、実質的弁護を受ける被告人の権利が侵害されることになります。利益相反する2人の被告人を1人の弁護人が弁護することは、原理的にも矛盾した弁護活動になるのです[86]。

ただし、顕在化している利害の対立が無視できるものであり、将来より利害の対立する場合には、双方を辞任することもあると説明し、その承諾を得たときは、受任することができます。規32は「事件を受任するにあたり、依頼者それぞれに対し、辞任の可能性その他の不利益を及ぼすおそれのあることを説明しなければならない」とし、弁護人に利害対立の場合の説明義務を課していることからも理解できます。刑訴規則29-5は、「被

告人または被疑者の利害が相反しないときは、例外的に複数の被疑者・被告人を同一の弁護人に弁護させることが出来る」としています。この「利害が相反しないとき」の解釈について、判例は概して寛大です[87]。

（2）双方辞任

そのため、（1）の考え方に立って、利害対立が顕在化したときは、誠実義務・守秘義務の関係からも、一方の弁護人に留まることは許されず、双方の弁護人を辞任しなければなりません。被告人らは各々新しい弁護人によって弁護されるのです。また同一弁護人選任について、共犯者の同意や承諾があっても、原理的には許されないと解すべきです。これが被告人に対する誠実義務であると考えられていました。

（3）情状に関する利害対立の場合

ではそもそも、利害対立が顕在化していない事件はあるのでしょうか。

注87(3)で述べたように、情状に関する利害対立は、裁判所によって「些細な点」「多少の食い違い」あるいは「それ程影響のある争点」とはいえないとして否定されています。これは被告人双方にとって不幸なことです。なぜなら裁判所自体が、情状は「どうでもよい」といっているようなものだからです。弁護人が被告人双方に対する誠実義務を尽くせない状態に追いこまれても、なお「些細な点」として無視されているのです。これは露骨な弁護無用論が裁判所によって展開されているといっても過言ではありません。

（4）一律的な同時受任禁止論の合目的性と合理性

では、（1）の一律的な同時受任禁止論（例外許容）は、弁護活動を行ううえで、常に合目的的で合理的でしょうか。

利害相反が顕在化したら双方辞任するというのは、一見すると依頼者に対する誠実義務、守秘義務を履行しているように見

えます。しかし利害対立が顕在化したときは、従前の弁護人が辞任し各々に新しい弁護人が付くため、新しい弁護人は、従前の弁護人からの引き継ぎだけでなく供述調書や尋問調書も読み直さなければならず、本書でこれまで批判してきた調書裁判の弊害が出てしまいます。ということは、(1)の考え方も満足できるものでないことに気がつきます。しかも共犯事件の大部分が共犯者相互に利害対立を含まざるを得ない実情を考えると、起訴時点で国選弁護人を1人だけ選任することは一層不合理です。

(5) 共通弁護の利益

さらに共犯事件においては、各被告人が1人の弁護人による「共通弁護」を受ける利益があることにも思いを至らせなければなりません。特に、選挙違反、会社事件や労働公安事件などの組織的事件では、「共通弁護」を受ける利益が大きいのです[88]。労働組合の組合員は同志的な結合があり、主観的にも客観的にも利害は一致しています。よってこの場合は、逆に同時受任が必要となります。

捜査官の関心がどこにあるのか。何をディフェンスすべきかを共通化できれば、防御方法もずいぶん違ってきます。鹿児島選挙違反事件でも、当初は弁護人の足並みが揃っていなかったそうです。同事件ではでっち上げ事件の特質として、会合の回数について1回が2回になり、2回が3回、そして3回が4回になったと1人が供述すると、すべての被疑者がそれに合わせて供述を変えています。見事なほど供述の変遷が符合しているのです。これは共犯事件において特徴的な現象です。同一の弁護人がこれらの供述状況を把握して適切なアドバイスを行っていれば、相当防御できたのではないかと思います。

しかしこれは、あくまでも利害が主観的にも客観的にも一致している限りにおいてです。その一方で接見禁止の問題が必ず

あります。共犯事件では必ず、情報の分断と分断状態を利用しての自白の獲得が行われています。他の共犯者の情報を伝えることも大事です。それによって、分断された共犯者に精神的な連帯感が生まれ、捜査官と対抗できるのです。また共犯事件では、トリック（偽計）が使われます。このトリックを見破り、トリックに引っ掛からないようアドバイスをするのが弁護人の役割です。同時受任には共通弁護の利益が顕著に出ます。

(6) 共犯弁護を担うための2つの価値

このような事件の場合には、共犯者各々に弁護人が個別についていることが、必ずしも被告人に有利とは限らないのです。このように「共通弁護」の利点を生かせる事件とそうでない事件があることに気づかなければなりません。この2つの価値（共通弁護を受ける価値と、誠実義務・守秘義務を履践する価値）を比較しながら、共犯の刑事弁護を担っていく必要があります。

注)
1) 徳島ラジオ商殺人事件は、本講262頁、第11講346頁および第11講注39)。
2) 財田川事件は、第2講28頁および第2講注12)、第5講129頁、第11講347頁および第11講注40)。
3) (1)富山強姦冤罪事件（氷見事件）。タクシー運転手（柳原浩さん）は、強姦および強姦未遂事件で逮捕され、自白を強要された。そして懲役3年の判決を受け、2年1ヶ月服役したところ、真犯人があらわれて冤罪であることが判明した事件。検察官が再審開始の申立てを行い、再審開始を決定した。富山地高岡支判 H19.10.10・LEX/DB28135488 は無罪。人質司法の弊害が出た典型的な事例である。警察や検察が無辜の人間を起訴しても、裁判所（官）はそれを見抜けない。裁判官は、自白が客観的事実と符号しなくても簡単に有罪にしてしまう。これでは裁判といえない。ところで弁護人は一体何をしていたのか。不適切弁護であれば懲戒すべきものと思う。被告人の人権を護るべき弁護人が、

権力と一体となって冤罪作りに加担したのであるなら、懲戒は避けられない。日弁連は、本件の捜査手続および弁護活動について調査チームを作り、H20.1.30「氷見事件調査報告書」を公表した（季刑弁54-191）。この報告書の結論は「柳原さんと意思疎通が不十分なまま弁護活動を行った」としているが、意思疎通が不十分であったに止まらない不適切さがある。弁護人は〈自白が正しく否認が嘘と考えた〉と弁解する。自白は客観的事実とどこまで符合していたのか。十分な精査もしないで、根拠なく自白が正しいと思ったというのでは子供と同じである。十分な面会もしない（当番弁護士として接見してから第1回公判までの延べ接見時間は合計40分）で、自白が正しいと考えるほうがどうかしている。この弁護の不適切さは弁解の余地がない。弁護人が権力と一体になって被告人を追いこんだと評価されても止むを得ない（H20.2.3朝日社説）。

　ではこの事件で、富山県警の捜査官はどんな過程で自白させたのか。これこそが解明されるべきである。ところが再審裁判所は、捜査官に対する証拠調請求を却下している。真相は被害者の口から語られるだけで、再発防止のための方策を考えるにもその原因の究明ができない。裁判所は、再発防止にかかせない検証の機会を自ら放棄したと非難されても止むを得ない。

　柳原さんはどうして、行ったこともないのに犯行現場の見取り図が書けたのか。現場に残された靴跡のサイズは28cmで、柳原さんの足は24.5cmだった。何より被害者はサバイバルナイフとチェーンで脅されたと供述しているのに、県警が押収したのは果物ナイフとビニール紐であった。そのうえ、県警は犯行時間に柳原さんが自宅の固定電話でどこかへ電話していた通話記録があることを知っていた。つまりアリバイがあったことを知っていたのである。完全な冤罪の構図である。ただ被害者が「似ている」と供述したことだけが、警察の手掛かりであった。このように、警察や検察が犯人に仕立て上げようと思ったら、誰でも犯人にできるのである。

(2)第12講386頁。

4) (1)鹿児島地判 H19.2.23・LEX/DB28135108 は、2003年の鹿児島県議選をめぐる公職選挙法違反事件（買収・被買収）に問われた被告人12名全員を無罪とした。判決は控訴なく確定した。検察が警察の取調べ過程に違法があったかどうかをチェックしないのみならず、警察と一体になって架空の事件をでっちあげた冤罪事件である。この事件の特徴的なことは、物証（客観的証拠）が１つもないことである。証拠として提出されたものは自白調書のみ。つまり警察と検察が絵を描いた架空の事件なのである。

(2)この事件では、家族の名前を書いた紙を踏ませる「踏み字」という、新手の自白強要方法が「発明」されている。鹿児島地判 H19.1.18 判時1977-120は、「その取調方法が常軌を逸し、公権力を笠に着て原告および原告関係者を侮辱するものである」として、国賠請求を認容した（60万円・確定）。

(3)福岡高検は、H19.9.20、「踏み字」で自白を強要した元警部補を特別公務員暴行陵虐罪で在宅起訴した。検察も、これほどひどい捜査に対し国民の声に配慮したのであろう。しかしこの警察官は所属長訓戒の処分がなされただけで、依願退職し、退職金という「お土産」を受け取っている。この警察官に対する特別公務員暴行陵虐罪の裁判の第１回公判で、警察官の弁護人は、「不当な黙秘を是正するためには厳しい取調べが許される。川畑さんは不適当な黙秘をした疑いがある」と冒頭陳述した（2007〔H19〕.11.22毎日夕刊）。この弁護人は、憲法で保障された黙秘権を見事に否定している。恐ろしいことである。

(4)被告人12名の保釈状況については検察官の言いなりであった（本講271頁で指摘した通り）。自白した３名は第１回目の保釈請求で保釈が認められ、徹底して否認した元県議は395日も勾留され、９回目の保釈請求でようやく認められている。証拠構造は同じなのに検察官の意見次第で保釈が運用されていることがわかる。また判決は、長期間の勾留を認め、保釈を認めなかった裁判所の責任には触れていない。裁判所が人質司法の一翼を担っていることについての自省もない。

(5)この事件には、裁判所のもう１つの顔がある。検察官は、

弁護人と被疑者の接見内容について接見直後に被疑者から供述調書をとっていた。その調書の数は75通に及んでいたのである（2007〔H19〕.5.3朝日）。つまり県警と地検は、被疑者と弁護団を引き離すため、弁護団の懲戒を目論んだ。このこと自体、秘密交通権の組織的な侵害である（鹿児島地判 H20.3.24 判時2008-3は、550万円の賠償を認めている）。その調書のなかに、弁護人が被疑者に親族からの手紙をガラス越しに見せたというくだりがあった。検察官はこの調書を使って、接見交通権を濫用したとして、国選弁護人の解任の請求を行っている。これを受けて、鹿児島地裁は、国選弁護人を解任してしまった（刑訴38の3）。親族の手紙を被疑者に見せることが弁護人の解任事由となっているのである。この裁判（決定）は本末転倒である。ここに人質司法に協力する裁判所の顔がはっきり見える。

(6)判決は、自白調書の信用性がないとして無罪にしたが、裁判所は、検察官請求の自白調書をすべて任意性ありとして証拠採用している。裁判官が、任意性なしとして証拠排除決定を行うには余程の勇気が必要なのであろう。

(7)最高検は、2007（H19）.8.17、富山強姦冤罪事件と鹿児島選挙違反冤罪事件の捜査・公判活動について調査を行い、その問題点を公表した。国民の深刻な検察不信を解消するためであろう（季刑弁54-182）。この最高検の問題点の指摘には、同意できるものもあれば、違和感を覚えるものもある。

①鹿児島選挙違反冤罪事件では、裁判が長期化した点について「罪証隠滅工作が危惧される者の証人尋問を先行させるべきだった」という。しかし、裁判が長期化したのは、証人取調べの順序の問題ではなく、自白の任意性を争うための証拠調べに時間がかかったからではないか。任意性が疑われないような取調べをすべきであって、見当違いの意見である。

②「捜査体制が質量とも見劣りした為、捜査が後手に回った」という。これが、冤罪の免罪符になったら大変なことである。また、捜査体制のどこが質量とも劣っていたのか。指揮・監督の責任を負う者の監督義務違反はどうするのか。

(8)2008（H20）年1月24日、警察庁は両事件を受け、かつ2009（H21）年5月の裁判員制度実施を視野に入れて、「警察捜査における取調適正化指針」を取りまとめた。
(http://www.npa.go.jp/keiji/keiki/torishirabe/tekiseika_shishin.pdf)。

その最大の目玉は「取調べに対する監督」であり、監督の対象となる行為を次のように定めている。

①やむを得ない場合を除き、身体に接触すること
②直接または間接に有形力を行使すること
③殊更に不安を覚えさせ、または困惑するような言動をすること
④一定の姿勢または動作をとるよう不当に要求すること
⑤便宜を供与し、または供与することを申出、若しくは約束すること
⑥人の尊厳を著しく害するような言動をすること

これらの監督対象行為は、これまで自白の任意性に疑いをもたせるものとして議論されてきた事項ばかりである。監督制度は2009年4月から施行されることになっている。監督制度が十分機能すれば、取調適正化の有力な方策となる可能性があるが、批判もある。
(http://www.nichibenren.or.jp/ja/opinion/report/data/080215_2.pdf)。

【参考文献】
①毛利甚八「事件の風土記(14)〜(18)」季刊弁43-4、44-4、45-4、47-4、50-8。毛利氏の第5回目（季刊弁50-8）のレポートのなかで、弁護人を解任した裁判官は「検察官と喧嘩をしてはいけませんよ」と発言したことが報告されている。まさに、検察・裁判官が一体となっている。
②新島洋「ブレーキが利かなかった県警の暴挙」週刊金曜日2006（H18).3.17-32。
③青木理「何から何まででたらめな県警の強圧的捜査」週刊金曜日2007（H19).9.14-26。
④本木順也「鹿児島県議公選法違反事件を振り返って」季刊弁52-81。
⑤中山信一「志布志事件はなぜ起きたか」マスコミ市民

2007 (H19).10.26。
⑥平野康博「どのようにして捜査官による架空事件の創作がなされたか」青年法律家2007.9.25-11。
⑦正木祐史「自白の信用性」法セ630-118。
5) (1)弁護士との接見は、身体拘束されている被疑者にとって、自己の防御権を知り、外界との連絡を図る唯一のチャンネルである。一方、権力は、この唯一のチャンネルを遮断して、被疑者を囲い込み、自白を迫る。権力は徹底的に接見を嫌がる。したがって、権力が接見を妨害するのは、現在の捜査の構造からは必然である。
(2)接見妨害による国賠訴訟で、接見妨害の違法を認めた例は多数ある。国賠訴訟での判決において、最判は、刑訴39-3但書について次第に制限的に解釈してきているように思う。みなさんには逆に、捜査全般説の背景にあるのは何かということを考えてもらいたい。
①最判 S53.7.10 民集32-5-820・判時903-20（杉山事件）。
②最判 H3.5.10 民集45-5-919・判時1390-21（浅井事件）。
③最判 H3.5.31 判時1390-33（若松事件）。
④最判 H11.3.24 民集53-3-514・判時1680-72（安藤事件）。
⑤最判 H12.6.13 民集54-5-1635・判時1721-60（初回接見の重要性を説いている）。
⑥最判 H17.4.19 民集59-3-563・判時1896-92（検察庁内にいる被疑者との接見）。
　上記最判以外にも数多くの下級審判決がある（LEX/DBで検索してほしい）。これほど接見が制限され、身柄が権力に囲い込まれ、自白を迫られているのである。
(3)私は、接見妨害が単なる違法な公権力の行使というに止まらず、違法な接見妨害の結果得られた自白調書の証拠能力を排除すべきであると思っている。そうしなければ、接見妨害を根絶することが難しい。
6) 　元検察官である田中森一氏の『反転―闇の世界の守護神と呼ばれて』（幻冬舎・2007年）140頁には、捜査側は弁護士が被疑者と接見することを嫌っていることが記されている。このことは、注5) の接見禁止の国賠事例を見れば、一目瞭然である。
7) (1)団藤重光『新刑事訴訟法綱要（7訂版）』（創文社・1967年）

115頁。「闘争的」という言葉は過激であるが、ABA・MR前文［2］の"zealously"に相当する。
- (2)木谷明「裁判官から見た弁護人活動―とくに否認事件の争い方を中心として」同『刑事裁判の心―事実認定適正化の方策』（法律文化社・2004年）101頁以下は、裁判官の心を揺り動かすのは、弁護人の熱意と力量であるといっている。団藤元教授は、この弁護人の熱意のことを「闘争的」と呼んだのだろうと思う。
- (3)大阪の刑事公設事務所では、「熱心弁護」という刑事弁護用語を提唱している。武井康年・森下弘編『ハンドブック刑事弁護』（現代人文社・2005年）14頁。

8） 前掲注1）参照。

9） 松川事件は、「赤間自白」といわれる自白が出発点である。赤間さんの自白を得るため、交際していた女性が赤間さんに強姦されたという虚偽の調書を作成されている。まさに「欺しのテクニック」である。
- (1)廣津和郎『松川事件と裁判―検察官の論理』（岩波書店・1964年）33頁。
- (2)青木英五郎『裁判を見る眼―広津和郎の裁判批判』（一粒社・1971年）69頁。
- (3)後出261頁とその注29）30）参照。

10） 自白の証拠能力を否定した例。
- (1)東京高判 H14.9.4 判時1808-144（ロザール事件）。注21)(2)-1参照。9泊10日の宿泊を伴う取調べによる自白。
- (2)東京地判 S62.12.16 判時1275-35（偽計による自白）。連泊深夜まで威嚇的に取調べ、強い心理的影響を与える偽計を用いた自白。
- (3)最判 S45.11.25 刑集24-12-1670・判時613-18。妻が被告人との共謀の事実を供述していないのに、妻が共謀を自供したと嘘を告げて被告人から自白を引き出した。
- (4)福岡高判 H19.3.19・LEX/DB28105281（北方事件）。検察が死刑を求刑して、1審無罪・控訴棄却で確定。丸1日食事を与えないで取り調べたり、1日平均12時間半の取調べが、17日間行われた。
- (5)上記の証拠能力が否定された事例は稀である。多くの裁判

例は、①暴行が加えられても（最判 S26.8.1 刑集5-9-1684、大阪地判 H18.9.20 判時1955-172など）、②手錠をかけられたままでも（最判 S38.9.13 刑集17-8-1703・判時352-80、大阪地判 S46.6.21 判時643-98）、③脅迫がなされても（福岡高宮崎支判 H1.3.24 判タ718-226など）、④病気中であっても（最判 S25.7.11 刑集4-7-1290など）、自白の証拠能力を認めている。

11)　近年の刑事訴訟法の教科書は、刑事訴訟手続の目的がどこにあるのかの違いはあっても、ほぼすべての筆者が、適正手続の保障を強調している。

　　(1)横川敏雄『刑事訴訟』（成文堂・1984年）39、44頁。
　　(2)田宮裕『刑事訴訟法（新版）』（有斐閣・1992年）4頁。
　　(3)白取祐司『刑事訴訟法（第5版）』（日本評論社・2008年）72頁。

12)　(1)第4講100頁、本講285頁参照。
　　(2)佐藤博史「弁護人の真実義務」松尾浩也・井上正仁編『刑事訴訟法の争点（第3版）』（ジュリ増刊・有斐閣・2002年）32頁。
　　(3)浦功「弁護人に真実義務はあるか」竹澤哲夫他編『刑事弁護の技術(上)』（第一法規・1994年）11頁。
　　(4)丹治初彦『「捜査弁護」覚書』（現代人文社・2005年）131頁。

13)　(1)「刑事被疑者弁護に関する意見交換会」の第4回（1999.12.15）における法務省の発言。季刑弁18-116。
　　(2)裁判例のなかに、黙秘権の慫慂について、否定的な見解を示しているものがある。
　　　①東京地判 H6.12.16 判時1562-154。
　　　②浦和地判 H9.8.19 判時1624-152。

14)　季刑弁38号は、黙秘権についての特集を行っている。村岡啓一教授は、憲38-1、自由権規約14-3、刑訴311から、黙秘権は刑事上の罪に問われた者の〈個人の尊厳〉を守るための工夫であり、政策的配慮である。黙秘により捜査側に不利益があるとしても、そういうシステムを採用したものであるという。まして、被疑者が自分の意思で黙秘権を行使するときに、何らの「合理的理由」も必要でないし、その理由を捜査機関に開示する必要もない。したがって、不適切弁護になるはずもないと述べてい

る(同号20頁以下)。
15) (1)梅田事件(釧路地北見支判 S61.8.27 判時1212-3)では、凄惨なリンチが梅田義光さんに加えられている(『法セ増刊号・日本の冤罪』〔1983年〕108頁)。梅田義光『真犯人よ聞いてくれ―梅田事件被告の手記』(朝日新聞社・1981年)10頁。
  (2)免田事件でも、すさまじい暴力が加えられている。免田栄『免田栄獄中記』(社会思想社・1984年)26頁。
  (3)①最判 S32.7.19 刑集11-7-1882・判時118-1 (八丈島事件)。
  ②最判 S33.6.13 刑集12-9-2009・判時153-9 (小島事件)。
  ③東京高判 S53.10.30 判時1038-21 (大森勧銀事件)。
  ④大阪高判 S63.3.11 判タ675-241。
  ⑤和歌山地判 H6.3.15 判時1525-158 (高野山連続放火事件)
  (4)他にも多数の任意性に疑いがあるとした事例がある。その一方で大変な暴力が加えられながらも、「任意性に疑い」すらないとした事例も多数ある〔大阪地判 H18.9.20 判時1955-172、前掲注10)(5)〕。裁判官は一体どこを見ているのか。
16) (1)大阪高判 S50.9.11 判時803-24 (宮原操車場事件)。この判決は、手錠施用による取調べにおいて、「片」手錠の施用は身体拘束が極めて軽度であるから任意性があるとしている。あきれてものが言えない。
  (2)阪村幸男「自白の任意性(手錠・正座などによる)」昭和51年度重要判例解説192頁。
17) 五十嵐二葉「国際人権法と刑事訴訟法」『刑事司法改革と刑事訴訟法(上)』(日本評論社・2007年)224頁。
18) 最決 H1.10.27 判時1344-19〔判例集未登載だが、判例時報の最高裁刑事破棄判決の実情(上)において紹介されている〕。この「無欲」事件の最判は上告棄却であったが、奥野久之裁判官(弁護士出身)は、こうした取調べでの結果得られた自白調書の任意性を否定する少数意見を書いている。
19) 2004 (H16) 年11月16日開催の法務省・検察庁・日弁連の三者協議会「刑事被疑者弁護に関する意見交換会」における警察庁の留置管理官の発言。
20) 代用監獄が冤罪の温床であることについては、多数の文献がある。

(1)青木英五郎『日本の刑事裁判―冤罪を生む構造』（岩波書店・1979年）。
(2)渡部保夫『無罪の発見―証拠の分析と判断基準』（勁草書房・1992年）。
(3)後藤昌次郎『冤罪』（岩波書店・1979年）。
(4)小池振一郎・青木和子編『なぜ、いま代用監獄か―えん罪から裁判員制度まで』（岩波書店・2006年）。
(5)五十嵐二葉『代用監獄』（岩波書店・1991年）。
(6)自由法曹団『ザ・代用監獄』（白石書店・1989年）。

21) 布川事件。
(1)水戸地裁土浦支部決定 H17.9.21 判例集未登載。
(2)東京高決 H20.7.14・LEX/DB 25420061。
(3)参考文献
①清水誠「布川事件再審開始決定に想う」法セ51-1。
②佐野洋『檻の中の詩―ノンフィクション・布川事件（増補版）』（双葉文庫・2002年）。
③桜井昌司『壁の歌―無実の29年・魂の記録―獄中詩集』（高文研・2001年）。
④小田中聰樹『冤罪はこうして作られる』（講談社・1993年）159頁。
⑤伊佐千尋『舵のない船―布川事件の不正義』（文藝春秋・1993年）。
⑥布川事件弁護団『崩れた自白・無実へ―冤罪・布川事件』（現代人文社・2007年）。
⑦井浦謙二「布川事件」法と民主主義431-65。

22) (1)田中・前掲注6）では、被疑者の自由を拘束したうえで脅し、すかし、欺し（同書153頁）など、自白を得る手口が赤裸々に述べられている。多少の誇張があるかもしれないがおそらく本当であろう。身柄拘束のダメージを受け、さらに長時間の責め、暴行を加えられたら（同書131頁）、多くの人は一刻も早く身柄拘束から解放されたいと考えるであろう。捜査官の描いたストーリー通りに供述することも不自然ではない。田中氏は、調書に添付する図面についても、正確な図ではなく、少しだけ間違わせるとその手法を語っている（同書149頁）。富山強姦冤罪事件（前掲注3）でも、

現場に行ったことのない者が家の間取りを正確に書くことができ、どこから侵入し、どの経路で被害者と会い、どこで強姦したかを事細かに自白している。なぜ、こんなことが可能となるのか。田中氏によれば、狭い取調室で毎日毎日長時間、検事が検事自身の描いたストーリーを被疑者の頭の中に刷り込ませるのだという。すると最後には、検事のストーリーがさも自分の体験となる（同書150頁）とまで書いている。そのうえ裁判官は、いくら被疑者が事実を訴えても受け入れない。田中氏は、裁判官の親検察体質にも触れている（同書151頁）。読者の皆さんはこの事実をどう見るか。

(2)同書には、明らかに適法な捜査の範囲を超えていると思われる捜査方法が続々と出てくる（同書155頁）。それも本当であろう。違法と思われる捜査方法が、組織として容認されていたのではないかと思う。弁護人が接見を求めても接見させない（同書140頁）。田中氏は、こんなことをやっていると「良心が痛むときがあるが、それはほんの一瞬だけだ」と述懐する（同書153頁）。しかし自白を強要され、有罪判決を受けた被疑者や被告人の人生はどうなるのか。恐ろしいことだ。

(3)田中氏は検事退官後、弁護士登録をする。証券取引法違反で取調べを受けた依頼者が検察官に暴行され、顎の骨にひびが入る重傷を負ったことがあった（同書283頁）。しかし、彼はこのことを公表しなかったばかりか、握りつぶしている。捜査段階で適正手続を確保することに意義を認めていないようだ。

(4)同書には、弁護士倫理の観点から、とても賛同できないことが数々登場する。虚偽の証言の助言をしたり（同書335頁）、偽破門状を作って裁判所に提出したりしている（同書337頁）。弁護士倫理に違背する弁護活動について配慮した形跡がない。

(5)森功『ヤメ検―司法エリートが利欲に転ぶとき』（新潮社・2008年）は、田中氏が収監後、9,000万円の詐欺で逮捕された経緯を詳しく報告している。田中氏は出資法違反のオーナー（9,000万円の拠出者）の依頼を受け、実権のない店長

がすべてを取り仕切ったものであり、オーナーは知らなかったことにして、すべての刑事責任を店長に押しつける戦術をとった（つまり店長がオーナーの身代わりとなったのである）。この作戦が功を奏し、検察は店長だけを起訴し、店長には執行猶予がついた。「身代り」が成功したのである。田中氏は、このもみ消し事件の報酬が9,000万円であると主張している。田中氏は、「バッチ」（弁護士の記章）をかけて行った弁護活動の報酬だというのである。

「バッチをかける」という意味は、発覚したときは懲戒の対象、場合によっては、除名、退会命令もありうるということを覚悟していたという趣旨である。この件は、田中森一氏という特異な個性の弁護士が行ったということで片づけてはいけない。そもそも田中氏には、弁護士として、プロフェッションとして、依頼者のために、依頼者の正当な利益を実現するという意識がなかったように思われる。

(6)魚住昭『特捜検察の闇』（文藝春秋・2001年）には、『反転』を裏づけるようなさまざまなエピソードが載っている。

(7)第12講注32）は、検察官による暴行事例である。

23) (1)最決 S59.2.29 刑集38-3-479・判時1112-31（高輪グリーンマンション殺人事件）。最高裁は、4夜連続ホテルに宿泊させても、被疑者から帰宅したいと申し出がなければ、任意捜査として許されるとしている。ひどい判決である。

(2)-1 千葉地判 H11.9.8 判時1713-143（ロザール事件）は、9泊もの宿泊を伴う任意取調べで、10日目になされた自白の証拠能力が肯定されている。その理由は、違法ではあるが令状主義の精神を没却するほどの重大な違法ではないというものである。裁判所が、警察の取調方法にお墨つきを与えていることが、如実にわかる（なお、四宮啓「違法捜査の司法的コントロールに関する覚書」『梶田英雄・守屋克彦判事退官記念』（現代人文社・2004年）177頁、洲見光男「宿泊を伴う取調べと自白の証拠能力」平成12年度重要判例解説184頁）。

(2)-2 東京高判 H14.9.3 判時1808-144は、(2)-1の控訴審判決であるが、自白調書は、任意捜査として許容される限界を超えているとしている。いくらなんでも、10日間も拘束し

ておいて証拠能力を認めたら、笑いものでしょう。(2)-1の判決とよく比較してもらいたい。
(3)最決 H1.7.4 刑集43-7-581・判時1323-153（平塚ウェイトレス殺人事件）。午後11時から翌日の午後9時まで、連続22時間にわたって任意で取り調べても任意捜査として違法ではないとした有名な判決である。弁護士出身の坂上裁判官が反対意見を述べている。
(4)長時間の深夜に及ぶ取調べの弊害が明らかになったことから、国家公安委員会の吉村博人長官は、適正化対策として、取調べ状況を確認する組織を新設し、深夜や長時間の取調べを原則禁止する、もし行う場合は、本部長や所長の承認を得る考え方を示した（2007〔H19〕.11.2 道新朝刊）。

24) 立川テント村事件・第12講380頁および第12講注17）参照。
25) 前掲注3）参照。
26) 前掲注4）参照。
27) 前掲注10）15）の裁判例を参照。なぜそうなるか。私は、「裁判官が自白をどう見ているのか」この一点にかかっていると思う。裁判官は、被告人の自白がどんなに過酷な状況下で作成されたのかに思いが至らないのではないか。想像力がないのではないか。そのうえ、真犯人でない者が、自分に不利益な自白をするはずがないという信仰があるように見える。推測であるが、裁判官は、検察と一体となって、とにかく犯人とされた者は、多少疑わしくとも処罰してしまうという考えを持っているのかもしれない。「地獄部」とか「第2検事」と呼ばれている裁判官こそ反省しなければならない。裁判官の見方が健全になれば、冤罪は少なくなるであろうし、捜査も正常化するであろう。特に裁判官が捜査過程に関心を持ち、任意性の判断に慎重になれば、捜査側も無茶なことやトリックを使わなくなるはずである。逆に、裁判官の意識が検察と一体となってしまうようだと冤罪はなくならないであろう。捜査機関は違法なことをするものだと疑ってかかること、その捜査過程のチェックこそ裁判官の責務であると自覚することである。

この冤罪を生む構造こそ改革されなければならない。取調べの可視化は、冤罪を防ぐ1つの手立てとなるだろう。しかし何よりも、裁判官の自覚こそ大事である。元裁判官の石松竹雄氏

は『刑事裁判の空洞化―改革への道標』(勁草書房・1993年) のなかで、日本の刑事裁判官は、裁判をしているといえるだけの仕事をしているかと疑問を呈している。また、否認している限り、権利保釈も認めない。権利保釈の制度そのものが、裁判官の運用で否定されているのである。裁判官が、人質司法の一翼を担っていることこそ問題なのである。
28) 高田昭正「刑事手続における特殊な『日本的基層』とその変革の課題」法時989-4。
29) 山本祐司「第4章 『松川事件』を引っくり返した記者」『毎日新聞社会部』(河出書房新社・2006年) に、「諏訪メモ」が法廷に出された経緯が詳しく述べられている。
30) (1)最判 S34.8.10 刑集13-9-1419・判時194-2。
   (2)仙台高判 S36.8.8 刑集17-7-1185・判時267-7、判時275-6。
   (3)前掲注9の他に、
     ①広津和郎『松川裁判』(中央公論社・1958年)。
     ②門田実『松川裁判の思い出』(朝日新聞社・1972年)。
     ③岡林辰雄『われも黄金の釘一つ打つ――弁護士の生涯』(大月書店・1980年)。
     ④今井敬彌『私の松川事件』(日本評論社・1999年)。
     ⑤毛利甚八「事件の風土記・松川事件(1)～(3)」季刊弁36～38。
     ⑥後藤昌次郎『真実は神様にしかわからない、か』(毎日新聞社・1989年) 39頁には、最高裁判決が7対5であった裏話が載っている。私は、その41頁を読んで背筋が寒くなった。もし体調不良で合議に参加できなかった2人の裁判官、そして回避をした裁判官が、合議に加わっていたならば、死刑判決は維持され、すでに執行されていたかもしれない。
31) (1)財田川事件では、被告人の谷口繁義さんの死刑が確定したが、法務省刑事局が谷口さんの死刑執行起案書を作成するため、地検に未提出証拠を送付する命令を出したところ、未提出証拠のすべてが失われていた。故意か過失かわからないが、小さな支部の大事件の証拠が残らず行方知れずになるのは不自然という他はない。隠したといわれても弁解できないだろう。そのため法務大臣への死刑執行の稟議書

が出せず、死刑執行が法的に不可能となっていた。
  (2)第2講28頁および第2講注12)、第11講347頁および第11講注40)参照。
32) 前掲注1)参照。
33) 前掲注4)参照。
34) 前掲注21)参照。
35) 前掲注21)(1)参照。
36) 前掲注21)(2)参照。
37) 山本事件。
  (1) 2007 (H19). 10. 9 毎日朝刊。
  (2) 2007.10.11付東京弁護士会会長談話。
  (http://www.toben.or.jp/news/statement/2007/1011.html)。

  この事件は、弁護士が正当と思う弁護活動を行った場合でも、検察は、脅迫、証人威迫、証拠隠滅や偽証で弁護人を逮捕できることを示している。
  (3)宮崎地判 H21.4.28 は、弁護人を懲役1年6月に処している（即日控訴）(H21.4.28、西日本新聞)。
  (4)オウムの麻原彰晃の主任弁護人安田好弘弁護士が、公判途中に強制執行妨害罪で逮捕された。1審で無罪、現在東京高裁に係属中である。このように警察はいつでも弁護士をターゲットにできると考えるべきである。まさに、権力との対抗性のなかで、弁護活動が展開されていることがわかるのと同時に、弁護士をワナに嵌めることも簡単だということに気づかなければならない。特に、被害者や検察官申請予定の証人候補者との面談は慎重でなければならない。山本事件のように、被告人との接見交通のなかでの会話が、検察に筒抜けとなり、その会話が脅迫にあたるとして逮捕するのでは、刑事弁護が成り立たなくなるといってよい。この事件は、それほど深刻な問題を含んでいる。
38) (1)甲山事件。1974 (S49) 年、兵庫県西宮市にある精神薄弱施設「甲山学園」で起きた2人の園児死亡事件。犯人として保母の山田悦子さんが逮捕されるが、無罪確定まで25年を要した。一般事件として最長の「判決なき牢獄生活」と呼ばれた。元園長と元指導員が、山田さんのアリバイを証言

したところ、検察官は偽証容疑で2人を逮捕起訴した。偽証事件はもちろん無罪で終息した。
　(2)上野勝・山田悦子編著『甲山事件―えん罪のつくられ方』(現代人文社・2008年) 51頁。
　(3)丹治初彦・幸田律『ドキュメント「甲山事件」』(市民評論社・1978年)。
　(4)松岡正章「園児供述の信用性」平成11年度重要判例解説191頁。
39)　八海事件。1951 (S26) 年1月、山口県麻郷村八海で発生した夫婦強盗殺人事件。地裁─→高裁─→最高裁─→高裁─→最高裁─→高裁─→最高裁 (自判) と7回の裁判で、共犯者とされた4人に無罪判決が出された事件。映画『真昼の暗黒』のモデルとなった事件。アリバイを証言した証人を偽証罪で逮捕したのは、甲山事件と同じ構造である。
40)　和歌山カレー事件では、被疑者夫婦の黙秘権行使について、メディアによる大変なバッシングがあった。1998 (H10) 年10月30日の産経新聞のコラム「産経抄」は、「この弁護団の活動は容疑者の人権ばかりを重視して、クロをシロとねじ曲げるかのように見える。弁護士は被疑者の私的利益の代弁者ではないはずなのだ。社会的正義を実現させ、真実の究明の為に弁護人も協力をしなければならない。それが弁護人の使命や職務であり、そこにこそ職業倫理も存している。だがこの弁護団は残念ながらそういう社会的要請にこたえているようには見えないのである」と述べている。弁護人の役割を根本的に誤解しているのである。
(http://www.wakaben.or.jp/opinion/statement/199811_kare4.html)。
41)　国連の「弁護士の役割に関する基本原則」は、1990 (H2) 年にハバナで開催された第8回国連犯罪防止会議において、全会一致で採択されたものであり、弁護士の援助を受ける権利、国選弁護を受ける権利などを定めたもの。同年の国連総会は、これを歓迎し、各国政府に実施を求めている。日本政府も、採択に賛成した。ただし、この基本原則は、世界人権宣言と同様に、人権保障の基準を示したものとして、尊重されるべきであるが、法的拘束力はない。

(http://www.uncjin.org/Standards/Rules/r15/r15.html)。
42) (1) 1994（H6）年 4 月、山口県光市で発生した母子殺人事件。犯行時18歳の少年が被告人であった。上告審で選任された弁護人が、公判期日に欠席したり、差戻審で殺意を否認するなど、異例とも思える弁護活動を展開した。このことについて、メディアが一斉に弁護活動を批判した。テレビのバラエティ番組に出演した橋下徹弁護士（現大阪府知事）が、視聴者に懲戒請求を呼びかけた。事情を知らない視聴者は、請願書にサインする感覚で懲戒請求書を弁護士会に提出した。バラエティ番組での心ない一言で、約8,000件もの懲戒請求が殺到した。

(2)東京弁護士会の綱紀委員会はこの懲戒に対して、2007（H19）年11月22日に「正当な弁護活動の範囲内で懲戒しない」と議決した（同日付毎日夕刊）。同様に、広島弁護士会の綱紀委員会は、2008（H20）年 3 月18日に「適正な刑事弁護」であると議決した。

(3) 2009（H21）年 4 月14日、大阪弁護士会の綱紀委員会は、軽率な発言をした橋下徹弁護士を懲戒相当とする議決を行っている（同日付毎日）。

(4)広島地判2008（H20).10.2 は、橋下弁護士に 1 人あたり200万円の賠償金を支払うよう命じた。

(5)一連のテレビ（NHKと民放）報道について、BPO（放送倫理・番組向上機構）は、2008（H20）年 4 月15日「集団的過剰同調」であるとして、テレビ番組での報道のあり方を批判している。(http://www.bpo.gr.jp/kensyo/index.html)。

43) 平野龍一「現行刑事訴訟の診断」平場安治他編『団藤重光博士古稀祝賀論文集第 4 巻』（有斐閣・1985年）407頁は、建前だけの直接主義・口頭主義（実質は書面主義）の現在の刑事訴訟が、真実を明らかにするのに適していないと指摘し、このままでは「絶望的だ」といわれた。この「絶望的」という言葉が一人歩きしている感じがある。

44) (1)渡部保夫「冤罪事件を見る眼」日弁連編『現代法律実務の諸問題㊦昭和63年度版』（第一法規・1989年）75頁。後に、『無罪の発見―証拠の分析と判断基準』（日弁連研修叢書・勁草書房・1992年）に所収。

(2)渡部保夫「誤判はなぜ起こるか」大野正男・渡部保夫編『刑事裁判の光と陰―有罪率99％の意味するもの』(有斐閣・1989年) 166頁。

(3)青森地裁 S52.6.20 判時905-15。

45) 前掲注3) 参照。
46) 東京地判 S43.7.2 判時525-34。
47) 青森地決 S48.3.30 判タ301-96。本件以外の真犯人が名乗り出ても、再審が開始されなかった例。弘前大学教授夫人殺人事件(青森地弘前支判 S56.4.27 判時1002-25)は、真犯人の告白が嘘だというのである。この事件は、最終的には再審が開始され、無罪となっているが、一体、裁判官はどこを見ていたのか。
48) (1)三井誠「刑訴法施行30年と検察官司法」判タ別冊 No7『刑事訴訟法の理論と実務』37頁。三井教授は、現在の刑事司法は、職権主義どころか、検察官がつくったストーリーを追認するか否かを判断する制度になってしまっているといっている。今から30年も前の論文であるが、この間、日本の刑事司法はどれ程改善されてきたのか。

(2)石松・前掲注27) 参照。石松元判事も同旨のことを述べている。

49) 前掲注4)(4)参照。
50) (1)司法統計年報2008年度版 刑事編14・15頁。

(2)裁判官が検察のいうがままに令状を出すことを「自動販売機」と呼んだ元検察官がいた。元大阪高検の公安部長三井環氏である。同氏は、「チェック機能はなく、保釈などに関しても完全に検事のいいなり。本来は、検察への影響や政治などへの混乱など考えず、良心に従い、証拠にもとづいて判断すべきなのですが、それができない」という。検察から、裁判官が「良心に従ってやれ」といわれているのである。

(3) 2009 (H21) 年4月、タレントの草彅剛さんが逮捕された。公然わいせつの現行犯であり、捜索の必要性は考えられない。にもかかわらず、自宅を「捜索すべき場所」とした捜索差押令状が出されている。薬物でも出てくると思ったのだろうか。このように裁判官が令状発付の自動販売機であることがわかる。

第10講 刑事弁護における倫理

(4)季刊弁58の「特集・裁判所は変わりつつあるのか―無罪・勾留却下ラッシュ？」によると、近時、勾留請求が却下されている例が目立つようになったという。裁判員制度をにらんでの現象という意見もあるが、まだ断定できる状態ではない。

51) 安倍晴彦『犬になれなかった裁判官―司法官僚統制に抗して36年』（日本放送出版協会・2001年）126頁には、安倍裁判官が浦和地裁の在任中に、1日に勾留請求を12件中8件却下したことがあった。却下した事件は、勾留の必要がなかったと判断されたのでしょう。すると検事から電話があり、「お前は何を考えているんだ。これから行くから待っていろ」と言われた。結局その検事は現れなかったが、検察官が裁判官を恫喝しているのである。安倍裁判官が令状当番のときには、令状請求が避けられるようになった。令状当番の当番表が、検察に交付されること自体おかしな話である。

52) (1)横川敏雄『ジャスティス―裁判における人間疎外の問題をめぐって』（日本評論社・1980年）189頁。

(2)戒能通孝元教授は、松川事件の最高裁判決の5名の少数意見（田中元最高裁長官も含まれていた）について、「反共確信は証拠にならない」と批判している（別冊中央公論・昭和34年9月号57頁）。戒能元教授の批判は、至極真っ当なものであるが、その「真っ当」が通らないところに、日本の刑事司法の「絶望」さがある。

(3)田中元最高裁長官は、松川事件の1審判決で、5名の死刑・5名の無期懲役などの有罪判決を下した裁判長について、「松川事件では大変苦労したから、慰労の意味でも、いい処の所長にしてあげなくては」と公言していた。そして、その裁判長は、仙台地裁の所長に栄転した。家永三郎『権力悪とのたたかい―正木ひろしの思想活動』（三省堂・1971年）152頁。

53) 前出第4講注5) 参照。

54) 被告人の意思に反する弁護活動例。
(1)最判 S27.12.19 刑集6-11-1329。
(2)仙台高判 H5.4.26 判タ828-284。長岡哲次「被告人の応訴態度と法326条の同意」判タ884-40。

(3)大阪高判 H8.11.27 判時1603-151。山田道郎「弁護人のみの同意と法326条１項適用の可否」平成９年度重要判例解説190頁。
　(4)広島高判 H15.9.2 判時1851-155。
　(5)最決 H17.11.29 刑集59-9-1847・判時1916-158。
　(6)東京高判 S60.6.20 判時1162-168。
55) 前掲注54) 参照。
56) 不適切弁護の懲戒事例。
　(1)被告人に不利益に弁護した例
　　①-1自正56-10-184（戒告）。被告人が否認しているのに、弁護人が調書に全部同意した。
　　①-2自正56-7-131（戒告）。被告人主張のアリバイ証拠を否定する調書に弁護人が同意した（結局無罪）。
　　②自正48-5-171（戒告）。被告人の意向を聞く機会も全くもたないまま（接見しないまま）、量刑不当の控訴趣意書を出した。
　　③自正52-9-171（戒告）。殺人事件の控訴審の国選弁護人が、原審の未必の故意の認定に対して、「弁護人としては、確定的故意で犯行を行ったと考えますので、未必の故意を認定した原判決には、事実誤認があります」と控訴趣意を提出した。
　(2)刑事弁護人として十分な準備がなく最善義務違反に問われた例。殺意を否認する強盗殺人未遂事件（否認事件）の国選弁護人が初回20分接見したのみで、被告人質問に臨んだ。準備が極めて不足しており、旧弁護士倫理９（規46・最善弁護義務）に違反する（戒告・弁護士懲戒事件議決例集8-319）。
　(3)弁護人としての心構えができていなかった例
　　①国選弁護人が、接見や公判廷で「アルコールが抜けきらず、酒気を帯びた状態で、酒臭を発していた」場合、誠実な弁護活動を行う義務に反するとして戒告した例（弁護士懲戒事件議決例集8-170）。酒で頭脳が明晰でないのに、弁論しながら、国選弁護人は「正常だった」と弁解していた。酔って弁護活動をすること自体が問題なのであって、「正常であったかどうか」ではない。賄賂を受け

取っても職務は公正だったというのと同じ類である。第7講注18）と同一事件。

(2)刑事控訴審の国選弁護人に選任されながら、控訴趣意書を期限までに提出しなかった（戒告・弁護士会懲戒事例集(上)5頁）。弁護人は82歳で、妻の看病のための疲労で期限を徒過してしまったと弁解していた。competent（有能さ）、prompt（迅速性）、diligent（誠実さ）ともに不足していた例。

(4)こうした不適切弁護から被疑者・被告人をどう護ることができるのか。弁護士個人の努力やマインドだけに委ねておけない側面がある。弁護士会が、その弁護士の推薦を停止する制度（現在法テラスへの推薦名簿）をもっている単位会もある。しかし、推薦停止制度にも、半数以上の弁護士会が反対している（季刑弁60-67）。東京地判H16.2.26判タ1160-112は、国選弁護人推薦停止処分の行政処分性が争われた事件であるが、処分性はないとしている。

57) この最判は、「たとえ短時間であっても、時間を指定したうえで、即時又は近接した時点での接見を認める措置を採るべきだった」としている。

(1)後藤昭「逮捕直後の初回の接見申出に対する接見指定」ジュリ1202-178。

(2)鈴木拓児「弁護人となろうとする者からの被疑者逮捕直後に初回接見の申出を受けた捜査機関が接見の日時を翌日に指定した措置が違法とされた事例」判タ1065-138。

(3)渡辺脩「刑訴法39条による接見の日時指定が違法とされた事例」民商124-6-20。

(4)同上「初回接見と憲法34条」同『刑事裁判を考える』（現代人文社・2006年）62頁。

(5)笠井治「接見申出と留置担当官・検察官の対応」ジュリ1291-193。

58) 前掲注54) 参照。

59) 秋田真志・小林功武「実践の中で取調べの可視化を―被疑者ノートの試み」季刑弁39-82。

60) 前掲注54) 参照。

61) 和歌山地判H15.6.24・LEX/DB 28082205は、酒酔弁護士に15

万円の慰謝料の支払を命じた。なおこの酒酔弁護士は、誠実な弁護活動を行う義務に違反したとして、戒告処分を受けている（日弁連、弁護士懲戒事件議決例集8-170）。なお、和歌山弁護士会は、公判記録上、弁護活動に特に問題にすべきところはなく、飲酒による影響は見られないとして、懲戒せずの処分を行った。そもそも、公判記録に酒気を帯びて弁護していることは記載されない。どうして影響がないとわかるのか。問題は影響があったかどうかではなく、酒気を帯びて公判廷に出廷すること自体が許されないことに気づいていないことである。和歌山弁護士会の議決は情けないの一語である。前掲注56)(3)①と同一事件。

62) 前掲注56) 参照。
63) 第2講23頁参照。
64) (1)札幌弁護士会会報2004（H16）年4月号2頁。
(2)この考え方は、林菜つみ弁護士だけでなく、検察官に共通しているように思う。元札幌地検の検事正・小林永和氏は、札幌弁護士会会報1996（H8）年1月号で、「ともに事案の真相究明」と題する新年の挨拶文を寄稿し、弁護人の真相究明に協力する義務、さらに弁護人は捜査の妨げとならないよう注意しなければならない義務を説いている。
65) 前掲注22)(1)参照。
66) (1)「疑わしきは被告人の利益」という刑事裁判の大原則は、刑事裁判においては、いかに人知を集めても真実に近づき難いものであることを裏づけている。最判S48.12.13判時725-104は「裁判上の事実認定は、自然科学の世界におけるそれとは異なり、相対的な歴史的真実を探求する作業であり」「犯罪の証明があるということは、高度の蓋然性が認められる場合をいう。」「高度の蓋然性は、反対事実の存在の可能性を許さないほどの確実性を志向したうえでの〈犯罪の証明は十分〉であるという確信的な判断に基づくものでなければならない」と述べている。多くの冤罪事件では、反対事実の存在（の可能性）が無視され、検察官のストーリー通りの訴訟的事実が認定されている。
(2)前掲注30)(3)⑥を是非読んでもらいたい。消極的真実義務に違反した事例である。
67) (1)千葉地判S34.9.12判時207-34は、弁護人が公選法の被疑事

　　　　実を隠蔽しようとして、被告人に虚偽の上申書を作成させ
　　　　検察庁に提出させたとして、証拠偽造の教唆に問われた事
　　　　件。この弁護士は、退会命令となった。
　　(2)京都地判 H17.3.8・LEX/DB 28105138 は、弁護人が、証人
　　　　に自己の記憶に反する虚偽の陳述をさせ、偽証させたとし
　　　　て、弁護人に懲役2年執行猶予5年の刑を言い渡している。
　　　　偽証させることは、規75に正面から違反しており、京都弁
　　　　護士会は、会立件（法58-2）を行い、懲戒手続に入ったが、
　　　　右判決確定により資格喪失（法7-①）となり、懲戒手続は
　　　　終了している。
　　(3)接見禁止がなされている被疑者に対し、接見の際、虚偽の
　　　　供述をそそのかすような手紙を仕切り板越しに閲読させた
　　　　（業務停止2年・弁護士懲戒事例集8-5）。
68)　前掲注67)参照。
69)　(1)大判 S5.2.7 大刑集9-51。弁護人が犯人隠避罪に問われた事
　　　　例。
　　(2)後藤昭「弁護人の役割」日弁連編『現代法律実務の諸問題
　　　　（平成11年）』658頁は、(1)の事件において、真犯人の自首を
　　　　阻止したことが犯人隠避の罪になるのであって、弁護人が
　　　　身代りの事実を明かさないことが真犯人について犯人隠避
　　　　の罪とはならないと述べている。
　　(3)最決 H1.5.1 刑集43-5-405・判時1313-164。
　　(4)井田良「逮捕勾留中の犯人の身代りを出頭させる行為と犯
　　　　人隠避教唆罪の成否」平成元年度重要判例解説162頁。
70)　なお私は、北大法科大学院の HP コラムに、「身代わり犯」と
　　　いうコラムを書いているので参照されたい。
71)　日本司法支援センターの URL は、(http://www.houterasu.
　　　or.jp/)。
72)　「どうなっているの？　国選弁護報酬」愛知県弁護士会会報
　　　SOPHIA H18.4号。
73)　法テラスの「国選弁護人の事務に関する契約約款」。
　　　(http://www.houterasu.or.jp/content/07.kokusen_t_keiyaku.
　　　pdf)。
74)　最判 S61.9.8 訟務月報33-7-1920。国選弁護人の選任は、裁判
　　　長が訴訟法によって与えられた権限に基づき一方的に行う選任

の意思表示によりその効力を生じる。国と国選弁護人は委任関係にない。
75) 前掲注56) 参照。
76) いわゆる裁判説。弁護人と国の関係について、公法上の一方行為説、公法上の契約説があるが、実務では全く顧みられない。
　(1)座談会「国選弁護問題の焦点」ジュリ485-16。
　(2)西村清治「弁護人」判タ483-36。
　(3)岡部泰昌「国選弁護人の選任」熊谷弘他編『公判法大系1』（日本評論社・1974年）212頁。
　(4)磯辺衛「国選弁護人選任行為の法的性質について」平野龍一・松尾浩也編『刑事訴訟法（新版)』（実例法学全集・青林書院新社・1977年）137頁。
77) 大津地判S54.3.8・LEX/DB27761099。必要的弁護事件で、被告人が必要的弁護制度を濫用し10年間に5回6名の国選弁護人を辞任申出に追い込み、現在2名の国選弁護人にも理由なく辞任を求めた例で、弁護人不在のまま実質的審理を行っても許されるとした。
78) (1)大阪高判S56.12.15判時1037-140。注76)の控訴審判決。弁護人の出頭が可能であった場合、その不出頭のまま実質審理を行ったのは違法とした。
　(2)石井吉一「必要的弁護」刑事訴訟法判例百選（第6版）110頁。
　(3)石川才顕「必要的弁護制度の意義」松尾浩也・井上正仁編『刑事訴訟法の争点（新版)』（有斐閣・1991年）160頁。
79) 最判S54.7.24刑集33-5-416・判時931-3。椎橋隆幸「国選弁護人の辞任と再選任請求権の限界」昭和54年度重要判例解説230頁。この事件は、昭和44年4月28日の沖縄デー闘争の際、千数百名の学生らが、人の身体に危害を加える目的で、凶器準備集合などで逮捕された事件。被告人らは国選弁護人に対し、「はっきりいって弁護団を信用していない。したがって我々は弁護団の冒頭陳述は期待していない」「弁護人の心構えもできていないのではないか」「先生達は、審理を早く終了して逃げる気か」「一寸待て。このまま帰るのか。これでは明日への弁論ができるのか。我々を監獄に入れる気か」など、暴言を吐いたり、服をつかんで引き戻す暴行をくわえるなど、非礼を重ねた。このため弁護

人は、被告人らには誠実に弁護人の弁護を受ける気持ちがない
と考え、辞任の申出を行い、裁判所は国選弁護人全員を解任し
た。被告人らは、再度国選弁護人の選任を申し出たが、裁判所
は、被告人らに、前記のような非礼を働かないことの誓約を求
めたが、被告人らはこれを拒否し、結局弁護人が選任されない
まま審理が進められた。

80) (1)東京地決 S51.6.15 判時824-125は、連続企業爆破事件で、裁
判長の発言禁止命令に従わず退廷し、他の弁護人も退廷し、
弁護人不在のまま起訴状朗読がされた。「弁護人は、在廷の
利益を放棄又は喪失したものとみなす」とされた。
(2)石川才顕「必要的弁護事件における弁護人不在の審理の可
否」昭和52年度重要判例解説193頁。

81) 自正29-11（1978年）は、「弁護人抜き特例法案」の特集。

82) (1)最判 S63.11.29 刑集42-9-1389・判時1297-142。
(2)東京高判 S47.10.23 判時688-54。保釈・身柄引受で報酬を受
領した。

83) (1)飯島・弁護士倫理350頁以下。
(2)-1　日弁連懲戒委員会 S36.2.10 議決・弁護士懲戒事件議決
例集1-58。国選弁護人が保釈金の一部を報酬として返還し
なかった（業務停止5月）。
(2)-2　日弁連懲戒委員会 S38.2.23 議決・弁護士懲戒事件議決
例集1-52。国選弁護人が直接被告人側から謝礼等を受領
（業務停止2月）。
(2)-3　日弁連懲戒委員会 S42.2.18 議決・弁護士懲戒事件議決
例集2-35。国選弁護人が保釈保証金から報酬を二重取り
（業務停止3月）。
(2)-4　自正1995-11-151。国選弁護人が被告人側からデパート
商品券を受け取り、「ショウパブ」での饗応等を受けた（業
務停止2月）。
(2)-5　自正1996-9-173。国選弁護人が同事件の民事関係（示
談書の作成および被害者の代理人として自賠責の保険請
求・受領）で対価を受領（戒告）。
(2)-6　自正1999-4-178。国選弁護人が被告人側から謝礼等を
受領（戒告）。
(2)-7　日弁連懲戒委員会 H20.9.8 議決・弁護士懲戒事件議決

例集11-57。国選弁護人が被告人の求めに応じて差入業者に対する差入れ依頼についての交渉事務手数料として10万円を受領（戒告）。
84) 2008 (H20).10.10（毎日）。岡山弁護士会所属の弁護士が、国選弁護報酬の過大請求（実際の接見回数より多い回数の申告）を行っていたことが報道された。こうした過大請求が許されないのはもちろんであり、当該弁護士は、詐欺罪で立件される可能性が十分ある。また弁護士会の処分も当然考えられる。
85) 大阪高判 H6.4.21 判時1513-172。
86) 後藤貞人「共犯弁護と利害対立」季刑弁22-51。
87) (1)「利害相反」を認めて、1人の弁護士による弁護を認めなかった例。

①名古屋高判 S24.12.19・LEX/DB 文献番号27912939。被告人両名が、被害者に対し、相互に暴行を加えた事件であり（実行共同正犯）、利害相反がないように見えても、その紛争の発端なり、その暴行の程度、態様において被告人らの各供述は、互いに一致しておらず、その一方に有利なことは必然的に他方に不利な関係にあることが認められ、利害相反が明瞭である。

②福岡高判 S25.11.21・LEX/DB 文献番号27913538。窃盗の共犯事件で、一方は公訴事実を全面的に認め、他方は公訴事実を全面的に否認した。そのため、手続を分離したが、同一弁護人により審理が行われ、最終公判日に併合して弁論終結をした例。

③名古屋高判 S55.7.31 判時998-130。共謀による恐喝事件で、一方が全面的に公訴事実を否認し、他方が全面的に公訴事実を認めていた。そして、一方の否認は間違いであると公判で供述した。②の判例と類型的に「利害相反」が認められる。

④名古屋高判 H9.9.29 判時1619-41。
● 山本正樹「被告人の利害相反と国選弁護人による弁護」平成9年度重要判例解説185頁。
● 福井厚「被告人の利害相反と国選弁護人による国選弁護」判評479-52。
　　強盗殺人および殺人の各公訴事実について、共同正

犯の関係にある共同被告人について、同一の国選弁護人を選任し、これを維持したのは、刑訴規則29-2（現29-5）に違反するとして、両名に対する死刑判決を破棄した事例。

有罪になれば、死刑判決が十分予想できた（現に死刑判決が出されている）事件で、同一の国選弁護人を選任する原裁判所の感覚を疑う。どちらが強盗殺人事件を言い出したのか、首を絞めたのはどちらかなど6点の犯情に影響のあると思われる部分につき、被告人両人の言い分に食い違いがあった。一方の被告人に有利な事情は、他方の被告人の不利になる事情となるため、主張・立証すべきか否か判断に窮することになるから、数人の国選弁護人に弁護させるのが妥当としている（本件では、原審の国選弁護人は、上記の争点について証拠請求も被告人質問も行わなかった。弁論でも触れていない。この消極的弁護は、批判されなければならない。「闘争的」でも「熱心」でもない妥協的弁護こそ恥ずべきである）。被告人や国選弁護人から異議が出されてなかったからといって、同一弁護人による弁護が正当化されるわけではない。差戻審は、起訴状の朗読からやり直している。

(2)「利害相反」を認めず、1人の弁護人による弁護を認めた例。

① 最判 S43.4.18 刑集22-4-290・判時517-83。塚本武志「利害の相反する被告人らが選任した同一弁護人の出頭のもとでされた審判の違法性」最高裁判例解説刑事編昭和43年度114頁。本件は、1人の私選弁護人が2人の被告人を弁護した例（判決文からは、どのような利害対立があったかはわからない）であるが、最判は、刑訴規則29-2は、国選弁護人についての規程であって、私選弁護人について規定するものではなく、利害の相反する被告人らが選任した同一の弁護人の出頭のもとで審判がなされたとしても、訴訟法上、これを違法とする理由はないといっている。私選の場合、利害相反したときは、その弁護人を解任して、新たな他の弁護人を選任すればよいのであって、そのような措置をとらなかったのは被告人の責任だ

というのである。はたしてそうだろうか。
②東京高判 S60.7.15 刑事裁判月報17-7・8-649。強盗致傷事件で、一方の被告人は全く事実を争わず、他方の被告人は、公訴事実の一部を否認した例。
③東京高判 S61.8.18 高等裁判所刑事裁判速報集 S61-156。
④大阪高判 H6.4.21 判時1513-172。被告人両名が、強盗致傷（ショルダーバックのひったくり犯）の共犯として起訴された事件で、同一の国選弁護人が弁護した事件。公判当初は、両名とも起訴事実を認めていたが、一方の被告人（A）は、他方の被告人（B）から「鞄をつかんだら手を離すな」と指示されたと供述し、Bはこの指示を否定した。高判は、AがBから指示を受けていたかどうかは、本件量刑にそれほど影響のある争点とはいえないとしている。

(3)結局、「利害相反」の有無は、事件の内容その他一切の事情を考慮して実質的に判断すべきである（松尾浩也監修『条解刑事訴訟法（第3版）』〔弘文堂・2006年〕56頁など）が、概ね、情状に関する事実の相反については、裁判所は、国選弁護人の解任に抵抗があるように思われる。実は、情状そのものが量刑にどのように影響しているのか、厳密に計測することが困難であり、「些細な点」とか「それほど影響のある争点とはいえない」とかの理屈で、同一国選弁護人が肯定されている。

88) 中山博之「ヘリコプター事故保険金詐欺事件」季刊弁24-31は、情報交換の重要性を説いている。共通弁護により、同一弁護人が弁護することで、情報交換は不要となり、防御の方法も瞬時にして各被告人に伝えることができるという。

第11講 裁判官の倫理

I はじめに

本講では、裁判官の倫理について述べます。

私は、裁判所に所属したことはありません。したがって、裁判官がどんな思想を持ち、どう行動していたかを体験的に知ることはありません。また、裁判所内で伝承されている倫理があるともいわれていますが[1]、これは不文の外部には伝えられない倫理といわれており、この部分についてはわかりません。ただ、判決や訴訟指揮に見られる裁判官の思考と行動を観察して、あるべき裁判官の姿とその倫理を考えていきたいと思っています。

私の「裁判官倫理」は、弁護士から見た裁判官のあるべき像であり、裁判官から見ると違和感や反発があるかもしれません。あくまで弁護士の視点から見た批判的な裁判官像から出発していることをお断りしておきたいと思います。なお、本講は、刑事裁判における裁判官の倫理を中心に展開します。第10講、第12講を併せ読まれることで、わが国の刑事裁判の実相が理解できると思います。

II 日本の裁判官の特質

裁判官倫理を述べる前に、日本の裁判官と裁判制度の特質について述べておかなければなりません。なぜなら、実際に行わ

れている裁判の運用を抜きに、裁判官の倫理を考えても無意味だからです。

1. キャリアシステムと法曹一元

　はじめに指摘しておかなければならないのは、日本の裁判官任用がキャリアシステムを採用していることです。法曹一元や選挙による任用ではありません。司法修習を経て、判事補として任官し、裁判所のなかでトレーニングを経て、10年後に判事となり、大部分の裁判官は定年間近まで務めます。したがって、裁判官は弁護士との互換性がないということができます。

　わが国においては、経験ある弁護士から裁判官を任用すべきであるという法曹一元が19世紀末から唱えられ、日弁連を中心に「法曹一元」実現運動が展開されてきました。しかし、1964（S39）年の臨時司法制度調査会意見書[2]は、「法曹一元は望ましい制度であるが、未だその実現の基礎がない」として先送りにしました。また、今次の司法制度改革審議会意見書では法曹一元について全く言及していません[3]。キャリアシステムの欠陥についても同様です。これは、黙示的に法曹一元の導入に「ノー」と宣言し、法曹一元よりも現行のシステムを是とし、これに裁判官の給源の多様化・多元化を提唱したと思われます。要するに、現行キャリアシステムを維持し、多少の色づけを行ったといえます。その多様化・多元化の結果、「弁護士任官」といって、弁護士から裁判官に任官する仕組みができ、毎年10名程の弁護士が任官しています。現在は約50名の弁護士出身の任官者がいます。札幌でも弁護士任官の判事が活躍しています。

　この弁護士出身の裁判官の存在が、裁判所に新風を吹き込むことになるのか、それとも裁判所という組織のなかで順応してしまうのか、あるいはお茶を濁した程度になってしまうのかはわかりません[4]。また「パートタイム裁判官（非常勤裁判官）」

という、家裁の家事調停官、簡裁の民事調停の主任調停官を1週間に1日ほど勤めている弁護士もいます[5]。さらには最近、裁判官の視野を広げるために、裁判官の身分を離れ、「イソ弁」（勤務弁護士）となって弁護士業務を行う、いわゆる他職経験裁判官がいます[6]。彼らは、2年間のイソ弁経験後、再び裁判官に戻ります。このことによって、裁判所に新たな視点、社会の実情にあった視点を持ち込もうとするものです。長い目で見れば、これらの制度によって多様な裁判官が生まれ、キャリアシステムに変化を与えるかもしれません。

裁判官には「健全な常識」「幅広い教養」「広い視野」が求められます。裁判官は、基本的には裁判官としてしか社会経験はありませんが、本を読んだり、先輩裁判官や同僚とディスカッションするなかで常識や教養が形成されていくのだと思います。しかしそれでも社会経験の不足は否めません。これを補うのが弁護士任官や他職経験裁判官、国内外に留学する裁判官です。

このように、裁判官にはキャリアシステムに起因するウィークポイントがあると考えられます。このことをまず認識して議論に入ります。

2．裁判官の人間的特性

〈制度を活かすのは疑いもなく人である〉とは改革審意見書の言葉ですが、裁判所を、国民の信頼の得られる頼れる組織にするのは、疑いもなく裁判官によります。司法制度が法の支配を貫徹し、国民の権利を保護する機能を果たすためには、ハード面で司法制度の充実を図り、ソフト面でその制度を血の通ったものにする必要がありますが、ソフトの充実は裁判官の資質と能力にかかっているのです。

一般的に、日本の裁判官は成績優秀であり思慮深い人、加えて廉潔で真面目で誠実な人が多い。人間的に尊敬できる人も多

数います。特に廉潔性の部分は、裁判所という組織風土のなかで長年にわたって形成された所産であり、そのことが社会的確信になっています[7]。ただし先日罷免されたストーカー判事のような例外もあります[8)9)]。

日本の裁判官の廉潔性について、川島武宜元教授は以下のように語っています[10]。

川島元教授は、バミューダで開催された学会に出席した際にある学者から「日本では裁判官の何割ぐらいが事件の当事者から賄賂を取っているか」と問われたそうです。これに対して「ゼロに近い」と答えたのですが、先方の学者は「君は何というナショナリスティックなことをいうのか。それはおよそ学者のいうべき言葉ではない」といったそうです。川島元教授は「裁判官は世間から批判されるくらい世の中の一般の人々と付き合わない。裁判官同士の付き合いしかなく、2年ごとに異動・転任して、地元の有力者から招かれても公式の場面以外は宴席には出ない。ときには『世間知らず』だと批判されるくらいである。だから裁判官が賄賂を取るということは考えられないのだ」と説明したそうです。

このエピソードにあるように、わが国の裁判官は信じられないほど廉潔性が高いのですが、同時に指摘されているように、「世間知らず」と見なされるほど、社会経験が不足していることも確かです。

Ⅲ 裁判官に必要な資質とは何か

1. 裁判官に求められる人間としての知恵

裁判はテミスの像に象徴されています。目隠しをした正義の女神が右手に剣、左手に天秤を提げている像です。目隠しは予断のない公平な裁判、左手の天秤は公正さ、そして右手の剣は

Ⅲ 裁判官に必要な資質とは何か

国家権力による裁判の強制、裁判による実定法秩序の実現ということを象徴しています。

また裁判は、刑事・民事を問わず、当事者に深刻な影響を与えます。

その結果の重大さを考えるなら、裁判官は、テミスの像のように予断や偏見を持たずに法的手続に則り、適正にその役割を果たすことが必要です。そのため裁判官には一定の資質と能力が要求されるのです。

裁判官にとって大事なことは、法的知識の多寡や判決書きの上手・下手ではありません。最も大事なことは、「人間の知恵」（この知恵のことを実践知と呼んでいる人もいます）[11]を十分に身につけることです。

すなわち、人間の知恵は、幅広い教養、視野の広さ、人間性に対する洞察力、社会的事象に対する識見と理解力、さらに廉潔性、公平性、普遍性、誠実性、勤勉性、責任感、決断力、勇気、独立の気概、慎重さ、注意深さ、忍耐力、克己心などが統合された全人格として顕れます。この知恵は、裁判官のみに求められるものではなく、弁護士・検察官にも等しく求められるものです。

しかしこうした知恵をもつことは理想的な姿であって、残念ながら、法律の知識はあっても、人間的に未熟な裁判官、教養に欠け、視野が狭い裁判官、人間性に対する理解・洞察力を欠く裁判官もいます。同じことは、弁護士、検察官にもあてはまります。こうした裁判官には、人間に対する理解や社会現象の正確な把握は難しいでしょうし、裁判を受ける側も、そんな裁判官の裁判は受けたくないでしょう。

G. ラートブルフは「知性だけでなく、人格もあわせて必要であり、その人格とは4つの徳、すなわち第1に正義、第2に明知、第3に剛毅、第4に節度である」と述べています[12]。ま

た、木谷明元裁判官は、逆の視点から、
    ①傲慢・不遜
    ②自信過剰・独断的
    ③優柔不断
    ④権力的・権力志向的・権力迎合的
    ⑤強すぎる正義感、過剰な秩序維持意識
    ⑥人間嫌い
    ⑦弱い者の痛みを理解できるやさしさの欠如
は、裁判官の好ましくない資質であると述べています[13]。①、②、⑥、⑦は人間的な未熟性、①、②は教養がなく、視野が狭いという大項目で括ることができます。さらに権力にたやすく迎合しない芯の強さが必要です。ラートブルフのいう剛毅です。国の立法や行政行為の憲法適合性を判断するにあたって、権力に迎合していたのでは、とても憲法の番人になれません。

2．人権感覚

これに加えて、人権感覚も必要です[14]。裁判所が国民の人権の護り手であるという自覚とともに、裁判官自身の人権についても、常にアンテナを張り敏感でなくてはなりません。自分自身の人権に鈍感な裁判官は、他人の権利・自由についても鈍感でしょう。

3．自然科学の法則の尊重

また裁判官には、自然科学の法則を尊重する資質と、この法則の前に謙虚である姿勢が必要です。なぜなら、裁判官は、自然科学の法則をもとに事実認定を行うからです。事実認定が「天動説」に基づいて行われてはならないのです。

こんなことは、あえて取り上げる必要がないはずですが、実際に裁判官が自然科学の法則を無視した例がいくつもあります。

Ⅲ　裁判官に必要な資質とは何か

後述する草加事件（後出348頁）の唾液の血液型問題では、東京高裁裁判官のあまりにもひどい事実認定に、最高裁が原判決を破棄し、原審に差し戻しました。まさに「悪魔の裁判」です[15]。

　この裁判官たちは「良心」に従って判断したというかもしれませんが、自然科学の無視、経験則の無視によって、意図的に無罪へ向けた証拠を無視したか、よほど事実を見る目が曇っていたとしかいいようがありません。これでは裁判を受けるほうは、たまったものではありません。

　民事事件ですが、私も「天動説」に従った判決を受けたことがあります[16]。ゴルフ場の従業員がカートの助手席から転落したという事件ですが、カーブを曲がる際の遠心力によって落下したというのが請求原因でした。その広場で50kgの人間が振り落とされる遠心力が生じるかどうかが争点でした。1審の裁判官は鑑定もせず、遠心力によって落下したと認定しました。物理的に落下する程の遠心力は生じないのに、判決では遠心力で落下したとされたのです。自然科学の法則などどこ吹く風といった判断でした。その後、控訴審においては1審判決を破棄し、誤りは正されました。1審の裁判官たちがなぜそのような判断を下したのかはわかりません。しかし当事者や代理人は、裁判官が賢明であり、自然科学の法則に従って公平に判断することを期待しています。

4．勇気の重要性

　〈疑わしきは被告人の利益に〉に従って判断すること、これが法に忠実な裁判官であり、中立・公正な裁判官です。しかし、どの程度の証明があれば「合理的な疑いを超える証明」があることになるのでしょうか[17]。

　「犯人は絶対に見逃さない。そのためには、無辜の者が犠牲になっても止むを得ない」と考える裁判官はいないと思います。

しかしその判決や訴訟指揮から、どうしてもそう思わざるを得ない裁判官もいます。彼らは、「合理的な疑い」をできるだけ狭く解釈し、有罪の判断に都合のよい証拠を集め、不都合なものを無視したり、屁理屈を述べて正当化したりします（後述の草加事件はその典型です）。このようなスタンスは、刑事裁判の基本にかかわるものであるばかりでなく、裁判官の良心の問題、裁判官の倫理の問題でもあります。積極証拠は十分か。特に有罪を支える証拠が見せ掛けでないかどうかを前述した「人間の知恵」を活用し、透徹した眼力で見透かさなければなりません。

前述した徳島ラジオ商殺人事件（前出262頁）は、2少年の供述をもとに有罪判決が組み立てられましたが、この供述は、積極・消極証拠ともに結局何の裏づけもありませんでした。有罪の判断には、積極・消極証拠を総合的に判断し、それでもなお「合理的な疑い」が残るかどうかを丁寧に解析する必要があります。「丁寧な解析」とは、自然科学の法則に従い、社会常識を基礎に置く「良心」に依拠した思惟作業です。直感による認定では、不十分なのです。この作業は、事実認定の適正化といわれるものです[18]。多くの冤罪事件では、自由心証主義の下で、消極証拠が「なお右認定（有罪決定）を覆すには足りない」と否定されています。再審開始に反対した裁判官たちは、原判決の不合理・矛盾に気づいても、その不合理や矛盾を説明することなく都合のよい証拠だけを取り出して判決していたのです。再審は、先輩裁判官の判断を覆すのですから、多分に心理的な躊躇もあったでしょう。この躊躇を乗り越えるのが勇気なのです。トルストイは、人間の心のなかに神と悪魔が棲んでいると述べているようですが[19]、裁判官には、悪魔の声に負けない勇気が必要なのです。

5．裁判官の社会常識

裁判官の社会常識が問われた事件があります。

それは京都でタクシーの運転手が乗務中に金銭を奪う目的で乗客を殺害したという事件でした。遺族からタクシー会社に対する損害賠償請求の裁判が起こされ、その判決は「一般論としては、タクシーの乗務員の中には雲助まがいの者や賭け事などで借財を抱えた者がまま見受けられる。（中略）被告会社が被告人の監督を尽くしていたといい難い」として、会社と運転手に損害賠償責任を認めました[20]。

雲助とは、江戸時代の「住所不定の人足で篭かき、荷運びに従事した人」（広辞苑）であり、タクシー運転手にとっては侮辱ともとれる言葉です。判決にあたってわざわざそのような表現を使用する必然性があったのでしょうか。このような言葉を使わなくても、使用者責任を認めることは可能だったはずです。地裁の所長は、当該裁判官を裁判所の職員に対する管理権によって「口頭注意処分」にしました。

判決の表記は、市民の雑談とは訳が違います。判決の表記においても、裁判官には健全な社会常識が反映されなければなりません。この判決をした裁判官は、おそらく無意識のうちに不適当な表現を使ってしまったのだと思います。こんなところにも、裁判官の社会常識が顔を出すのです。

Ⅳ　法規上の裁判官倫理

わが国の裁判官の倫理については、ABA の "Model Code of Judicial Conduct 2007" や連邦裁判所（Federal Judiciary）の裁判官に適用される "Code of Conduct for United State Judges" のようなものはなく[21]、憲法・裁判所法・国家公務員法などの実定法規上の規範（倫理）から考えるしかありませ

ん。

　裁判官は、国家公務員法上の特別職ですから、一般公務員の服務上の規程（国公96以下）や国家公務員倫理法、国家公務員倫理規定の適用を受けません。しかし同法、同規程の順守が求められます[22]。そのうち法定されている倫理規程について述べます。

1．職務専念義務

　裁判官は、常勤の公務員として、職務に専念し忠実にこれを遂行しなければなりません（国公101）。説明の必要はないと思います。

2．秘密保持義務

　裁判官は、公務員として職務上知った秘密を漏らしてならないことは当然ですが（国公100）、裁判の合議については、終生秘密を保持しなければなりません（裁75-2）。他の裁判官全員の同意があっても、守秘義務は解除されません。2008（H20）年に、袴田事件の担当裁判官（左陪席）だった熊本典道氏が評議の経過を公開しましたが[23]、これは異例のことで、他には、私の知る限り財田川事件の矢野伊吉元裁判官だけです[24]。

3．品位保持義務
（1）法規上の義務

　裁判官は、職務上であると、私生活であるとを問わず、その官職を傷つけ、また官職全体の不名誉となるような行為をしてはならないことは当然です（国公99）。この品位保持義務に違反したときは、裁49の「職務上の義務に違反し」「品位を辱める行状があった」として、懲戒処分の対象となります。懲戒処分は、戒告または1万円以下の過料です（裁限2）。

懲戒処分としての罷免はありません。罷免は、弾劾裁判所の罷免判決によってのみ可能です（憲78、裁弾）。「裁判官の独立」に配慮したものです。分限法による懲戒と弾劾裁判所の弾劾とは、相互に関係がありません。別々に進めることができます。ただし、分限裁判は、弾劾裁判が係属する間、中止することができます（裁限10）。

（2）市民としての裁判官

裁判官も一般市民と同様、市民として守るべきルールに従わなければなりません。特に犯罪行為はもってのほかであり、品位保持義務に反することになります。鬼頭史郎元裁判官によるニセ電話事件が最も有名ですが[25]、その他にも、東京地裁の破産担当裁判官が破産管財人からゴルフバックや背広の仕立券を贈与された贈収賄事件（梓ゴルフ場事件・1981〔S56〕.11.16弾劾裁判所で罷免判決）[26]、東京高裁判事が児童買春で逮捕され、2001（H13）.11.8東京地裁において、懲役2年執行猶予5年の判決を受けた事件（同月28日弾劾裁判所で罷免判決）、甲府地裁の判事が裁判所職員にストーカー行為を行った（2008〔H20〕.8.8・懲役6月執行猶予2年・同年12月24日弾劾裁判所で罷免判決）事件[27]などがあります。神戸地裁の所長が電車のなかで隣に座っていた女性の腿に自分の大腿を押しつけた（最決 H13.10.10 戒告、その後退官）、裁判官が宿泊先のホテルで飲酒して、客や従業員に怪我をさせた（札幌高裁 S55.10.27 戒告）という事件もありました。

これらは裁判官である前に、市民としても言語道断の行為です。その他犯罪でなくとも、官職全体の不名誉となる行為は、厳に慎まなければなりません。

（3）品位を辱める行状かどうかが問われた事例

次に、裁判官の品位保持との関係で福岡高裁判事懲戒事件[28]を考えてみたいと思います。裁判官が、地検の次席から自分の

妻のストーカー規制法違反行為について捜査情報を得、妻のために、①弁護士を紹介し、②「妻の容疑事実（ストーカー防止法違反）」という文書を作成した事件です。同文書には、妻の言い分を前提に「捜査当局が描く事案の概要」「疑問点」「警察が妻を犯人と断定した根拠」「反論」などが記載され、弁護士に提出されていました。

福岡高裁は、最高裁に裁判官分限法に基づく懲戒の申立てを行い、最高裁大法廷は、同裁判官を実質的な弁護活動を行っていると認め、戒告処分としました。多数意見を要約すると「裁判官は、一般に、捜査が相当程度進展している具体的事件について、その一方の当事者である被疑者に加担するような実質的弁護活動にあたる行為をすることは、差し控えなければならない。裁判官の公正・中立に対する国民の信頼を傷つけ、ひいては裁判所に対する信頼を傷つけたものである。その行為は、妻を支援・擁護するものとして許容される限度を超えている」として、「品位を辱める行状に当り、許されない」としています。この大法廷決定は12対3でした。

金谷利廣裁判官（裁判官出身）は、「同判事の行為は、裁判官の品位を辱める行状、または、品位保持義務違反に当たると評しえないと認められるから、戒告処分には反対である。自分の妻を弁護する書面を作成することが、具体的事件に対し介入し、裁判官の公正を害するかどうかは疑わしい」と反対意見を述べています。

私は金谷裁判官の反対意見に賛成です。裁判官が、具体的事件において一方当事者を援助することが（文書の作成・弁護士への交付）、裁判官の公正・中立にたいする国民の信頼を傷つける場合には、当然援助を控えなければなりませんが、上記のように妻をサポートする行為が、裁判の公正・中立という点から、国民の信頼を本当に傷つけていると考えられるのかどうか

疑問です。近親者の証言拒絶権を認めた刑訴147-1、民訴196の趣旨からも、配偶者を援護することが、品位を辱める行状とまで認められるかどうか疑問だからです。

4．積極的政治活動の禁止

裁52は、「積極的政治活動」を禁止しています（積極的政治活動とは何かについては、本書355頁以下を参照）。

5．兼職の禁止

裁判官は、報酬のある職務に従事すること、同じく営業・商業・その他金銭的利益を目的とする業務を行うことは許されません。職務に専念しなければならないからです（兼職の禁止）。

V 裁判官の独立と中立・公正

検察官・弁護士と異なり、裁判官は審判者です。審判者は独立して、中立公正、迅速適正に職務を行うことが予定されています。憲法もこれを受けて「すべて裁判官はその良心に従ひ独立してその職権を行い、この憲法及び法律にのみ拘束される」（憲76-3）と規定しています。

裁判官の職権の独立とは、裁判について、他のいかなる機関も指揮監督その他の干渉を行えないことを意味しています。そのうえで、裁判官が予断を持たず適切に事実を認定し、法を解釈適用することが必要です。裁判の本質は、裁判官の判断であり、その判断が公正・中立に行われることです。その公正・中立に裁判を行うためには、他からの干渉を受けることなく、かつ自己の利害や打算を超越し、何ものをもおそれずに行う必要があります。裁判官は、良心と憲法および法律（条例、政令、規則を含む）にのみ拘束されるべきなのです。

1. 司法権の独立・裁判の独立について

（1）伊達判決直後における司法権独立の侵害

2008（H20）年に明らかになったことですが、1959（S34）年、砂川事件の伊達判決（東京地判S34.3.30刑集13-13-3305・判時180-2）が出た際、日本政府はアメリカ軍の駐留を正当化する必要に迫られました。

そこで同年4月24日、田中耕太郎最高裁長官（当時）は、アメリカ大使と非公式に面談し、優先的に伊達判決の処理を行うことを約していたのです（道新2008〔H20〕年4月30日夕刊）。その結果、同年12月16日に1審判決を破棄する最高裁判決（刑集13-13-3225・判時208-10）が出ました。翌年1月19日には新安保条約の署名がされています。

この田中元長官の行為は、司法の最高責任者が最高裁に係属することになる事件（高裁を飛び越えて最高裁に飛躍上告された）について、アメリカ大使と優先処理を約束したものというものであり、内政干渉にあたるばかりでなく、司法権独立に対する侵害であると思われます[29]。

（2）平賀書簡における裁判干渉

1969（S44）年、「平賀書簡」という地裁所長による担当裁判官への裁判干渉が行われたことがあります。事件は、自衛隊の合憲性が争われた事件（長沼ミサイル訴訟）の執行停止に関わる事件の裁判過程で発生しました。地裁所長が、前述の書簡によって担当裁判官に裁判の方向を示唆したのです。これは干渉そのものといえる行為でした。こうした司法行政の責任者による司法の独立を阻害するような行為は許されません[30]。

（3）裁判所の内部統制

ここに1冊の本があります。『裁判の独立のために』（判例時報社・1975年）という本です。編集したのは、現職の裁判官でつくる〈裁判官懇話会〉です。裁判の独立・裁判官の独立に危

機感をもった現職の裁判官たちが、裁判官懇話会（後に全国裁判官懇話会）という連絡機関を作り「裁判の独立」を維持しようとして集ったときの報告集です。司法権の独立は憲法で保障されており、全く問題なく運用されてきたと思っている読者の方が多いかもしれません。しかし、(2)のような露骨な干渉ではなくとも、裁判所内部では裁判官の判断を統制しようという動きがあったのです。もちろん、最高裁はそのような動きがあったことを否定しています。

1971 (S46) 年、宮本康昭裁判官が、理由を示されることなく再任を拒否されました。この頃から、最高裁事務総局を中心に、外からではなく内部から裁判官に対する統制が始まりました。こうした動きに危機感をもった裁判官たちが集ったのです。第1回の集会には、220人を超える判事・判事補が集まりました。この裁判官懇話会はほぼ2年に1回の割合で会合をもって、裁判のあり方や実務上の問題点等について意見交換を重ねました。しかし、この懇話会を危険視するかのような空気が政府筋や裁判所（ことに最高裁）にあり、会合の世話人には陰に陽に抑圧・中傷・脅迫などがあったそうです[31]。そしてその後、懇話会に参加した裁判官たちは、決して陽のあたる役職に就くことはありませんでした[32]。当局が差別的な取扱いと思われる人事を行ったからです。もちろん、最高裁は、人事の秘密を盾に、一切説明しません。次第に懇話会に参加する裁判官も少なくなり、解散に至りました。『全国裁判官懇話会30年の軌跡・自立する葦』（判例時報社・2005年）では、この懇話会の歴史が述べられています。

最高裁事務総局は、この会合の参加者を危険視し、任地や昇給において差別をしました。こうした圧力によって、若い裁判官たちは、知らず知らずのうちに最高裁事務総局の意向に迎合していったのだと思います。このことは大変重大であると考え

ます[33]。

　他にも会同（聞き慣れない言葉ですが、裁判官や検察官の会合を会同といいます）や協議会で最高裁事務総局の考えを示し、裁判官の判断を統制するということがあります。これが裁判所内における統制の問題です。最高裁はもちろん、統制などないと否定しています。

　裁判官は、外部からの影響（上司からの直接的な示唆を含む）はもとより、裁判所内からも影響を受けてはいけません。また、裁判所という組織のなかで、裁判官が自由闊達な議論ができない雰囲気ができあがってしまったら、深刻な問題です。この内部統制の問題については文献が沢山ありますので[34]、これらの文献を精読して、裁判所・裁判官の役割・あるべき姿を考えてください。

２．具体的な裁判の場で、裁判官の中立・公正を考える

（１）具体例によって裁判官の倫理を考える意義

　法曹倫理の教科書・テキストで、具体的裁判例を取り上げて中立・公正さを裁判官倫理として要求しているものは少ないように思われます。

　裁判官倫理の具体例として取り上げられているのは、
　　①判例拘束性と裁判の独立
　　②部総括の陪席に対する干渉
　　③司法行政の裁判官に対する締めつけ
　　④廉潔性
　　⑤裁判官の親族の犯罪
　　⑥裁判官の政治的活動

など[35]であり、具体的裁判の場において、裁判官の「独立」「中立・公正」を取り上げていません。裁判例の分析は、法解釈の違い、事実認定の違いであって、法曹倫理において取り上

げるべきテーマではないという考えもあるからだと思います。

しかし本書では、事実認定の問題であっても、裁判官が虚心に証拠を解析し、「職業的良心」に基づき、判断することが「中立・公正」であり、裁判官の倫理の最も重要な点であり、単なる事件の見方の違い、事実認定の違いに止まらない問題だと考えます。裁判官が事実認定という最も大事な判断を行う時に、その判断は、公平でなければなりません。偏見に支配された判断は、公平な判断とはいえません[36]。

また憲37-1の「公平な裁判所」とは、「偏破や不公平のおそれのない組織と構成を持つ裁判所による裁判を意味する」のであり、「個々の事件につき、その内容や実質が具体的に公正妥当な裁判を指すのではない」と解釈されています(最判S23.5.26刑集2-5-511)。憲法の解釈としてはその通りですが、この解釈は、「公平な裁判所」を装った裁判官による偏破な裁判を可能にしてはいないでしょうか。

憲法が「公平な裁判所」に求めるのはこの程度であり、それ以上の公平さは、裁判官の良心に委ねるしかありません。ここで、裁判官の倫理が問われるのです。国民は皆、公正な裁判を求めています。国民は、裁判官を選ぶことができません。公正でない裁判官にあたったら万事休すです。ですからなおのこと、倫理をもとにした公正な判断が求められるのです。

松川事件の2審の裁判長は、被告人から「どうか公正な裁判をお願いします」といわれて、「裁判は公正なものに決まっている」と答えたそうです。そして後に無罪となる被告人4名を死刑、3名を無期懲役、11名を15年から3年6月までの懲役刑にしました[37]。そこで、本書ではあえて、具体的な裁判例におけるこの問題を取り上げてみたいと思います。

(2) 事実認定における裁判官の中立・公正

事実認定が問題となる事件では、特に公平性が必要です。予

断と偏見は最も避けなければなりません。なぜならば、偏見こそ誤判の原因だからです。予断と偏見が最も色濃く出たと思われる事例を考えてみましょう。

①松川事件[38]　先述した松川事件では、首謀者は、共謀のあった時刻に、共謀があった場所から15kmも離れた場所にいました。しかし謀議に参加していないアリバイの主張は排斥されました。これも既出の「諏訪メモ」がなくてもアリバイは認めることができたと考えられますが、被告人らの供述は信用されませんでした。判決は、主謀者は１、２審とも死刑。諏訪メモが提出された最判でも、５人の少数意見は有罪でした。裁判官たちが予断と偏見をもっていると、無罪の人も有罪になってしまうのです。まるで中世の魔女裁判です。

②徳島ラジオ商殺人事件[39]（前出262頁）　この事件は６次再審（実質的には５次再審）で再審手続が開始され、再審で無罪となった例です。

これも先述した通り、目撃者とされた少年２人が、夫婦が争っているのを見たという供述や法廷での証言は、嘘であったと申し出ても、１次から４次の再審は開始されませんでした。有罪を支える最大の積極証拠が崩壊したにもかかわらず、です。先に述べたように、２人の供述にはもともと物的な裏づけがなく、嘘の証言をしたことが一段とはっきりしたのです。それでも、再審は開始されませんでした。また少年の供述を抜きにしても、(i)布団に２つの足跡があった、(ii)被害者が11ヶ所も刺されているのに、茂子さんの着衣に「返り血」がない、(iii)逆に、茂子さんも斬られている、(iv)通行人が、家から出てきた賊を目撃している、(v)出口の柱に血の痕があった（そこへ茂子さんは行っていない）、(vi)残置された匕首は、誰のものか、(vii)茂子さんと９歳のお嬢さんの「賊を見た」という供述があった、という有罪を否定する証拠が、裁判官によって無視されました。刑事

裁判においては、こうした消極証拠を考慮に入れてこそ「疑わしい」かどうかがわかるはずです。しかし再審請求を棄却した裁判官の事実認定には何の影響も与えませんでした。裁判官の事実認定は、ブラックボックスのなかで行われ、最も重要な裁判官に求められる倫理である「公平な目」はなされなかったのです。

③財田川事件[40]（前出28頁）　この事件では、第2講で説明したように、客観証拠と合致していない自白や現場見取図が作られ、裁判所に提出されています。

しかし、自白が裏づけのない空疎なものであることを、裁判官は理解しようとしませんでした。中立・公正性から批判されるべき姿勢です。

中立・公正な事実認定という観点から見て、2次再審開始に反対した3人の裁判官、その抗告審の3人の裁判官、それ以前の原1、2審、最高裁の裁判官、1次の再審に関与した裁判官の責任は重大であったと考えます。

再審の棄却決定のなかで「当裁判所は、3年余りを費やし、できるだけ記録、事実の取り調べを実施し、思惟洞察に最善の努力を傾倒したつもりであるが、捜査官の証言も全面的には信用できず」「30年以上経過した今日においては、すでに珠玉の証拠も失われ、死亡者もあり、生存者といえども、記憶は薄らぎ、事実の再現は、はなはだ困難にして、むなしく歴史を探求するに似た無力感から、財田川よ、心あれば、真実を教えてほしいと頼みたいような衝動さえ覚えた」という部分があります。名（迷）セリフですが、物言わぬ川に真実を教えてほしいと悩むほど疑いがあるなら、なぜ再審請求を棄却したのでしょうか。「疑わしきは、被告人の利益に」の原則から疑問を感じざるを得ません。法の命ずるところを無視した結果を作り出しているといえますし、とても「良心に従って」裁判が行われたとはい

えません。

当時の高松地裁丸亀支部長であり、事件をきっかけに弁護士に転じた矢野伊吉さんがいなかったら、谷口さんはどうなっていたでしょうか。また徳島ラジオ商殺人事件では、たまたま担当した秋山賢三裁判官が原裁判所の判断の誤りを指摘しなかったら、どうなっていたでしょうか。

このように、裁判は裁判官の資質によって結論が大きく左右されます。これほど裁判官の責任は大きいのです。

④草加事件[41]　殺された少女の両親が、犯人とされた少年たちに損害賠償を請求した事件です。少年審判は再審手続がないため、この民事訴訟が事実上の再審と位置づけられていました。事件は5人の少年が女子中学生を強姦したという事件でした。しかし不思議なことに、強姦にもかかわらず精液が出てきませんでした。そこでコンドームが使われたはずだということになったのですが、強姦にコンドームを使う余裕があったのかが疑問であり、しかもそのコンドームが発見されませんでした。

スカートに付着したAB型の精液や服に付着したAB型の毛髪、加えて乳首にAB型の唾液痕がありました。この場合、犯人はAB型の人間と推認するのが経験則に合致します。ところが、少年たちにAB型の者は1人もいませんでした。1審は、少年たちの実行行為がないとして請求を棄却しました。

しかし高裁は実行行為の証明があるとして、請求を認容しました。そのときの論理が「AB型」の唾液痕です。A型の少女の汗とB型の少年の唾液が混じるとAB型になるというのです。この判決は血液型というものを全く理解していません。また、スカートに付着したAB型の精液や毛髪は無視されました。しかしこの無視された事実こそ、事実認定において最も重視しなければならない事柄だったはずです。最高裁は、高裁判決の事実認定はひどすぎるとして差し戻しています。

⑤小括　①〜④の事例は氷山の一角です。これらは、後に冤罪が明らかになり何らかの形で救われた事件でした。しかし偏見によった裁判によって冤罪となり、その証明がなされていない不幸な事件が、多数あることを知らなければなりません。

（3）裁判官の価値判断と予断・偏見

①価値判断の重要性　裁判官は、公権的な判断という国家作用を通じて国民に奉仕する仕事です。その過程における基本的スタンスは公平であり、公正であり、そして中立的でなければなりません。

弁論において、代理人が理に適った主張をしても、裁判官がすでにこの種の事件については、自分の考え方と合わないからそういう主張は駄目だという予断と偏見をもって臨んでいるならば、国民にとって不幸という他ありません。

国民は、公正な裁判を受ける憲法上の権利があります。裁判を受けるというのは、公平な裁判所の迅速な公開裁判を受けるということです。一方、公平、公正、中立な裁判といっても、それを行う裁判官は生身の人間であり、各々に物の考え方・捉え方が違います。究極的には、裁判官がどんな考え方をもっているのか、その価値観によって判断が異なってきます。裁判官の背後にある価値観が試される場面こそ、当事者双方が先鋭的に対立している場面なのです。

②価値判断の違いで判決が異なった例　1日残業を拒否しただけで就業規則違反として解雇できるかという、日立製作所残業拒否事件がありました[42]。

この事件の事実認定に争いはありません。問題は1日の残業拒否をどのように評価するかです。最高裁判決は、解雇は有効だと判断しました。一方、1審判決は、たった1度の残業の拒否で解雇するのは解雇権の濫用であるとして、解雇は無効と判断しました。また高裁判決は、解雇は有効と判断しました。

事実認定、法の適用・判決（判断）という三段論法のなかで、事実認定は変わりません。適用する法律関係も変わりません。ところが結論が違っています。

この判決（判断）に至るプロセスにおいて、もう1つの判断が入っています。要するに、たった1回（1日）の残業拒否であっても、企業の秩序を維持するためには残業命令に従わなければならず、それに従わない場合には解雇という制裁も止むを得ないという判断をするか、それはやり過ぎだと判断するかという価値判断が入っています。

最高裁判決は、「労働者が入社時に、残業しないことを明言していない以上、残業することを包括的に黙示的に同意したとみて、労働者はこれに拘束され、残業義務を免れない」と述べています。しかし入社のときに「私は5時になったら帰ります。一切残業はしません」などというはずがありません。ところが、最判はそれを逆手にとって、従業員には残業義務があって、残業拒否は就業規則違反で解雇事由になるというのです。

こうした点については、裁判官の価値判断が影響します。そうすると、その裁判官がどういう考え方をもっていて、この種の事件に臨むかということによって結論が全く違ってくるということです。公平な価値観が必要です。

③任意捜査の限界の基準に顕れる裁判官の価値判断　第10講で任意捜査の限界について述べました（第10講注23）。千葉地判H11.9.8（ロザール事件）は、高輪グリーンマンション殺人事件や平塚ウェイトレス殺人事件と比較しても、捜査のやり方が格段に悪質・違法なものでありながら、「違法の程度は、憲法や刑事訴訟法の所期する基本原則を没却するような重大な違法があったとまではいえない」として、自白調書の証拠能力を認めています。任意捜査の限界をどこまでを認めるかという判断には、裁判官の価値判断が如実に顕れます。

自白の任意性の裁判例を分析しますと、裁判官の判断が尋常でない程検察側に寄っています。優れた人権感覚をもった裁判官でなければ、警察や検察による人権侵害を見逃してしまうのです。この人権感覚のなさが検察への親近性を生んでいる一因ではないかと思われます。その一方で裁判官は、検事に舐められていることを全く自覚していません（第10講注50(2)）。

　④価値判断に影響を与えるさまざまな外部要素　政治的な要素が絡む事件は、特に裁判官のもっている人生観、社会観、価値観に影響を受けます。裁判所は外から見ると、公平であり、公正であり、中立であると見えます。しかし、前出の田中耕太郎氏の発言（前出273頁）のように裁判官のもっている価値の体系や世界観が、判決に強く影響します。この意味で、裁判官に100％の公正さを求めるのは難しいと思います。

　外部から裁判官に働きかける力に対してはチェックが可能です。今時、平賀書簡のように、裁判所の所長が担当裁判官に事件に関する見解を示す手紙を送るなどということは考えられません。日本の裁判所は、裁判官の独立について、それなりに配慮していると思います。しかしながら、歪んだ価値観をもった裁判官をチェックすることは非常に難しいのです。そのうえ、裁判では価値判断を伴うことが避けられない以上、その偏頗な価値体系に基づく判断であっても、公平で公正で中立だと主張されれば受け入れるしかありません。唯一上訴でしか、その歪みを指摘して是正させることができないのです。しかしその上訴審の判断も、必ずしも歪みを正すものではありません。鹿児島選挙違反冤罪事件の中山さんの保釈に関しては、地裁の保釈許可決定が何度も高裁で覆されています。この種の事件は枚挙にいとまがないのです。先述の松川事件で「公正なものに決まっている」といって死刑判決にした仙台高裁の裁判長（原控訴審・前出345頁）や、草加事件において「AB型」を発明した東

京高裁の裁判官たち（前出348頁）の判断を見るにつけ、国民が真に公正な裁判を受ける機会が保障されているのか疑問です。

（4）まとめ

裁判の独立も、中立・公正も、すべて裁判官がその英知を十分に活用して、事実を認定するためにあります。それが、裁判官に課せられた崇高な使命です。自由心証主義の名のもとで、いい加減な事実認定が許されるはずもありません。私は、自然科学の法則を無視したり、経験則を無視した事実認定を具体的に研究してみたいと思っています。それが、ソフト面での独立・中立・公正を検証する唯一の方法だと思うからです。

Ⅵ 裁判官の責任

刑事事件についていえば、裁判官が「疑わしきは、被告人の利益」という大原則に従い、裁判をすることが、最大の裁判官倫理であると思います。

ではなぜ数々の冤罪事件で、この原則が無視されたのでしょう。中立・公正な裁判とは何でしょう。曇りのない眼と知恵（前出333頁）を働かせれば容易に疑問に思うことが、なぜ裁判官にはわからなかったのでしょうか。

そもそも裁判における証明は「通常人ならば、誰でも疑いを差し挟まない程度に真実らしいとの確信を得ることで、有罪の証明ができたとするもの」です（最判S23.8.5刑集2-9-1123）。通常人でも疑いを差し挟むはずの事件で、なぜ専門家である裁判官が、しかも3名の裁判官が、無罪の証拠を見逃したのでしょうか（徳島ラジオ商殺人事件における布団の上の足跡や草加事件のAB型の精液や毛髪を見よ）。

単なる見逃しか、それとも故意の見逃しでしょうか（結局、勇気がなかったということか）。どちらにしても周到に考慮され

た見逃しとすれば、悪質であり、犯罪といってもよいでしょう。では彼らは、誤判を引き起こしたことに良心の痛みを感じないのでしょうか。

これが裁判官倫理の最大の問題です。しかもその見逃しは誰からも咎められません。その結果、徳島ラジオ商殺人事件では、茂子さんに塗炭の苦しみを与えたのです。茂子さんは再審開始を見ることなく他界しています。財田川事件では、谷口繁義さんが33年間服役しています。自由を奪った責任は、刑事補償や国家賠償で十分なのでしょうか。

元裁判官の安倍晴彦氏は、克服すべき裁判官の性質のなかに「何事も他人事のように、平静に、無感動に扱い、結果に対し何の責任も感じない」ことをあげています[43]。関係した裁判官が口を噤んで何もいわないのは、「裁判官は弁明せず」という慣行、あるいは国公100、裁75-2の守秘義務があるためなのでしょうか。

袴田事件の1審裁判官だった熊本典道氏が、同事件の合議の経過を公開したことは前述した通りです[44]。氏は、その告白が秘密保持義務に反することを承知のうえだと思います。彼は、心の苦しみに耐えきれず自殺まで考えたそうです[45]。しかしあえて告白したのは、それが彼の良心であり、彼なりの責任のとり方だったのでしょう。

裁判官が責任をとらないという点は、弁護士と最も異なる点です。弁護士は、事件で敗れると評判を落とし顧客を失います。また顧客から専門家責任を追求されます。そのうえ懲戒もあります。しかし裁判官は、責任を問われることはありません。裁判官に対する国家賠償は、事実上認められませんし[46]、まして個人として責任を負うことはありません[47]。また検察官の違法な公訴提起（有罪判決を受ける見込みのない事件の公訴提起）や公訴の追行は、国賠1の「違法な公権力の行使」として、国賠

責任が認められています[48]が、裁判官は憲法での身分保障があり誰からも干渉されません。しかも、最高裁判決が「違法不当な目的」というバリアーを設けてくれています[49]。

だからこそ裁判官は、「良心」に従い、誠心誠意、公正な事実認定に努める義務があります。それは弁護士の誠実義務に相当するものです。そうでなければ、誰もチェックできない「暴走する国家権力」になってしまいます。裁判員制度がスタートしたことで、相当程度チェックが働くと期待しています。

また、裁判官が個人として責任を問われないことが肯認されるとしても、一連の冤罪事件について裁判所内部で、誤判原因が探求されたということも寡聞にして聞きません。せめて組織として裁判所が、誤判原因についての見解をまとめ、裁判官研修などで活用すべきであると考えます。またすでに行っているならば、堂々と公表して、裁判所のスタンスを明らかにすることも必要であると考えます[50]。

Ⅶ 裁判官の個人的自由と裁判官の倫理

裁判官は、裁判官であると同時に一個の人間であり市民ですから、職務を離れて、一個の市民として基本的自由をもっています。憲法で保障された自由権は裁判官にも保障されなければならないのです。ただし、「裁判官の市民的自由」は、居酒屋で酒を飲んだり、子供の学校のPTAに出るといった自由を指すのではありません。憲法で保障された自由権は裁判官にも保障されなければなりません。反戦デモへ参加したり、政治的なホットイシューについて新聞で意見広告を出すなどの自由はあるかどうかなのです。最高裁当局の見解でも、実際の裁判官の行動においても、100％ノーです。裁判官には、市民的自由、とりわけ政治的自由は認められていないといっても過言ではあ

Ⅶ 裁判官の個人的自由と裁判官の倫理

りません。

　裁判官は、裁52により、積極的な政治活動および営業活動、その他の経済活動が禁止されています。最高裁事務総局の「裁判所法逐条解説」は、「積極的政治活動」とは「自ら進んで政治活動をすること」であり「特定の政党の党員になることや一般国民の立場に立って、政府や政党の政策を批判することは含まれない」と述べています[51]。同時に裁判官は、裁判における法忠実性・独立性・公平中立性・公正保持義務に対する第三者の信頼を傷つけるような態度や行動を避け、抑制する義務を有しています。

　では、裁判官の個人的自由と、裁判官の公正に対する第三者の信頼を傷つけないよう行動する義務との関係をどう調和させることができるでしょうか。

　そこで、寺西事件における最高裁の戒告処分の決定（最決H12.12.1民集52-9-1761・判時1663-66）を手掛かりに、裁52の「積極的な政治活動」とは何かについて考えてみたいと思います[52]。

　この事件は、仙台地方裁判所の判事補（当時）の寺西和史氏が、組織的犯罪対策法（盗聴法）の制定に反対する市民の集会（東京）に参加し、次のように発言した事件です[53]。「当初この集会にパネリストとして参加する予定であったが、事前に所長から警告を受け、パネリストとしての参加は取りやめた。自分としては仮りに法案に反対の立場で発言したとしても、裁判所法に定める積極的政治活動に当るとは考えていないが、パネリストとしての発言は辞退する」。仙台高裁の分限裁判では、この発言を「言外に同法反対の意見を表明する発言をし、もって、同法案の廃案を目指している、前記団体等の政治活動に積極的に加担した」と評価し、懲戒事由にあたるとし、戒告処分にしました。その抗告審が本件決定です。

最高裁決定は、戒告処分にした原決定は相当であるというものでした。10対5に意見は割れました。多数意見は、裁判官が問題となっている法律案について集会で意見を述べることは、「その団体の組織的、計画的、継続的な反対運動を拡大・発展させ、その目的を達成させることを積極的に支持し、これを推進するものであって、裁52-1が禁止している『積極的に政治運動をすること』に該当する」としています。

　5名の反対意見のうち、行政法学者の園部逸夫裁判官は、そもそも、裁判官が在任中積極的に政治活動をしたことが認められる場合でも、そのことのみを理由にして当該裁判官を懲戒処分にすることはできないという意見でした。裁49の「職務上の義務」と裁52は明確な対応関係がなく、「積極的な政治運動」をしたことのみを理由として在任中の裁判官の懲戒処分はできないというものです。また、尾崎行信裁判官と遠藤光男裁判官（ともに弁護士出身）は、寺西裁判官はパネリストを辞退した経過を説明したに過ぎないのであり、この発言のみに限っていえば、これをもって積極的な政治活動を行ったとまではいい難い。したがって、裁49所定の「職務上義務違反行為」にはあたらないとしています。河合伸一裁判官（弁護士出身）は、外形上中立公正を保つことが要請されることは多数意見の示す通りであるとしながらも、裁判官の政治について見解を表明する自由と、外見上中立公正を保とうとする要請による制約をいかに調整し、調和させるかであるとし、各裁判官の自律と自制に期待すべきものであるとしています。本来、裁判官は高い職業的倫理観ないし常識を有するものであることが想定されていることからすれば、裁判官の常識や自制と自律に委ねるのは当然のことであるということでした。

　私は少数意見に賛成します。もし、パネリストを辞退すると述べたことが積極的政治活動にあたるとすれば、およそ許され

る政治活動とは何かが問われなければなりません。判決は当局の過剰反応というべきです。これでは裁判官に市民的自由が認められないのに等しいといえるでしょう。そして、このような雰囲気・風土のなかでは、裁判官が自らの権利について自由に考え行動することはますます難しくなるでしょう。無色透明の、物言わぬ裁判官が望ましいとなったとき、憲法が骨抜きになるのではないかと危惧します。

ドイツでは、日本と同じく裁判に対する中立公正が要請されるにもかかわらず、裁判官の組合活動や政党加入の自由が認められています[53]。これらの点を考慮すると、寺西裁判官に対する分限裁判は相当でないばかりか、大変な畏縮効果をもたらすだろうと考えます。現に裁判官室では「寺西裁判官のことが内部で議論されることはない」ということです[54]。自由闊達な会話や議論のないところでは、人権の重要性を認識することなどできません。

第11講は、裁判官の倫理というより、司法制度論に近いものになってしまいました。しかし、現実に運用されている裁判の実態抜きに、裁判官の倫理を論じても成果が上がるはずがありません。そのために裁判所の実態を知ることに重点を置いた講義となりました。「V　裁判官の独立と中立・公正」(前出341頁)で触れた誤判事件の原因が、裁判官の任用制度にあるのか、研修制度や内部統制にあるのか、あるいは裁判官個人の資質なのかについて、私自身は明確な結論をもっていません。ただ私が裁判官に求めるのは「知恵」(前出333頁)に基づく公正な判断を行うことに尽きます。

また本講では、憲76-3の「良心に従って」という部分と、「独立」「公正・中立」という部分を混同して話しているおそれがなきにしもあらずです。しかし、良心の問題と独立・公正・

中立という裁判官の不可欠な倫理の問題は、峻別として捉えるべきではなく、重複しながら併存していると考えるべきです。さらに「公正・中立」と「適正な事実認定」は、異なるレベルの問題であると考える人もいるでしょう。しかし、なぜいい加減な事実認定が許されないのかについて、その根本に「公正・中立」な裁判の実現があることにまで想像力を働かせていかないと、裁判官の倫理の本質をとらえることは難しいのです。

注)
1) (1)日本法律家協会「法曹倫理に関する報告書」法の支配32号52頁。
 (2)加藤新太郎編『ゼミナール裁判官論』(第一法規・2004年)43頁は、(裁判官倫理に相当する行為規範は)裁判官集団内におけるインフォーマルな伝承、育成、助言、批判などを通じて形成され、発展させられてきたと指摘している。
 (3)法曹倫理313頁は、「裁判官の行為規範は、限られた一部を除いて成文化されることもなく(中略)先輩・同僚の勧告、助言、注意、賞賛、非難などによる(中略)心理的に感化・影響する方法と裁判官自身の内的な自覚・自制によって担保されてきた面が大きい。すなわち、裁判官の行動や心構えを実際に規律するうえで、中心的な働きをしてきたものは、裁判官の集団における相互作用のメカニズムを通じて、構成・発展してきた慣習法的な規範観念、規範意識というべきものであった」という。
2) (1)ジュリ307は、臨時司法制度調査会意見書を全文掲載している。法曹一元導入の先送りについては73頁。
 (2)戦後間もない時期に、司法大臣岩田宙造らによって、法曹一元が真剣に導入されようとしていたことがあった(潮見俊隆『司法の法社会学』〔勁草書房・1982年〕198頁)。しかし、岩田が公職追放となり、後任の木村篤太郎は、司法官僚勢力の温存をはかり、法曹一元は実現しなかった。
3) (1)司法制度改革審議会意見書92頁。
 (2)京都弁護士会編『法曹一元―市民のための司法をめざして』

(文理閣・1999年)において、改革審の会長を務めた佐藤幸治教授が、「法の支配」の充実に法曹一元は不可欠と述べているが、(1)において、全く触れられていないのは皮肉か。
4)　(1)日弁連編『弁護士任官のすすめ―多元的裁判官制度へ』(日本評論社・2003年)。
　　(2)田川和幸『弁護士裁判官になる―民衆の裁判官をこころざして』(日本評論社・1999年)。
　　(3)高木新二郎『弁護士任官裁判官―随想』(商事法務研究会・2000年)。
　　(4)原田豊「キャリア出身でないから見える職場の実情」日本裁判官ネットワーク『裁判官は訴える！―私たちの大疑問』(講談社・1999年) 155頁。
5)　民調23の2、家審26の2。
6)　判事補及び検事の弁護士職務経験に関する法律。
7)　加藤・前掲注1)(2) 47頁。
8)　(1)東京高裁村木保裕判事は、2001 (H13) 年5月19日、児童買春で逮捕され、同年11月28日、裁判官弾劾裁判所で罷免判決を受けた (読売新聞社会部『ドキュメント裁判官―人が人をどう裁くのか』〔中央公論新社・2002年〕204頁に簡単な記事がある)。
　　(2)宇都宮地裁下山芳晴判事は、2008 (H20) 年6月11日、ストーカー規制法違反で、逮捕され公判請求された。起訴状によると、下山判事は16回にわたり、元部下の裁判所事務官に行動を監視していると思わせるメールを送ったという。同年8月8日、甲府地裁で、懲役6月執行猶予2年の判決(控訴なく確定)。同20年12月24日、裁判官弾劾裁判所で罷免判決。
　　(3)福岡高裁宮崎支部一木泰造判事は、2009 (H21) 年2月8日、高速バスの車内で女子学生のズボンに手を入れ、下半身を触ったとして準強制わいせつ罪で逮捕され、起訴された(2009.3.7毎日)。
　　(4)1年以内に、(2)(3)の2件の破廉恥犯罪が発生したのは、何かの偶然か、それとも犯罪を生む土壌が裁判所のなかにあるのか。偶然と思いたいが情けない。
9)　裁判官弾劾裁判所発足以来、弾劾裁判によって罷免された裁

判官は、上記下山判事を含めて 6 名である (http://www.dangai.go.jp/lib/lib1.html)。
10) (1)川島武宜『ある法学者の軌跡』(有斐閣・1978年) 289頁。
    (2)加藤・前掲注 1) (2) 45 頁などで引用されている有名なエピソードである。
11)　2009 (H21) 年 2 月 5 日開催の第21回日本弁護士連合会市民会議における提案書。
    (http://www.nichibenren.or.jp/ja/judical_reform/data/shiminkaigi21.pdf#search='第21回日本弁護士連合会市民会議における提案書')
12)　G. ラートブルフ (碧海純一訳)「法学入門」(ラートブルフ著作集第 3 巻・東京大学出版会・1961年) 180頁。
13)　木谷明「求められる裁判官の資質などについて」季刑弁53-108。
14)　横川・前出第10講注52) (1) 60 頁。
15) (1)草加事件は後掲注41) 参照。
    (2)①米谷事件 (1952〔S27〕年 2 月に発生した強姦殺人事件・第10講270頁その注44) の血液型 (特に非分泌型) についての請求審 (青森地決 S42.8.25) の判決 (後に抗告審において再審開始決定)、②千葉大腸チフス事件 (1966〔S41〕年、千葉大学医学部の無給医局員であった医師が、カステラやバナナにチフス菌などの菌を付けて患者を発生させた事件) での東京高判 S51.4.30 判時851-21は、カステラに使う砂糖では赤痢菌が死滅してしまうはずなのに、勝手に甘味料 (チクロ) を変えて有罪にした事例 (第 1 審は無罪。控訴審は有罪) などがある。被告人を有罪とするために、自然科学上の法則を無視しているのである。
16) (1)奈良地判 H17.3.18 判例集未登載。
    (2)大阪高判 H19.4.27 判例集未登載。
17) (1)最判 H19.10.16 判時1988-159は、「合理的な疑いを差し挟む余地がない」とは、反対事実が存在する疑いを全く残さない場合をいうのではなく、抽象的な可能性としては反対事実が存在するとの疑いをいれる余地があっても、健全な社会常識に照らしてその疑いに合理性がないと一般的に判断される場合には有罪認定を可能とすると判示している。で

は、健全な社会常識とは何か。そのとらえ方において、裁判官個々人の差と幅は大きい。
(2)木谷明編著『刑事事実認定の基本問題』(成文堂・2008年)13頁は、「合理的疑いとはどういう疑いをいうのかとなると、議論はたちまちはっきりしなくなる」という。
(3)中川孝博『合理的疑いを超えた証明―刑事裁判における証明基準の機能』(現代人文社・2009年)は、証明基準である「合理的疑い」の意義が、抽象的な定義に止まっていることを指摘し、具体的事実認定のなかで、この証明基準が果たしている機能、果たすべき機能を分析・検討した労作である。「合理的疑い」が相対的なものであり、1審と控訴審そして最高裁の各々が、ほぼ同一の証拠から事実認定を行いながら結論を異にしているのは、「合理的疑い」の意義が実践的意義を有してこなかったと指摘している。

18) (1)木谷明『刑事裁判の心―事実認定適正化の方策』(法律文化社・2004年) 157頁の第3章「犯人の特定」。自白の信用性評価において、より分析的、より客観的に判断しようとする評価方法は、直観的印象による評価方法を圧倒している。こうした分析的客観的評価方法がもっと研究され、定着されることを期待するものである。なお、同『事実認定の適正化―続・刑事裁判の心』(法律文化社・2005年)。
(2)川崎英明「事実認定の現状と刑事弁護の課題」季刑弁3-30は、事実認定の適正化の動きとその停滞状況を指摘している。

19) 横川敏雄「裁判官の良心と倫理」ジュリ487-37。

20) (1)京都地判 H11.10.18・判例集未登載。
(2)馬場健一「『雲助判決』と地裁所長の注意処分をめぐって」自正51-9-16。
(3)京都弁護士会シンポジウム「裁判官の常識を考える」(2000〔H12〕年1月25日開催)の報告集。
(4) 1999 (H11) 年11月10日、衆議院法務委員会で、最高裁の金築人事局長は、「誠に遺憾である。表記については、裁判官研修などで注意を喚起し、裁判の独立に十分配慮して可能な限り手当てをしたい」と答弁している。
(http://www.shugiin.go.jp/index.nsf/html/index_kaigiro-

ku.htm)。
- (5)京都地判 H12.1.27 は、運転手を無期懲役に処している。
- (6)加藤・前掲注1)(2)109頁は、裁判官の常識について、「キャリア裁判官に対する純粋培養批判は一面的であり」「裁判官も生活人としての通常の社会経験は持つし、事件を通じて多くの事象に触れ、これを学んでいるのであるから」(一般的批判はあたらないし)、「社会経験の乏しさから事実認定を誤ることがあるとすれば致命的であるが、それは実証されていない」と反論している。

21) (1) ABA の "Model Code of Judicial Conduct 2007" の URL。
  (http://www.abanet.org/judicialethics/approved_MCJC.html)。
  (2)連邦裁判所(Federal Judiciary)の "Code of Conduct for United States Judges" の URL。
  (http://www.uscourts.gov/guide/vol2/ch1.html)。

22) 平成12年6月15日付「高等裁判所長官申合せ」は、「裁判官は、事件当事者の関係において、国家公務員倫理法、これにもとづく政令(国家公務員倫理規定)を尊重するものとする」としている。

23) 袴田事件。
  (1)袴田事件において、左陪席だった熊本典道氏が、1度は無罪の起案をしたことを公表した(読売2007〔H19〕年3月2日。週刊金曜日2007〔H19〕年4月13日)。また、2007(H19)年6月25日、同氏は最高裁に上申書を提出している(道新2007〔H19〕年6月25日夕刊)。
  (2)季刊弁51-9で、熊本典道氏と大出良知教授の対談が組まれている。評議の秘密は、何のためにあるのか。合議が自由にできるためにあるのであって、それ以外のためにあるのではない。人の命と合議の秘密は、どちらが大切かを問うている。
  (3)木下信男『裁判官の犯罪「冤罪」』(樹花社・2001年)9頁。
  (4)秋山賢三『裁判官はなぜ誤るのか』(岩波書店・2002年)93頁。
  (5)浜田寿美男『自白が無実を証明する―袴田事件・その自白の心理的供述分析』(北大路書房・2006年)。

(6)袴田巌さんを救う会。
(http://www.h3.dion.ne.jp/~hakamada/)。
(7)熊本典道元裁判官のブログ「裁判官の良心」。
(http://kumamoto.yoka-yoka.jp/)。
　熊本典道元裁判官は、1990(H2)年、弁護士登録を抹消していたが、現在袴田さんを救済すべく弁護士登録の手続中である。もし熊本さんが袴田事件の弁護を行うならば、法25-④の「公務員として職務上取り扱った事件」に該当し、矢野伊吉さんと同様、懲戒処分を受ける可能性がある。
(8)日弁連会長談話 (2008.3.25)。
(http://www.nichibenren.or.jp/ja/opinion/statement/080325.html)。

24) 第5講129頁参照。
25) (1)田中二郎他編『戦後政治裁判史録5』(第一法規・1980年) 363頁。鬼頭史郎元裁判官が、検事総長の名を詐称して、ときの内閣総理大臣から指揮権発動の言質をとろうとした前例のない政治的謀略事件。1977(S52)年3月3日罷免。
(2)渋谷簡裁 S53.6.9 判時894-36。
(3)東京高判 S53.6.9 判時960-8。
(4)最判 S56.11.20 刑集35-8-797・判時1024-128。
(5)井上正仁「秘密録音の適法性・証拠能力」昭和56年度重要判例解説202頁。
26) 賄賂側の弁護士は除名(弁護士会懲戒事例集〔上〕233頁)。
27) 前掲注8)(2)参照。
28) (1)最決 H13.3.30 判時1760-68。
(2)澤登文治「親族間の情義と裁判官の懲戒処分」ジュリ1224-6。
(3)森野俊彦他「福岡事件が浮き彫りにしたもの」日本裁判官ネットワーク編『裁判官だって、しゃべりたい！―司法改革から子育てまで』(日本評論社・2001年) 157頁。
29) (1)道新・2008.4.30の内藤功弁護士のコメント。
(2)早大の水島朝穂教授(憲法)は、教授のHP(2008年5月26日)で伊達判決とこれに対するアメリカ側の対応について詳細に分析し、批判している (http://www.asaho.com/jpn/index.html)。

　　　　是非上記の HP にアクセスしてもらいたい。アメリカ大使館から国務省へ送った極秘の電文の現物がアップされている。
　　(3)法時 S34.5 臨時増刊号「憲法と裁判官」。同号には、この事件を担った 2 人の日本を代表する弁護士（海野晋吉・毛利与一）の対談が載っている（142頁）。一読をお勧めする。
　　(4)刑訴規則254の飛躍上告は、同規則が制定されて以来、唯一の例である。
30)　(1)平賀書簡事件といわれる所長による裁判干渉事件。
　　　①「法セ増刊・司法の危機」（日本評論社・1971年）。
　　　②「特集　危機に立つ司法権の独立」世界1970年 9 月号。
　　　③潮見俊隆「平賀書簡と飯守所信」法時41-13-64。
　　　④家永三郎「司法権独立空前の危機」法時43-3-8。
　　　⑤堀野紀「裁判の独立を守る法律家の運動」法時43-3-44。
　　　⑥福島重雄他『長沼事件　平賀書簡―35年目の証言』（日本評論社・2009年）36、136頁。なお、同書160頁に平賀書簡の原文が掲載されている。
　　(2)2007（H19）年 2 月22日、宇都宮地裁で破産審尋の場に、所長が同席し、尋問を行った事件がある（週刊金曜日 2007〔H19〕年 6 月29日〔660号〕）。何のために所長が同席し尋問したのか。
31)　森田宗一「真の司法の危機とは」ジュリ679-12。
32)　この「陽のあたる役職」をどう理解するかにもよるが、所長はもちろんのこと、部総括になることもなく、多くは支部から支部への支部廻りという露骨な見せしめ人事であった。任地や昇給で差別があったのである。それは注29）の論文を読めばすぐにわかる。
33)　下村幸雄『刑事司法を考える―改善と改革のために』（勁草書房・1992年）36頁。
34)　(1)前出第 3 講注 6 ）参照。特に「世界」の論文を読んでもらいたい。
　　(2)①小田中聰樹「司法行政の軌跡と実態」法セ増刊・最高裁判所92頁。
　　　②同「司法反動と司法合理化」法時46-4-8。
　　　③同「司法反動の総過程と裁判官像 1 ・ 2 」法時54-9-8・

法時54-10-107。
- (3)①宮本康昭「司法における官僚統制と合理化」法時46-4-18。
  - ②同「司法が当面する問題」法と民主主義217-27。
  - ③同他「現代司法の問題状況」法時54-9-55。
- (4)小栗実「最高裁による裁判官統制をめぐって」法時59-9-46。
- (5)三宅陽「管理社会下の裁判所」法時54-9-21。
- (6)第15回司法制度研究集会「裁判統制の現状とそのメカニズム」法と民主主義176-29。
- (7)松井康浩『司法改革の基本問題』(勁草書房・1987年) 39・152頁。
- (8)日弁連編『最高裁判所―国民の人権保障を全うするために』(日本評論社・1980年) 105頁。
- (9)渡辺洋三他『日本の裁判』(岩波書店・1995年) 47頁。
- (10)環直弥「近ごろ司法について感ずること」法と民主主義214-4。

35) (1)プロブレムブック475頁。
  (2)高中正彦『法曹倫理講義』(民事法研究会・2005年) 200頁。
  (3)法曹倫理283頁。

36) (1)横川・前出第10講注52) (1)参照。田中元長官の発言は、同氏の予断と偏見を裏づけていないか。
  (2)加藤・前掲注1) (2)221頁は、「予断を持った考えで、合議に臨んだ場合、他の裁判官を説得することができない」という。再審無罪事件がすべて合議事件であることをどう考えればよいか。

37) 青木・前出第10講注20) (1) 172頁。

38) (1)最判S34.8.10 刑集13-9-1419・判時194-10。
  (2)差戻後の仙台高判 S36.8.8 判時275-6。
  (3)第10講260頁、第10講注9) 29) 30)。

39) 徳島ラジオ商殺人事件。
  (1)徳島地判 S60.7.8 判時1157-3。
  (2)秋山・前掲注23) (4) 75頁
  (3)横山晃一郎「徳島事件再審無罪判決」昭和60年度重要判例解説192頁。
  (4)第10講262頁参照。

40) 第2講28頁およびその12)、第10講261頁およびその注31) 参

照。
41) 草加事件。
    (1)浦和地判 H5.3.31 判時1461-18。
    (2)東京高判 H6.11.30 判時1516-40。
    (3)最判 H12.2.7 民集54-2-255・判時1705-32。
    (4)後藤弘子「少年事件と自白の信用性」平成12年度重要判例解説186頁。
    (5)清水洋「草加事件」季刑弁3-61。
    (6)守屋克彦「草加事件の事実認定とその教訓」小田中聰樹他編『誤判救済と刑事司法の課題―渡部保夫先生古稀記念論文集』(日本評論社・2000年) 383頁。
42) (1)最判 H3.11.28 民集45-8-1270・判時1404-35。
    (2)土田道夫「時間外労働命令の拒否を主たる理由とする懲戒解雇の効力」ジュリ1011-111。
    (3)宮本光雄「時間外労働義務を定めた就業規則の効力と労働者の義務」平成3年度重要判例解説207頁。
    (4)浜田富士郎「時間外労働の義務を定めた就業規則と労働者の義務」民商106-5-691。
43) 第10講注51) 25頁参照。
44) 前掲注23) (1)参照。
45) 前掲注23) (2) 12頁参照。
46) (1)最判 S57.3.12 民集36-3-329・判時1053-84。芝池義一「争訟の裁判と国家賠償責任」民商875-728。古崎慶長「争訟の裁判と国家賠償責任」判タ505-208。
    (2)最判 H2.7. 20 民集44-5-938・判時1418-75。西野喜一「再審による無罪判決の確定と裁判の違法性」。
    (3)(1)(2)ともに、裁判官の違法・不当な目的を要件としているが、裁判官の内面を被告人がどうやって立証するのか。事実上、無理である。
47) 裁判官個人責任訴訟は、国賠ではなく、民709による損害賠償請求であるが、基本的に責任を負うことはない。
    (1)最判 S53.10.20 民集32-7-1367・判時906-3。
    (2)東京地判 H6.9.6 判時1504-40は、(1)に反する判例だが、東京高判 H9.6.20 判時1617-35により破棄された。
48) (1)東京地判 S44.4.13 判時557-3 (松川国賠訴訟)。東京高判

S45.8.1判時600-32。
(2)最判S53.10.20民集32-7-1367・判時906-3（芦別事件国賠事件）は、国の責任を否定している。
49) 渡部保夫「職業裁判官と事実認定」『無罪の発見―証拠の分析と判断基準』（勁草書房・1992年）414頁は、このバリアーのことを「裁判官によるお手盛」と評している。
50) 2009（H21）年6月10日、足利事件において再審開始決定がいまだ出されていない時点で、検察は、DNA鑑定の結果から、刑（無期懲役）の執行停止を行ったうえ、菅家利和さんを釈放した。同日、最高検次長検事が記者会見で「真犯人と思われない人を起訴し、服役させたことは、大変申し訳ない」と謝罪した（時事通信）。さて、足利事件に関与した裁判官たち、とりわけ再審請求を「誰の髪なのかわからない」といって棄却した裁判官は、菅家さんから毛髪の提供を受けることができたのに、それをしなかった責任をとるのだろうか。
51) 最高裁判所事務総局総務局編『裁判所法逐条解説㈩』（法曹会・1969年）170頁。
52) (1)①寺西和史『愉快な裁判官』（河出書房新社・2000年）161頁。
②同「裁判官による裁判批判と職権の独立」法と民主主義327-46。
(2)伊東武是「寺西裁判官問題をめぐり『政治的中立』を考える」日本裁判官ネットワーク編『裁判官は訴える！―私たちの大疑問』（講談社・1999年）223頁。
(3)小田中聰樹他編『自由のない日本の裁判官―寺西裁判官懲戒事件で何が問われたか』（日本評論社・1998年）。
(4)荻原昌志編著『日本の裁判所―司法行政の歴史的研究』（晃洋書房・2004年）211頁。
(5)木佐茂男「裁判官に市民的自由はなぜ必要か」法と民主主義327-33。
53) (1)佐々木高雄「裁判官の政治活動と分限裁判」平成10年度重要判例解説6頁。
(2)高見澤昭治『市民としての裁判官―記録映画「日独裁判官物語」を読む』（日本評論社・1999年）57頁。
(3)工藤達朗「ドイツにおける裁判官の政治活動の自由」ジュ

リ1150-25。
(4) P. L. カーン「フランスにおける裁判官の市民的自由と独立」法と民主主義244-4。
(5)潮見・前掲注2)(2)98頁は、(裁判官の団体加入について)「ある程度の時間的な幅を頭に置いて考えると、従来の裁判所の姿はもはや過去のものであり、これを打ち破って新しいものを築いていかなければならない時期が到来している」と述べている。
54) 原田・前掲注4)(4)168頁。

第12講 検察官の倫理

Ⅰ　はじめに

　検察官には、裁判官と同様に、検察という組織のなかで、醸成され、伝えられている倫理があるといわれています[1]。また検察特有の仕組みとして、独任官庁制と検察官同一体の原則、検事総長・検事長・検事正の指揮監督権（検察7、8、9、11）、事務引取移転権（検察12）があります。独任官庁制と指揮監督権および事務引取移転権の関係について一般的な説明は可能ですが、具体的にどのように指揮監督が行われ、どのように事務引取移転権が行使されているかはわかりません。また、法務大臣の指揮権（検察14）もあります。政治と検察の関係において、最も緊張関係が高まるところでもあります。これまで歴史的には法務大臣の指揮権が発動されたのは1度しかありません。しかし、重要事件については、法務大臣が事実上指揮をしているようです[2]。

　本講で訴えたいのは、検察の使命と、検察権が適正に行使されているか、もし否であるなら検察官は何をすべきであったかを考えることです。

　検察庁法4は「検察官は、刑事について、公訴を行い、裁判所に法の正当な適用を請求し、かつ裁判の執行を監督し、または裁判所の権限に属するその他の事項に関し、職務上必要と認めるときは、裁判所に通知を求め、または意見を述べ、または公益の代表者として他の法令がその権限に属させた行為を行

369

う」、検察庁法 6 は「検察官は、いかなる犯罪についても捜査することができる」、刑訴191-1は「検察官は、必要と認めるときは、自ら犯罪を捜査することができる」と定めています。

検察官は、警察からの送致事件だけでなく、自ら認知・受理した事件について捜査する権限を有しています。歴史的にもロッキード事件やリクルート事件、最近では北海道開発局長が起訴された不正談合事件があります。これらの捜査、公訴の提起、公訴の遂行、判決の執行にあたり、検察官は公益の代表者として公正に検察権を行使しているかを問うなかで、検察官の倫理を考えていきます。

前講でも述べたように、本書では、弁護士から見た検察官の倫理という視点を採らざるを得ません。前講「裁判官の倫理」で述べたように、私は弁護士としての経験しかなく、検察の制度に精通しているわけではないからです。しかしながら弁護人、とりわけ被疑者・被告人の権利を擁護する弁護人は、剥き出しの検察権力と対峙する関係にあります。その対抗関係のなかで、検察官の倫理を考えてゆくことは、たいへん有意義であると考えます。

また長い検察の歴史のなかでは、汚点ともいうべき事件がありました。この事実も正面から見据え、検察のあり方、検察官の倫理を考えてゆきます。

Ⅱ 検察の仕組

1. 独任官庁制と検察官同一体の原則

そもそも「検察に関する事項」は、法務省の所管であり（法務省設置法 2）、法務省の長である法務大臣が管理し、内閣を通じて国会に責任を負うことになっています。したがって、検察権の本質は行政権であり、検察官は一般職国家公務員ですが、

検察権は司法権に密着し司法的性質が強いことから、単なる一般職行政官に止まらない役割があります。法曹三者の一員としての検察です。

検察の責務の第1は犯罪の捜査です。前記の通り、検察官はあらゆる犯罪に対し捜査する権限を有しています（検察6）。検察官は警察官の捜査を待たず、独自に捜査することもできます（刑訴191-1）。捜査ですから、被疑者を逮捕し勾留することもできます。逮捕状の請求は司法警察員もできますが、勾留請求は検察官しかできません。このように、捜査は行政作用であり、警察の捜査権と同様です。

第2に刑事について公訴を提起する権限を有している（刑訴247）ことです。この公訴提起と犯罪捜査権は密接不可分な関係にあります。そして、犯罪捜査の結果、被疑事件について公訴するかどうかを判断し（起訴便宜主義・刑訴248）、公訴を維持・追行する権限を有しています。わが国では国家訴追主義が採られており、私人による訴追は原則として認められていません。

第3に裁判の執行があります。罰金の徴収から死刑の執行まで、裁判の執行はすべて検察官の権限です（刑訴472以下）。

このように、捜査から裁判の執行までが検察官の守備範囲です。ちなみに死刑の執行は、法務大臣の死刑執行命令書に基づき、検察官が執行します（刑訴475）。

これだけの権限をもっている人が、政治的な圧力により、その権限行使が左右されたらどうなるでしょうか。そうした事態を避けるため、検察官は対外的に独立していなければならず、検察権の行使は外部の力に左右されることなく公正でなければなりません。「検察の独立」といわれているのはそのためです。

この「検察の独立」のため、検察官には裁判官類似の身分保障と独立性の保障があります。検察庁法25は「検察官は、前3

条の場合を除いては、その意思に反して、その官を失い、職務を停止され、又は俸給を減額されることはない。ただし、懲戒処分による場合はこの限りでない」と定めています。とはいえ、この独立性は、後に述べる指揮監督権・事務引取移転権の前では絶対なものではありません。

次に、検察官の身分の特殊性について説明します。

検察官は、検察権を行使する権限をもつ官庁でもあります。個々の検察官が官庁として検察権を行使するのであって、検察庁の「庁」が権限を行使するのではありません。この点が国家行政組織のなかで最も特異な点です。

たとえば国土交通省では、国土交通大臣の権限を分掌された末端の係員が、国土交通大臣の名において行使していますが、検察は「庁」として権限を行使することはなく、検察官が国家機関として検察権を行使します（検察4）。検察官は国の国家意思を代表しているので、起訴状や論告には、「検察官検事某」と書きます。これが日本の国家意思を実現する行為です。

このように、この官という地位は独立した官庁を形成しています。これを独任官庁制といいます。検察官は1人ひとりが国家意思を実現する役所なのです。

1人ひとりが官庁ですから、それぞれが独立して検察権を行使することが期待されています。しかし、独任官庁であることから処理がバラバラになったり、逸脱する場合もありえます。検察官が逸脱した行動をしないように、調整しているのが、検察官同一体の原則です。

検察官同一体の原則を明記した条文はありません。同一体の原則というのは、結局、検察官と検察庁が1つの組織体として全国的に統制して、検事総長、検事長、検事正の指揮監督権によって、全体として統一を図っているということです。検察庁法1は「検察庁は、検察官の行う事務を統括するところとす

II 検察の仕組

る」と定めています。検察庁という役所は個々の検察官の事務を統括するだけで、検察庁という目的をもった組織体ではありません。個々の検事が独任官庁として行動しているのであり、それを統括するのが検察庁だということです。

そして、その長が検事総長であり、検事長であり、検事正です。

検事総長以下の指揮監督権については「検事総長は、最高検察庁の長として、庁務を掌理し、且つ、すべての検察庁の職員を指揮監督する」(検察7-1)「検事長は、高等検察庁の長として、庁務を掌理し、且つ、その庁並びにその庁の対応する裁判所の管轄区域内に在る地方検察庁および区検察庁の職員を指揮監督する」(検察8)「検事正は、庁務を掌理し、且つ、その庁およびその庁の対応する裁判所の管轄区域内に在る区検察庁の職員を指揮監督する」(検察9-2)と定められています。要するに、検事総長は高検の検事長や地検の検事正を飛び越して、個々の検察官に対して、指揮監督することができるのです。同じように、高検の検事長は管内の検事正を飛び越えてすべての検察官を指揮監督でき、地検の検事正は、地検検事、職員を監督することができます。こうした二重三重の指揮監督構造によって、上命下服の関係が形成されています。

また検察庁法12は「検事総長、検事長又は検事正は、その指揮監督する検察官の事務を、自ら取り扱い、又はその指揮監督する他の検察官に取り扱わせることができる」と定めています。仮に、主任検察官が不起訴相当と考えたとします。ところが刑事部長は強気で起訴を主張しました。このような場合、検察官はどうするべきでしょうか。普通は徹底的にディスカッションするなかで、事件の落ち着き場所を考えるでしょう。それでも双方納得できないときは、話し合いに上司を交え、そこでも担当検事と上司が対立した場合には、事務引取移転権により、担

当をはずされることになるのだろうと思います。

　曖昧な表現をしたのは、実は、独任官庁制と検察官同一体の原則、上司の指揮監督権と事務引取移転権については、具体的な運用に関する文献を見出せなかったからです。法曹倫理のテキストにも仕組は載っていましたが、やはり運用の具体的事例は掲載されていませんでした[3]。

　最後にここまでをまとめてみましょう。

　検察官は、
　　①一般職の国家公務員であること
　　②裁判官類似の身分保障があること
　　③検察官1人ひとりが官庁を形成していること（独立官庁・独任官庁）
　　④対外的独立性があること
　　⑤指揮監督権が二重三重に構成されていること
　　⑥事務引取移転権があり、検察官同一体の原則があること
　　⑦二重三重の指揮監督権と事務引取移転権を通して、強力な中央集権的機構・組織＝ピラミット型の組織体ができあがっていること

と定義することができます。

2．一般職国家公務員としての検察官・その廉潔性

　先述のように、検察官は一般職国家公務員としての性格があります。

　したがって、国家公務員法にもとづく諸義務、職務専念義務、守秘義務、品位保持義務などが課せられています。

　最決 H13.3.30 判時1760-68（福岡高裁判事懲戒事件・前出339頁）は、福岡地検の次席検事が、捜査中の情報を福岡高裁判事に漏らしたことが発端でした。最も秘匿すべき捜査情報が被疑者の夫（高裁裁判官）に漏れたのです。この秘密漏洩により、

次席は停職6ヶ月の処分を受けています（次席を指揮監督すべき検事正も、減給処分を受けています。いずれも処分後辞職）。検察官は、国家公務員法、国家公務員倫理法により、さまざまな行為を規制されています。賄賂を受け取ることは刑法上の犯罪であり、社会的儀礼としてお中元やお歳暮を受け取った場合でも、国家公務員倫理法により、半期に1回、報告書を提出する義務があります。

わが国の検察官の廉潔性は特に顕著で、検察官自身が賄賂を受け取ったなどという不祥事は聞いたことがありません。第11講で、裁判官がゴルフセットを受け取り、弾劾裁判所で罷免された例を紹介しましたが、検察官の場合は、被疑者や関係者からの賄賂授受や、被疑者に性的な関係を求めたといったことは聞いたことがありません。その意味での検察官の廉潔性というのは大変高いものがあると思います。ただ、2007（H19）年の朝鮮総連の詐欺事件に絡む、緒方重威元公安調査庁長官（元広島高検検事長）や元東京地検特捜部検事の田中森一氏の行為は、検察官在職中のものではありませんが、検察の廉潔性に疑いを抱かせました[4]。

検察官の日常の執務体制、仕事に対する情熱は、凄いの一言に尽きます。東京などの繁忙庁では、ほぼ午前9時に登庁しますが、午後5時に退庁することはまずないと聞いています。被疑者の取調べは、警察が被疑者を連れてこなければなりませんので早くは始められませんが、勾留期限がありますから、土日もなくエンドレス状態です。

何が検察官をかくも勤勉にしているのでしょうか。それは、悪い奴を眠らせず、ひいては国の治安を確保し、正義を行うという素朴な使命感、マインドです。〈秋霜烈日〉という言葉は検察官の使命を表しているといわれていますが、私も同感です。

法秩序の維持、治安の確保における検察官の役割は非常に大

きく、ロッキード事件やリクルート事件などの検察独自捜査事件といわれる事件での赫々たる成果は高く評価できます。また、人間的にも尊敬できる検察官は多くおり、彼らの献身的な仕事ぶりが日本の治安の一端を支えてきたことは、紛れもない事実です（もちろん検察だけが治安を支えているわけではありません）。だからこそ国民は、検察に中立・公正と正義の実現を期待するわけです。

ところがここで問題となるのは、前述した中央集権型機構との関係です。上記のような活躍の一方で、検察官は数多くの冤罪事件において違法な捜査や公訴提起を行いました。これらは検察官個人の意思によるものではなく、検察という組織の意思によるものといっていいでしょう。なぜなら、検察官は捜査の経過を逐一上司に報告し、公訴提起まで、何回もの決裁（最終的には検事正の決裁）が必要だからです。

では検察官個人の倫理や良心は、検察という組織のなかでどこまで通用するのでしょうか。実は通用する余地は非常に小さいだろうと考えます。というのは、個人の良心、倫理観と組織の論理が衝突した場合、事務引取移転権によって検察官は担当者をはずされるか、事務引取移転権の発動を求めるしか手段がないからです。

とするならば、検察官個人ではなく、検察という組織の倫理とあり方を問わなければなりません。

人間の行為である限り、無謬はあり得ないことです。検察も例外ではありません。これまで検察権の運用において、中立性や公平性を欠いたり、必ずしも科学的でない事件処理が行われたケースがあります。本講では、批判すべきところは批判し、評価すべきところは評価することによって、不偏不党そして正義の実現を担う検察官のあるべき姿を探っていきたいと考えています。

Ⅲ　検察の使命と検察権の運用

検察権行使の結果の重大性に鑑みるならば、検察権の行使は常に一党一派に偏することなく厳正中立であって、いささかもそれが疑われるようなことがあってはなりません5)。そして、そのベースには「正義」がなければなりません。

先に述べた通り、検察官は大変強大な国家権力をもっています。検察権の行使によって内閣を崩壊させることも、元内閣総理大臣の逮捕も可能なのです。

必然的に、この強大な権限をどう謙抑的に行使するのかが、最大の問題となります。

また当事者構造のなかで見ると、検察官は単なる一方当事者ではありません。「公益の代表者」として、被疑者・被告人の正当な利益を十分配慮しなければならないのです。被疑者・被告人に有利な事情を配慮してこそ正しい事実認定が可能となり、有利・不利な事情を総合的に勘案してこそ正義を行う基礎ができます。

では、検察権行使は、常に正義に基づいていたでしょうか。

「正義」の概念は一義的ではなく、多義的でありとらえ難いという意見もあります。私がここでいう「正義」は、通常人の常識で納得できる正義であり、それは検察権の行使においては〈無辜の者には、無罪の判決を〉というごく基本的な正義です。しかし、この単純な正義が、常に実現されていたとはいえません。

たとえば何度もあげている松川事件では、架空の謀議をでっち上げて、公訴を提起し、そのうえ、無罪の証拠（アリバイの証拠）を裁判所に出さず、検察官が転勤先まで隠匿し続けました。これは明らかに「公益の代表者」が行うべき正義ではありません（松川事件。前出260頁）。東京地判 S44.4.23 判時557-3、

東京高判 S45.8.1 判時600-32（松川国賠訴訟）は「起訴後においてアリバイの成立が明らかになれば、公訴の取消など相当の処置に出るべきであった」としていますが、問題になった「諏訪メモ」は、起訴後に発見されたものではなく、当初の捜索の時点で警察に押収されていたのです。

架空の出来事をでっち上げたのは、鹿児島選挙違反冤罪事件も同様です[6]。また、犯行時に被告人のアリバイがあると知りながら起訴して有罪判決を得た富山強姦冤罪事件[7]、未成年の住み込み少年2人を脅して目撃者に仕立て上げ、裁判確定後も2人を脅し続けた徳島ラジオ商殺人事件[8]など、〈無辜の者には、無罪の判決を〉という正義が、検察自身によって踏みにじられた例は多くあります。

確かに検察には「秋霜烈日」の輝かしい歴史があります。そこには「無謬性」に対する自負があり、それ自体が歴史を築き上げた原動力となったことは否めない事実です。しかし、冤罪事件を作り上げてしまったことも事実であり、無謬性にしがみついていては、体質改善などできないのもまた事実なのです[9]。

適法手続に従いながら、実体的真実の発見をどう実現するか。

これが検察の最大の役割であり倫理であり、検察庁法4の「法の正当な運用」であり、「法の支配」の実現という「公益」を成就させることになるのです。

1. 検察権の行使は不偏不党でなければならない

（1）公安検察について

検察庁のなかには、捜査担当検事・公判担当検事と公安検事（検察庁事務章程では、全国の検察庁に1名以上の「公安労働係検事」を置くことになっており、最高検、高検および12の主要都市の地検に「公安部」を置くことになっています）がいます。

公安検察については資料が十分ではなく、その実態はよくわ

かりません。検察には捜査の手足となる人員がいませんので、おそらく警察の公安と連動しているのではないかと想像します[10]。警察白書[11]を参考にすると、公安検察の対象範囲は大変広く、主要な部分は共産党などの政権と対立する政党や組織的破壊活動を行う政治団体、市民運動団体、宗教団体（カルト）の監視、ときには摘発することです。労働運動もその取締りの対象です[12]。また学生運動・爆弾事件（日石地下郵便局事件、土田邸爆発事件など）にも対応しています。ただし、重大な爆弾事件はことごとく無罪になっています[13]。

公安検察の活動に共通しているのは、別件逮捕と虚構の公訴事実です。公安部は、系譜的に思想犯を取り締まっていた戦前の部局に繋がっているといわれています。ただし手元の資料だけでは、どのような連続性があるかわかりません。

こうした公安事件の調査や情報の収集等のための調査活動に要する費用が調査活動費（調活費）です。調査の対象は日本共産党や右翼です。元大阪高検公安部長の三井環氏の裁判では、1998（H10）年度の調活費が約5億円に達していたことが判明しました。一部は検察庁の裏金となっていたといわれています[14]（もちろん、検察当局は裏金を一切認めていません）。

なお、法務省の外局である公安調査庁の歴代長官はすべて検察官です。前述の緒方弁護士も元公安調査庁の長官でした。各地・高検の公安部と公安調査庁の連絡は密だと思いますが、実態はわかりません。まさにブラックボックスです。

このブラックボックス化した公安検察の存在が、不偏不党を謳っている検察において、ときにその信条に疑いを投げかけられるような行動の原因であるような気がしてなりません。前述したように検察の力は絶大ですから、たとえばこうした勢力が政治に荷担したらどうなるでしょうか。ブラックボックス化している組織は、改組・解体していかなければならないと考えま

す。

(2) 不偏不党が疑われた事例

以下具体例を検討します。こうした具体例でこそ「不偏不党」「中立・公正」という価値が実現されているかどうかわかります。

①政治的謀略事件　松川事件・三鷹事件・芦別事件などの政治的謀略事件は、露骨な共産党弾圧の事件でした。松川事件は、完全なでっち上げ事件でした（前出260頁）し、三鷹事件の東京地判 S25.8.11 刑集9-8-1378は、「検察官の主張は、空中楼閣に等しい」とまで述べています。近年は、これほど露骨な政党弾圧事件は見られませんが、今も共産党が調査対象であることは変わりありません。後出の微罪起訴事件〔②-(b)(c)〕は、日本共産党の機関紙やビラをマンションの入口の郵便受けに配布したという事件ですが、これを見ても検察の共産党敵視政策が続いていることは容易に理解できます。また、1986 (S61) 年に日本共産党国際部長・緒方靖夫氏宅の電話が盗聴されていた事件では、緒方氏から告発を受けた東京地検が、地検公安部ではなく特捜部で捜査を開始し、神奈川県警警備部公安1課の仕業ということを突き止めました。しかし地検は関係者を不起訴にしました。検察と警察の関係を知る一端です。

伊藤栄樹元検事総長は、回顧録『秋霜烈日』のなかで、この件を「おとぎ話」として「検察は、警察に勝てない」と述懐しています[15][16]。私は、勝てないから立件しなかったのではなく、身内の犯罪だから立件しなかったのだろうと想像しています。

②微罪起訴事件　検察の不偏不党を疑わせる例として微罪起訴事件もあります。

(a)立川テント村事件[17]

　この事件の被告人らは、イラクの自衛隊派遣に反対して、反戦ビラを自衛隊の官舎の個別郵便受けに入れていました。

これが、官舎の敷地と官舎のロビーに立ち入った住居侵入だということで起訴された事件です。みなさんの郵便受けにもチラシが入っていることがあると思います。違法なピンクチラシもあれば、自衛官募集、そしてこの事件のような「イラク派兵反対」というチラシもあります。しかし同じ行為でもピンクチラシはOKで、国家に反対するものは犯罪として取り締まったというのがこの事件です。反逆者は、どんなに金と時間を使ってでも抑圧するというのです。

1審判決は、可罰的違法性はないとして無罪にしました。ところが控訴審は有罪判決で罰金刑（罰金10〜20万円）。最高裁でも上告棄却（罰金刑確定）となりました。しかもこの被告人らは75日間勾留されていました。

(b)国家公務員法違反事件[18]

2003（H15）年の衆議院議員選挙の前に、被告人の近所のマンションなど約120ヶ所に、共産党の機関紙「赤旗」を配布したとして、社会保険庁の職員が国家公務員法違反で逮捕された事件です。

公務員の政治的活動は禁止されていますが、摘発を受けたのは1967（S42）年の猿払事件以来のことです。判決は罰金10万円・執行猶予2年です。しかも罰金10万円の事件で70日も勾留しています。権力はこれで十分目的を達したのでしょう。

(c)マンションビラ配布事件[19]

マンションの入口（共同部分）にある郵便受けに共産党のビラを配布した僧侶が、住居侵入で逮捕された事件です。(a)の立川テント村事件や(b)の国家公務員法違反事件と同じ構図です。1審判決は(a)の1審判決と同様可罰的違法性がないとして無罪にしましたが、控訴審は罰金5万円の有罪判決でした。この3つのビラ配布事件で、警視庁公安部は多くの人員

と予算を投入しましたが、国民には全く明かされていません。また公安検察もこの動きに連動していました。

敵対する活動家に対して、検察が捜査を指導し、起訴した裁判は多数あります。検察は、国家権力に逆らう者を尾行し、盗聴し、逮捕するのです。剝き出しの権力がそこにあります。しかし結局、そのことが国民の検察官に対する信頼を揺るがせているということに気づかなければなりません。

③公訴権濫用事件
(a)東京高判 S52.6.14 判時853-3[20)]

水俣病患者の川本某氏がチッソとの補償交渉の際、チッソの関係者に暴行を働いたという傷害事件です（川本事件）。〈加害企業には制裁を、被害者には救済を〉が公害法の原理なのですが、熊本水俣病のケースでは、加害企業であるチッソに制裁はありませんでした。また補償交渉も進展せず、あろうことかチッソは社員を動員して暴力的に患者を排除したこともありました。そうしたチッソの対応に怒った川本氏が、チッソの人事部長や社員に傷害（全治1〜2週間）を与えたというのが詳細です。事件はその後、チッソの社長が検察庁に出向き寛大な処置を嘆願しましたが、1審での求刑は懲役1年6月、1審判決は罰金5万円で、執行猶予1年でした。

求刑と判決に大きな差があります。可罰性がない、もしくは少なくて、しかし無罪にできない場合には、このような和解のような判決が出るケースがあるのです。ところが高裁判決は、公訴権濫用だとして公訴そのものを棄却しました。判決は「被告人に対する訴追はいかにも偏頗、不公平であり、これを是認することは法的正義に著しく反するというべきであり、本件は訴追を猶予することによって社会的に弊害の認むべきものがなく、むしろ訴追することによって国家が加害会社に荷担するという誤りをおかすものでその弊害が大きい

と考えられ、訴追裁量の濫用に当たる」と述べています。

このときもし、検察が（水俣病の）被害者つぶしに荷担していたら、検察の威信は地に堕ちたでしょう。繰り返しますが、国民の検察への信頼は、どれだけ職務執行において中立公正が確保できるかなのです。

(b)広島高裁松江支部の公訴棄却の判決（赤碕町選挙違反事件）[21]

当初、町長派にいた人が反対側に寝返り、「町長から現金などの利益供与を受けました」と自首した事件です。問題なのは、町長側の参考人調書を１通か２通とっただけで、町長には何の咎もなかった点です。贈る側と受ける側は対抗犯の関係にあることから、受け取る側に犯罪が成り立てば、贈る側にも犯罪は成り立つはずなのに、贈る側は送検すらされなかったのです。１審は有罪判決（罰金）でしたが、控訴審は、差別捜査、つまり憲14の平等原則に違反するのではないかとして、公訴権濫用を類推する理論構成で、公訴を棄却しました。

検察官が上告し、それに対して最高裁は、「被告人と対抗関係に立つ疑いのある者の一部が、警察段階において不当に有利な取扱いを受け、事実上刑事訴追を免れるという事実があったとしても、そのために被告人自身に対する捜査手続が憲法14条に違反することになるものではない」として原判決を破棄しています。贈賄側を起訴しなかったのはまずいが、それで収賄側が公訴棄却になるわけではないということです。公職選挙法では贈賄側により重い罪を認めているにもかかわらず、お目こぼしがあって収賄側だけを起訴するということを最高裁が追認してしまったのです。

④純然たる民事裁判に介入した事件（その１）　AB間の山林の境界について紛争（境界紛争）があるなかで、Aは自分の

所有であると考えた場所の木を切った。するとBはAを森林窃盗だと告訴し、Aは逮捕されたという事件です[22]。これは明らかに民事(境界確定訴訟)で解決すべき事案です。であるにもかかわらず、検察はAを窃盗で逮捕し、起訴しました。判決はもちろん無罪であり、検察官の捜査、公訴提起が違法として、国家賠償を命じています。

⑤純然たる民事裁判に介入した事件(その2)　もっとひどい例もあります。会社と株主の紛争において、株主が会社に対して、少数株主権により帳簿閲覧(旧商293の6)を求める仮処分の申立てをしました。仮処分の申立てにあたっては株主の委任状が必要です。その委任状のなかに同じ筆跡で書かれていたものが20通ほどありました。会社は検察官に相談し、検察官は、私文書偽造、偽計による業務妨害で株主を起訴したという、検察が微妙な民事紛争事案に介入した事件です[23]。

そもそも、書面作成の授権があれば「署名の代行」が許されています。判決は、犯罪の証明がないとして無罪となりました。控訴もなく確定しています。担当検事、刑事部長、次席が、どうして犯罪にあたると考えたのか不思議です。

⑥金丸信氏の場合　1992(H4)年9月、自由民主党の実力者であった金丸信氏は、佐川急便から5億円の政治献金を受け取りました。この額は、政治資金規正法の法定限度額を大幅に上回っていました。しかし、検察官は金丸氏に出頭すら求めず、金丸氏は「上申書」を出しただけで取調べも受けず、罰金20万円に処せられました[24]。前記の微罪起訴事件で、被告人を長期間身柄拘束したケースと比べてみてください。しかもこの政治献金の背景には、竹下登内閣総理大臣(当時)に対する右翼団体皇民党の「ほめ殺し」事件があったにもかかわらずです。

こうした処理によって、検察に対する国民の信頼は間違いなく失われます[25]。

⑦まとめ　①の松川事件は、政治的謀略事件であり論外ですが、②の微罪起訴事件や③のチッソ川本事件は、本来起訴価値のないものを、政治的配慮からあえて起訴したと思われます。逆に起訴すべき事案がさまざまな思惑から起訴されなかったり（前出共産党幹部盗聴事件）、⑥の金丸信氏のように、「上申書」だけで取調べも受けず、罰金20万円で済まされる場合もあります。田中森一氏は、検察の病理として「事件があるのにやらない」「肝心なヤツを見逃す」ことをあげています[26]。

2．検察は正義を実現しているか―検察官の真実義務

（1）検察官の逸脱

検察は、捜査を遂げ、公訴を提起し、公判を維持し、有罪判決を得ます。それによって、社会の平穏を確保するという大事な責任があります。

多くの場合、検察官はその責任を全うしていますが、問題は、しばしば逸脱する事例が出ることです。特に、証拠隠し、証拠偽造、真実を述べた証人に対する逮捕など、検察官自身が真実義務に反していると思われる場合があることです。検察官が、無罪の者を起訴し、有罪判決を求めることは、どんな理由であれ許されません。以下、検察が真実義務を尽くしていないと思われる事例について検討したいと思います。

(a)松川事件

第10講260頁で述べたような証拠隠し（諏訪メモ）がありました。検察官は、首謀者であるとされた被告人が共謀に参加していないことを知りながら、死刑を求刑しています。これは、最大の真実義務違反であり、国家的犯罪といってもいいほどです。

(b)甲山事件[27]

1974（S49）年、保育園の汚水マスのなかで園児が亡くな

った事件です。この事件では、幼児の証言の信憑性が問われて話題になりましたが、最も重大な問題だったのは、真実の証言をしたと思われる園長や保母を偽証罪で逮捕したことです。逮捕したのは検察官でした。検察官は、被告人に有利な証言をした証人を逮捕してしまったのです。同じような事件はいくつもあります。

　ドイツの刑事訴訟法には、有利・不利を問わず事実を主張しなければならないという「完全真実義務」がありました。これをベースに訴訟追行すればよいのです。ところが検察は、真実義務を無視して証拠を隠し、捜査官に虚偽の証言を繰り返させています。

　検察官は、国民の自由に強く関与していることに思いを至すべきです。

(c)富山強姦冤罪事件（氷見事件）

　検察官は、被告人が犯行当時、自宅の固定電話で通話しており、アリバイがあることを知っていました[28]。この事実が開示されていたならば、裁判所は有罪の認定をすることはなかったでしょう。この検察官の行動は、真実義務に違反しないのでしょうか。

(d)鹿児島選挙違反冤罪事件（志布志事件）

　これも第10講264頁で述べた、鹿児島県警と鹿児島地検が創り出した冤罪事件です。このこと自体許されませんし、そのうえ検察官は、弁護人の接見後、ただちに被疑者から接見内容を聞き出しています。秘密交通権を侵害し、弁護士の懲戒を企図した行為は到底許されません[29]。警察、検察の暴走ともいうべきです。

(e)徳島ラジオ商殺人事件と財田川事件

　前講で述べた徳島ラジオ商殺人事件では、検事が少年たちに虚偽の供述をさせたうえ、脅しまで行っています。また財

田川事件では、未提出証拠が証拠品保管庫からすべてなくなっていました。組織的な故意犯としか考えられません。これらの事実のどこに真実義務があるのでしょうか。検察官の倫理が最も問われる事件です。

(2)「公益の代表者」としての真実義務

検察官には、「公益の代表者」として絶対的な真実義務があると考えます。弁護人の消極的真実義務とは大違いです。

無辜の者を検察官の思惑で犯罪者に仕立てることが許されるわけがありません。検察は、不利な証拠を隠せば、いくらでも犯罪人を作り出すことができる権力をもっています。よって、有利・不利の双方の証拠を出してはじめて、実体的真実に近づくことができるのです。

その意味で是非とも必要なのが、検察官の手持ち証拠を開示することです。それによって事案の究明と正当な法の適用が可能となるのです。公判前整理手続制度の導入により、相当程度証拠開示が進むと思われます。

3．検察官による警察に対するチェック

(1) 警察の違法捜査への対応

検察官の大切な役割の1つに、公益の代表者として「警察における捜査手続をチェックする」こと、そして捜査手続において適法手続を実現することがあげられます[30]。

(a)福岡高宮崎支判 H9.3.31 判時1610-45

夫婦殺し事件が最高裁で破棄され、差戻審で無罪になった事件の国家賠償の事件です。裁判所は国家賠償責任を認めました。

警察の捜査で問題になったのは、軽微な余罪で逮捕、勾留、起訴し、そして起訴後の勾留を利用して本罪捜査を行った点です。判決は、「以上によれば、本件において、検察官は警

察官の捜査の不適正を糺すため、警察官に違法な余罪取調べを中止するよう指示し、これに従わない場合は第１次勾留の取消請求をすべき義務があったと解すのが相当である」と述べており、検察官は、警察官の捜査のあり方、やり方をチェックしなさいと明言しています。

(b)機能しない検察のチェック機能

しかし、前出の日本共産党幹部盗聴事件での検察の対応（前出380頁）は、検察が警察をコントロールできない状況にあることを示しています。繰り返し述べるように、検察による警察活動のチェックは、検察官が公益の代表者として警察に対する国民のコントロールを確保するものであり、国民の人権擁護について不可欠な役割です。検察は警察に対しても、市民の犯罪に対すると同様、厳正公正に公訴権を行使すべきです。

（２）検察と警察による共謀

警察をチェックすべき検察が、警察と一体となって事件のでっち上げに走ったケースもあります。先述した鹿児島選挙違反冤罪事件[31]などはその典型といえるでしょう。

（３）最判H15.2.14刑集57-2-121・判時1819-19

覚せい剤取締法違反の嫌疑で発布された逮捕状を、警察官が携行せずに被疑者を逮捕した事件です。この事件では、令状主義違反だけでなく、警察官が次々と嘘の証言（逮捕状を示して読み聞かせたなど）を行うなど、多くの問題がありました。

ところが検察官は、事前の証人テスト（前出103頁）でその事実を知っていたはずなのにもかかわらず、捜査手続をチェックしなかったばかりか、警察の違法捜査に荷担しました。

最判は、上記の違反に止まらず、手続的な違法を糊塗するために行われた逮捕状への虚偽記入や内容虚偽の捜査報告書作成、公判廷での虚偽証言を重視し、違法捜査抑制の見地から、尿の

鑑定書の証拠能力を否定しています。

(4) 取調中の暴行

検察官が、取調べ中に被疑者や参考人に対して暴行を加えるのは論外です。法の支配の確立に努めるべき法曹の名が泣くと同時に[32]、当然守るべき市民的論理を逸脱しています[33]。

ここまで述べたように、検察官の倫理は次の3つに集約されます。

- 不偏不党であるか
- 中立公正に正義を行っているか
- 実体的真実に忠実であったのか

無罪であることがわかっている人間に求刑するとき、検察官の胸の内はどのようなものなのでしょうか。場面は違いますが、違法な捜査をした田中森一氏は、良心が痛むことがあるがそれは一瞬だといっています[34]。

証拠を私的に持ち歩いたり(松川事件)、検察に不利な証言をした証人を偽証罪で逮捕したり(甲山・八海事件)、政治的な反対勢力には、徹底的に弾圧を加えたり(松川・立川テント村事件)といった事例を見るにつけ、上記の3点を基本命題とし、良心の痛みを一瞬ではなく、検察官人生の最後まで持ち続けることの必要性を感じます。それによって検察官個人ではなく、検察全体として行為規範が確立するのではないかと考えています。

注)
1) 日本法律家協会「法曹倫理に関する報告書」法の支配32-60。
   この報告書は、日法協の「法曹倫理研究会」(委員長団藤重光)が、1972 (S47) 年から1976 (S51) 年まで4年間にわたって、裁判官、検察官、弁護士の各倫理を検討した研究レポートであ

る。それまで、検察官の倫理について体系的に検討したものはなかったといってよい（検察内部の文書であったかもしれないが外部には出ていない）。この報告書では、検察官はその使命から、①公正でなければならない、②外部から見て公正らしさを疑われてはならない、③公益の立場に忠実でなければならない、とし、さらに具体的倫理問題とはABAの刑事司法基準を引用して、①違法な手段を用いて証拠を収集しないこと、②被告人側の証拠収集を妨害しないこと、③立証できないことを知りながら起訴しないこと、④証言することに対して報酬を支払わないこと、⑤被告人の無罪を立証する証拠の存在について開示すること、⑥虚偽の証拠をそれと知って提出しないこと、をあげている。これらの項目は、「検察官が被告人の権利の擁護にも努めなければならないという検察官の客観義務に照らして判断されるべきであり」と述べ、上記行為は著しくその義務に違反する不公正な行為であると指摘している。

2）(1) 1954 (S29) 年の造船疑獄において（吉田茂内閣、犬養健法相）、当時の佐藤栄作自由民主党幹事長に対する収賄容疑で、検察が衆議院の逮捕許諾請求を法相に要請したところ、法相は佐藤藤佐検事総長に逮捕を見送るよう指揮をした事件。佐藤栄作氏に対する捜査は打ち切られ、逮捕も起訴もされずに終わった。この事件以降、指揮権は発動されていない。

(2)室伏哲郎「検察と政治」法セ総合特集16-265。

(3)指揮権が発動されたのは、上記(1)の造船疑獄だけであるが、「法務大臣はあらかじめ、特に重要事件については、捜査の着手・起訴・不起訴の処分について、法務大臣の指揮を受けるべき旨を一般的に定めており、具体的に事件において検事総長から法務大臣に対して請訓が行われ、これにこたえて法務大臣が指揮することになっている」（処分請訓規定・昭和23年法務庁検察局秘第36号訓令）「検事総長は、国会議員を逮捕する場合、その他将来政治問題化することが予想されるような事件については、法務大臣に対し、折に触れ積極的に報告を行うものと考えるが、そのような際、とくに法務大臣に指揮を仰ぐこともある」（伊藤栄樹『検察庁法逐条解説（新版）』〔良書普及会・1986年〕101頁）。したがって、表には出ていないが、ロッキード事件やリクル

(4)2009（H21）年3月3日、東京地検特捜部は、西松建設違法献金事件で、民主党代表（当時）である小沢一郎氏の資金管理団体の会計責任者である公設秘書を逮捕した。その結果、小沢氏は党代表を辞任。一方、西松建設は自由民主党二階俊博氏の政治団体にも違法献金を行っていたが、こちらは不起訴となった。同年7月22日、東京第3検察審査会は、この不起訴を不当と議決している（同日付毎日）。小沢氏秘書の逮捕は、検事総長が法務大臣に請訓したうえでの処置であったと推測される。この違法献金事件は、内閣支持率の低迷していた麻生政権（当時）にとって願ってもない事件であり、民主党攻撃の有力な手段として利用されたことは否定できないだろう。

3） 法曹倫理280頁、プロブレムブック455頁、現代の法曹倫理359頁。

4） (1)緒方重威氏の件。2007（H19）年6月29日道新朝刊は、検察は現職時代の調査対象（朝鮮総連）を舞台にした違法行為に関わった元「身内」への厳しい姿勢を迅速に打ち出し、法務・検察当局の信用失墜を最小限に抑える必要があったと伝えている。さらに同年8月7日、緒方氏は4億8,000万円余りの詐欺で追起訴された。2009（H21）年7月16日、東京地裁は、元公安調査庁長官でなければ存在し得ない犯罪であるとして、同氏を懲役2年10月（執行猶予5年）に処した（同年7月22日、検察官控訴）。

(2)田中森一氏の件。同氏は、石橋産業事件（手形詐取事件）で懲役3年の実刑判決（2008〔H20〕年3月31日確定・収監）を受けたのち、2008（H20）年4月7日、別件の詐欺容疑で逮捕され、同年7月16日、大阪地裁は、懲役3年の実刑判決を言渡している。なお、同氏の『反転―闇社会の守護神と呼ばれて』（幻冬舎・2007年）では、第10講注22）

ート事件などの重要な政治的意味のある事件では、捜査着手や起訴・不起訴を法務大臣が事実上指揮していたと思われる。ロッキード事件当時の稲葉修法務大臣の国会での答弁は、それを物語っていた。検察庁法14を持ち出すまでもなく、庁内の事務手続において法務大臣の指揮があったと推測できる。

(4)において述べたように、同氏が弁護士になってからの弁護士倫理違反と思われる行為が多数展開されている。諸君には、この本を反面教師として読まれることを勧める。

5) (1)司法研修所検察教官室編『検察講義案（平成18年版）』（法曹会・2007年）13頁。
(2)河井信太郎『検察読本』（商事法務研究会・1979年）3頁。
(3)文献を引用するまでもなく、検察が不偏不党でなければならないのは当然である。

6) 鹿児島選挙違反冤罪事件。第10講注4)参照。

7) 富山強姦冤罪事件。第10講注3)参照。

8) 徳島ラジオ商殺人事件。第10講注1)参照。

9) 2007（H19）年8月10日、最高検は、富山強姦冤罪事件および鹿児島選挙違反冤罪事件の内部調査結果を公表し、捜査当局に不利益な証拠も多面的に検討するよう戒めたという（2007〔H19〕.8.31.毎日朝刊）。「不利益な証拠も多面的に検討する」だけでなく、起訴後であっても積極的に「不利益な証拠」を開示する義務があるはずである。今になって真実義務を履践することを検討するというのである。遅きに失している。

10) (1)野村二郎『続・日本の検察』（日本評論社・1980年）43頁。
(2)魚住昭他『おかしいぞ！ 警察・検察・裁判所―市民社会の自由が危ない！』（創出版・2005年）110頁で、元大阪高検公安部長三井環氏は、公安事件は必ず事前に検察と警察が協議すると述べている。

11) 警察白書は、1973（S48）年から2007（H19）年まで、PDFで公開されている。(http://www.npa.go.jp/hakusyo/index.htm)。

1973（S48）年の白書では、日本共産党は調査の対象であった。もちろん、連合赤軍等の極左集団も含まれていた。

12) 野村・前掲注10)(1)54頁。なお、澤登俊雄「公安労働事件と検察」法セ総合特集16「現代の検察 日本検察の実態と理論」234頁。

13) (1)魚住他・前掲注10)(2)110頁において、三井環氏は、無罪となるとわかっていても、危ない人物は起訴すると述べている。重大な公安事件で無罪が続出しているのと平仄が合う。

(2)東京地判 S51.1.29 判タ333-165（日石郵便局爆弾事件。無罪）。この事件は、公判の途中で、実行犯にアリバイがあることがわかった。その結果、共犯者の供述が虚偽であることが判明した。松川事件の構図と同様である。

(3)東京高判 S53.8.11 判時917-127。(2)の控訴審判決（控訴棄却）。

(4)東京高判 S58.12.15 判時1113-43（総監公舎爆破未遂事件）。1審の有罪判決を破棄、無罪。

(5)東京地判 S58.5.19 判時1098-211（日石・土田邸事件統一公判組）（ピース缶爆弾製造事件は無罪）。

(6)東京高判 S60.12.13 判時1183-3。(5)の控訴審判決（控訴棄却）。

(7)東京地判 S58.3.24 判時1098-3（日石・土田邸分離公判組）（無罪）。

14) (1)三井環『告発！「検察の裏ガネ作り」―口封じで逮捕された元大阪高検公安部長の「獄中手記」』（光文社・2003年）。

(2)前出第10講注50)（2）28頁。

(3)大阪地判 H17.2.1・LEX/DB 28115322 は、「1999年頃内部告発で疑惑が生じ、同年度以降減額傾向にある」「調査費の本来的必要性には疑問が生じ、適正に消化していたことを納得させる証拠はない」「使用実態を知り得る立場だった被告人の告発内容は合理的で不正流用の事実があったといわざるを得ない」と述べている。2002年度には8,500万円まで圧縮された。4年間で特定費目が6分の1にまで減ったこと自体、不必要な予算であったことを裏づけている。

(4)仙台地判 H15.12.1 判時1882-11は、「93年までは少なくとも一部では不正流用が認められる」と述べている。

15) 伊藤栄樹『秋霜烈日』（朝日新聞社・1988年）163頁。

16) 神奈川県警の警察官に対する処分が不起訴であったことと武富士の元社長武井保夫氏がジャーナリスト宅の盗聴を指示した罪（電気通信事業法違反）で懲役3年執行猶予4年（東京地判 H16.11.17・LEX/DB28105265）だったことと比べてもらいたい。

17) (1)東京地八王子支判 H16.12.16（立川テント村事件）判時1177-133は、可罰的違法性がないとして無罪。

(2)東京高判 H17.12.9 判時1949-169は、逆転有罪（罰金10～20

万円)。
(3)最判 H20.4.11 裁判所時報1457-6は、上告棄却。
(4)立川・反戦ビラ弾圧救援会編著『立川反戦ビラ入れ事件―「安心」社会がもたらす言論の不自由』(明石書店・2005年)。

18) (1)東京地判 H18.6.29（堀越事件）判例集未登載。
(2)法時増刊「新たな監視社会と市民的自由の現在」81頁。徹底的な監視＝尾行と盗聴の実態が出ている。専従捜査員11名、捜査車両3～4台、ビデオカメラ4～6台、しかも、29日間連日実施されている。

19) (1)東京地判 H18.8.28（住居侵入被告事件）・LEX/DB28135020。注17)(1)同様、可罰的違法性がないとして無罪。
(2)東京高判 H19.12.11 判タ1271-331は、逆転有罪（罰金5万円）としている。

20) (1)この判決（寺尾判決）は、初めて公訴権濫用法理を具体的に適用した事例。
(2)最決 S55.12.7 刑集34-7-672・判時984-37は、検察官の訴追裁量を逸脱したとまではいえないが、刑訴411の上告理由にあたらないとして上告を棄却している。
(3)川崎英明「公訴権濫用論の意義」ジュリ・刑事訴訟法の論点（第3版）104頁。
(4)鈴木茂嗣「公訴権の濫用と可罰性の理論」判タ354-31。

21) (1)広島高松江支判 S55.2.4 刑集35-4-477・判時963-3は、差別捜査に基づく公訴提起であることを理由に公訴が棄却された事例。
(2)最判 S56.6.26 刑集35-4-426・判時1006-22は、(1)事件の上告審判決。対向的な共犯関係にある者の一部が、警察段階の捜査において事実上訴追を免れるという事実があったとしても、捜査手続が違法となるものではないとして、原判決を破棄した。

22) 福井地判 S50.11.28 判時819-74。森林窃盗の被告人が無罪判決確定後、検察官の起訴に過失があるとして国に対して損害賠償が認容された事例。

23) 神戸地洲本支判 S48.3.29 判例集未登載（無罪）。会社は、株主からの帳簿閲覧の請求に対し、陽動作戦として刑事告訴を行っ

た。検察は、この陽動作戦に乗ってしまったと評されてもやむを得まい。なお、国賠請求事件は、神戸地判 S60.2.6 判時1161-166。
24) 亀山継夫「刑事訴訟法50年と検察の課題」ジュリ1148-30は、この処理を「検察の常識的処理が一般の常識に反したものであり」説明責任の問題であるとしているが、はたしてそうだろうか。
25) (1)佐高信他『佐川急便事件の真相』(岩波書店・1993年)。
    (2)鯰越溢弘「検察は公正な捜査・起訴を行ったか」法セ456-36。
    (3)大出良知「佐川急便事件と検察の迷走」法時65-2-2。
26) 田中・前掲注4)(2) 124頁。
27) (1)甲山事件。第10講注38)。1審無罪──高裁原審へ差戻──1審無罪──高裁無罪。偽証罪で逮捕された2人も無罪。無罪確定まで25年を要した。被告人は、4度の判決で有罪とされたことは1度もない。25年間も検察は何をしたのだろう。
    (2)上野・山田・前出第10講注38)(2)。
28) 第10講注3)参照。
29) (1)鹿児島地判 H20.3.24 判時2008-3は、「(接見交通権の立法趣旨は)接見内容が捜査機関に知られることになれば、被告人と弁護人の情報伝達に萎縮効果が生じ、被告人らが実質的かつ効果的な弁護を受けられなくなるからであり、捜査機関はおよそ接見内容を知ることができない」「接見後その内容を捜査機関に報告されることは許されない」として、国賠請求を認容している。この事件は、上訴なく確定している。
    (2)東條雅人「鹿児島接見国賠事件」日弁連接見交通権確立実行委員会『接見交通最前線 No. 4』。
    (3)朝日2007（H19）年5月3日は、接見内容を調書化した目的は、弁護人を懲戒請求することにあったとする内部文書の存在を伝えている。
    (4)前出第10講注4)。
30) (1)前掲注24)の亀山論文は、検察の捜査・処理の過程において捜査手続の適正を期することは、その重要な職責といわ

なければならず、検察自身の捜査のみならず送致事件における捜査機関の捜査の適正さについても当然チェックを行わなければならないと述べている。
(2) 太田茂「検察実務の課題」ジュリ1148-276は、「『警察の違法捜査に対する検察のチェック機能』云々の批判は、検察にとって理解不足による偏りを感じる」「検察の警察に対するチェック機能というのは、裁判官や弁護人のそれとは趣を異にする。犯罪と戦う第一線の実情を理解するとともに、法が許容する限界との接点を模索するのである」と述べている。
(3) (1)と(2)は、ともに「刑事訴訟法50年」というジュリストの特集号に掲載されていた検察官（元検察官）の論文であるが、筆者（執筆当時、前者は最高裁判事、後者は東京地検刑事部副部長）によって温度差があることがわかる。
31) 第10講注4）参照。
32) (1) 1993（H5）年11月、ゼネコン汚職捜査の取調中、検事が参考人2人に暴行を加え、特別公務員暴行陵虐致傷で懲役2年、執行猶予4年（懲戒免職）。参考人2人から国賠訴訟を提起され、各々300万円で和解。被疑者でなく、任意の取調べ中の参考人に暴行を働いたことは、重要視しなければならない。
(2) 田中・前掲注4）(2) 283頁。1990（H2）年7月、国際興業事件の取調べ中、参考人が暴行を受け、顎の骨を折る傷害（全治4ヶ月）を負った。この暴行の被害者も参考人である。田中氏はこの事件をもみ消した。しかし事件は3年後に、参考人の告訴によって明るみに出た（1993〔H5〕.12.24.日道新）。そして当該検事は停職3ヶ月の処分後、辞職（特別公務員暴行陵虐致傷は起訴猶予）。
(3) 1994（H6）年3月、茨城県つくば市のごみ焼却場建設をめぐる汚職事件で、被疑者が検事から暴行を受けた（特別公務員暴行陵虐は、起訴猶予・停職3ヶ月の処分後辞職）。
(4) 検察官は、これらの暴行の結果得られた自白でも証拠能力があるとでも思ったのだろうか。
33) (1) 2007（H19）年3月、東京地検の検事が、告訴の取下書を偽造した（有印私文書偽造、同行使等で懲役2年、執行猶

予4年。懲戒免職)。
  (2) 2000 (H12) 年6月、名古屋高検総務部長が、書店や百貨店で本や酒を万引した (減給10分の1。後に辞職)。
  (3) 2000 (H12) 年5月、法務総合研究所の検事 (元東京地検特捜部) が電車内で痴漢し、現行犯逮捕 (懲戒免職)。
  (4) 1992 (H4) 年11月、秋田地検次席検事が、官舎で女性記者にセクハラ (停職1ヶ月。後に辞職)。
34) 田中・前掲注4)(2)153頁。

おわりに
―「よい弁護士」をともに目指して

最後まで読んでいただきありがとうございます。

この12講によって、みなさんには、弁護士倫理を正しく理解し、実践することの重要性がわかっていただけたのではないかと期待しています。法律家を目指すみなさんには、マインドの形成を通して、弁護士の使命を十分自覚して欲しいと思います。

法律家、特に弁護士は高い倫理観と依頼者に対する誠実義務を尽くさなければならないこと、金銭にきれいでなければならないことが要求されます。

それを忠実に守る先達がいる一方で、いかに多くの逸脱例があるのかもわかったのではないでしょうか。こうした倫理を足場にして、特に刑事事件においては、被疑者・被告人の権利を擁護するために「闘争的」で「熱心」な弁護活動を展開しなければならないのです。

「無事これ名馬」という諺がありますが、長い弁護士人生において逸脱することなく業を終えるのは、みなさんが考えている以上に難しいことです。そのためにも法律家のマインド、弁護士のマインドを確立してください。

以下は、最終講義において、学生に贈った餞の言葉です。
本書もこの言葉で締めくくりたいと思います。

1. 謙虚であれ

諸君がよい弁護士になる過程とは、具体的事件のなかで、試行錯誤を重ねて徐々に弁護士として成長していく過程でもあります。弁護士の仕事というのは、なかなか満足いく結果になり

ませんし、幅が広く奥が深い職業です。一生努力しても容易に満足な成果を得られないかも知れません。私もその点では未熟です。法科大学院や司法研修所でよい成績をとったからといって、浮かれていてはいけない。ただ、よい成績で通過したというだけのことです。通過点の途中の成績がよかったというだけであり、ゴール間近では、最下位に落ちているかも知れません。現にそうした弁護士を何人も見ております。幻想に酔って人間的謙虚さを忘れ、努力を怠ることが、一番まずいことだと思っています。

プラトンの言葉に、「知らないことは少しも恥ずかしいことではなく、知らないことさえ知らないことが恥ずかしいことなのだ」というのがあります。諸君には、常にこのことを考えて、謙虚な人間になって欲しいと思います。とりわけ、司法試験という難しい試験に通ったということで、尊大になる人もおります。試験は、通過点に過ぎないのです。成績はよいのに越したことはないですが、所詮通過点での評価に過ぎないのであって、究極的な弁護士としての評価ではないということです。

2. 誠実であれ

次に、誠実な人であってもらいたい。「有能さ (competent)、迅速さ (prompt)、誠実さ (diligent) のうち、弁護士に最も必要な資質は何か」と問われれば、私は躊躇なく誠実さ (diligent) であるということができます（第4講）。この講義でも、誠実でない弁護士がすべてを失った例を数多く紹介しました。

「人間性と真摯さは、それ自体では何事もなしえない。しかし、それがなければ、ほかのあらゆるものを破壊する。真摯さの欠如だけは、あってはならない絶対の基準である」というドラッカーの言葉を今一度、思い起こしてもらいたい（第4講105頁）。

3．器を大きくせよ

　次に、器の大きな人になっていただきたい。物の見方というのは、常に人間としての生き方と表裏一体です。弁護士が扱う事件の背後には、人間の奥深い営み、多様な営みがあり、どこまでそれを理解できるのか、それがよい弁護士となれるかどうかの別れ道です。よい弁護士の条件として、知識やスキルは不可欠ですけれども、それだけでは足りない。加えて、人間に対する理解もなければいけない。特に、弁護士は人の悩みに接する職業です。依頼者は、みんな悩みを抱えて弁護士事務所の門を叩くわけです。依頼者のなかには、心の手当てが必要な人もおります。そういう人たちに対して、尊大に対応すると、相手はますます傷つきます。人間に対する深い理解と思いやりが必要なのです。事件は多様であり、1つとして同じものはありません。多様な人間ドラマの後、我々の前に現れるのです。人間としての悩み・苦しみなどに思いを馳せなければなりません。そのうえで、弁護士は依頼者に最も有利な手段と方法を選択しなければなりません。裁判官や検察官にも同じことがいえます。

　松川事件の1次控訴審判決の時のことです。判決は、死刑が4人、無期が5人いました。判決朗読のときに、陪席裁判官がにやにやと笑っていました。それを被告人が指摘したところ、「おかしくないですが、笑うのは僕のくせでね」といったそうです（今井敬彌『私の松川事件』〔日本評論社・1999年〕116頁）。死刑判決という最も厳粛なとき、しかも被告人に究極の刑を宣告するときに、にやにやするのがこの人の癖だという。一体どういう神経の持ち主なのか。法律家の仕事、特に裁判官の仕事は気高いものであることをもっと自覚するべきだと思います。この裁判官は、人間に対する理解も足りないし、人間としても未熟です。こんな法律家になってもらいたくない。

おわりに

4．努力は惜しむなかれ

　最後に、努力は惜しむなかれ。法は、社会とともに成長し、発展する。立法による部分も大きいけれども、裁判にも法の創造という大事な任務があります。昨今の相次ぐ基本法の改正は、新しい法の適用のため大変な努力を弁護士に求めています。よいサービスをするためには、よい情報を得ておかなければなりません。常日頃から勉強しなくてはならないということです。ABA・MR の前文［6］を思い出してください（39頁）。目の前の依頼者のために学識を得るのではなく、遠い将来の依頼者に備えて学識を得る。それが学識のあるプロフェッション（learned profession）です。もちろん、法律書以外にも歴史・文学・哲学など法的学識を支える雑多な知識を生み出すものの勉強も必要です。特に私がいいたいのは、格調の高い文体・含蓄のある文章に接するなかで、知らず知らずのうちに自分自身が高邁な精神に触れ、感化され、ときには感動することもある。こうした感動こそが人間をよく観察する眼を養ってくれる。そのうえ、文章までが上達する余禄もある。どうか、こうした勉強を続けていただきたいと思います。実務家になったとたんに、パタッと努力を怠って、停滞してしまう。司法試験に合格したときがピークだったなどということでは困ります。今日、情報のチャンネルは格段に多くなっています。いくらでも勉強できます。最後にもう一度、いいます。謙虚な人、誠実な人、器の大きい人、そして努力し続けることを心がけてよい弁護士になっていただきたいと思います。

　これは、私が尊敬する横川敏雄元裁判官の著書を参考に、日頃から考えていたところです。これを諸君に餞の言葉として、贈らせていただきたい。弁護士の毎日の営みは、「法の支配」の実現に寄与しているはずです。わが国における「法の支配」

おわりに

の実現は、不十分です。諸君も早く、私どもと一緒にこの法の支配の実現に寄与できる志の高い弁護士になっていただきたい。北海道大学法科大学院の理念である「大志ある法曹」とは、このような高い志をもった法曹を指しているのです。

いつもいっているように、諸君には、弁護士としての未来があります。その未来を輝かしいものにしていただきたい。常に基本に返り、弁護士の原点に忠実な人であってもらいたい。諸君が高い志をもった、よい弁護士になることを願って、この講義を終えたいと思います。

どうか、しっかり頑張ってください。

事項索引

あ

相手方依頼事件 …………………118
相手方協議事件 …………………118,119
相手方に対する誠実義務…………98
秋山賢三…………………………348
足利事件…………………………47
安倍晴彦…………………………353
アメリカ法曹協会（ABA）…………11
アンビュランス・チェーサー
　…………………………………179,210

い

異議説……………………………129
遺言執行者………………………125
イソ弁（勤務弁護士）……………95,331
一般的損害発生回避義務………98
伊藤栄樹…………………………380
委任………………………………81,84
違法行為監視義務………………32
違法行為是正義務………………32
違法な取調べ……………………259
依頼者からの独立………………40,56,
　　　　　　　　　　　　167,208,279
依頼者の代理人…………………23
依頼者の利益に反する行為………109
インズ・オブ・コート………………7

え

ABA・MR …………………………11,144,169
冤罪事件………………………251,256,336

お

押収拒絶権……………………141,151
応召義務…………………………21,164

大橋誠一…………………………49,233
緒方重威……………………375,379,391
汚職行為…………………………63

か

戒告………………………………64
外部通報…………………………157
会立件……………………………71
学識あるプロフェッション…1,87,402
過誤………………………………86
鹿児島選挙違反冤罪事件（志布志事件）
　………………………………251,259,264,
　　　　　　　　271,281,378,386
加藤新太郎…………………98,196,358
金丸信……………………………384
Canons of Professional Ethics
　…………………………………11,38,43,209
甲山事件……………………266,385,389
仮執行免脱宣言…………………246
川島武宜…………………………332
間接受任の禁止…………………177
完全真実義務…………………101,206
完全成功報酬…………………206,207
完全成功報酬制………………198,207

き

偽証………………………………100
　──の教唆……………………102
起訴便宜主義……………………371
木谷明……………………………334
鬼頭史郎…………………………339
義務の道徳………………………6
cab-rank rule ……………………115
キャリアシステム…………………330
旧々弁護士法……………………35,36

旧弁護士法 …………………35, 36
旧弁護士倫理 …………………………9
協議を受けて …………………120
強制加入制度 …………………61
強制執行手続におけるフェアネス
　　………………………………245
共通弁護 ………………………299
共犯の同時受任 ………………296
業務責任………………………63
業務停止………………………64
金銭からの自由と独立…………56

く

苦闘の刑事弁護 ………………269
熊本典道 ………………………353
クレメンティ・レポート ………12, 58
グローバル・スタンダード………44

け

刑事法廷における弁護活動に関する
　倫理規程 …………………295
継続的な法律事務の提供を約している
　者 …………………………133
検察官同一体の原則 ……369, 370, 372
検察官の真実義務 ……………385
検察独自捜査 …………………376
検察の独立 ……………………371
兼職の禁止 ……………………341
権力との対抗性 ………………252

こ

公安検察 ………………………378
公安事件 ………………………259
公益活動→プロボノ活動
公益活動の報酬…………………32
公益性…………………………27
公益の代表者 …………………377
　　――としての真実義務 ………387
綱紀委員会……………………72
綱紀審査会 …………………73, 74

公共(奉仕)性 …………………19, 41
豪憲君事件 ……………………267
公正証書の作成 ………………123
公訴権濫用事件 ………………382
公平な裁判所 …………………345
公務員として関与した事件 ………128
古賀正義 ………………………38
国選から私選への切り替え勧誘の禁止
　　………………………………296
国選弁護人…………83, 219, 275, 290
　　――の辞任と解任 ………188, 292
　　――の善管注意義務…………93
　　――の退廷・不出頭 …………294
国選弁護報酬 …………………295
国連拷問禁止委員会 …………269
国連拷問禁止条約 ……………269
国家権力からの自由と独立………53
国家公務員法違反事件 ………381
国家公務員倫理法 ……………375
国家訴追主義 …………………371
根拠のない懲戒請求 …………241
conditional fee …………………10, 207

さ

財政的独立………………………62
最善の弁護活動…………95, 275, 285
最善弁護義務 …………………274, 292
財田川事件 ……………28, 129, 251,
　　　　　　　　　　261, 347, 353, 386
裁判員 …………………………i, 252
裁判官懇話会 …………………343
裁判官の社会常識 ……………337
裁判官の独立 …………………341, 344
裁判官の内部統制 ……………342
裁判官分限法…………………13, 340
裁判官倫理 ……………………329
裁判所に対する真実義務 ………100
裁判所に対する誠実義務 ………99
在野モデル………………………35
坂本吉勝 ………………………199

405

賛助 …………………………………121

し

CCBE・Code ……11,12,16,143,154
私益追求の否定…………………………20
資格審査会…………………………………60
時間制報酬 ……………………198,211
指揮監督 ……………………………373
指揮監督権 …………369,372,373,374
死刑冤罪事件……………………………27
死刑執行命令書……………………371
事件記録の保管・廃棄…………89,149
事件の勧誘……………………………179
自己決定権……………………………177
事実認定の適正化 ……………………336
指導・監督……………………………60
辞任 …………40,64,96,115,169,185,
188,214,215,217,284,287
自白の信用性……………………………254
自白の任意性……………………………255
司法機関性 ……………101,117,285
司法制度改革審議会 ……………………5
司法制度の担い手 ……………………23,97
市民窓口………………………………74
事務引取移転権……………………369,372,
373,374,376
社会的勢力からの自由と独立 …40,56
謝礼 (honorarium) ……………196,197
秋霜烈日 ……………………………375
自由と独立……………………………40
自由法曹団……………………………167
受任 ……………………………………163-
受任拒絶の自由 ……………115,163
受任をしてはいけない事件 ………169
守秘義務 ……………10,88,90,113,
139,287,288,374
——の解除 ………………………155
守秘義務違反………………………63,284
準委任…………………………………81
紹介の対価支払禁止 ………………174
消極的真実義務 …………25,103,208,
275,285,287,289
証言拒絶権 ………………141,150,151
証人威迫 ……………………………100
証人コーチ ……………………103,287
証人テスト ……………………………103
職務責任………………………………81
職務責任訴訟……………………………92
職務専念義務 ……………………338,374
職務独占性……………………………41
職務の開放性……………………………21
職務の公益性……………………………27
職務の公共性 ……………19,20,195
職務の独立性 ……………………39,41
職務を行い得ない事件 ………63,113,
173,228
除名 …………………………………64,66
自律的懲戒制度……………………………84
人権規約B規約……………………292
審査請求……………………………67
真実義務 ………………………25,288
迅速さ (prompt) ……………85,183
信頼関係 …82,84,85,88,185,189,293

す

水平運動………………………………36
砂川事件 ……………………………342
諏訪メモ ……………………260,286

せ

成功報酬制……………………………10,207
政治活動 ……………………341,344,355
誠実 (diligent) ……………………85
誠実義務 ……………25,45,84,85,87,
90,92,100,104,113,
199,208,227,287,288,292
誠実義務一本論………………………101
誠実義務違反………………………63,93
誠実義務純化論………………………101
誠実執務ルール……………………………84

政治的謀略事件 ……………………380
正当な利益 …………………………170
　　──の実現 ………5,40,102,116,
　　　　　　169,170,228,231,288
セカンドオピニオン ………………230
積極的真実義務 ………………100,286
積極的政治活動の禁止 ……………341
積極的誠実義務 ……………………275
接見の重要性 ………………………277
善管注意義務……84,86,87,90,94,199
全国裁判官懇話会 …………………343
専門家責任…………………63,81,85
　　──訴訟 …………………………92

そ

草加事件 ……………335,348,351,352
造船疑獄 ……………………………390
双方代理 ……………………………116
訴権の濫用 …………………………171
訴訟的真実 …………………………286
訴訟の引き延ばし …………………172
即決和解 ……………………………124
ソリシター …………………………115
孫暁楼 …………………………………6

た

退会命令 …………………………64,66
退廷・不出頭 ………………………294
怠慢 ……………………………96,108
代用監獄 ……………………………255,269
代理人性 ……………………………101
楕円の論理 ……………23,25,97,275
髙橋宏志 ……………………………172
立川テント村事件 ………259,380,389
伊達判決 ……………………………342
田中角栄 ……………………………166
田中耕太郎 ………………273,342,351
田中森一…………………262,286,309,
　　　　　　　375,385,389,391
谷口繁義…………………………28,353

ち

着手金 …………………………202,207
忠実義務 …………………………45,86
懲戒 ……………………………………60
懲戒委員会 ……………………………72
懲戒事由……………………62,89,100,149,
　　　　　　241,244,285,355
懲戒処分の公告 ………………………68
懲戒請求の申立権者 …………………69
懲戒制度の目的 ………………………62
懲戒の種類 ……………………………64
調査活動費 …………………………379
懲罰的損害賠償 ……………………210
直接交渉の禁止 ……………………232

つ

つば付け ……………………………135

て

適正手続の実現 ……………………255
寺西和史 ……………………………355

と

ドイツ連邦弁護士法 …………7,12,24
同時受任禁止論 ……………………298
闘争的な弁護活動 …………………253
盗聴法 ………………………………141
当番弁護士制度 ………………………34
登録 ……………………………………59
徳島ラジオ商殺人事件………251,253,
　　　　　　　　262,286,336,
　　　　　　　346,352,378,386
独任官庁制 …………………369,370,372
独立した司法機関………………12,205
独立性 ………………………39,41,372
特権階級的秘密保持者 ……………216
富山強姦冤罪事件（氷見事件）
　　……………251,259,270,378,386
取消訴訟 ………………………………67

な

長沼ミサイル訴訟 …………………342
中坊公平 …………………………31
中村治朗 …………………………166
中山信一 …………………………264

に

二風谷ダム裁判 …………………168
日本司法支援センター …………291
任意捜査の限界 …………………350
任意的辞任事由 …………………186

ね

熱心な弁護 ………………………276
熱望の道徳 …………………………6

は

Bar Council ……………………55, 58
パートタイム裁判官 ……………330
E. A. ペリー ……………………248
背信的弁護 ……………………82, 94
R. パウンド …………………19, 21, 201
袴田事件 …………………………353
パラリーガル ……………………149
バリスター ………17, 55, 58, 112, 115, 136, 144, 164, 191, 211, 221

ひ

R. G. ピアーズ ……………………43
光市母子殺人事件 ………56, 168, 268
微罪起訴事件 ……………………380
ビジネス・パラダイム …………44
必要的辞任事由 …………………185
人質司法 …………………254, 290
非弁 ………………………………175
非弁活動 …………………………22
非弁提携 …………………………63
非弁提携行為の禁止 ……………175
誹謗 ………………………………229

ひまわり基金法律事務所 ………34
秘密 ………………………………145
　——の利用の禁止 ……………154
秘密保持義務 ……………………338
平賀書簡 …………………………342
品位保持義務 ………………338, 374
品位を失うべき非行 ………………63

ふ

封じ込め …………………………135
フェアネス ……………227, 232, 234
　強制執行手続における—— …245
布川事件 …………………………265
福岡高裁判事懲戒事件 …………339
富士茂子 …………………………262
不誠実 ……………………………108
不適切弁護 ………………………282
不当訴訟 ……………70, 170, 171, 228
不当懲戒請求 ……………………245
不当な事件の受任 ………………116
L. L. フラー ………………………5
P. M. ブラウン ……………………42
L. ブランダイス ………………26, 195
フリードマンの3つの難問 …103, 287
プロフェッショナル・パラダイム …43
プロフェッション ………19, 38, 39, 41, 198, 229
プロフェッション論 ………………37
プロボノ活動 …………………27, 33
紛議調停委員会 …………………218
文書提出拒否権 …………………141

へ

Bates 判決 ………………………42
弁護士依頼者間秘匿特権 ………142
弁護士会の公益活動 ……………34
弁護士過疎 ………………………22
弁護士強制制度 …………………24
弁護士自治 ………………53, 54, 57, 61
弁護士職務基本規程 ………………9

弁護士職務の公共性……………19
弁護士人口……………………22
弁(辯)護士道………………38,233
弁護士任官……………………330
弁護士の司法機関性 …………285
弁護士の自由と独立……………208
弁護士の役割に関する基本原則
　…………………………268,277
弁護士報酬──→報酬

ほ

防御権等の説明 ………………280
報告義務 ……………83,91,184
報告の懈怠 ……………………109
報酬……………………………296
　──をめぐる紛争 ……………216
報酬基準規定 …………197,200,201
法曹一元………………………330
放置……………………………108
法テラス………………………291
法律事務独占…………………21
法令精通義務…………………39
補完的な成功報酬 ……………207

ま

マクレート・レポート ……………4
松川事件………253,259,260,286,306,
　345,346,351,377,385,389,401

み

身柄の解放 ……………………281
身代り犯 ………………………288
三井環 …………………………379
みなし報酬 ……………………214
三宅正太郎……………………39
宮本康昭………………………343

む

無権代理 ………………………116
無償委任………………………83

無欲事件 ………………………258

め

名誉……………………………99
名誉毀損の弁論 ………………236

も

黙秘権 ……………………256,259
モラルハザード………………42,216

や

八海事件 …………………266,389
薬害訴訟………………………31
矢野伊吉……………………29,129,348
山口繁…………………………42

ゆ

ユーザーユニオン事件 ……………231
有能さ（competency）……115,173,
　182,203,277
有能な代理……………………22
有能な弁護 …………………252
有利な結果の請負・保証 …………180

よ

横川敏雄………………………318,402
米谷事件 ………………………270
4大公害裁判……………………30

ら

G. ラートブルフ…………………333
R. W.ラビノヴィッツ …………38,49

り

利益相反……………………10,113
利害対立 ………………………126
留置権 …………………………218
利用 ……………………………155
臨時司法制度調査会意見書 ………330

る

ルール11（連邦民事訴訟規則11条）
　……………………………101, 209

れ

令状実務 …………………………271
廉潔性……………41, 332, 344, 375

ろ

連日接見 …………………………278

ロイヤー・ジョーク ……………179

わ

賄賂 ………………………………113
和歌山カレー事件 ………………267

法令索引

弁護士法
- 1条·················2,9,20,32,35
- 1条2項 ···········61,85,113,227
- 2条···············1,4,20,39,86
- 3条 ···························239
- 4条 ····························59
- 7条1号 ························322
- ――3号 ·························66
- 8条 ······················59,61,66
- 9条 ····························61
- 10条 ···························61
- 11条 ························61,68
- 12条 ···························60
- 15条 ···························60
- 23条··········63,88,140,141,144,145,149,150,153,155
- 24条 ······················164,188
- 25条············21,63,114,115,116,117,118,119,122,130,131,132,135,187,228,296
- ――1号·······88,96,118,121,124,129,147
- ――2号·······88,89,118,121,128,129,147,155
- ――3号 ············118,127,128
- ――4号 ············119,128,134
- ――5号 ·················119,128
- 26条···············2,63,113,114
- 27条 ·················63,169,176
- 31条 ························60,61
- 33条2項8号 ···············197
- 36条 ························59,66
- 41条 ··························218
- 56条 ·················62,63,172
- ――1項·························69
- ――2項·························60
- 57条 ···························64
- 58条 ··························241
- ――1項·························69
- ――2項·····················71,322
- 62条 ························67,68
- 64条 ····························74
- 64条の3 ························74
- 71条 ····························74
- ――1項·························74
- ――2項·························74
- 71条の2 ························74
- 71条の3 ························74
- 72条 ··············22,41,165,169
- 76条 ··························113
- 77条 ···············22,41,169,176

弁護士職務基本規定
- 2条 ·························40,53
- 4条 ··························23,99
- 5条 ···········30,85,100,113,287,288
- 6条·············99,201,216,229,237
- 7条 ·····························1
- 8条 ····························33
- 10条 ··························179
- 13条 ··························175
- 14条 ··············14,41,169,186
- 15条 ···························14
- 18条 ····························89
- 19条 ······················111,149
- 20条 ····························81
- 21条 ············3,57,90,116,169,170,177,228,231,246,288
- 22条 ···········40,81,90,91,178,279
- 23条 ·········83,88,140,141,145,155

411

24条	91, 200, 202
25条	56
26条	218
27条	21, 114, 115, 132, 228, 296
——1項	187
28条	21, 115, 132, 135, 228, 296
——1号	132
——2号	133
——3号	134
——4号	134, 135
29条	91, 216
——1項	180
——2項	180
30条	81, 91, 183, 216
31条	57, 116, 169, 170, 171, 228
32条	126, 127
34条	164, 165
35条	183
36条	83, 91, 184, 215
37条	90
38条	91
41条	187
42条	126, 127, 187
43条	82, 185, 187, 215, 217
44条	81
45条	91
46条	94, 95, 252, 275, 282, 285
47条	95, 256, 258, 281
48条	95
49条	219, 296
51条	157
52条	99, 232, 233
57条	118
58条	118
64条	132
65条	118
66条	118
70条	99, 229, 237
72条	230
74条	25, 100, 234
75条	25, 30, 100, 102, 103, 235, 287, 288, 322
76条	8, 235
77条	235
82条	9
——1項	287
——2項	63, 89, 277

ABA・MR（アメリカ法曹協会・弁護士業務規範規則、1983：American Bar Association, Model Rules of Professional Conduct）

前文 [1]	23, 97
[2]	275
[4]	16, 85, 184
[5]	63, 171, 228
[6]	20, 39, 402
[8]	25, 140, 142
[9]	15, 195
1-1	22, 115, 277
1-2-(b)	167, 267
1-3	85
1-4	184
1-4-(a)-(1)〜(4)	106
1-5-(a)	200, 203
1-5-(b)	211
1-5-(c)	209
1-6-(a)	142
1-6-(b)-(1)	156
1-6-(b)-(5)	161
1-7	117
1-9	89, 117
1-16	185
1-16-(a)	169
1-16-(a)-(2)	173, 284
1-18-(b)	148
3-1	169
3-2	8, 235
3-3	100, 103
3-3-(a)-③	25

4-2	232
4-3	234
6-1	33

CCBE・Code（ヨーロッパ弁護士会評議会・ヨーロッパ弁護士行為準則規定、1988：Council of Bars and Law Societies of Europe, Code of Conduct for European Lawyers）

2-1	40
2-2	85
2-3-1	142
2-3-2	143
2-3-3	145
3-1-3	174, 188
3-2-1	117
3-2-3	89
3-3	206, 207
3-4-1	200
3-6-1	177
4-2	235
4-4	101, 103
5-1-1	237
5-5	233

ABA・Canons（アメリカ法曹協会・弁護士道徳典範、1908：American Bar Association, Canons of Professional Ethics）

6	117
9	233
17	99, 229
37	142, 145

[著者紹介]

田中　宏（たなか　ひろし）
　現　職　弁護士
　略　歴　1946年北海道生まれ。北海道大学法学部卒業。1975年弁護士開業。2001～2002年札幌弁護士会会長、2004～2005年日弁連副会長を歴任。
　　　　　2004年4月～2009年3月まで北海道大学法科大学院特任教授（法曹倫理）。
　主要著書　二風谷ダム裁判の記録（三省堂・1999）
　　　　　　悔いのない遺言（北海道新聞社・1998）

弁護士のマインド──法曹倫理ノート

平成21年10月15日　初版1刷発行

著　者　田　中　　宏
発行者　鯉　渕　友　南
発行所　株式会社　弘文堂　　101-0062　東京都千代田区神田駿河台1の7
　　　　　　　　　　　　　　TEL 03(3294)4801　　振替 00120-6-53909
　　　　　　　　　　　　　　http://www.koubundou.co.jp

装　丁　笠井亞子
印　刷　港北出版印刷
製　本　牧製本印刷

© 2009 Hiroshi Tanaka. Printed in Japan

Ⓡ　本書の全部または一部を無断で複写複製（コピー）することは、著作権法上での例外を除き、禁じられています。本書からの複写を希望される場合は、日本複写権センター（03-3401-2382）にご連絡ください。

ISBN978-4-335-35450-2